本书为沈伟、陈治东著《商事仲裁法：国际视野和中国实践》（上、下卷）（上海交通大学出版社 2020 年版）之第三卷

涉外法治
研究丛书

《仲裁法》修订述评：
重点和难点

沈 伟　张 磊◎主编

上海交通大学出版社
SHANGHAI JIAO TONG UNIVERSITY PRESS

内容提要

2021 年 7 月 30 日,司法部发布《中华人民共和国仲裁法(修订)》(征求意见稿),这是《仲裁法》自 1995 年生效 26 年后的第一次大修。《仲裁法》分别于 2009 和 2017 年对个别条款进行了修正,本次修订的《征求意见稿》对现行《仲裁法》进行了比较大的修订。《征求意见稿》共有 99 条,比现行《仲裁法》增加了 19 条。本次修订主要对总则制度、仲裁机构制度、仲裁员和中国仲裁协会制度、仲裁协议规定、仲裁程序规范、撤销仲裁裁决制度、裁决执行制度、涉外仲裁规则以及临时仲裁制度等方面进行了修订、完善以及增加。本书对《征求意见稿》的主要修改加以述评,并对主要理论难点加以解读,以期对《仲裁法》修订有全面认识。本书读者对象包括商事仲裁理论研究和实务界人士。

图书在版编目(CIP)数据

《仲裁法》修订述评:重点和难点 / 沈伟,张磊主编. —上海:上海交通大学出版社,2023.4
(涉外法治研究丛书)
ISBN 978 - 7 - 313 - 28371 - 9

Ⅰ.①仲… Ⅱ.①沈… ②张… Ⅲ.①仲裁法-研究
-中国   Ⅳ.①D925.704

中国国家版本馆 CIP 数据核字(2023)第 044705 号

《仲裁法》修订述评：重点和难点
《ZHONGCAIFA》XIUDINGSHUPING：ZHONGDIAN HE NANDIAN

主　　编：沈 伟 张 磊			
出版发行：上海交通大学出版社	地　　址：上海市番禺路 951 号		
邮政编码：200030	电　　话：021 - 64071208		
印　　制：上海万卷印刷股份有限公司	经　　销：全国新华书店		
开　　本：710 mm×1000 mm　1/16	印　　张：22.25		
字　　数：374 千字			
版　　次：2023 年 4 月第 1 版	印　　次：2023 年 4 月第 1 次印刷		
书　　号：ISBN 978 - 7 - 313 - 28371 - 9			
定　　价：88.00 元			

前言
PREFACE

现行《中华人民共和国仲裁法》（以下简称《仲裁法》）于 1994 年颁布，1995 年正式实施。作为商事仲裁的基本法，《仲裁法》对我国商事仲裁的发展起到了重要的作用。《仲裁法》既是仲裁组织法，为仲裁机构的成立和运行建立了基本规则，又是程序法，为仲裁程序的进行构建了框架和流程。此外，《仲裁法》还是司法关系法，初步确立了仲裁和司法之间的关系，即司法支持仲裁并监督仲裁。在相当长的时间里，《仲裁法》为 1992 年确立的社会主义市场经济体制的运行奠定了商事自由和意思自治的基础，当事人可以自由选择商事争端解决机制，在一定程度上实现了商人自治法的目标。

进入 21 世纪，全球化突飞猛进，全球商事交易更趋活跃。国内对商事仲裁的功能和定位有了新的变化，国际商事仲裁被定义为高端和高附加值服务业，建立国际商事仲裁中心对推动改革开放、发展市场经济，甚至建立社会主义法治国家、建设"一带一路"都具有重要的现实意义。以此为背景，现行《仲裁法》显露出诸多不足和缺陷。司法部为贯彻落实中共中央办公厅、国务院办公厅《关于完善仲裁制度提高仲裁公信力的若干意见》，增强立法的公开性和透明度，提高立法质量，研究起草了《仲裁法（修订）（征求意见稿）》（以下简称《征求意见稿》）及其说明，并于 2021 年 7 月 30 日向社会公开征求意见。《征求意见稿》是 1995 年以来对《仲裁法》进行的一次大修，共计 99 条，较原法 80 条增加了 19 条，而文字增加了 4 449 字，较原法增加了 74%，修订的内容非常丰富。

本书以《征求意见稿》为蓝本，对《征求意见稿》涉及的相关内容进行分析。

第一章主要采取比较的方法，比较《征求意见稿》相关条文和《仲裁法》相关条文，分析主要区别，特别是法条蕴含的基础逻辑的不同。

第二章以"什么因素促成国际商事仲裁中心"为主题，通过对立法、仲裁、司法等 6 个方面的要素进行具体分析。归根结底，国际商事仲裁中心必然是国际法治中心，具有相当高的法治水平，受到国际商界和投资界的普遍认可。依此逻辑，尽管我们讨论的是如何建设国际商事仲裁中心，实质上讨论的是一国的法治水平，聚焦的是一国的司法质量。

第三章主要围绕《仲裁法》和《征求意见稿》的主要难点，诸如临时仲裁、仲裁地、临时措施、司法审查等议题展开论述。特别是仲裁司法审查和集中管辖等问题，关涉司法对仲裁的态度和价值取向，本章就仲裁和司法关系的两种路径，即意思自治说和司法让渡说进行具体剖析。

第四章主要讨论国际商事法庭和相关的理论和实践问题。21 世纪以来，世界诸多国家出现了国际商事法庭运动，纷纷建立国际商事法庭，企望在新一轮的国家法治和经济竞争中成为重要的商事争端解决中心，以此吸引投资者和促进高端服务业的发展；同时，国际商事仲裁业也显露出一些内在缺陷，例如收费高、仲裁程序普通法系化或者诉讼化，仲裁特有的一些优势正在丧失。据此，我国国际商事法庭的建设并非只是国内司法改革的一部分，还有国际维度需要加以考量。这样，我国国际商事法庭的建设就有了中国之外的因素和标准值得考量。

从 2021 年 7 月发布《征求意见稿》至今，司法部还没有公布第二稿《征求意见稿》。据悉，仲裁界、律师界和司法界均有不少修改意见，立法者显然要进行一定的平衡，《仲裁法》的修订目前来看会是一个比较长时间的过程。当然，平衡的标准和目标是制定一部先进的《仲裁法》，反映仲裁理论和实践最新发展，体现司法改革和法治水平的最新成果。

《仲裁法》修订的难点颇多，本书算是我们对《仲裁法》修订的学习笔记。

沈 伟　张 磊

2023 年 1 月 20 日

目录
CONTENTS

第一章
《仲裁法》的主要修改

　　仲裁是国际通行的纠纷解决方式,是我国多元化解纠纷机制的重要"一元",在保护当事人的合法权益、保障社会主义市场经济健康发展、促进国际经济交往等方面发挥着不可替代的作用。我国《仲裁法》自 1995 年正式实施以来,为中国商事仲裁脱离计划经济体制下的行政仲裁、逐步发展为以当事人意思自治为根本原则的现代商事仲裁体系提供了坚实的制度基石。不可否认的是,该法带有渐进式改革路径下法律转轨的痕迹,在某些具体规定上显现出与仲裁纠纷解决现实的脱节,与国际通行的仲裁法律制度亦缺乏良好的衔接与融合。[①]

　　自现行《仲裁法》实施以来,尤其 21 世纪以来,不仅我国经济、社会发生了巨大的变革和发展,而且国际仲裁制度和理念也出现了诸多创新。不少学者提出要对《仲裁法》进行全面修订。陈安指出,《仲裁法》对国内仲裁监督与涉外仲裁监督实施"分轨制",既不符合中国现实国情,亦与各国仲裁立法通例不一,应进行修改;[②]冯军提出,有关仲裁协议效力及管辖权的规定可能导致在认定"约定不明确"仲裁协议时产生截然不同的司法裁判结果;[③]宋连斌与黄进发表《仲裁法(建议修改稿)》,以专家建议的方式积极推动修法,在学界引起了较大反响。[④]此后,学界开始就仲裁法的具体制度包括仲裁协议、仲裁机构所在地以及仲裁司法审查等多方面展开研究探索。2018 年 9 月 7 日,十三届全国人大常委会公布立法规划,其中《仲裁法》(修订)被列为需要抓紧工作、条件成熟时提请审议的 47 件二类立法项目之一,并在 2021 年 7 月 30 日,司法部发布了《中华人民共和国仲裁法(修订)(征求意见稿)》(以下简称《征求意见稿》),对现行《仲裁法》进行

---

① 宋连斌、赵健:《关于修改 1994 年中国〈仲裁法〉若干问题的探讨》,《国际经济法学刊》2001 年第 1 期,第 597—617 页。
② 陈安:《中国涉外仲裁监督机制评析》,《中国社会科学》1995 年第 4 期,第 19—30 页。
③ 冯军:《论我国〈仲裁法〉中有关仲裁协议的法律问题》,《法学》1996 年第 1 期,第 23—25 页。
④ 宋连斌、黄进:《中华人民共和国仲裁法(建议修改稿)》,《法学评论》2003 年第 4 期,第 91—98 页。

重大修改，并向社会公开征求意见。

第一节　第二章"仲裁组织法"之主要修改 *

一、第二章内容及修改分析

《征求意见稿》第二章规定了仲裁机构、仲裁员和仲裁协会，其中第11—17条规定了仲裁机构，具体包括仲裁机构的设立条件、设立程序及机构设置，并明确了仲裁机构的性质；第18条具体规定了仲裁员的任职要求；第19—20条明确了仲裁协会的性质及职能。总体而言，《仲裁法》第二章的修改主要有以下方面。

（一）完善仲裁机构制度

关于仲裁机构的制度，根据《征求意见稿》的要求，进一步调整规范仲裁机构的设立及其登记管理制度。主要包括：

第一，对近年来自治州、不设区的地级市等地区"确有需要"，并强烈要求设立仲裁机构的实际，以及国家战略方面有特殊需要的领域，增加了这类特殊需要经批准设立的规定。①

第二，建立仲裁机构统一登记制度。将现行法没有规定登记的中国国际商会设立的仲裁机构纳入登记范围，以明确其法人资格。同时，鉴于1996年国办文件已经明确国内新组建的仲裁机构可以受理涉外仲裁案件，即涉外和国内仲裁机构均可办理涉外案件的实际，取消国内、涉外仲裁机构设立的双轨制规定，删除对涉外仲裁机构的专门规定。考虑到国务院文件已经允许境外仲裁机构在北京、上海等地设立业务机构，且这一开放政策会逐步扩大的发展趋势，增加了境外仲裁机构在我国设立业务机构的登记管理规定。根据修法后法律制度配套的需要，以及统一规范境内外仲裁机构登记管理的需要，授权国务院制定仲裁机构登记管理办法。②

---

* 本节撰稿人詹宇婷。

① 《中华人民共和国仲裁法（修订）（征求意见稿）》第11条："仲裁机构可以在直辖市和省、自治区人民政府所在地的市设立，也可以根据需要在其他设区的市设立，不按行政区划层层设立。仲裁机构由前款规定的市的人民政府组织有关部门和商会统一组建。其他确有需要设立仲裁机构的，由国务院司法行政部门批准后，参照前款规定组建。"

② 《中华人民共和国仲裁法（修订）（征求意见稿）》第12条："仲裁机构的设立，应当经省、自治区、直辖市的司法行政部门登记。中国国际商会设立组建的仲裁机构，由国务院司法行政部门登记。外国仲裁机构在中华人民共和国领域内设立业务机构、办理涉外仲裁业务的，由省、自治区、直辖市的司法行政部门登记，报国务院司法行政部门备案。仲裁机构登记管理办法由国务院制定。"

此外,依照《征求意见稿》的规定,明确了仲裁机构是公益性非营利法人的法律性质,以及仲裁委员会是仲裁机构的主要组织形式,并明确仲裁机构经登记取得法人资格。①

第三,《征求意见稿》第二章增加了仲裁机构建立法人治理结构和建立信息公开机制的规定。②

(二)完善仲裁员、中国仲裁协会规定

《征求意见稿》完善了仲裁员的相关规定,在保留现有正面要求条件的基础上增加了负面清单规定。首先,《征求意见稿》明确仲裁员名册为"推荐"名册,尊重当事人对仲裁员的选择权,并对从事涉外仲裁的仲裁员作了单独规定。③

其次,完善了仲裁员披露和回避制度。增加仲裁员应当签署保证独立、公正仲裁的声明书并送达当事人的规定;增加仲裁员披露义务,并把披露与回避制度相衔接,进一步规范仲裁员行为。提升回避制度透明度,要求仲裁机构对回避决定说明理由;增加诚信要求,对当事人行使回避申请予以合理限制。保障当事人和仲裁员的合法权利。④

再次,完善中国仲裁协会规定。将中国仲裁协会的定位从"仲裁委员会的自律性组织"改为"仲裁行业的自律性组织";协会的监督对象除了在仲裁机构及其组成人员、仲裁员之外,还增加了"其他仲裁从业人员",防止监督对象出现"盲

---

① 《中华人民共和国仲裁法(修订)(征求意见稿)》第13条:"仲裁机构是依照本法设立,为解决合同纠纷和其他财产权益纠纷提供公益性服务的非营利法人,包括仲裁委员会和其他开展仲裁业务的专门组织。仲裁机构经登记取得法人资格。"

② 《中华人民共和国仲裁法(修订)(征求意见稿)》第16条:"仲裁机构按照决策权、执行权、监督权相互分离、有效制衡、权责对等的原则制定章程,建立非营利法人治理结构。仲裁机构的决策机构为委员会的,由主任一人、副主任二至四人和委员七至十一人组成,主任、副主任和委员由法律、经济贸易专家和有实际工作经验的人员担任,其中法律、经济贸易专家不得少于三分之二。仲裁机构的决策、执行机构主要负责人在任期间不得担任本机构仲裁员。在职公务员不得兼任仲裁机构的执行机构主要负责人。仲裁机构应当建立监督机制。仲裁机构应当定期换届,每届任期五年。"第17条:"仲裁机构应当建立信息公开机制,及时向社会公开机构章程、登记备案情况、收费标准、年度工作报告、财务等信息。"

③ 《中华人民共和国仲裁法(修订)(征求意见稿)》第89条:"从事涉外仲裁的仲裁员,可以由熟悉涉外法律、仲裁、经济贸易、科学技术等专门知识的中外专业人士担任。"

④ 《中华人民共和国仲裁法(修订)(征求意见稿)》第52条:"仲裁庭组成后,仲裁员应当签署保证独立、公正仲裁的声明书,仲裁机构应当将仲裁庭的组成情况及声明书送达当事人。仲裁员知悉存在可能导致当事人对其独立性、公正性产生合理怀疑的情形的,应当书面披露。当事人收到仲裁员的披露后,如果以披露的事项为由申请该仲裁员回避,应当在十日内书面提出。逾期没有申请回避的,不得以仲裁员曾经披露的事项为由申请该仲裁员回避。"第54条:"当事人提出回避申请,应当说明理由,在首次开庭前提出。回避事由在首次开庭后知道的,或者书面审理的案件,当事人应当在得知回避事由之日起十日内提出。当事人对其选定的仲裁员要求回避的,只能根据选定之后才得知的理由提出。"第55条:"仲裁员是否回避,由仲裁机构决定;回避决定应当说明理由。在回避决定作出前,被申请回避的仲裁员可以继续参与仲裁程序。"

区"；鉴于会员数量庞大，将章程由"全国会员大会制定"修改为由"全国会员代表
大会制定"。允许"与仲裁有关的教学科研机构、社会团体"申请成为会员，并增
加协会维护会员合法权益和为会员提供服务等职责。[①]

二、修改内容评析

（一）仲裁机构设立——国内、境外仲裁机构的设立

在现行《仲裁法》框架下，中国内地已设立 270 多家仲裁机构，但仲裁机构的
发展状况与管理水平参差不齐，具有不同程度的行政色彩。如何规范仲裁机构
的设立，使其有助于提高我国仲裁的公信力与竞争力，成为修法的重要议题之
一。仲裁机构的设立规范包括国内仲裁机构、境外仲裁机构以及涉外仲裁机构
的设立。

根据现行《仲裁法》第 10 条第 1 款的规定，仲裁委员会既可以在直辖市和
省、自治区人民政府所在地的市设立，也可以根据需要在其他设区的市设立，不
按行政区划层层设立。该条规定导致中国内地仲裁机构纷纷设立，仲裁机构过
多且良莠不齐不仅影响了仲裁质量，而且还可能会对仲裁公信力形成巨大冲击，
尤其在 1996 年国务院办公厅文件中规定，新组建的仲裁机构受理国际性仲裁案
件。[②] 换言之，无论国内仲裁机构是否具备受理涉外仲裁条件，都允许其受理国
际性案件，这必然会导致仲裁机构之间恶意竞争，也不利于中国国际仲裁声誉，
从而直接导致国内仲裁机构缺乏公信力，影响内地仲裁机构所作的裁决在境外
申请执行时能否得到境外法院承认并予以执行。例如，中国内地与香港特别行
政区在商谈《关于内地与香港特别行政区相互执行仲裁裁决的安排》时，香港地
区曾坚持只承认和执行中国国际经济贸易仲裁委员会、中国海事仲裁委员会作

---

① 《中华人民共和国仲裁法(修订)(征求意见稿)》第 19 条："中国仲裁协会是仲裁行业的自律性组织，是
社会团体法人。仲裁机构是中国仲裁协会的会员。与仲裁有关的教学科研机构、社会团体可以申请
成为中国仲裁协会的会员。会员的权利、义务由协会章程规定。中国仲裁协会的权力机构是全国会
员代表大会，协会章程由全国会员代表大会制定。"第 20 条："中国仲裁协会履行下列职责：(一)根据
章程对仲裁机构、仲裁员和其他仲裁从业人员的违纪行为进行监督；(二)依照本法制定示范仲裁规
则，供仲裁机构和当事人选择适用；(三)依法维护会员合法权益，为会员提供服务；(四)协调与有关
部门和其他行业的关系，优化仲裁发展环境；(五)制定仲裁行业业务规范，组织从业人员业务培训；
(六)组织仲裁业务研究，促进国内外业务交流与合作；(七)协会章程规定的其他职责。"

② 《国务院办公厅关于贯彻实施〈中华人民共和国仲裁法〉需要明确的几个问题的通知》第 3 条规定："新
组建的仲裁委员会的主要职责是受理国内仲裁案件；涉外仲裁案件的当事人自愿选择新组建的仲裁
委员会仲裁的，新组建的仲裁委员会可以受理；新组建的仲裁委员会受理的涉外仲裁案件的仲裁收费
与国内仲裁案件的仲裁收费应当采用同一标准。"

出的裁决。①

现行《仲裁法》只承认机构仲裁,仲裁机构默认就是仲裁委员会,导致实践中大量境外仲裁机构在国内设立的分支机构所作出的仲裁裁决在承认和执行时无法可依。而且,仲裁委员会的设立按照行政区划设立,体现了仲裁与行政挂钩,导致实践中仲裁机构的法律地位不明晰。《征求意见稿》中首先增加了"其他确有需要设立仲裁机构的,由国务院司法行政部门批准",从而扩大了仲裁委员会的设立主体有利于"去行政地域化",提升了仲裁机构的民间性与独立性。但是《征求意见稿》第12条第4款规定:"仲裁机构登记管理办法由国务院制定。"然而"管理"一词语焉不详,未明确是仲裁机构登记方面的管理,还是与登记并行的仲裁机构管理。若为后者,可能将增加司法行政机关对仲裁机构运营及案件管理的过度干预风险。与此同时,《征求意见稿》第14条对仲裁机构独立于行政机关的规定未进行修改。另外,《征求意见稿》第96条第2款规定,收取仲裁费用的办法由国务院价格主管部门会同国务院司法行政部门制定。此种行政干预的收费方式与仲裁改革实行经营性收费的发展方向背道而驰。②

(二)允许合格的境外仲裁机构经批准后在中国境内设立分支机构

主流观点认为,随着我国国际贸易和投资量的快速增长,国际商事纠纷日益增多,引入境外仲裁机构有助于提升内地仲裁市场的竞争性与国际化。国际专家也普遍表示赞同,认为不应当只允许常设的境外仲裁机构设立分支机构,而是可以让类似伦敦海事仲裁员协会(LMAA)这样管理临时仲裁案件较多的组织在中国内地设立分支机构。③

《征求意见稿》第12条第3款增加了"外国仲裁机构在中华人民共和国领域内设立业务机构、办理涉外仲裁业务的,由省、自治区、直辖市的司法行政部门登记,报国务院司法行政部门备案"的规定。这一修改符合社会共识,但在条款细节安排上又作出"办理涉外仲裁业务"的限定。事实上,境外仲裁机构进入中国内地开展仲裁业务基本以涉外业务为主,对国内仲裁案件市场产生实质性冲击的可能性很小,如果加以限定反而让境外仲裁机构对我国政府开放仲裁市场的意愿产生怀疑。在法律用语方面,《征求意见稿》使用"外国仲裁机构"而非"境外

---

① 宋连斌、赵健:《关于修改1994年中国〈仲裁法〉若干问题的探讨》,《国际经济法学刊》2001年第1期,第597—617页。
② 谭启平:《论我国仲裁机构的法律地位及其改革之路》,《东方法学》2021年第5期,第150—164页。
③ 毛晓飞:《法律实证研究视角下的仲裁法修订:共识与差异》,《国际法研究》2021年第6期,第110—126页。

仲裁机构"，实践中可能会将我国香港特别行政区与澳门特别行政区的仲裁机构排除在外，这与当下引进境外仲裁机构的政策本意不符。另外，境外仲裁机构在内地设立业务机构是否属于《仲裁法》项下的"仲裁机构"应予澄清。依照《征求意见稿》第 13 条的规定，仲裁机构"包括仲裁委员会和其他开展仲裁业务的专门组织"，这看似将境外仲裁机构的业务机构纳入法律调整范围，但实际上现有仲裁机构组织的相关规定与境外仲裁机构的实际运行情况脱节，例如《征求意见稿》第 15 条要求仲裁机构应当"有聘任的仲裁员"，但一些境外仲裁机构并无"聘任的"仲裁员，且无仲裁员名册。还有，《征求意见稿》第 8 章"附则"第 95 条规定"仲裁规则应当依照本法制定"。这是否意味着境外仲裁机构在内地的业务机构需符合《仲裁法》规定的仲裁规则才可进行案件管理。因此，虽然此次《征求意见稿》将境外仲裁机构纳入了我国《仲裁法》语境下的仲裁机构序列，但是其他条款未进行相应修订，导致对境外仲裁机构的性质界定存在冲突。

（三）关于境外仲裁机构性质的判断标准

我国现行《仲裁法》并未规定仲裁机构具有法人地位，故仲裁委员会到底是政府机构还是民间法人？在对仲裁机构性质的界定直接影响境外仲裁机构性质的界定以及其准入规定。《征求意见稿》第 13 条规定："仲裁机构是依照本法设立，为解决合同纠纷和其他财产权益纠纷提供公益性服务的非营利法人，包括仲裁委员会和其他开展仲裁业务的专门组织。仲裁机构经登记取得法人资格。"如果明确了仲裁机构的法人地位，以此类推，我国法律对于仲裁机构这样的非营利性法人也应采用"注册登记地"标准判断其是否中国境外仲裁机构。可供参照的是《中华人民共和国公司法》（以下简称《公司法》）对外国公司的定义，其第 191 条规定："本法所称外国公司是指依照外国法律在中国境外设立的公司。"从这个角度看，《境外仲裁机构管理办法》第 2 条的规定中以在外国或其他地区"合法成立"来判断仲裁机构是否属于"境外"是比较恰当的。

在明晰境外仲裁机构的判断标准之后，还需进一步明确境外仲裁机构在中国的准入规定。外国仲裁机构准入的类型有：具备法人地位的外国仲裁机构准入、无法人地位的外国仲裁机构准入、不设立商业存在的外国机构仲裁准入。

就具备法人地位的外国仲裁机构准入而言，我国有关设立仲裁机构的制度缺乏对外国仲裁机构准入的具体规定，外国仲裁机构准入与其他部分规定存在冲突。《仲裁委员会登记暂行办法》第 2、3、4 条规定：市人民政府对是否允许设立仲裁机构享有实质上的审批权；组建仲裁机构的具体事务通常由商会负责；省级司法行政部门对符合要求的申请进行程序上的审核并登记。《仲裁委员会登记暂行办法》没有规定是否允许我国与外国仲裁机构合资设立仲裁机构以及具体的条件和程序。与此同时,《重新组建仲裁机构方案》第 2 条规定,依法被允许组建仲裁委员会的数量不能超过 1 个。该方案还对机构的名称、组成人员等进行了较为严格的限制。如果外国仲裁机构欲在我国设立有法人地位的仲裁机构,则将与以上规定冲突。

就无法人地位的外国仲裁机构准入而言,我国现行法律法规对这类机构在我国境内开展业务存在限制。我国《境外非政府组织境内活动管理法》允许境外非政府组织在我国境内设立代表机构。外国仲裁机构设立的依据是国外的有关法律,非我国《仲裁法》,因此外国仲裁机构在我国设立的办事处在性质上不属于我国《仲裁法》中的仲裁委员会。我国《仲裁委员会登记暂行办法》第 3 条规定,如果仲裁机构没有依据该办法进行登记,则其作出的裁决不具有执行力。这导致外国仲裁机构可以在我国设立代表处,但是无法直接开展仲裁业务。

就不设立商业存在的外国仲裁机构准入而言,我国的立法和司法实践在是否允许外国仲裁机构准入方面存在不明确性。我国在加入《纽约公约》时进行了互惠保留,即我国只承认和执行缔约国在其领土内作出的裁决。如果外国仲裁机构以我国为仲裁地作出裁决,则我国无法依据《纽约公约》对该裁决予以承认和执行。与此同时,我国现行立法没有明确仲裁裁决国籍的标准,理论界和实务界一般认为,其采用的是仲裁机构所在地标准。由此推论,外国仲裁机构在我国作出的裁决对我国属于"非内国裁决",这将不利于我国对这类裁决的支持与监督。

(四) 仲裁机构的去行政化

《仲裁法》第 14 条规定:"仲裁机构独立于行政机关,与行政机关没有隶属关系。"该条去行政化的价值取向是明确的,但并没有对仲裁机构具体属于什么性质的组织进行正面回答。正是由于《仲裁法》对仲裁机构的性质只是作了否定性、排除性的阐述,使得仲裁机构的性质之争从未间断。[①]

《重新组建仲裁机构方案》规定:"仲裁委员会设立初期,其所在地的市人民政府应该参照有关事业单位的规定,解决仲裁委员会的人员编制、经费、用房等。仲裁委员会应当逐步做到自收自支。"在该方案的指导下,全国各地仲裁机构陆续组建,绝大部分被归为事业单位。根据 2017 年进行的全国范围内 250 余家仲

---

① 姜丽丽:《论我国仲裁机构的法律属性及其改革方向》,《比较法研究》2019 年第 3 期,第 142—156 页。

裁机构的情况调研,属于事业单位的有 187 家;属于社会团体、中介组织性质的有 9 家;未确定性质的 35 家。由此可见,虽然立法者避免仲裁机构的行政化而将其排除出事业单位的范围,但是在实践中仲裁机构性质不明、组建设立机制由行政机关主导,导致仲裁机构在事实上归入事业单位的序列范围。例如,《山东省参照〈中华人民共和国公务员法〉管理的单位审批办法》规定,山东省的仲裁委员会全部列入参照《中华人民共和国公务员法》管理范围,按照公务员法及其配套政策法规实施录用、考核、职务任免、职务升降、奖励、惩戒、培训、交流与回报、工资福利保险、辞职辞退、退休等各项管理制度,使得山东省仲裁机构变成实质上的行政机关。虽然《仲裁法》第 14 条规定:"仲裁委员会独立于行政机关,与行政机关没有隶属关系。"而在实践中,这一立法目的显然没有完全实现。新组建的仲裁委员会与当地政府或其他权力部门以实施《仲裁法》的名义,甚至联合发布权威性文件直接或间接地干预本地当事人对仲裁机构的选择。实践中很多地方政府与仲裁委员要求区域内企业如果有纠纷应提交某仲裁委员会仲裁,政府机关在其格式合同或进行合同审批时也常要求当事人列入该项仲裁条款,这导致仲裁机构成为事实上的行政部门。

因此,仲裁机构的去行政化是近年来《仲裁法》修改的重要议题之一。在中共中央、国务院于 2018 年 12 月 31 日下发的《完善仲裁意见》中,确立了仲裁机构非营利法人的地位。[①] 司法部相关工作人员也明确指出:"司法部研究推进仲裁机构内部治理结构综合体制改革,明确市场化法治化改革方向,真正使仲裁机构成为面向市场提供仲裁服务的非营利法人。"[②]《征求意见稿》第 13 条也明确了仲裁机构非营利法人的法律地位,但是如果依据《征求意见稿》第 13 条将仲裁机构定位为其他公益性非营利法人,将面临规范供应不足的问题。一方面,作为基础性法律的《中华人民共和国民法典》(以下简称《民法典》)缺少对于非营利法人的一般性规定。在《民法典·总则编》第三章第三节中,立法者虽以整节的内容对非营利法人予以规定,但除《民法典》第 87 条对非营利法人的定义与类型作出规定外,该节其他条文均是以具体的非营利法人为对象展开的。换言之,《民法典·总则编》第三章"非营利法人"一节,缺少对于非营利法人的一般性规定。虽然《民法典·总则编》第三章第一节的规定原则上适用于所有类型的法人,但

---

① 《完善仲裁意见》规定:"仲裁委员会是政府依据仲裁法组织有关部门和商会组建,为解决合同纠纷和其他财产权益纠纷提供公益性服务的非营利法人。"

② 司法部:《真正使仲裁机构成为面向市场提供仲裁服务的非营利法人》,http://www.ce.cn/xwzx/gnsz/gdxw/202012/23/t20201223_36150507.shtml,最后访问日期:2022 年 6 月 22 日。

该节的规定存在着大量参照公司法相关条文的情况,①对非营利法人的指导意义不大。另一方面,我国未出台非营利法人的统一立法,若将仲裁机构定位为其他公益性非营利法人,则缺乏统一非营利法人基本法的规制。至于非营利法人单行法,目前我国也未有专门针对仲裁机构设立、运营等事项的规范。② 因此,虽然可以将仲裁机构定位为其他公益性非营利法人,但基于目前我国非营利法人的法律体系尚不完善,应尽量在《民法典》所列举的非营利法人中寻找契合仲裁机构的类型,非营利法人只能作为兜底使用。

(五) 仲裁员的指定与更换

在我国仲裁实践中,仲裁规则明确当事人有指定仲裁员的权利,但无更换仲裁员的权利,仲裁员的更换主要由仲裁机构来决定。例如,《中国国际经济贸易仲裁委员会仲裁规则(2015 年版)》第 33 条规定:仲裁委员会主任有权决定更换仲裁员,仲裁员也可以主动更换;《北京仲裁委员会仲裁规则(2019 年版)》第 23条规定:仲裁委员会主任可以决定,或者当事人一致要求时可以更换仲裁员。

反观联合国《示范法》第 14 条第 1 款的规定:"仲裁员无履行职责的法律行为能力、事实行为能力,或者由于其他原因未能不过分迟延地行事的,其若辞职或者当事人约定其委任终止的,其委任即告终止。但对上述任何原因仍有争议的,任何一方当事人可以请求第 6 条规定的法院或其他机构就是否终止委任作出决定,该决定不得上诉。"这意味着,《示范法》将更换仲裁员的权利更多地赋予当事人。《征求意见稿》的修改加强了当事人的相关法定权利,与专家共识相符。根据《征求意见稿》第 53 条的规定,如果出现仲裁员应当回避的事项,当事人也有权提出回避申请。

1. 仲裁员名册和仲裁员任职资格

关于仲裁员的资格条件,各国立法大致可分为两类:严格资格条件与普通资格条件。我国《仲裁法》第 13 条规定了仲裁员的资格条件:"仲裁委员会应当从公道正派的人员中聘任仲裁员。仲裁员应当符合下列条件之一:(一)从事仲裁工作满八年的;(二)从事律师工作满八年的;(三)曾任审判员满八年的;(四)从事法律研究、教学工作并具有高级职称的;(五)具有法律知识、从事经济贸易等专业工作并具有高级职称或者具有同等专业水平的。"实践中一些仲裁

---

① 蒋大兴:《〈民法总论〉的商法意义——以法人类型区分及规范构造为中心》,《比较法研究》2017 年第4 期。
② 谭启平:《论我国仲裁机构的法律地位及其改革之路》,《东方法学》2021 年第 5 期,第 150—164 页。

机构为了保证仲裁质量，以《仲裁法》第13条的规定为最低标准，有针对性地对仲裁员资格条件提出了更高要求。例如，2004年3月1日起施行的《北京仲裁委员会仲裁员聘用管理办法》第2条规定："北京仲裁委员会的仲裁员应符合《仲裁法》第13条的规定，同时还应满足下列条件……"这表明，一方面，《仲裁法》只用一个条文规范仲裁员的资格条件有些简单；另一方面，在公众和法院对仲裁还没有建立起足够的信心之前，对仲裁员提出更高的要求无可非议。尽管《仲裁法》第13条并未对仲裁员名册进行强制性规定，但由于一些仲裁机构会要求当事人从其提供的名册中选择仲裁员，故实际效果等同于强制性名册制度。《仲裁法》第13条对仲裁任职资格规定的"正面清单"具体而严格，体现出我国商事仲裁发展初期，立法者对仲裁员采取形式上严格准入的态度，但由于缺乏对仲裁员独立性的强调和保护，故没有切实保障仲裁员的权益（包括其取得报酬的权利）。① 除此之外，《仲裁法》没有在仲裁机构和仲裁员之间处理好仲裁权的最终归属问题，特别是仲裁机构管理、服务功能与仲裁庭权力的关系，使得仲裁机构的职权有不当扩张之嫌，影响了中国涉外仲裁与国际接轨。

关于仲裁员的名册制度，学界主流意见认为应该将《仲裁法》第13条规定的"名册制"明确为推荐名册制，即鼓励当事人从仲裁机构设置的仲裁员名册中委任仲裁员，但也可以在名册外委任仲裁员，在后一种情况下，当事人和被提名者须证明被提名者已达到《仲裁法》规定的资格条件。实施仲裁员名册制度的优势是保证仲裁员的水平，从而有利于保障仲裁的公正性。目前实行的仲裁员强制性名册制限制了当事人选择仲裁员的自由，这与仲裁活动的本质是一种商事活动相违背。当事人享有选择仲裁员、仲裁地、仲裁语言以及适用法律的自由。根据《中国国际经济贸易仲裁委员会2020年工作报告》，2020年中国国际经济贸易仲裁委员会的在册仲裁员1 500多名，其中外籍仲裁员和我国香港特别行政区、澳门特别行政区以及台湾地区的仲裁员超过400名，外籍仲裁员来自70多个国家和地区，而2020年处理的案件涉及76个国家和地区的案件共739件（包括双方均为境外当事人的国际案件67件），②涉外案件中涉及的国家数量与外籍仲裁员的国籍数量基本持平，如果坚持仲裁员强制性名册制度将导致由于有些国家和地区被列入仲裁员名册的人数极少，甚至仅一个，这些国家和地区的当事人如果想委任与自己来自同一国家和地区的仲裁员几乎无法选择。强制性名

---

① 马占军：《我国商事仲裁员任职资格制度的修改与完善》，《河北法学》2015年第7期，第117—126页。
② 《中国国际经济贸易仲裁委员会2020年工作报告》。

册制使得仲裁员成为有限资源,由谁及怎么设立仲裁员名册成为问题,而且还可能不利于年轻仲裁人才的产生。两相比较,显然,实行推荐性名册制更可取。①

《征求意见稿》第18条的最后一款明确规定了仲裁员名册的推荐性质。但是,在仲裁员任职资格规定方面,《征求意见稿》采取"正面清单"与"负面清单"相结合的方式。其中,"正面清单"内容与现行规定基本一致,"负面清单"规定了三种不得担任仲裁员的情形:无民事行为能力或者限制民事行为能力的;受过刑事处罚的,但过失犯罪的除外;根据法律规定,有不能担任仲裁员的其他情形的。虽然《征求意见稿》规定:"仲裁机构按照不同专业设仲裁员推荐名册",但是又同时规定了严格的仲裁员任职资格,说明我国商事仲裁以当事人合意自由为原则,但是鉴于国内仲裁制度发展还不成熟,仲裁机构的水平参差不齐,国家为当事人提前筛选了合格的仲裁员,以保障当事人获得公正的裁决。结合国际通行做法来看,仲裁立法一般不对仲裁员的任职资格进行规范。参考国内外仲裁专家的主流意见,本次《征求意见稿》中的仲裁员制度并未完全与国际通行做法接轨,建议可以在草案修改中放宽对仲裁员任职资格的形式要件,以便更好发挥市场竞争在仲裁员任职与行为规范中的积极作用,同时让负面清单规定更具可操作性。《仲裁法》第13条规定了仲裁员的条件,允许公务员队伍中符合该条规定的专家型人士担任仲裁员。国务院办公厅于1995年发布的4号文件也明确规定:"公务员经单位批准同意可以担任仲裁员,仲裁员办理仲裁案件,仲裁委员会按照仲裁规则的规定给付报酬。"但我国《公务员法》第42条规定:"公务员因工作需要在机关外兼职,应当经有关机关批准,并不得领取兼职报酬。"新的仲裁法应该对此有所规定,以避免实践中的冲突。

2. 仲裁员的责任豁免

仲裁是一种准司法行为。美国法学家德沃金将法官比喻为法律帝国的"王侯",仲裁员也是仲裁帝国的"国王"。法官在审判过程中享有责任豁免,不会仅因裁决错误而承担法律责任,而仲裁员是否可以享有类似豁免权却没有体现。《征求意见稿》没有规定仲裁员的责任豁免,而是保留了《仲裁法》第38条对仲裁员法律责任的规定。如前所述,从仲裁员角色的本质出发,除非存在故意或违法行为,否则不应当为其正常履职行为承担法律责任。因为仲裁员是仲裁纠纷的裁判者,其地位类似于法官。②

---

① 马占军、徐徽:《商事仲裁员替换制度的修改与完善》,《河北法学》2016年第5期,第115—124页。
② 张泽平:《国际商事仲裁中的责任制度探析》,《当代法学》2001年第8期,第47—49、52页。

一些国家通过仲裁法明确仲裁员责任豁免原则。例如，英国《仲裁法》第 29 条规定："仲裁员不对其在履行或试图履行其职权过程中的任何作为或不作为承担责任，除非该作为或不作为表明其违反了诚信原则。本条第 1 款之规定如同适用于仲裁员本人一样适用于其雇员或代理人。本条不影响因仲裁员辞职而产生的责任（除外情况见第 25 条）。"《新加坡国际仲裁法》第 25、25A 条以及我国《香港仲裁条例》第 104、105 条也有类似规定。这次修订应当在仲裁员法律责任与责任豁免方面作出均衡的安排，以与国际通行规则一致。

三、结语

总体而言，本次《征求意见稿》与《仲裁法》相比更加具有现代化和国际化的特征，既是对近 30 年中国仲裁实践探索的经验总结，也是借鉴吸收国际商事仲裁通行规则的有益尝试，在内容上进行了许多重要改变，例如第二章对仲裁机构的范围进行扩大，将外国仲裁机构也包括在内，更加契合国际商事仲裁的背景。此外，《征求意见稿》也凸显了对当事人意思自治的尊重，将仲裁员强制名册制度改为推荐性名册制度，保障了当事人选择仲裁员的自由，这也与仲裁活动的本质是一种商事活动相契合，体现了专业与高效的仲裁理念。

本次修订有助于进一步提升仲裁在多元化纠纷解决机制中的重要地位，增强我国作为争议仲裁地的国际竞争力。

第二节 第三章"仲裁协议"之主要修改 *

一、修订焦点

"仲裁协议是仲裁程序的基础和开端。"①在《征求意见稿》"仲裁协议"一章中，修订的焦点主要有两个：一是仲裁协议效力的确定；二是"仲裁地"标准。其中，前者包括两个主要问题，首先，仲裁协议效力确定的主体，这涉及仲裁庭的自裁管辖权问题；其次，各类特殊情形下应当如何确定，包括仲裁机构没有约定或

---

* 本节撰稿人赵尔雅。
① 陈舒：《仲裁协议是仲裁程序的基石》，http://www.gzlawyer.org/info/9cb5ce28494341f9a4dbda1b57cfd15c，最后访问日期：2022 年 3 月 10 日。

者约定不明确时,仲裁协议效力的确定、主从合同纠纷以及公司企业代表诉讼等特殊情形下仲裁协议效力的认定等。后者反映了长期以来我国仅有"仲裁机构所在地"概念而与国际商事仲裁惯例不一致的困境。

二、修订对比总览

《征求意见稿》与《仲裁法》第三章均为"仲裁协议"。总体来看,第三章的条款数量从原先的 5 条(第 16—20 条)增加到 8 条(第 21—28 条)。在本次修订中,共有四种类型的变动:未修改、删除、部分修改和新增。如表 1-1 所示,在《征求意见稿》的 8 条中,1 条为完全保留的《仲裁法》条款,3 条为经过部分修改的条款,4 条为《征求意见稿》新增的条款。

表 1-1 修订条款对比总览

修订类型	条款数量	具体条款变化	条 款 内 容
未改	1	原第 17 条→现第 22 条	仲裁协议无效的情形——消极要件
删除	1	原第 18 条	约定不明时的仲裁协议效力
修改	3	原第 16 条→现第 21 条	仲裁协议的形式要求——积极要件
		原第 19 条→现第 23 条	仲裁庭的自裁管辖权
		原第 20 条→现第 28 条	
新增	4	现第 24 条	主合同仲裁效力及于从合同
		现第 25 条	仲裁协议效力及于股东派生诉讼
		现第 26 条	未明确不能仲裁的争议仲裁协议有效
		现第 27 条	引入仲裁地概念

三、修订分类逐条检视

（一）未修改的条款:仲裁协议无效的情形——消极要件

《征求意见稿》第 22 条完全保留了《仲裁法》第 17 条所规定的仲裁协议无效情形中的消极要件,即规定了三种无效情形:约定的仲裁事项超出法律规定的仲裁范围的、无民事行为能力人或者限制民事行为能力人订立的仲裁协议的、一方采取胁迫手段迫使对方订立仲裁协议的。

（二）删除的条款：约定不明时的仲裁协议效力

《仲裁法》第18条规定了约定不明时的仲裁协议效力："仲裁协议对仲裁事项或者仲裁委员会没有约定或者约定不明确的，当事人可以补充协议；达不成补充协议的，仲裁协议无效。"《征求意见稿》取消了在上述情况下直接将仲裁协议归为无效的规定，最大化仲裁协议的效力，体现了立法对仲裁活动的支持。

《仲裁法》第18条被删除后出现了一个法律内部条款间的协调问题，即在《征求意见稿》的仲裁协议有效性条件下，若出现类似《仲裁法》第18条约定不明的情形，管辖权应当如何确定。《征求意见稿》第21条不再将"明确的仲裁机构"作为仲裁协议有效的要件之一，回答了根据仲裁协议无法指向一个确定的仲裁机构时，案件管辖权如何确定的问题。具体而言，第35条明确了两种路径：一是仲裁协议对仲裁机构约定不明确时，按照根据仲裁规则确定—根据补充协议确定—由最先立案的仲裁机构受理的顺序来确定受理案件的仲裁机构；二是仲裁协议没有约定仲裁机构时，按照根据补充协议确定—由当事人的共同住所地的仲裁机构受理—先立案由最先立案的仲裁机构受理的顺序来确定受理案件的仲裁机构。

《征求意见稿》第35条规定的可取之处在于，其关于受案机构的顺序与《中华人民共和国民事诉讼法》（以下简称《民事诉讼法》）第36条"原告向两个以上有管辖权的人民法院起诉的，由最先立案的人民法院管辖"异曲同工。但是，第35条也存在一定问题。一是"先立案"的仲裁机构是否必须满足仲裁协议的已有约定或与已有约定相关联？当仲裁协议约定"上海市的仲裁委员会"时，是否仅有上海市的仲裁委员会有权受理，还是任意一家均可受理？毕竟，如果没有这一限制，可能出现当事人仲裁机构竞速（race to the tribunal）的情形——在仲裁机构不能确定时，当事人可能抢先将案件提交至认为仅对自己最有利的但可能与案件并无实质关联的仲裁机构。二是假如当事人的共同住所地存在多家仲裁机构，是否亦应当由最先立案的共同住所地仲裁机构管辖？最先立案的第三地仲裁机构是否任意一家？这些细则尚待明确。

（三）部分修改的条款

1. 仲裁协议的形式要求——积极要件

《征求意见稿》第21条放松了对仲裁协议的形式要求，仅要求"书面方式在纠纷发生前或者纠纷发生后达成的具有请求仲裁的意思表示的协议"，将原先《仲裁法》第16条要求的书面方式、仲裁合意、仲裁事项、仲裁机构四要件缩减为书面方式和仲裁合意两要件。此外，第 21 条还增加了"一方当事人在仲裁中主张有仲裁协议，其他当事人不予否认的，视为当事人之间存在仲裁协议"的规定，进一步扩大了仲裁协议被认定为有效的空间。

这一修订体现了《征求意见稿》在向国际仲裁规则靠近。首先，《联合国贸易法委员会国际商事仲裁示范法》（以下简称《示范法》）提供的两种备选文案中都没有"仲裁机构""仲裁事项"两个形式要件。其次，《示范法》中也有"不否认视为存在仲裁条款"的规定。

尽管根据现行《仲裁法》和《最高人民法院关于适用〈中华人民共和国仲裁法〉若干问题的解释》（以下简称《解释》），允许"默示"的方式达成仲裁协议——如果其他当事人在首次开庭前没有对仲裁庭的管辖权或仲裁协议效力提出异议，则视为其接受了仲裁庭的管辖权。但是，这种"默示"难以发挥实际作用，导致现行实践中仲裁程序的启动困难的悖论——在没有当事人签署的仲裁协议或仲裁条款的情况下，仲裁立案本身就是问题，法院也很难就一份并未签署的仲裁协议或仲裁条款启动仲裁协议效力的司法审查程序。而《征求意见稿》对这种情况下的仲裁协议有效性予以明确，对于此类案件实务有积极的指导意义。

2. 仲裁庭的自裁管辖权

《征求意见稿》的第 23、28 条明确了仲裁庭的自裁管辖权。首先，关于自裁管辖权的范围。相较于根据《仲裁法》下仲裁庭有权确认的范围仅限于"合同的效力"，《征求意见稿》明确仲裁庭亦有权决定仲裁协议的效力。其次，关于自裁管辖权的主体。《仲裁法》规定，仲裁协议效力判断的权力属于仲裁委员会或法院，且最终属于法院，而根据《征求意见稿》规定，仲裁庭有权决定自身管辖权，只是依然可能受到法院的审查。

我国《仲裁法》并没有规定自裁管辖权。中国国际经济贸易仲裁委员会（CIETAC）最先在其仲裁规则中将对仲裁协议效力判断的权利授权给仲裁庭。而此次《征求意见稿》修订的最大意义是在立法层面引入了有限的管辖权自裁原则，所谓"有限"是因其既非简单地引入自裁管辖权原则，也没有采纳司法审查事后介入的做法，而是采取折中路线。《征求意见稿》保留了法院在仲裁程序过程中对仲裁裁决效力审查的制度安排，但法院的仲裁协议效力司法审查不再与仲裁庭的审查程序平行，而是变为类似二审的审查。在原先仲裁庭没有自裁管辖权的情况下，若当事人同时指称合同和仲裁协议无效，仲裁庭只能判断合同的效力，没有权限对仲裁协议的效力进行判断，这种机械的权力分割并不能适应实体争议和管辖权争议相互伴随的情况。

《征求意见稿》由于缺乏明确的细则在实践中容易遭遇以下问题：第一，过早允许法院介入，可能使当事人和仲裁庭因审理案件所产生的成本毫无意义。《修订意见稿》规定："当事人对仲裁协议效力或者管辖权决定有异议的，应当自收到决定之日起十日内，提请仲裁地的中级人民法院审查。""人民法院的审查不影响仲裁程序的进行。"但当仲裁最终裁决先于法院仲裁协议无效的司法审查裁决作出时，仲裁裁决的效力存疑：这时已经作出的仲裁裁决是应当自动无效，还是需当事人另行申请撤销仲裁裁决方可判定无效？

第二，在确认仲裁效力之诉缺失后，仲裁机构能否有效配合立案未知。对于仲裁协议效力不明确的案件，仲裁机构立案时会比较保守。《仲裁法》规定，当仲裁委员会不予立案时，当事人可向法院提起仲裁协议效力确认之诉。但是，《征求意见稿》规定，若仲裁机构不予立案，需先经过仲裁庭的决定后，当事人才可向法院提起仲裁协议效力确认之诉。因此，在《征求意见稿》的规定下有可能出现仲裁机构未立案，法院也不予受理的情形，使得当事人无法得到任何程序或实体上的救济。若要保证《征求意见稿》中的自裁管辖权制度不落空，实践中需要仲裁机构对仲裁协议效力不明的案件放宽立案标准。

第三，为了配合《征求意见稿》的修订，需要对仲裁协议司法审查的报告制度进行相应修改。2021年《最高人民法院关于仲裁司法审查案件报核问题的有关规定》（以下简称《规定》）第8条规定："在民事诉讼案件中，对于人民法院因涉及仲裁协议效力而作出的不予受理、驳回起诉、管辖权异议的裁定，当事人不服提起上诉，第二审人民法院经审查拟认定仲裁协议不成立、无效、失效、内容不明确无法执行的，须按照本规定第二条的规定逐级报核，待上级人民法院审核后，方可依上级人民法院的审核意见作出裁定。"而根据《征求意见稿》的规定，非涉外仲裁案件中的仲裁协议效力问题经过法院首次裁决后，若当事人不服，可以自裁定送达之日起10日内向上一级人民法院申请复议，复议结果为终局结果。因此，《规定》对仲裁协议被法院裁定无效之案件逐级报核的要求不再适用。

（四）新增的条款

1. 主合同仲裁效力及于从合同

《征求意见稿》第24条明确了主从合同仲裁协议约定不一致、从合同没有约定仲裁协议时，以主合同的约定为准。表面来看，这一修订方便了仲裁机构对主从合同纠纷的审理，有利于仲裁机构快速、高效审理案件。

但是,这种"一刀切"的规定亦有违背当事人意思自治原则的嫌疑。首先,这一规定和现行法冲突。《最高人民法院关于适用〈中华人民共和国民法典〉有关担保制度的解释》第 21 条规定:"债权人依法可以单独起诉担保人且仅起诉担保人的,应当根据担保合同确定管辖法院。"该条明确规定了在主从合同仲裁协议约定不一致的情况下以从合同为准的情况。显然,在主从合同对仲裁机构均有约定但约定不一致的情况下,《征求意见稿》第 24 条直接忽略了当事人在从合同中体现的意思自治的成果。其次,本条可能的主要作用是在主合同含有仲裁协议规定而从合同未对管辖和管辖机构作出任何约定时,对从合同如何处理的推定。但即使如此,也不意味着当事人在从合同的合意上不会受到减损。例如,若主合同当事人在从合同成立后变更了主合同约定的管辖,或者从合同当事人不知道也不应当知道主合同对管辖作出约定时,《征求意见稿》第 24 条便明显违背了从合同当事人的意思自治。在特定情况下,按照《征求意见稿》第 24 条直接推定可能会对从合同当事人的一方产生不利影响,例如在担保合同中,债权人同时为两个法律关系的当事人,一般应该是发起仲裁或诉讼,其本应预见到主从合同仲裁协议规定不一致的不利后果,并从开始即避免此类情况的发生;若直接根据《征求意见稿》第 24 条的推定,容易出现担保人在不知情的情况下不得不接受主合同仲裁协议的情形。

2. 仲裁协议效力及于股东派生诉讼

《征求意见稿》规定了仲裁协议效力及于股东或有限合伙人的派生诉讼,首次在立法层面涉及仲裁协议的属人管辖。此前,对于仲裁协议效力是否适用于股东派生诉讼存在两种观点:[1]持"否定说"的学者的观点建立在仲裁条款或者仲裁协议具有相对性的理论上,认为其只能约束仲裁条款或者仲裁协议的签署方(股东代表的公司与公司的责任主体),而不能约束合同关系之外的第三人(指拟提起股东派生仲裁的股东);持"肯定说"的观点则认为,股东代表的公司与公司的责任主体之间的仲裁条款或仲裁协议的相对性不可否认,但是,鉴于股东派生仲裁要解决的商事争议恰恰是在仲裁条款或者仲裁协议项下的争议、股东作为申请人在仲裁程序中处于公司的代表人地位,以及股东在提起股东派生仲裁之前原则上要履行竭尽公司内部救济的前置程序,故应当对仲裁条款或者仲裁协议的相对性进行弹性化的扩张解释。换言之,"肯定说"认为这种做法是符合股东派生诉讼原理的,即股东代表诉讼基于公司所拥有的法律救济请求权而产

---

[1]　马宁:《论我国股东派生诉讼制度的完善——评〈公司法〉第 151 条》,《仲裁研究》2015 年第 3 期,第 67 页。

生，是公司本身的权利，只是在公司怠于行使权利时股东代表公司行使，胜诉利益归于公司而非归于股东，故公司与第三人签署的有效仲裁协议当然约束公司和第三人的争议解决方式。

也有观点从合理利益原则出发，分析股东派生仲裁对各方的合理利益。首先，对公司来说，提起派生请求依据之一就是为了公司的利益；其次，从申请人的角度看，公司未能依据仲裁协议提起仲裁，其原因被申请人的作为或不作为导致公司无法起诉，且这种无法是程序上（提出请求）和实体上（获得请求）的无法。再次，从被申请人角度讲，仲裁协议并非基于人身关系订立，而是为了仲裁高效辩解的优点。最后，就本可能享有管辖权的法院而言，作为一种可选择的替代解决方式，仲裁显然并非对其管辖权的一种剥夺或削弱，也不会对其造成不合理利益。[①]

《征求意见稿》这一修订的重大意义在于其顺应和澄清了司法实践。一方面，司法实践中绝大多数法院支持派生仲裁；另一方面，目前已经有部分规范支持仲裁协议适用于股东派生诉讼。例如，广东省高级人民法院在 2004 年《涉外商事审判若干问题的指导意见》中，就"外商投资企业的投资方为维护外商投资企业的利益是否有权以自己的名义提起诉讼或仲裁"作出答复："根据最高人民法院于 1994 年 11 月 4 日发布的《关于对中外合资经营企业对外发生经济合同纠纷，控制合营企业的外方与卖方有利害关系，合营企业的中方应以谁的名义向人民法院起诉问题的复函》中'对合营企业的港方拒绝召开董事会以合营企业名义起诉的，中方可以自己的名义起诉'的精神，在外商投资企业控制方拒绝召开董事会决定以外商投资企业的名义向第三人主张权利时，该外商投资企业的其他投资方为维护企业的利益，可以以自己的名义对第三人提起诉讼或仲裁。"

3. 未明确不能仲裁的争议仲裁协议有效

《征求意见稿》第 26 条规定，对于可以提起民事诉讼的事项，未规定不能仲裁的，仲裁协议有效。这一修订规定了可诉讼性与可仲裁性的关系，明确只要其他法律对仲裁没有禁止性规定的，当事人订立的符合本法规定的仲裁协议有效，扩大了可仲裁事项的范围。

但是，《征求意见稿》对于可仲裁事项的规定仍不够周延。《征求意见稿》第 1、2、13 条分别保留了"经济纠纷""合同纠纷和其他财产权益纠纷"的积极要件，其中第 2 条还规定了可仲裁性的消极要件："（一）婚姻、收养、监护、扶养、继承纠纷；（二）法律规定应当由行政机关处理的行政争议。其他法律有特别规定

---

① 林一飞：《试论派生仲裁请求权》，《国际商法论丛》2002 年第 4 卷，第 619—620 页。

的,从其规定。"以上正反两面的规定可能无法涵盖可仲裁事项的范围,例如,体育仲裁所涉及的内容并不一定包含经济纠纷,也难以被"合同纠纷和其他财产权益纠纷"所涵盖。随着我国的仲裁行业的发展,立法以及相应的实施细则应当更科学和周延地规定仲裁可以解决哪些类型的纠纷。

4. 引入仲裁地概念

仲裁地区别于仲裁开庭地,主要指法律意义上的仲裁所在地。我国《仲裁法》只有"仲裁机构所在地"概念,体现的是行政主导而非仲裁作为独立争端解决机制的思路。相应地,我国长期以来仅承认机构仲裁,商事仲裁的所有制度均围绕机构仲裁展开,仲裁裁决的国籍按仲裁机构确定,撤销涉外商事仲裁裁决的决定权也属于仲裁机构所在地的法院。"仲裁地"概念的重要性在于它决定了仲裁裁决生效的法律所在地、仲裁地法院等一系列因素,后者又在司法过程中决定着仲裁裁决的执行与撤销所依据的法律以及管辖法院等。有论者指出,在国际商事仲裁中,仲裁地法院的重要性体现在以下方面:首先,在《纽约公约》的框架下,各国对国际商事仲裁的控制以领域标准为界。国际商事仲裁裁决是仲裁地决定国籍,相关仲裁裁决为仲裁地的内国裁决,仲裁地法院根据国家主权原则对该仲裁裁决享有监督和审查的权利。仲裁地法院凭借对国际商事仲裁裁决享有的审查权,对仲裁裁决的基础,即仲裁协议的效力也享有最终决定权。其次,在缺乏国际统一法律框架和全球性超国家司法机构的情况下,国际商事仲裁程序的正常进行需要一国的法律体系和司法机构提供支持,国际商事仲裁基于仲裁地这一重要的连接点与仲裁地法律紧密联系,仲裁地法院为国际商事仲裁程序的正常进行提供了保障。仲裁地法院主要发挥支持国际商事仲裁的作用,同时也对国际商事仲裁有一定的控制权,形成对仲裁庭的外在约束,有利于促进程序公正。[①]

引入仲裁地的概念是本次《征求意见稿》最重要的修订之一,是我国仲裁法与国际仲裁惯例接轨的重要体现。在《征求意见稿》之前,"仲裁地"概念已经出现在《仲裁法》之外的部分法律及司法解释中。早在 2006 年发布的《解释》就已经首次使用了"仲裁地"这一概念,其中第 16 条规定:"对涉外仲裁协议的效力审查,适用当事人约定的法律;当事人没有约定适用的法律但约定了仲裁地的,适用仲裁地法律;没有约定适用的法律也没有约定仲裁地或者仲裁地约定不明的,适用法院地法律。"2010 年颁布的《涉外民事关系法律适用法》第 18 条也使用了"仲裁地"概念:"当事人可以协议选择仲裁协议适用的法律。当事人没有选择

---

① 薛源、程雁群:《论我国仲裁地法院制度的完善》,《法学论坛》2018 年第 5 期,第 86—94 页。

的,适用仲裁机构所在地法律或者仲裁地法律。"但是,在以上条款中,"仲裁地"仅用于判定仲裁协议效力的准据法,[①]这与国际仲裁惯例中"仲裁地"被用以确认仲裁受何地法律和司法监督,以及管辖的内涵仍有一定差距。最高人民法院在《关于香港仲裁裁决在内地执行的有关问题的通知》(以下简称《通知》)中指出:"当事人向人民法院申请执行在香港特别行政区作出的临时仲裁裁决、国际商会仲裁院等国外仲裁机构在香港特别行政区作出的仲裁裁决的,人民法院应当按照《最高人民法院关于内地与香港特别行政区相互执行仲裁裁决的安排》(以下简称《安排》)的规定进行审查。不存在《安排》第7条规定的情形的,该仲裁裁决可以在内地得到执行。"而《安排》第7条即采用仲裁地标准。[②] 两者结合,说明《通知》明确以仲裁地而非仲裁机构所在地作为确认仲裁裁决籍属的标准。

以"仲裁地"代替"仲裁机构"更有利于我国在司法和配套设施上有能力支持国际商事仲裁的城市发展成为国际商事仲裁中心。此外,《征求意见稿》中以仲裁地标准确认仲裁裁决的国籍之规定对境外仲裁机构的准入影响甚远。按照现行《仲裁法》的"仲裁机构标准",境外仲裁机构在我国境内的仲裁裁决只能一律被认定为"外国裁决"。对境外仲裁机构和我国仲裁机构同样以我国为仲裁地的案件适用不同的司法审查适用标准,违背了国民待遇的要求。而按照"仲裁地标准",无论仲裁机构的国籍,只要仲裁地位于我国境内,则仲裁裁决的性质为国内裁决。只不过,由于在我国境外仲裁机构的业务范围被限定在涉外仲裁案件之内,其裁决性质只能为国内裁决项下的涉外裁决。

就仲裁地没有约定或约定不明的情形,在涉外仲裁方面,《征求意见稿》第91条规定,这时由仲裁庭根据案件情况确定仲裁地,这与国际仲裁的实践基本一致。但是,《修订意见稿》对于国内仲裁中仲裁地约定不明确时应当如何确定,则与涉外仲裁中的处理不同。对于国内仲裁,《征求意见稿》第27条规定,应以管理案件的仲裁机构所在地为仲裁地,这与国内仲裁只限于机构仲裁的现状相关。

四、总体评价

《征求意见稿》对本章两个关键修订问题均作出了回应。首先,就仲裁协议

---

① 高晓力:《司法应依仲裁地而非仲裁机构所在地确定仲裁裁决籍属》,《人民司法(案例)》2017年第20期,第71页。

② "七、在内地或者香港特区申请执行的仲裁裁决,被申请人接到通知后,提出证据证明有下列情形之一的,经审查核实,有关法院可裁定不予执行:(四)仲裁庭的组成或者仲裁庭程序与当事人之间的协议不符,或者在有关当事人没有这种协议时与仲裁地的法律不符的;(五)裁决对当事人尚无约束力,或者业经仲裁地的法院或者按仲裁地的法律撤销或者停止执行的……"

效力的确定,现第 21 条对仲裁协议中仲裁机构没有约定或者约定不明确的情况予以指引性规定,并明确了"仲裁的意思表示"为仲裁管辖的唯一前提。第 24、25 条对主从合同纠纷、公司企业代表诉讼等特殊情形下仲裁协议效力的认定予以明确。现第 28 条对仲裁协议效力确认及管辖权问题作出了明确详细的规定。不过,《征求意见稿》的修订亦有其局限性,这主要是由于其仅引入了有限的仲裁庭自裁管辖权。

其次,就"仲裁地"概念的引入,现第 27 条规定了"仲裁地"标准,该规定与国际仲裁惯例接轨,有利于增加我国对仲裁的吸引力。根据《征求意见稿》的规定,当事人对仲裁庭关于仲裁协议的效力或管辖权的决定有异议的,应提请仲裁地法院审查。此外,仲裁地法院还可以处理保全措施、撤销仲裁裁决的申请,并协助组建临时仲裁庭和处理回避决定。这一规定意味着当事人在拟定仲裁条款时应重视仲裁地的选择,以便较好地实现法院对仲裁的支持与监督。但是,这一修订也有其局限性:鉴于非涉外的国内仲裁只限于机构仲裁,且《征求意见稿》对于国内仲裁仍规定以管理案件的仲裁机构所在地为仲裁地,因此在非涉外仲裁中,约定仲裁地与仲裁机构所在地不一致时,对于仲裁裁决撤销等管辖与现行制度不一致,其效果如何尚待观察。根本而言,这是由我国仲裁类型的缺失造成的,只有在机构仲裁外也认可临时仲裁,约定仲裁地与仲裁机构所在地不一致的矛盾才可能被根本解决。不过也有保守观点认为,非涉外案件若允许约定境外仲裁地,将面临国内仲裁机构的裁决由境外法院进行司法审查的情形。因此,仲裁地的概念应进行限制,即只有在涉外案件中才允许约定仲裁地。[①]

第三节 第四章"仲裁程序"之"一般规定"[*]

党的十八届四中全会提出,应完善仲裁制度,提高仲裁公信力。[②] 仲裁是国际通行的争议解决方式,是我国多元化解纠纷机制中的重要部分。在保护当

---

① 天驰君泰律师事务所:《〈中华人民共和国仲裁法(修订)(征求意见稿)〉导读》,http://www.tiantailaw.com/CN/12371-17779.aspx,最后访问日期:2022 年 3 月 10 日。

* 本节撰稿人沈钺。

② 毛晓飞:《开创中国仲裁法治的新时代》,http://www.qstheory.cn/llwx/2019-03/31/c_1124306575.htm,最后访问日期:2022 年 5 月 15 日。

事人的合法权益、保障社会主义市场经济健康发展、促进国际经济交往等方面发挥着不可替代的重要作用。自十三届全国人大常委会将修改《仲裁法》纳入立法规划后，司法部着手启动了仲裁法修改工作，并在 2019 年 3 月召开的首次全国仲裁工作会议进行了部署，最终在综合各方意见基础上，形成《征求意见稿》。

本次《征求意见稿》的第四章"一般规定"是新增的一节，其变动如表 1-2 所示。

表 1-2 《征求意见稿》第四章仲裁程序"一般规定"变动情况

变动情况	内　　容	
新增	第 29 条【正当程序】 仲裁应当平等对待当事人，当事人有充分陈述意见的权利	第 33 条【放弃异议权】 一方当事人知道或者应当知道仲裁程序或者仲裁协议中规定的内容未被遵守，仍参加或者继续进行仲裁程序且未及时提出书面异议的，视为其放弃提出异议的权利
	第 30 条【程序自主】 当事人可以约定仲裁程序或者适用的仲裁规则，但违反本法强制性规定的除外 当事人没有约定或者约定不明确的，仲裁庭可以按照其认为适当的方式仲裁，但违反本法强制性规定的除外 仲裁程序可以通过网络方式进行 仲裁程序应当避免不必要的延误和开支	第 34 条【送达规定】 仲裁文件应当以合理、善意的方式送达当事人 当事人约定送达方式的，从其约定 当事人没有约定的，可以采用当面递交、挂号信、特快专递、传真，或者电子邮件、即时通讯工具等信息系统可记载的方式送达 仲裁文件经前款规定的方式送交当事人，或者发送至当事人的营业地、注册地、住所地、经常居住地或者通讯地址，即为送达 如果经合理查询不能找到上述任一地点，仲裁文件以能够提供投递记录的其他手段投递给当事人最后一个为人所知的营业地、注册地、住所地、经常居住地或者通讯地址，视为送达
	第 32 条【仲裁与调解相结合】 当事人在仲裁程序中可以通过调解方式解决纠纷	
不变	第 31 条【仲裁保密性原则】 仲裁不公开进行。当事人协议公开的，可以公开进行，但涉及国家秘密的除外。（原法第 40 条）	

一、《征求意见稿》第 29 条——正当程序

第 29 条【正当程序】　仲裁应当平等对待当事人,当事人有充分陈述意见的权利。

这一规定强调平等对待,仲裁的权威性来自公平。不同于人民法院,仲裁没有强烈的国家机器的色彩,当事人的信任更为重要。仲裁需做到不偏不倚、平等对待,才能保障仲裁的公信力。而双方享有充分的机会陈述其案情,也体现了仲裁法对当事人意思自治和当事人权利的尊重与保护。

同样的规定可以在《国际商事仲裁示范法》(UNCITRAL Model Law on International Commercial Arbitration)(以下简称《示范法》)中找到。《示范法》第 18 条规定,应对当事各方平等相待,给予当事方充分的机会陈述其案情。对比《征求意见稿》第 29 条,两部法律的条文含义基本相同。

作为国际商事仲裁领域举足轻重的规范文本,许多国家和地区都以《示范法》为基础开展其仲裁制度的升级,其中包括但不限于日本、韩国、俄罗斯、比利时、中华人民共和国澳门特别行政区等国家和地区,这些国家和地区都将成为《示范法》法域作为其仲裁制度迈向国际化的重要标志。换言之,《示范法》在某种程度上已成为衡量仲裁制度是否符合国际化的标准。[1]

中国仲裁法学研究会常务理事、中国政法大学民商经济法学院教授杨秀清认为:"该规定虽然简短,但有着重要的意义。过去,仲裁庭可能出于开庭效率的考虑而限制当事人陈述意见的时间,该规定能够让当事人在仲裁庭审中充分陈述自己的意见。"[2]

二、《征求意见稿》第 30 条——程序自主

第 30 条【程序自主】　当事人可以约定仲裁程序或者适用的仲裁规则,但违反本法强制性规定的除外。

当事人没有约定或者约定不明确的,仲裁庭可以按照其认为适当的方式仲裁,但违反本法强制性规定的除外。

仲裁程序可以通过网络方式进行。

仲裁程序应当避免不必要的延误和开支。

---

[1] 王徽:《〈国际商事仲裁示范法〉的创设、影响及启示》,《武大国际法评论》2019 年第 3 期,第 104—123 页。

[2] 王首航:《完善仲裁制度,提高仲裁公信力》,《民主与法制时报》2021 年 8 月 24 日,第 4 版。

我国《仲裁法》没有明确当事人可以自由约定仲裁程序，以及在无约定情形下由仲裁庭决定程序规则（包括证据规定）的基本原则。[①] 而《示范法》第19条规定：① 以服从本法的规定为准，当事各方可以自由地就仲裁庭进行仲裁所应遵循的程序达成协议。② 如果未达成这种协议，仲裁庭可以在本法规定的限制下，按照它认为适当的方式进行仲裁。授予仲裁庭的权力包括确定任何证据的可采性、相关性、实质性和重要性。

迪拜国际金融中心法院原首席大法官黄锡义认为，第19条是《示范法》最重要条款之一，体现了国际仲裁的一个基本原则，即除非当事人就特定的一个或一套程序规定作出约定，否则，仲裁庭就是"自己程序的主人"(master of its own procedure)，而不必遵从法院程序，且不能在仲裁司法审查中受到挑战，除非仲裁庭的程序命令被视为对一方当事人不公平。也就是说，除非违反《示范法》第18条的规定，否则仲裁庭在仲裁程序中拥有绝对的自由裁量权。[②]

《征求意见稿》第30条第1、2款确认了当事人对于仲裁程序的选择自由，是对当事人意思自治的保护。当事人意思自治是国际商事仲裁的理论支柱，没有当事人意思自治，就没有国际商事仲裁。[③] 第3款明确了在线仲裁的制度，在线仲裁具有两方面的优势：

一是在线仲裁利用即时传输的网络技术，可以使当事人以及仲裁员之间的信息交流和沟通更为迅速和便捷。在传统仲裁中，除了现场庭审之外有诸多环节，例如仲裁协议的认定、仲裁开庭时间和开庭地点的确认，以及仲裁员的选任等都是耗时耗力的过程。[④] 仲裁程序最重要的就是尊重双方当事人的合意。在这些程序中，当事人之间的沟通交流并不是即时的，如果一方当事人临时改变意愿并希望得到对方当事人的同意，不仅对方当事人无法迅速做出反应，而且还会增加当事人的成本。而依托互联网技术的在线仲裁的信息传递则十分灵活，避免了上述传统仲裁中存在的信息交流和互相沟通的问题。互联网的信息传输瞬时千里，不受时间和地域的限制，大大减少了当事人之间信息传递的时间成本，可以使当事人的意愿得到充分反映，提高仲裁效率。

---

① 丁颖：《论仲裁的诉讼化及对策》，《社会科学》2006年第6期，第122页。

② 毛晓飞：《法律实证研究视角下的仲裁法修订：共识与差异》，《国际法研究》2021年第6期，第123页。

③ 董连和：《论我国仲裁制度中的意思自治原则》，《清华大学学报(哲学社会科学版)》2006年第3期，第133页。

④ 徐伟功、李子牧：《论我国国际商事在线仲裁制度的完善》，《天津商业大学学报》2021年第4期，第73页。

二是对于当事人众多或涉案资产分布在多个地区以及国家的仲裁案件,国际商事在线仲裁可避免当事人和仲裁员的奔波,减轻庭审负担。这种在时间和金钱上都降低成本的仲裁方式,无疑对当事人具有吸引力。

截至 2019 年,我国已有 31 家仲裁委员会运用线上仲裁方式处理案件 205 544 件,占全国仲裁机构所有仲裁案件的 42.21%。[①] 在信息化时代,国际商事仲裁采用互联网技术进行是必然的。在线仲裁使得庭审时间更加灵活,在必要的情况下,国际商事在线仲裁机构可以全天候工作,使当事人的利益得到及时有效的维护。[②]

三、《征求意见稿》第 31 条——保密性原则

第 31 条【仲裁保密性原则】 仲裁不公开进行。当事人协议公开的,可以公开进行,但涉及国家秘密的除外。

保密性原则是仲裁制度中的重要原则,涉及保密主体和保密范围两方面。保密的义务主体基本涵盖所有参与诉讼过程的人,包括当事人及其代理人、仲裁员、证人、翻译人、鉴定人、专家以及其他有关人员。

保密范围包括三方面:

一是仲裁程序的存在问题。此处的仲裁程序的存在并非对仲裁庭有无管辖权、仲裁程序合法与否等的程序性争议,从某种程度上来说是对仲裁双方是否陷入难以自行解决纠纷的保密,以利于维护当事人的形象,防止市场因当事人处于纠纷之中而产生负面反应,例如直接影响企业对外融资、股票价格、产品销路等,也有利于双方达成一致,灵活解决争端,而不受社会舆论的干扰。

二是仲裁程序中提出的证据和交换的信息。在仲裁程序中会发生举证和质证,其中包括双方不希望公布的事项,例如财务情况、商业秘密等,因此有必要进行保密。

三是仲裁结果的保密,一方面,是对仲裁程序存在的保密;另一方面,也防止仲裁结果作为先例对其他争议解决过程产生影响,引起更多第三方主张权利导致潜在纠纷的发生。对于仲裁结果的保密有利于保护败诉方避免在类似争端中

---

① 《司法部公共法律服务管理局一级巡视员姜晶在 2020 年 12 月 23 日〈中国仲裁司法审查年度报告(2019 年度)〉在京发布会上的讲话》,https://k.sina.com.cn/article_1496814565_v593793e502000xetc.html,最后访问日期:2022 年 3 月 15 日。

② 徐伟功、李子牧:《论我国国际商事在线仲裁制度的完善》,《天津商业大学学报》2021 年第 4 期,第 66—73 页。

处于不利地位。①

对于诉讼程序来说，2016 年《最高人民法院关于人民法院在互联网公布裁判文书的规定》第 3 条明确了人民法院作出的十类裁判文书应当在互联网上公布。而仲裁程序则无需公开裁判文书，这是一种制度上的保密。

1986 年法国在 Aita v. Ojjeh 案中，一方当事人向法国法院上诉，希望法院裁决在伦敦作出的仲裁裁决无效。巴黎上诉法院作出了不利于上诉方的判决，认为上诉程序侵犯了仲裁的保密性。法院认为，诉讼"导致了公众对于仲裁案件事实的争论，而这些事实原本应该是保密的。仲裁的私人性使得当事人必须确保谨慎解决私人纠纷，就像他们双方所同意的那样"。法院命令败诉方向胜诉方支付违反仲裁保密性义务的惩罚性赔偿。在这个案件中，法院对仲裁保密性的保护达到了绝对的程度，即使当事人求助司法救济亦不能违反保密性的义务。②

面对违反保密性义务的行为，仲裁庭的做法如下：如果一方当事人违反了保密协议，他将承担违约赔偿责任或者收到仲裁庭的特别履行命令（an order of specific performance）；如果保密性规定是通过保护令来执行时，若一方当事人违反保护保密性的命令，可以排除有关证据，而且仲裁员裁决仲裁费用时可以作出不利于违反保密义务方的裁决。③

四、《征求意见稿》第 32 条——仲裁与调解相结合

第 32 条【仲裁与调解相结合】 当事人在仲裁程序中可以通过调解方式解决纠纷。

目前《仲裁法》第 51、52 条规定：仲裁庭在作出裁决前，可以先行调解。当事人自愿调解的，仲裁庭应当调解；调解不成的，应当及时作出裁决。调解达成协议的，仲裁庭应当制作调解书或者根据协议的结果制作裁决书。调解书与裁决书具有同等法律效力。2019 年，习近平总书记在中央政法工作会议上作出重要指示，明确提出要"把非诉讼纠纷解决机制挺在前面"。④《征求意见稿》在"一

---

① 王勇：《论仲裁的保密性原则及其应对策略》，《政治与法律》2008 年第 12 期，第 81—82 页。
② 王勇：《论仲裁的保密性原则及其应对策略》，《政治与法律》2008 年第 12 期，第 84 页。
③ 《仲裁的保密性问题研究》，http://zcw.lishui.gov.cn/art/2020/8/27/art_1229404432_149.html，最后访问日期：2021 年 8 月 10 日。
④ 《把非诉讼纠纷解决机制挺在前面 推动行政争议多元化解——最高人民法院行政审判庭负责同志就〈关于进一步推进行政争议多元化解工作的意见〉答记者问》，https://www.court.gov.cn/xinshidai-xiangqing-342751.html，最后访问日期：2021 年 5 月 11 日。

般规定"一节中新增调解内容,可以看出,这是进一步提升调解在仲裁程序中的地位,符合我国当前的政策导向。

我国《民事诉讼法》第93条规定:人民法院审理民事案件,根据当事人自愿的原则,在事实清楚的基础上,分清是非,进行调解。由此可以看出,调解制度在民事诉讼中受到国家法律明文规定的鼓励。仲裁制度作为一种更温和的手段,不仅应该引入调解制度,更要与之结合,达到不低于民事诉讼中调解所处的重要位置。而对于调解制度来说,其目的是促使双方达成合意,达到定分止争。与仲裁尊重当事人意思自治的原则并期望达成的目的一致,将仲裁与调解相结合应是仲裁应有之义。

不可否认的是,仲裁员和调解员在纠纷解决程序中所承担的角色与职责等方面存在显著差异。如何实现仲裁员与调解员之间的身份转换,理清其中的利益纠葛,以保证仲裁的公信力仍是新法将面对的难题。[①]

五、《征求意见稿》第33条——放弃异议权

第33条【放弃异议权】 一方当事人知道或者应当知道仲裁程序或者仲裁协议中规定的内容未被遵守,仍参加或者继续进行仲裁程序且未及时提出书面异议的,视为其放弃提出异议的权利。

本条规定了放弃异议权,其可以拆解为如图1-1所示的四个具有递进关系之要件。

图1-1 放弃异议权的四要件

不难看出本条规制的是这样一种情形:当事人一方已知仲裁程序具有重要瑕疵,但故意保持沉默,在仲裁裁决做出后,视结果提出异议。如果这种做法得以行使,不仅是对裁决结果以及仲裁庭权威的挑战,而且也是对于时间和资源的浪费。仲裁程序以其快捷性为优势,如果因某一问题而重复或陷入纠结,就丧失了其意义。尊重当事人意思自治和契合市场经济的高效率是商事仲裁不同于诉

---

① 范愉:《商事调解的过去、现在和未来》,《商事仲裁与调解》2020年第1期,第126—141页。

讼、调解等其他争议解决方式的突出特点。为了仲裁程序的公正，仲裁法和仲裁规则授予当事人针对不当情形提出异议的权利，若满足一定条件即可判定当事人丧失提出异议的权利，这种制度的存在有利于仲裁程序顺利进行，防止仲裁庭或仲裁委陷入被动的尴尬局面。

放弃异议权在国际范围内的仲裁法律、仲裁规则中都有着广泛的规定。《示范法》第一章第 4 条规定："当事人知道存在任何本法中任何可以背离（parties may derogate）的条款或者仲裁协议没有被遵守的情况，但未在不过分迟延（without undue delay）或者指定的时间内提出该情况，应视为其放弃了异议。"我国《最高人民法院关于适用〈中华人民共和国民事诉讼法〉的解释》第 216 条中也规定，在人民法院首次开庭前，被告以有书面仲裁协议为由对受理民事案件提出异议的，人民法院应当进行审查。经审查符合下列情形之一的，人民法院应当裁定驳回起诉：① 仲裁机构或者人民法院已经确认仲裁协议有效的；② 当事人没有在仲裁庭首次开庭前对仲裁协议的效力提出异议的；③ 仲裁协议符合《仲裁法》第 16 条规定且不具有《仲裁法》第 17 条规定情形的。

放弃异议权的内涵包括三项法律原则：禁止反言原则、诚实信用原则、意思自治原则。禁止反言原则是依托衡平法上的公平正义理念发展起来的一项法律原则，有两重基本含义：一是不允许一方当事人使用矛盾的语言或行为向对方主张权利；二是禁止一方当事人意图推翻已经诉讼或仲裁作出终局性裁决的争议。[1] 其本质是对于当事人违背自己允诺损害对方权益的一种规制。[2] 在仲裁过程中，当事人对于已经进行或未来将会进行的仲裁程序其中存在的不当情形有提出异议的权利，但是知晓却不反对或没有及时提出将视为一种默示承诺，嗣后以此为理由抗辩将会构成反言。诚实信用原则在放弃异议权中的体现是：避免当事人利用程序规则的形式特点为自己谋取私利或推卸责任，故意保持沉默不提出异议，等收到不满意的裁决结果时又拿出先前明确知道却不提出异议的情形来申诉。而意思自治原则在上文也有提及，是指个人依个人意思处理个人事务。意思自治原则作为异议权放弃规则的理论基础，可以从两方面进行理解：一是当事人放弃异议本质上就是对于权利处分的意思表示；二是适用包含放弃异议权条款的仲裁规则也是依据当事人的自由意志来提出主张的。[3]

---

① 刘晓红：《国际商事仲裁协议的法理与实证》，商务印书馆 2005 年版，第 184 页。
② ［英］阿尔弗雷德·汤普森·丹宁：《法律的训诫》，杨百揆译，群众出版社 1985 年版，第 190 页。
③ 王敏：《"一带一路"倡议下国际商事争端解决机制"意思自治"问题研究》，《企业经济》2019 年第 4 期，第 89—91 页。

六、《征求意见稿》第 34 条——送达规定

第 34 条【送达规定】 仲裁文件应当以合理、善意的方式送达当事人。

当事人约定送达方式的,从其约定。

当事人没有约定的,可以采用当面递交、挂号信、特快专递、传真,或者电子邮件、即时通讯工具等信息系统可记载的方式送达。

仲裁文件经前款规定的方式送交当事人,或者发送至当事人的营业地、注册地、住所地、经常居住地或者通讯地址,即为送达。

如果经合理查询不能找到上述任一地点,仲裁文件以能够提供投递记录的其他手段投递给当事人最后一个为人所知的营业地、注册地、住所地、经常居住地或者通讯地址,视为送达。

《征求意见稿》中的亮点是规定了电子送达——"电子邮件、即时通讯工具"。笔者认为这在某种程度上是对 2017 年《最高人民法院关于进一步加强民事送达工作的若干意见》的回应,第 2、12 条规定了短信、电子信箱、微信等电子送达方式。

此前,我国《仲裁法》并未对送达作出统一明确的规定,而是分散式地规定在各仲裁机构的仲裁规则中。[①] 截至目前,贸仲、上仲现行规则未明文规定电子方式,而北仲规则、青仲规则中规定了电邮的方式。《征求意见稿》明文肯定了这一送达的效力可以说是顺应了时代的发展。

七、结语

《征求意见稿》在本节中体现出很多新内容,尤其是与时俱进的在线仲裁、电子送达等规定,并且诸多新增条文与国际通行的《示范法》的精神一致,也体现出我国仲裁积极与世界接轨,有利于增加国际社会对我国《仲裁法》的认知与接纳。

从立法体系的角度看,此次《征求意见稿》有缺憾,一些方面完全可以通过民事程序法进行规定,在强调"少即是多"的商事法律中,《征求意见稿》有冗长之嫌。但瑕不掩瑜,《征求意见稿》满足了我国《仲裁法》自 1994 年实施以后对于修订的客观需求,体现了我国对于仲裁这一非诉讼纠纷解决机制的重视,也有助于在未来提高我国国际商事仲裁的竞争力。

---

① 安晨曦:《我国商事仲裁送达制度的完善——以 109 个仲裁规则为对象》,《福建农林大学学报(哲学社会科学版)》2017 年第 1 期,第 90 页。

第四节   第四章"仲裁程序"之"有效仲裁条件"：约定仲裁机构要件在仲裁中的功能转变及制度逻辑 *

一、作为连结意思自治和国家强制力的"中间地带"

《征求意见稿》在第 21 条删除了《仲裁法》"选定的仲裁机构"仲裁协议效力的形式要件，而仅强调"仲裁合意"。同时，其在第 35 条明确，在仲裁协议约定不明或未约定仲裁机构情形下，仲裁协议并非一概无效而为仲裁机构所拒绝受理，而是通过一定顺位的安排，尽量使仲裁协议有效。

不同于国际仲裁以仲裁地为中心，以及《纽约公约》将仲裁地作为认定仲裁裁决国籍核心标准的一般实践，仲裁机构（仲裁委员会）所在地长期以来在我国仲裁法中起到至关重要的作用。根据《仲裁法》，从仲裁协议双方角度而言，仲裁机构所在地的选择影响了仲裁协议的效力、准据法的适用、机构仲裁的程序规范甚至仲裁裁决的结果；从后续法院司法审查角度来看，仲裁机构所在地的确认决定了仲裁承认、撤销与执行所遵循的适用规则。仲裁机构是连结私法意思自治和公法国家强制力的"纽带"。一方面，是仲裁合意所包括的一项必要内容；另一方面，则是我国唯一在法律上承认的、具有浓厚国家行政权色彩的仲裁形式，且仲裁机构是否约定清晰明确直接关系后续国家司法权的行使。

我国通说持"司法契约混合说"，将仲裁视为一种混合的特殊司法制度。在仲裁提起之前适用契约理论，即启动仲裁的基础是当事人的合意；仲裁程序启动之后，仲裁机构下的仲裁庭获得"准司法权"，对当事人的争议进行裁决；仲裁庭的裁决等同于行使审判权的法院判决的效力。[①] 这固然比较准确地对仲裁的性质进行了原则性的概括，[②]且与《联合国贸法会示范法》和《纽约公约》的精神保

---

*   本节撰稿人陈睿毅。

①   李清、胡楠、胡宇鹏：《关于〈仲裁法（修订）（征求意见稿）〉的解读（一）》，君合法律评论微信公众号，最后访问日期：2021 年 9 月 2 日。

②   罗国强：《仲裁性质的两分法与中国仲裁法的完善》，http://ielaw.uibe.cn/fxlw/gjzcf/14092.htm，最后访问日期：2020 年 5 月 10 日。

持一致。① 与此同时，部分学者将"司法权让渡说"当作早期《仲裁法》的主导思想，②认为正是囿于"司法权让渡说"理论的规定和司法机关对仲裁的最终管辖权，仲裁机构才在中国法上被赋予了如此重要的作用，并认为本次《征求意见稿》是对以往做法的"拨乱反正"。然而，事实是否果真如此并非仅依靠逻辑的推演，更有赖于对既往法院实践、法律及司法解释的梳理。不仅如此，仲裁机构由于正处于意思自治和国家强制力的中间地带，故成为透视我国仲裁实践发展的极佳"棱镜"。通过分析仲裁机构在仲裁中所起功能和制度变迁，可以查明究竟是何方主导力量作用于仲裁而形成了中国法上仲裁机构独特地位。

本节首先将现《仲裁法》第 16、18 条与《征求意见稿》第 21、35 条进行比较，发掘其中所蕴含的仲裁机构功能变迁。笔者认为，分析仲裁机构制度定位要放在"政治国家—民间社会"框架下，依托"行政机构—司法机关—当事人"三元结构，结合案例统计和制度梳理，澄清造成我国仲裁机构地位流变的真正原因。然后，根据《征求意见稿》第 35 条，探讨当仲裁机构相关仲裁条款出现缺陷时的具体适用。

二、约定仲裁机构的功能变迁

在机构仲裁的条件下，所有常设仲裁机构的仲裁规则通常规定，除非当事人在其仲裁协议中明确表示将争议提交给仲裁机构解决，否则即使当事人在协议中明确表示交付仲裁解决的意思，有关仲裁机构仍拒绝受理案件。③ 换言之，未选择仲裁机构或选择不明会对仲裁产生两种可能的影响：一是在仲裁协议效力阶段导致协议无效；二是在申请仲裁机构裁决阶段被机构拒绝受理。前者是现行《仲裁法》采取的路径，后者则是《征求意见稿》的内容。尽管二者"殊途同归"，最终都会导致仲裁失败，但其所蕴含的功能和机理并不相同。

（一）确认仲裁协议效力

现行《仲裁法》第 16 条规定，仲裁协议形式要件包括：① 书面形式；② 仲裁合意；③ 有明确约定的仲裁事项；④ 有选定的仲裁机构。同时，第 18 条规定："仲裁协议对仲裁事项或者仲裁委员会没有约定或者约定不明确的，当事人可以

---

① 沈伟、陈治东：《商事仲裁：国际视野和中国实践》（上卷），上海交通大学出版社 2020 年版，第 7—8 页。

② "司法权让渡说"认为仲裁的效力源于国家司法权向民间的让渡。这种观点主张司法权对仲裁具有重量级的话语权，司法对仲裁这种民间自行审判的方式既不能全盘接受，也不能完全排除，并可在其中充分发挥自己的干预力。参见钱宇宏、马伯娟：《从可仲裁性的发展看司法权的让渡》，《仲裁与法律》2004 年第 4 期，第 19 页。

③ 沈伟、陈治东：《商事仲裁：国际视野和中国实践》（上卷），上海交通大学出版社 2020 年版，第 172 页。

补充协议；达不成补充协议的，仲裁协议无效"。据此，仲裁机构的约定是仲裁协议有效的前提。仲裁机构约定发挥预筛选功能，当未约定或约定仲裁机构不明时，仲裁协议无效，自然不会再进行到申请和受理环节。如果仲裁机构进行了受理，法院可以以仲裁协议无效为由撤销仲裁裁决。

在协议效力认定部分对仲裁进行否定，其实质是通过国家强制力手段的介入对当事人之间有关仲裁约定的意思自治进行修正。根据《仲裁法》第 18 条，仲裁机构未约定或约定不明的仲裁协议首先属于"未决不生效"之效力未定，当双方无法达成补充协议时，仲裁协议最终确定无效。然而，这种效力确定方式与民法合同效力的一般发生逻辑并不相同。

一是效力未定在合同法上一般适用的对象是违反意思自治而成立的合同，通过赋予该民事行为一次可能生效的机会，形成对合同当事人权益的保护。《民法典》仅限制民事行为能力人订立合同和无权代理订立合同为效力未定合同的发生原因。[①] 然而，《仲裁法》第 18 条的目的并非为了保障协议双方的意思自治，既然协议双方已经同意将争议提交仲裁，就已经达成了仲裁合意且意思表示真实，此时依旧认为效力未定便与合同法一般原理相异。

二是当双方未形成补充协议时，仲裁协议便被认定为绝对无效，从而国家公权力可以直接、主动介入实施审查。[②] 在私法上国家公权力的介入往往是"为保护人身和财产安全或为矫正市场的某些缺陷的目的"，[③]进而扩展私法自治的领域，充分尊重私权，限缩行政空间。[④] 但显然，《仲裁法》中这种效力未定的情形与其说是私法自治的保护者，毋宁说是强有力的干预者。既然用秉持意思自治原则的民法无法阐明，对仲裁机构发挥确认仲裁协议效力功能的唯一解释便只能是立法者认为仲裁机构"兹事体大"，把欠缺约定仲裁机构要件与违反效力性强制规范及公序良俗等同视之（或作为违反效力性强制规范情形之一），国家以强制力确保某种公法领域利益的实现。

（二）检视仲裁可受理性

以未约定仲裁机构或约定不明为由，公权力介入意思自治前置化并过早判定合同无效存在违反比例原则之嫌。此外，在宏观法律金融理论视角下，制度环

---

① 韩世远：《合同法总论》（第四版），法律出版社 2018 年版，第 294 页。

② 王利明：《关于无效合同确认的若干问题》，《法制与社会发展》2002 年第 5 期，第 62—63 页。

③ ［美］罗纳德·德沃金：《至上的美德：平等的理论与实践》，冯克利译，江苏人民出版社 2008 年版，第 150 页。

④ 章剑生：《作为介入和扩展私法自治领域的行政法》，《当代法学》2021 年第 3 期，第 43 页。

境决定金融效率，①进而决定金融市场效率的提高，一国金融市场发达归根结底是法律制度完备。发达国家的仲裁制度，仲裁协议只要由表明其仲裁意愿的经当事人签署的书面文件，或者其他对当事人有约束力的方式所构成。

基于公权谦抑与顺应国际潮流两点原因，《征求意见稿》不再把仲裁协议中的仲裁机构作为法定要件之一，而是与国际接轨，形成第 35 条规定，使其发挥检视仲裁可受理性之功能。首先，遵循不轻易否认仲裁可受理性的原则，然后在法律制度上为仲裁机构约定不明或未约定仲裁机构的具体问题设计出大致解决方案。若仲裁协议对仲裁机构约定不明确，先看仲裁规则能否确定仲裁机构，如果不能，再看有无补充协议，如果补充协议也没有，则看由哪一家仲裁机构先立案。仲裁协议没有约定仲裁机构的情况是考察有无补充协议，没有的看共同住所地，没有共同住所地的由先立案的仲裁机构受理。约定仲裁机构与否不再对仲裁启动具有决定性影响，而仅是辨别由何仲裁机构管辖的检视因素之一。

（三）从仲裁协议效力到仲裁可受理性变迁之审视

从仲裁协议效力到仲裁可受理性功能的变迁，背后是由重视协议形式到强调实体问题解决的逻辑演进，是公权干预到意思自治价值取向的变动。进一步分析，究竟此前公权要实现什么价值，具体是维护何种公权，是否真的如众多学者所称，仲裁协议中约定的仲裁机构是认定标准之争，从表面上看，这是对何谓"选定的仲裁委员会"的文意解释之争，而实际上却反映出我国仲裁与司法的紧张关系。②

三、约定仲裁机构的制度逻辑

（一）二元分离的视角和三元结构的框架

"政治国家与民间社会的二元分离与互动，揭示了西方社会法治产生的深层原因，更为包括仲裁在内的民商事私法体系的形塑创造了空间。"③前者体现了法律的"家长主义"，核心特征是以保护行为人的利益为由限制行为人的自由；④后者则为以市场经济为基础，以契约关系为中轴，强调个体的自主性和社会的独立性。⑤

---

① 宾国强、袁宏泉：《法律、金融与经济增长：理论与启示》，《经济问题探索》2003 年第 5 期，第 32 页。
② 马占军：《我国仲裁协议中仲裁机构认定问题的修改与完善》，《法学》2007 年第 10 期，第 147 页。
③ 刘晓红、冯硕：《对〈仲裁法〉修订的"三点"思考——以〈仲裁法（修订）（征求意见稿）〉为参照》，《上海政法学院学报》2021 年第 5 期，第 55 页。
④ 黄文艺：《作为一种法律干预模式的家长主义》，《法学研究》2010 年第 3 期，第 3 页。
⑤ 袁祖社：《社会发展的自主逻辑与个体主体的自由人格——中国特色"市民社会"问题的哲学研究》，《哲学动态》2001 年第 9 期，第 24—25 页；伍俊斌：《政治国家与市民社会互动维度下的中国市民社会建构》，《中共中央党校学报》2006 年第 3 期，第 77 页。

尽管如今的意思自治原则被奉为商事仲裁的"黄金法则"，影响着各国仲裁法的制定及修改，但西方现代仲裁制度的产生与发展曾经历了从仲裁的自我生长到国家司法权的严格审查，再到国家司法与社会司法妥协平衡的曲折历程。① 在法国一项较早的判决中，上诉法庭曾称"仲裁协议必须被严格地解释，引起背离常规——尤其是背离有关法院管辖权的一般规定"。② 但这些反对仲裁的解释性推定已普遍不适用于现代判决。③ 基于此，政治国家与民间社会二元互动是透视仲裁制度发展过程的良好研究视角，有利于在两者力量此消彼长中确定普适性的解释规则和关于当事人意图的推定，以明确仲裁协议的含义，并在两者的双向适度制衡中推进仲裁法律制度、维护仲裁协议，保证双方当事人特别利益和国家所代表集体利益的动态平衡，使之符合社会总体发展趋势和国际主流仲裁实践要求。因此，二元分离是分析包括约定仲裁机构功能演进在内的《仲裁法》条文变迁的重要视角。

不过，在现代国家功能性分权建构的语境下，国家强制力具体来源并非单一。基于不同的公共事务分工，行政权和司法权所要实现的政策目标有所差别，其行为对公众产生的影响亦非相同。立法权在政治势力之间发挥法律的调整功能，④权衡行政机关和司法机关的意志诉求，在法律制定中将价值需求分层分阶，并对各机关权力事项进行分配协调，影响民间社会参与主体的权利义务，故《仲裁法》的制订和修改不仅关系仲裁协议当事人的自治意思，而且还有行政机关和司法机关的博弈与妥协。此外，中国传统"行政兼理司法"的文化背景及长期以来行政强势、司法谦抑的特殊国情决定了我国与西方迥异的仲裁发展历程。因此，将司法权与行政权区分视之，与当事人意思自治形成"三元结构"框架进行探究，更加科学且符合中国仲裁事业发展的实际情况。

（二）司法权审查未在仲裁制度发展中占压倒地位

1. 53 份判决案例的分析

笔者在北大法宝检索了同时包含仲裁机构及仲裁协议效力的全部案例，经过同一标的案件归类合并计算、同一案件不同审级计算一次等案例重复性筛选、相关性排查工作，最终确定了 53 篇不重复的案件。通过观察法院对于仲裁机构

---

① 刘晓红、冯硕：《对〈仲裁法〉修订的"三点"思考——以〈仲裁法（修订）（征求意见稿）〉为参照》，《上海政法学院学报》2021 年第 5 期，第 55 页；Daniel Centner, Megan Ford. A Brief History of Arbitration. *Brief*, Vol. 48，2019，p. 59.

② Judgment of 11 March 1986, Compagnie d'assuranc La Zurich v. Bureau central francais, Gaz. Pal. 1986 1.298 (Paris Cour d'appel).

③ ［美］加里·B.伯恩：《国际仲裁法律与实践》，白麟、陈福勇等译，商务印书馆 2015 年版，第 117 页。

④ 季卫东：《大变局下中国法治的顶层设计》，《财经》2012 年第 5 期，第 26 页。

约定相关争议案件的判决与阐述,可以知悉法院对仲裁的处理态度及其在仲裁中所发挥的作用(见表1-3,图1-2)。

表1-3 约定仲裁机构相关裁判文书中法院态度及理由 (件)

理由依据	当地仲裁机构且确定	约定不准确但可以确定仲裁机构	约定先裁后诉	又裁又诉	完全没有约定仲裁机构且达不成补充协议	约定两个仲裁机构且都不明确	约定仲裁机构明确
肯定	12	6	1	0	0	0	2
否定	5	1	0	2	23	1	0

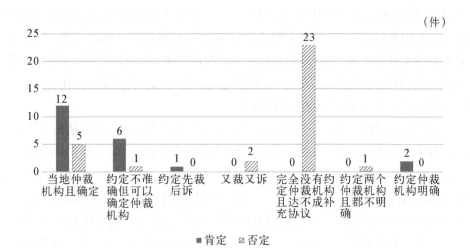

(件)

图1-2 北大法宝有关仲裁机构地位53份裁判文书说理依据

根据表1-3和图1-2统计,法院并非仅因为当事人未约定仲裁机构或约定不明且未达成补充协议就直接认定仲裁协议无效。相反,在上述53件案例中,法院最终仍认可了21件案例中的仲裁协议效力。从微观上看,其支持仲裁的理由主要包括“当地仲裁机构且确定”和“约定不准确但可以确定仲裁机构”。由于纠纷发生后当事人因利益考量以及情绪对立,很难就仲裁机构的选择达成一致的补充协议,如果法院完全遵守《仲裁法》第21条规定,则很容易以“未达成协议仲裁协议无效”为由施加司法强制力以干预当事人在仲裁协议时的意思自治,排除仲裁机构的管辖而归法院审理,法院事实上是采取了克制和尊重的态度。

2. 制度梳理

法院视仲裁机构作为仲裁协议效力判断因素的范围日益限缩,先后将"约定多家仲裁机构后选定一家""约定不准确但可以确定仲裁机构""约定仲裁地当地仲裁机构且确定""约定仲裁规则能够确定仲裁机构""一方申请仲裁另一方未提出异议""先裁后诉"等情形排除仲裁协议无效情形之外。尽管《仲裁法》实施前期就某些具体事项法院态度曾有所反复,但在 2005 年《第二次全国涉外商事海事审判工作会议纪要》即表达了较为完整的支持仲裁立场,且最终于 2021 年《全国法院涉外商事海事审判工作座谈会会议纪要》中明确了"有利于仲裁协议有效的原则"。如果把法院规范性文件演进这一条线索放中间,《仲裁法》立法文本和《征求意见稿》放首尾两端,形成时间线,很明显的趋势是,《仲裁法》颁布近 30 年来,仲裁机构在我国仲裁中的地位经历了一个由作为效力绝对决定因素到效力相对决定因素,再到与效力脱钩的地位流变过程,这种流变直接以法院司法解释等规范性文件形式表现出来,并最终由立法加以明确。因此,法院扮演的一直是支持仲裁、尊重意思自治的角色,且修法是对法院一以贯之实践的确认,而非某些学者所认为修法是对实践的拨乱反正。

如果在《仲裁法》中的主导思想是"司法权说",则法院作为该说的能动主体,本应最有动力把决定权掌握在自己手里,而更多采取否认仲裁协议的做法,然而实际上无论是批复、回复、纪要还是司法解释、审判纪要,法院都尽量扩大协议无效的豁免范围,把尊重意思自治摆在首位。因此,从仲裁和司法之间关系来看,并不存在着严重的张力和矛盾。"仲裁的契约性与司法性均存在于各国法律制度中,但它们再结合上却存在着巨大区别:一些国家契约因素占上风,在其他国家则司法因素起着主导作用。"①根据上文案例统计和制度梳理可知,在中国,契约性是仲裁的基本特性,而司法性是仲裁的衍生特性,更多起到支持仲裁的作用。

尽管在司法机关扩大豁免范围的作用下,约定仲裁机构地位不断下降,但《征求意见稿》仍在法律上被作为决定仲裁协议效力的要件之一。

(三) 行政权垄断乃是仲裁机构地位较高的原因

对比于司法权对仲裁的谦抑态度,行政权在我国仲裁事业发展尤其是仲裁机构工作中起到了垄断性的作用。作为仲裁后发国家,我国的仲裁制度并非如西方国家是自发生长形成的,而是恰逢国家开始由计划经济体制向市场经济体制转型的阶段。因此,中国仲裁制度逐渐走上了以政府为主导、以仲裁机构为中

---

① ［英］施米托夫:《国际贸易法文选》,赵秀文译,中国大百科全书出版社 1993 年版.第 598 页。

心的发展道路,在实践中表现为更多的政府干预和内部管理。行政色彩浓厚的仲裁机构是在政府的主持下建立和发展起来的,其人事和财务管理很大程度上依赖于政府部门。[1] 在这种情况下,尽管《仲裁法》第 14 条明确规定:"仲裁委员会独立于行政机关,与行政机关没有隶属关系。仲裁委员会之间也没有隶属关系",但仲裁机构却成为政府的实质下属部门,受行政决策影响和行政机关管理。此外,《仲裁法》第 15 条所规定的对仲裁机构进行管理的中国仲裁协会至今没有创设,行业监督缺乏有效主体,[2]故行政机关亦同时对仲裁机构发挥监督职能。

根据《仲裁法》第 10 条,只要是设区的市都可以成立仲裁委员会,在各地行政机关的推动下,各地仲裁机构纷纷建立。然而,这种行政主导下的仲裁行业先天存在竞争性不强、办案积极性不高的特点,加之其经费来源并非主要依靠营收而是财政拨款,且行政编制人员比例过高,故其仲裁能力不高。[3] 将有关仲裁机构的约定作为仲裁有效性的判断依据以发挥预筛选功能,可规避仲裁机构自裁管辖权的判断。仲裁机构搁置可受理性问题,直接以仲裁协议无效为由驳回申请,法院也可以在承认执行或者一方对仲裁结果不服向法院起诉时主动审查,实际上是降低了仲裁机构的说理难度,减轻了仲裁机构所需承担的责任。诚然,为防止地方政府对仲裁机构和司法机关施加干预,以仲裁机构未约定或约定不明之名行仲裁协议无效之实,逐层对仲裁协议无效判决进行报告审查的法院内部报告制度可以在一定程度上进行缓和。然而,"独立行使司法权,免受行政权干涉"之原则知易行难,内部报告制度亦存在执行不严、耗时过长、透明性较差的缺陷,[4]并不能够从本质上解决问题。

仲裁机构的行政属性和"法定机构"特征赋予了其高于当事人意思自治之外的地位。同时,临时仲裁的不予承认人为抑制了更广泛的民间社会力量,政治国家对仲裁的影响力通过行政权的垄断而彰显。随着社会主义市场经济体制的不断完善和改革开放的不断深入,越来越多的纠纷与具有浓厚行政主导色彩的《仲裁法》发生冲突。目前,《仲裁法》并不适应中国仲裁市场的发展,这再次反映了

① 刘晓红、冯硕:《对〈仲裁法〉修订的"三点"思考——以〈仲裁法(修订)(征求意见稿)〉为参照》,《上海政法学院学报》2021 年第 5 期,第 55 页。
② 詹安乐、叶国平:《以仲裁权的性质为视角论我国仲裁机构的改革方向》,《北京仲裁》2011 年第 2 期,第 7 页。
③ 陈福勇:《我国仲裁机构现状实证分析》,《法学研究》2009 年第 2 期,第 84—93 页。
④ Shen Wei, Shang Shu. Tackling Local Protectionism in Enforcing Foreign Arbitral Awards in China: An Empirical Study of the Supreme People's Court's Review Decisions, 1995 - 2015. *The China Quarterly*, Vol. 241, 2020, p. 164.

政治国家与民间社会之间的张力。仲裁市场的逐渐成熟与仲裁机构的非独立性之矛盾呼吁着仲裁机构地位的变革，于是从法律层面改革仲裁机构地位，由确定协议效力到检视仲裁可受理性的《征求意见稿》第35条便呼之欲出。

（四）约定仲裁机构制度逻辑变化之反思

通过对"政治国家—民间社会"的二元分离的视角和"行政权—司法权—意思自治"的三元结构框架进行分析，可以大致描摹出《仲裁法》出台以来我国行政权、仲裁机构、意思自治、司法权关系的变迁（见图1-3）。行政权由干预走向退出，司法权支持仲裁角色不断强化，意思自治日益发挥决定性作用，而仲裁机构在日益民间化、独立化的同时，化原仲裁协议效力要件为仲裁可受理性检视因素。由是观之，我国的仲裁改革顺应了国际潮流，回归了仲裁作为自发秩序的起源。

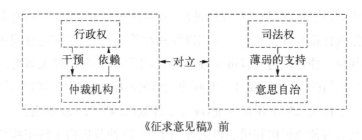

《征求意见稿》前

《征求意见稿》后

图1-3　行政权、仲裁机构、意思自治、司法权关系变迁

人类社会中的大量秩序都不是理性设计的结果，而是从无数的个人行为中自然生发出来的。[①] 仲裁正是人们在相互交往中形成的一种"交流和沟通信息的机制"，一种自发成长且不断扩展的居中裁决体系。在立法确定前，名为"仲裁"的法律早已在当事人解纷实践中自然生发。[②] "如果政府政策对特定人的作用效果是已知的，只要政府以达成这些效果为目的，它就不能不去了解这些效果，因此政府也就不可能是不偏不倚的了。政府必然会有所选择，它会将自己的

---

① John Hasnas：Hayek, The Common Law, and Fluid Drive. NYU *Journal of Law & Liberty*, Vol. 1, 2015.

② 沈伟、余涛：《互联网金融监管规则的内生逻辑及外部进路：以互联网金融仲裁为切入点》，《当代法学》2017年第1期，第5页。

评价强加给民众,而且政府不再帮助人们实现自己的目标,而是为他们选择目标"。①《仲裁法》作为一部由司法部起草的部门立法,其本身就带有强烈的"行政血统",加之如上文所分析仲裁机构依赖行政机关的历史客观原因,其将约定仲裁机构作为效力要件正是政府为追求其自身目标而对仲裁意思自治的自发秩序的干预与修正。

"法律起源是一种对经济生活的社会控制方式。普通法代表了支持私人秩序的社会控制策略,而大陆法则寻求用国家期望的分配结果来取代私人秩序。换言之,大陆法是'执行政策的',而普通法是'解决纠纷的'。"②在法与金融学学派视野下,当比较不同法律起源国家的市场经济情况时,属于普通法传统的国家通常比大陆法传统的国家表现更好,其根源在于国家的法律对社会成员的自由限制更少。尽管不少学者质疑法与金融学学派关于法系比较的科学性,认为在仲裁法律适用上并没有出现大陆法系和普通法系差距悬殊的场景,③但在仲裁机构是否具有否定仲裁协议效力问题上,各国基本达成统一。普通法系国家很早就确定了支持仲裁的解释原则及仲裁协议要件宽松的认定态度,④大陆法系国家随后亦逐渐跟进,改变了既往的反对仲裁之解释性推定和对仲裁协议要件的形式齐全性规定。

《征求意见稿》跟上了世界潮流,参考国际惯例,确立以仲裁意思表示为核心的仲裁协议效力制度,删除仲裁机构决定协议效力的规定,并吸收司法解释和实践经验,对仲裁协议中仲裁机构没有约定或者约定不明确的情况予以指引性规定,有利于保障仲裁顺利进行,促进我国仲裁活力和竞争力,对于当下加快构建世界仲裁中心和国际金融中心的我国意义重大。

四、《征求意见稿》第 35 条具体适用类型探讨

《征求意见稿》第 35 条不仅明确了仲裁可受理性的审查要素,间接修改简化了仲裁协议有效的构成要件,而且还就仲裁协议对仲裁机构约定不明确及约定

① H.A. Hayek. *The Road to Serfdom*. Routledge, 2001, p. 80.
② La Porta, R., F. Lopez-de-Silanes, A. Shleifer. The Economic Consequences of Legal Origins. *Journal of Economic Literature*, Vol. 46, 2008.
③ Stefan Voigt. Are International Merchants Stupid — Their Choice of Law Sheds Doubt on the Legal Origin Theory. *Journal of Empirical Legal Studies*, Vol. 5, No. 1, 2008; Karl S. Okamoto. A "Law & Personal Finance" View of Legal Origins Theory. *Brigham Young University Law Review*, Vol. 6, 2009.
④ Mitsubishi Motors Corp. v. Soler Chrysler-Plymouth, Inc., 473 U.S. 614 (1985), at 626;高菲:《论仲裁协议》,《仲裁与法律通讯》1995 年第 5 期,第 40 页。

不明的具体情形之处理方式进行了规定。

由于仲裁机构在仲裁协议中地位的变化，《征求意见稿》第 35 条一改过去若无约定仲裁机构，仲裁协议无效之规定，而是规定先由当事人补充约定，若无法达成约定，则考虑双方共同住所地，如果亦无共同住所地，则由当事人住所地外最先立案的第三地的仲裁机构受理。较未约定仲裁机构的情形而言，仲裁机构约定不明的具体种类更多，现实中存在的争议亦越大。笔者认为，仲裁协议对仲裁机构约定不明至少包含以下四种类型。

一是不确定仲裁机构的仲裁协议。若当事人在协议中约定"仲裁—某地"，但未说具体仲裁机构名称，此种情形属于约定在某地的仲裁机构进行仲裁。域外法上几乎都会尽量认可这些不够明确的仲裁协议的效力，法院主张只有作为核心内容的统一仲裁的约定为必需，其他附随条款均可以通过默示或由国内法进行补充解释。在《征求意见稿》之前，依《仲裁法司法解释》是先看当地是否只有一家仲裁机构，如果答案肯定，则事实上属于仲裁机构明确，则就是该家，如果不止一家仲裁机构，则看能否补充约定一致，如果不能一致，则仲裁协议无效。但根据《征求意见稿》，虽然该种情况仍应先审查当地是否只有一家仲裁机构，但在当地不止一家时则按顺序分别考虑能否根据仲裁规则确定、能否通过达成补充协议确定，在这些都不能确定时，则不再否定仲裁而由最先立案的仲裁机构受理。

二是约定不存在的仲裁机构或者仲裁规则。例如上海没有"黄浦仲裁委"，也不存在"黄浦仲裁委仲裁规则"。如果在《征求意见稿》之前，除非达成协议，一般认定协议无效；新《仲裁法》出台之后，若约定"黄浦仲裁委"，由于上海黄浦区只有上海国际经济贸易仲裁委员会一家仲裁机构，可以认定仲裁协议约定的是在上海国际经济贸易仲裁委员会进行仲裁。

三是内部矛盾的仲裁协议。在《征求意见稿》发布之前其实法院态度有所变化，依据最高人民法院法函〔1996〕176 号《关于同时选择两个仲裁机构的仲裁条款效力问题函》的规定，当事人一方对仲裁协议中约定的两个以上仲裁机构之一作出的选择视同双方当事人对仲裁机构的明确选择，仲裁协议有效。然而依据《仲裁法司法解释》第 3 条的规定，需要双方最终选择确定一个仲裁机构的仲裁协议才最终有效。在域外，法院一般主张"在当事人选择将仲裁条款在如合同的情况下，必须假定当事人的本意是希望建立一个有效的机制来解决仲裁条款所涵盖的争议"，①因此基本上会通过删除多余用于或者从宽解释调和冲突。

---

① Preliminary Award in ICC Case No. 2321，I Y.B. Comm. Arb. 133，1976.

四是将仲裁作为可选的争议解决方式之一,又可称为"选择性"仲裁协议。这种情形以约定"或裁或判"的"单边选择性仲裁条款"为特点,原先都是直接认定无效,《征求意见稿》第 35 条未进行规定。不过域外法上一般默认单边选择性仲裁条款系主体真实合意的产物。① 当一项协议同时规定在某一法院进行诉讼和在某一仲裁机构进行仲裁,则一般将争议解决选择条款狭义地解释为支持仲裁。②

五、结语

"经济学一项奇妙的任务就是向人们证明,对于他们自以为能够加以设计的事情,其实他们所知甚少。"③同样地,关于仲裁的法律早在《仲裁法》人为立法之前就已经存在并以自发秩序的形式表现出来。其不该是专属于司法机关主动审查的"自留地",也不应该是行政机关垄断干预的"固有物",而应当是当事人意思自治的"自由田"。仲裁机构地位由决定仲裁协议效力转变为检视仲裁可受理性,背后是行政权干预的逐渐退潮、意思自治的日益得到尊重和支持仲裁并进行肯定性协议有效推定的不断强化。

当然,无论是行政权力还是司法权力,其属性均为国家权力。因此,在立法中应更加平衡政治国家和民间社会,着重不同利益诉求的主体间相互公开、博弈和妥协,更加尊重自发秩序的发展规律,有利于推动《仲裁法》修改更上一层楼,进而助力国际仲裁中心建设。

第五节 第四章"仲裁程序"之"临时 措施":仲裁临时措施中的 双轨结构与权力分配*

一、仲裁临时措施概述

商事仲裁中的临时措施(Arbitral Interim Measures)是指仲裁程序中或仲

---

① 陈珊:《单边选择性仲裁条款的有效性研究》,《北京仲裁》2021 年第 4 期,第 86 页。
② Gary B. Born. *International Arbitration: Law and Practice*. Kluwer Law International,2012,p. 115.
③ [英]哈耶克:《致命的自负》,冯克利译,中国社会科学出版社 2000 年版,第 86 页。
* 本节撰稿人方荔。

裁程序开始前,为保障未来作出的裁决得以执行或维护仲裁的正当程序而在裁决前采取的临时性保全措施。[①] 中国现行《民事诉讼法》和《仲裁法》规定了具有类似功能定位的保全制度,即法院在诉讼或仲裁程序中或程序开始前,可以进行财产保全、证据保全和行为保全。

2021 年 7 月 30 日司法部发布的《征求意见稿》对我国现行商事仲裁领域临时措施制度、紧急仲裁员制度进行了突破性修改,修订后的内容更加顺应国际商事仲裁的发展趋势。"临时措施"节将原有的仲裁保全内容与其他临时措施集中整合,增加行为保全和紧急仲裁员制度,明确仲裁庭有权决定临时措施,并统一规范临时措施的行使,目的是快速推进仲裁程序,提高纠纷解决效率,体现司法对仲裁的支持态度,增强中国作为仲裁地的竞争力。[②]《征求意见稿》对于仲裁临时措施核心的修订是引入了法院—仲裁庭双轨结构,赋予了仲裁庭临时措施发布权。本节以法院—仲裁庭双轨结构与权力分配为视角,以《征求意见稿》"临时措施"节的文本为主要研究对象,横向分析比较法例和国际仲裁惯例,纵向考察中国在仲裁临时措施方面的嬗变趋势,揭示中国法下仲裁临时措施制度的发展和局限。在此基础上,借鉴国际仲裁规则,结合我国国际商事仲裁的实践及发展需要,提出进一步我国完善仲裁法律制度的建议。

二、理论渊源：仲裁临时措施中的双轨结构和权力分配

仲裁临时措施中的双轨结构或双轨模式是指法院和仲裁庭在受理、发布临时措施上具有并存的权力。[③] 关于仲裁临时措施有权发布主体的制度构建,除了法院—仲裁庭双轨模式,常见的立法模式还有法院专属模式,即法院具有完全排他的受理、发布仲裁临时措施的权力,而仲裁庭则不具备此种权力。法院专属模式和法院—仲裁庭双轨模式之间显而易见的分野在于仲裁庭是否有权发布仲裁临时措施,其背后则关系特定法域中法院与仲裁庭的权力配置,进而指向仲裁庭权源和权力边界、仲裁庭作为一种基于私主体合意产生的争议解决方式与国家司法机关之间的相互关系等核心命题。

法院专属模式的构建基础在于司法机关在解决私主体之间纠纷争议中的国家排他性和专属性,而仲裁庭作为当事人合意产生的临时性争议解决机构,无权

---

① Ali Yesilirmak. *Provisional Measures in International Commercial Arbitration*,4,2005.

② 司法部关于《中华人民共和国仲裁法(修订)(征求意见稿)》的说明。

③ Gary B. Born. *International Arbitration: Cases and Materials*. Kluwer Law International,2015,pp. 873 - 874.

对当事人宣布采取可能对其权利造成实质影响的临时措施。① 在当代比较法上,法院专属模式多由商事仲裁发展相对迟缓且态度相对保守的法域所采用,例如意大利、西班牙及阿根廷等。② 中国现行法律采取的也是法院专属模式,③即法院是财产保全、证据保全等临时措施的唯一有权执行机构,仲裁机构有权将当事人保全措施的申请提交给有关法院。④

法院—仲裁庭双轨模式的主要优势在于灵活和高效。法院和仲裁庭作为临时措施的发布主体,并无绝对的优劣之分,当事人可以根据实际状况在法院和仲裁庭之间做出选择。当事人选择向仲裁庭申请临时措施的,可以免去另行向法院提交申请,或由仲裁庭向法院流转申请材料的繁冗程序。效率优势对于商事争议当事人的权益保护具有独特、重大的意义。另外,当事人向法院寻求临时措施,也可能是依赖于法院作为国家常设性国家司法机关所具有的独特的优势。一是常设性争议解决机构——法院能够在临时性仲裁庭尚未组建或因其他原因无法做出临时措施时,为当事人提供临时救济;二是法院集合了临时措施发布权和执行权,相对于仲裁庭呈现出特有的"一体化"优势;三是在涉及仲裁当事人以外的第三方的临时措施中,由于第三方不属于当事人关于仲裁庭管辖合意的范畴,该第三人与仲裁庭亦无任何约定或授权,此时以当事人合意作为仲裁庭决定的基础不复存在。⑤ 法院—仲裁庭双轨模式肯定了法院在辅助仲裁顺利运行、保障当事人权益方面的积极作用,为法院支持、辅助仲裁提供了可能性。

法院—仲裁庭双轨模式在全球范围内广泛适用,⑥国际上认可度较高的联合国国际贸易法委员会《示范法》提供了法院—仲裁庭双轨结构的范本,美国、英

---

① 黄凯绅:《仲裁临时保全措施及法院本位主义:法制变革上的建议》,《交大法学》2019 年第 3 期,第 143 页。

② Gary B. Born. *International Arbitration: Cases and Materials*. Kluwer Law International, 2015, pp. 872 - 877.

③ 王艳阳:《国际商事仲裁中的临时保护措施制度——兼论我国相关制度的不足》,《西南政法大学学报》2004 年第 4 期,第 89 页。

④ 《仲裁法》第 28 条规定:"当事人申请财产保全的,仲裁委员会应当将当事人的申请依照民事诉讼法的有关规定提交人民法院。"《仲裁法》第 46 条规定:"当事人申请证据保全的,仲裁委员会应当将当事人的申请提交证据所在地的基层人民法院。"《仲裁法》第 68 条规定:"涉外仲裁的当事人申请证据保全的,涉外仲裁委员会应当将当事人的申请提交证据所在地的中级人民法院。"《民事诉讼法》第 272 条规定:"当事人申请采取保全的,由我国涉外仲裁机构将当事人的申请,提交被申请人住所地或者财产所在地的中级人民法院裁定。"

⑤ 胡获:《论国际商事仲裁中仲裁庭的临时保全措施决定权》,《南昌大学学报(人文社会科学版)》2013 年第 4 期,第 105 页。

⑥ Gary B. Born. *International Arbitration: Cases and Materials*. Kluwer Law International, 2015, pp. 873 - 874.

格兰、爱尔兰、法国、加拿大、澳大利亚、瑞典、瑞士等国以及中国香港地区均采取了法院—仲裁庭双轨模式。①《示范法》第 17(1)条规定，除非当事人另有约定，仲裁庭经一方当事人请求，可以准予采取临时措施。我国香港地区《仲裁条例》第 35条借鉴了《示范法》的规定："除非当事人另有约定，仲裁庭经一方当事人请求，可以准予采取临时措施"。《仲裁条例》第 45 条第 2 项则明确"原讼法庭"有权就任何一方当事人的申请发布临时措施，无论仲裁程序是否在我国香港地区进行。

相较于法院专属模式而言，法院—仲裁庭双轨模式赋予制度更大的弹性和兼容性，在理论上兼顾了效率、当事人实体权益等多重价值，但是立法者面临的挑战更为严峻：在双轨模式之上，如何处理不同立法政策的平衡与协调、如何分配法院和仲裁庭之间彼此竞合的权力、如何将一国仲裁法与诉讼法衔接调和、如何确保法院—仲裁庭双轨结构能够协调运行，而非相互摩擦、彼此掣肘。

三、双轨结构：《征求意见稿》对于仲裁临时措施的发展

(一) 法院—仲裁庭双轨结构的确立

中国现行法律采取的是法院专属模式，法院是财产保全、证据保全等临时措施的唯一有权执行机构。但是现行法下法院专属模式的弊病也是显而易见的，除了效率因素、对当事人意思自治的背离之外，②更重要的是法律层面对于涉及境外执行地的临时措施问题的失语。根据现行法律规定，当被申请人住所地、财产及证据所在地位于中国境内时，法院具有管辖权。然而当执行地位于境外时，除自行向执行地法院提出保全申请以外，当事人能否向仲裁庭申请临时措施，现行法律则出现了真空地带。

法院垄断临时措施话语权的制度构造诞生于仲裁作为一种替代性争端解决方式尚未成熟的背景之下。法院本位主义居于上风，商事仲裁国际化特点并不显著。如今，法院专属模式已难以适应日益蓬勃发展的国际商事仲裁需求，于是近年来仲裁理论和实践层面出现了修正性的尝试和解释。有一种观点认为，现行法对于仲裁临时保全措施执行地在境外的情形没有明确规制，为仲裁庭发布临时措施留下了制度上的突破口。③ 另外，在《征求意见稿》发布之前，已有部分

---

① 沈伟、陈治东：《商事仲裁法：国际视野和中国实践》(上卷)，上海交通大学出版社 2020 年版，第 293 页。
② 李晶：《国际商事仲裁中临时措施在中国的新发展——以民诉法修改和仲裁规则修订为视角》，《西北大学学报(哲学社会科学版)》2014 年第 6 期，第 26 页。
③ 黄凯绅：《仲裁临时保全措施及法院本位主义：法制变革上的建议》，《交大法学》2019 年第 3 期，第149 页。

仲裁机构尝试通过仲裁规则填补这一空白,拓宽仲裁庭在国际商事仲裁中临时措施的发布权限。[①] 但是,仲裁规则对现有法律体系突破的背后涉及法院与仲裁庭之间权力关系的核心命题,仲裁规则面临合法性困境和执行难题。

《征求意见稿》的亮点之一是在规范层面扭转了现有的法院专属模式。根据《征求意见稿》第43和47条,当事人在仲裁程序进行前或者进行期间,为了保障仲裁程序的进行、查明争议事实或者裁决执行,可以请求人民法院或者仲裁庭采取与争议标的相关的临时性、紧急性措施。当事人向仲裁庭申请保全措施的,仲裁庭应当及时作出决定。这一修订意味着由法院专属模式向法院—仲裁庭双轨模式的转变,也标志着中国仲裁在规则和实践上逐步与国际接轨。

(二) 双轨结构下临时措施类型的拓宽

现行《仲裁法》规定了仲裁中的两种临时措施类型:财产保全和证据保全。[②] 2012年修订的《民事诉讼法》增设了行为保全制度,[③]虽然未明确规定行为保全制度适用于仲裁,但对仲裁实践产生了重大影响。2019年,在"亨廷顿公司与慈铭医院仲裁案"中,[④]海南省第一中级人民法院部分支持了申请人的行为保全申请,标志着现行法律框架下仲裁程序中行为保全制度的最新动向。

《征求意见稿》对临时措施类型进行了重要修订。《征求意见稿》将临时措施定义为:"为了保障仲裁程序的进行、查明争议事实或者裁决执行,……与争议标的相关的临时性、紧急性措施。"除了财产保全和证据保全,《征求意见稿》认可的临时措施类型还包括行为保全和仲裁庭认为有必要的其他短期措施。[⑤] 这一修订的意义在于授权仲裁庭决定超出法院保全措施范围的其他类型临时措施。对于三类保全措施(财产保全、证据保全、行为保全)和其他短期临时措施,《征求意见稿》制定了两套申请和执行程序,具体如图1-4所示。

《征求意见稿》在临时措施类型上采取了有异于《示范法》的规范路径。《示范法》将临时措施分为四类:维持现状或恢复原状措施、保证仲裁程序不遭受危害或损害的措施、财产保全措施和证据保全措施。[⑥] 前两类可以与行为保全相对应。相比之下,《征求意见稿》所提出的"仲裁庭认为有必要的其他短期措施"

---

① 《上海仲裁委员会仲裁规则》第27条;《北京仲裁委员会仲裁规则》第62条。
② 《仲裁法》第28、46、68条。
③ 《民事诉讼法》(2012年)第100、101条,现行《民事诉讼法》第103、104条。
④ 参见"海南亨廷顿医院管理咨询有限公司与慈铭博鳌国际医院有限公司仲裁案"。
⑤ 《征求意见稿》第43条。
⑥ 《示范法》第17条第2款。

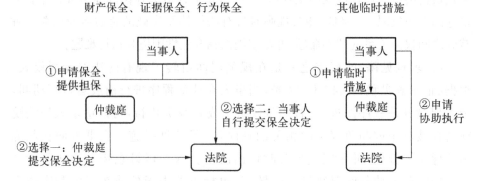

图1-4 保全措施及其他临时措施的申请、执行流程

类型，赋予了仲裁庭比较宽泛的自由裁量权。

现行诉讼和仲裁制度对不同的保全措施制定了相应的发布标准。财产保全临时措施的发布标准是"裁决执行障碍"；①证据保全临时措施的发布标准是"取证障碍"。② 至于行为保全，海事和知识产权领域建立了特殊的行为保全制度：海事强制和知识产权诉前临时禁令。海事强制令的发布条件包括具有胜诉可能性和出现紧急情况。③ 在知识产权案件中，法院审核行为保全申请时，需综合考虑胜诉可能性、是否可能发生不可挽回的损失、权衡双方当事人的损失、维护公共利益等方面的因素。④ 除非另有特别法规定，在一般民事诉讼中，行为保全仍适用"裁决执行障碍"标准。⑤

《征求意见稿》针对三类保全措施制定了相应的发布标准：财产保全、行为

① 《仲裁法》第28条规定："因另一方当事人的行为或者其他原因可能使裁决不能执行或者难以执行的，可以申请财产保全。"
② 《仲裁法》第46条规定："在证据可能灭失或者以后难以取得的情况下，可以申请证据保全。"
③ 《海事诉讼特别程序法》第56条："作出海事强制令，应当具备下列条件：
　(一) 请求人有具体的海事请求；
　(二) 需要纠正被请求人违反法律规定或者合同约定的行为；
　(三) 情况紧急，不立即作出海事强制令将造成损害或者使损害扩大。"
④ 《最高人民法院关于审查知识产权纠纷行为保全案件适用法律若干问题的规定》第7条："人民法院审查行为保全申请，应当综合考量下列因素：
　(一) 申请人的请求是否具有事实基础和法律依据，包括请求保护的知识产权效力是否稳定；
　(二) 不采取行为保全措施是否会使申请人的合法权益受到难以弥补的损害或者造成案件裁决难以执行等损害；
　(三) 不采取行为保全措施对申请人造成的损害是否超过采取行为保全措施对被请求人造成的损害；
　(四) 采取行为保全措施是否损害社会公共利益；
　(五) 其他应当考量的因素。"
⑤ 《民事诉讼法》第103条。

保全采取"裁决执行障碍"或"给当事人造成其他损害"双分支标准；[①]证据保全采取"取证障碍"标准。[②] 至于其他短期措施，《征求意见稿》并无明确发布标准，只要仲裁庭认为采取临时措施具有必要性与可行性即可，赋予了仲裁庭宽泛的自由裁量权。

(三) 双轨结构下的紧急仲裁员制度

在仲裁机构受理案件起至仲裁庭组成的期限内，为了防止一方当事人转移财产或者销毁证据，临时措施需在仲裁庭组成之前发布，紧急仲裁员的必要性由此显现。21 世纪以来，紧急仲裁员制度逐步形成和发展，主要规定在仲裁机构的仲裁规则之中。[③] 虽然紧急仲裁员制度代表国际商事仲裁领域的一个新趋势，但是围绕紧急仲裁员制度的诸多理论争议和实践困局制约着其实际适用。

国际上主要仲裁机构的仲裁受理情况显示，相较于各仲裁机构受理仲裁案件的数量，其受理申请适用紧急仲裁员的案件数量可谓凤毛麟角。[④] 紧急仲裁员临时措施的承认和执行问题是制约这一制度的主要因素。造成紧急仲裁员临时措施执行困局的原因有二：一是紧急仲裁员的法律地位不明确。紧急仲裁员若不具有等同于一般仲裁员的法律地位，其所作出裁决的效力尤其是强制执行效力也将受到质疑。[⑤] 二是临时救济措施命令或裁决是否具有"终局性"、是否属于《纽约公约》项下"裁决"存在争议。因此，临时救济措施能否借助《纽约公约》在其他法域获得承认和执行存在不确定性。

此外，紧急仲裁员制度能否实现其应有的价值功能也是一个在理论上悬而未决的问题。首先，与当事人直接向法院申请临时救济相比，由紧急仲裁员作出临时救济措施是否能切实提高效率有待检验。其次，虽然由一方当事人或仲裁机构指定紧急仲裁员的机制高效，但不免破坏当事人对于仲裁员选定的合意。[⑥]

随着国际商事仲裁的兴起，在《征求意见稿》发布之前，我国已有一些仲裁机构的仲裁规则引入紧急仲裁员制度，其中包括 2015 年《自贸区仲裁规则》第 20

[①] 《仲裁法修订征求意见稿》第 44 条："一方当事人因其他当事人的行为或者其他原因，可能使裁决不能执行、难以执行或者给当事人造成其他损害的，可以申请财产保全和行为保全。"

[②] 《仲裁法修订征求意见稿》第 45 条："在证据可能灭失或者以后难以取得的情况下，当事人可以申请证据保全。"

[③] Marc J. Goldstein. A Glance into History for the Emergency Arbitrator. *Fordham International Law Journal*，Vol. 40，2017，p. 779.

[④] 黄志鹏：《论我国紧急仲裁员临时措施之执行》，《商事仲裁与调解》2022 年第 1 期，第 74 页。

[⑤] 沈志韬：《从国际经验看我国紧急仲裁员制度的完善》，《仲裁研究》2015 年第 1 期，第 81 页。

[⑥] 房沫：《对紧急救济措施命令和裁决的救济——以新加坡国际仲裁中心仲裁规则为视角》，《社会科学家》2013 年第 6 期，第 112—113 页。

条第 2 款、2015 年《北京仲裁委员会仲裁规则》第 63 条、《中国国际经济贸易委员会 2015 年仲裁规则》第 23 条第 2 款、《中国海事仲裁委员会 2018 年仲裁规则》第 27 条第 1 款。目前，我国已有多个当事人申请适用紧急仲裁员制度的案件，并成功获得域外执行，实现跨境保全。2017 年 9 月，北京仲裁委受理了我国内地第一起适用紧急仲裁员的案件，该案申请人根据相关仲裁规则申请紧急仲裁员颁布临时措施，并在我国香港高等法院顺利获得了临时措施的执行令。①

2019 年 9 月，上海仲裁委员根据仲裁申请人的申请，实施了上海首例紧急仲裁员程序，该案紧急仲裁员决定书获得了我国香港高等法院的认可。② 国际立法经验和我国部分仲裁机构的探索实践对于我国建立和完善紧急仲裁员制度具有重要借鉴意义。《征求意见稿》首次增加了紧急仲裁员内容，展现出中国仲裁立法与国际通行立法相向而行的趋势。

四、权力分配：《征求意见稿》临时措施的局限及修正建议

(一) 双轨结构协调机制的缺位

首先，本次《仲裁法》修订的亮点之一在于确立在临时措施问题上的法院—仲裁庭双轨结构。但是，立法者对于法院—仲裁庭双轨结构的复杂性应有充分的预估，并制定细致的规范和指引加以应对。法院与仲裁庭临时措施发布权竞合所引发的冲突（诸如仲裁当事人分别向法院和仲裁庭申请临时措施，法院和仲裁庭分别作出不同甚至相斥的决定），需要在双轨结构之上叠加更为严密的制度安排，明确法院与仲裁庭的优先性，并完善主体间的沟通机制。《示范法》和比较法例为这一问题提供了重要的借鉴。《示范法》第 17(1) 条规定，除非当事人另有约定，否则仲裁庭经一方当事人请求可以准予采取临时措施。《示范法》采取的是一种以仲裁庭为默认发布主体的"双轨制"模式。《英国 1996 年仲裁法》(The English Arbitration Act 1996)第 44 条第 3、4 项规定：在紧急情况下，经一方当事人申请，法院认为确有必要保全证据或财产的，可以作出临时措施决定；若非紧急情况，只有在仲裁庭许可该临时措施申请或另一方当事人书面同意该临时措施申请时，法院方能处理该临时措施申请。由此可见，英国采取的也是

---

① 孙巍：《中国大陆首例紧急仲裁员仲裁程序：从程序与实体角度看如何审理紧急仲裁员案件》，北京仲裁委员会网站，http://www.bjac.org.cn/news/view?id=3273，最后访问日期：2022 年 8 月 8 日。

② 上海仲裁委员会：《上海仲裁委员会首例涉紧急仲裁员程序仲裁案件进入香港高等法院执行程序》，http://www.accsh.org/index.php?m=content&c=index&a=show&catid=68&id=366，最后访问日期：2022 年 8 月 8 日。

仲裁庭居于优先地位的双轨模式。

其次，《征求意见稿》关于法院审核、承认与执行仲裁庭临时措施的语焉不详，可能会增大双轨结构运行的摩擦。临时措施的强制执行权与发布权是两种不同的权力，如前所述，发布权未必由国家司法机关垄断，但强制执行是国家司法机关的专属权力。若仲裁庭发布临时措施后当事人未主动执行，则涉及临时措施的承认与执行问题。

《征求意见稿》针对三类保全措施和其他临时措施分别制定了承认与执行规定。就三类保全措施而言，保全决定经由当事人或者仲裁机构提交法院后，法院应依法及时执行。[①] 就其他临时措施而言，临时措施决定需要人民法院提供协助的，当事人可以向人民法院申请协助执行，人民法院认为可以协助的，依照相关法律规定执行。[②] 总体而言，法院对于仲裁庭临时措施的承认具有完全的自由裁量权，而《征求意见稿》并未对这种自由裁量权的行使作出明确的约束和指引。一个比较棘手的问题是：法院应从何种角度、按照何种标准认定仲裁庭作出的保全措施以外的其他临时措施的可协助执行性？由于仲裁庭自行决定的临时措施是《征求意见稿》首创的新型临时措施，故现行法律体系无法为法院判断其可协助执行性提供丰富详尽的指引和规范。法律的缺位和现实情况的复杂可能增加实践操作的难度。

《示范法》确立了法院对仲裁庭临时措施形式审查的原则，并以《纽约公约》第5条为蓝本，列举了拒绝承认或执行临时措施的若干消极事由，[③]除存在该类情形的，法院一般不能拒绝承认或不予执行临时措施，其宗旨是尽可能保障临时措施的执行，减少司法对商事仲裁的干预，体现司法对仲裁的支持作用。

（二）法院—仲裁庭的非对称权力

第一，根据对《征求意见稿》严格的文义解读，"临时措施"的内涵可能远窄于《民事诉讼法》规定的保全措施。《征求意见稿》将临时措施定义为"与争议标的相关的临时性、紧急性措施"。事实上，商事仲裁实践中大量的保全措施尤其是

---

① 《仲裁法修订征求意见稿》第47条第3款。

② 《仲裁法修订征求意见稿》第48条第3款。

③ 根据《示范法》第17I条的规定，法院拒绝承认或执行临时措施的消极事由可分为依申请拒绝和主动拒绝两类。法院依申请拒绝事由包括：① 仲裁协议无效；② 该方当事人未得到指定仲裁员或者进行仲裁程序的适当通知，或因其他理由未能陈述其案情的；③ 超裁；④ 仲裁庭的组成或者仲裁程序与当事人的协议不一致或者不合法；⑤ 未按照仲裁庭的要求提供担保；⑥ 临时措施已终止或终止。法院主动拒绝的事由包括：① 临时措施不符合法律赋予法院的权力；② 争议事项根据本国法律不具有可仲裁性；③ 违反本国公共政策。

行为保全，可能与争议标的缺乏直接相关性，例如禁止公开保密文件的裁定、禁止一方另行提起诉讼的禁诉令（Anti-Suit Injunctions）、要求一方当事人停止侵权行为的裁定、禁止一方当事人履行其他合同的裁定、禁止一方当事人在仲裁程序期间转让特定法域内资产的裁定、指派一名中立人士管理公司的全部活动的裁定等。[①] 这些措施虽然不与争议标的相关，但是对于保障仲裁的正当程序和未来裁定可执行性具有重要意义。因此，《征求意见稿》第 43 条将临时措施限定在"与争议标的相关的临时性、紧急性措施"，可能将导致大量与争议标的无直接关联但对于保障仲裁程序、裁决执行至关重要的临时措施无法得到认可和执行，不利于对当事人合法权益的保障。

第二，法院和仲裁庭权力不对称性还表现在当事人通过法院、仲裁庭申请保全措施时的担保要求差异。当事人向仲裁庭申请保全措施的，仲裁庭应当及时作出决定，并要求当事人提供担保；当事人向法院申请临时措施的，法院应当依照相关法律规定及时作出保全措施。[②] 根据《民事诉讼法》等相关法律规定，当事人申请保全措施并没有提供担保的强制要求。[③] 简言之，当事人通过仲裁庭发布临时措施的担保要求高于法院途径。立法者意图通过提高担保要求来减少错误担保的发生，但是这种不均衡的规范构造，引导当事人通过法院寻求临时措施救济，造成了仲裁庭与法院的权力失衡。

第三，法院和仲裁庭权力不对称性还体现在临时措施的修改、中止和解除方面。《征求意见稿》提出，临时措施作出后，经一方当事人申请，仲裁庭认为确有必要的，可以决定修改、中止或者解除临时措施。[④] 这一规定填补了《仲裁法》的空白，但也有明显的局限和不足。《征求意见稿》没有授予仲裁庭自行修改、中止或解除临时措施的权力。这不仅使仲裁庭相对于法院处于劣势，而且也可能引起法院、仲裁庭在临时措施执行的协作配合失调。《最高人民法院关于人民法院办理财产保全案件若干问题的规定》第 24 条规定：法院在执行保全裁定的过程中，若发现保全裁定的内容与被保全财产的实际情况不符，应当予以撤销、变更或补正。在法院垄断临时措施发布权的模式下，保全法院自行撤销、变更或补正自身作出的保全裁定并无障碍。但是，《征求意见稿》内容生效后，法院以最高人

---

① Mika Savola. Interim Measures and Emergency Arbitrator Proceedings. Croat. Arbit. Y.B. Vol. 23, 2016, pp. 73, 77 - 78.

② 《仲裁法修订征求意见稿》第 47 条。

③ 《民事诉讼法》第 103 条："人民法院采取保全措施，可以责令申请人提供担保，申请人不提供担保的，裁定驳回申请。"

④ 《仲裁法修订征求意见稿》第 48 条第 2 款。

民法院的司法解释为依据,撤销或变更仲裁庭依据《仲裁法》发布的临时措施,不免缺乏充分的合法性基础。较为合理的改进方向是:借鉴《示范法》的立法模式,[①]在《仲裁法》中明确仲裁庭自行修改、中止或解除临时措施的权力,并通过法律确立法院在一定情形下撤销、变更或补正仲裁庭临时措施的权限,注重两者的协调统一。

(三) 权限模糊的紧急仲裁员

虽然《征求意见稿》引入了紧急仲裁员制度,但其定位更多是为了完善临时措施制度而建立的衍生品,其职责在于解决仲裁案件受理后至仲裁庭成立之前临时措施的发布问题。[②] 紧急仲裁员的法律地位和制度的适用范围具有比较丰富的解读空间,其中包含立法者对于紧急仲裁员制度复杂、审慎的态度。《征求意见稿》没有直接回应紧急仲裁员的法律地位,以及紧急仲裁员作出的临时措施在国内法院的效力问题。

在体例上,紧急仲裁员条款与临时措施的域外执行被合并在同一条规定中处理。《征求意见稿》第 49 条第 1 款规定:"临时措施需要在中华人民共和国领域外执行的,当事人可以直接向有管辖权的外国法院申请执行。"其后的是紧急仲裁员规定:"仲裁庭组成前,当事人需要指定紧急仲裁员采取临时措施的,可以依照仲裁规则向仲裁机构申请指定紧急仲裁员。紧急仲裁员的权力保留至仲裁庭组成为止。"若对第 49 条两款规定进行体系性、关联化的解读,一个可能的解释是:紧急仲裁员制度专门服务于涉外案件,尤其是需要在域外执行临时措施的案件。而对于在中国境内采取临时措施的案件,紧急仲裁员临时措施决定能否获得中国境内法院的认可和执行并不在该第 49 条的涵摄范围内。因此,该条并未直接回应国内法院和紧急仲裁员的相互关系。另外,当事人能否申请紧急仲裁员采取临时措施取决于相关仲裁机构的仲裁规则是否引入紧急仲裁员机制。《征求意见稿》第 49 条第 2 款强调,当事人需依照仲裁规则向仲裁机构申请指定紧急仲裁员。

由此可见,引入紧急仲裁员制度的立法考量侧重于为中方当事人在境外申请临时救济措施提供便利,在一定程度上是对中国现有国际商事仲裁实践的确认,至于能否为紧急仲裁员制度在我国的适用开辟出更广阔的空间,仍有待实践

---

① 《示范法》第 17D 条:"仲裁庭可以在任何一方当事人提出申请时修改、中止或终结其已准予采取的临时措施或已下达的初步命令,在非常情况下并count先通知各方当事人后,亦可自行修改、中止或终结其已准予采取的临时措施或已下达的初步命令。"

② 袁发强:《自贸区仲裁规则的冷静思考》,《上海财经大学学报》2015 年第 2 期,第 99 页。

的检验。

五、结语

《仲裁法》的修订立足于政治国家与民间社会二元互动的客观规律,需要实现公正与效率两种价值取向的平衡。[1]《征求意见稿》对临时措施制度核心的修订是引入了法院—仲裁庭双轨结构,赋予了仲裁庭临时措施发布权。同时,《征求意见稿》增加临时措施类型和紧急仲裁员制度。这些修订将极大提升仲裁庭的独立自主性,既充分汲取了国际有益经验,也是对中国商事仲裁实际需要的回应。但是,在法院专属模式向法院—仲裁庭双轨结构的转变过程中,法院、仲裁庭在临时措施上的权力分配直接影响了法律的实效。我国仲裁法律制度的构建不仅需要立法政策的平衡与协调,而且也面临着立法技术的挑战。

《征求意见稿》临时措施节的局限性包括双轨结构协调机制的缺位、法院和仲裁庭权力的非对称性,以及紧急仲裁员的定位不清,其所作的临时措施效力不明。对此,笔者提出以下建议:

第一,在赋予仲裁庭临时措施发布主体资格的同时,应制定更为细致的配套规定和实践指引,明确法院与仲裁庭在临时措施发布方面的优先性,完善主体间的沟通机制,防范和解决法院与仲裁庭发布权竞合所引发的冲突。

第二,《征求意见稿》第43条将临时措施限定在"与争议标的相关的临时性、紧急性措施",可能导致大量与争议标的并无直接关联但对于保障仲裁程序、裁决执行至关重要的临时措施无法得到认可和执行。笔者建议删除《征求意见稿》第43条中"与争议标的相关"的表述。

第三,《征求意见稿》对于财产保全、证据保全、行为保全以外的其他短期措施没有规定明确的发布标准,也没有提供具有建设性的约束和指引。当事人向仲裁庭申请保全措施的,仲裁庭应当要求当事人提供担保,而当事人向法院申请保全措施时则没有提供担保的强制要求,这可能引导当事人通过法院寻求临时措施救济。笔者建议,借鉴《示范法》的立法模式,结合比较损害标准、胜诉可能性标准、适当性标准等角度完善临时措施的发布标准,另外,删除仲裁庭临时措施的强制担保要求。

第四,仲裁庭临时措施需由法院执行或协助执行时,法院对临时措施的审

---

① 刘晓红、冯硕:《对〈仲裁法〉修订的"三点"思考——以〈仲裁法(修订)(征求意见稿)〉为参照》,《上海政法学院学报》2021年第5期,第65页。

查、承认及执行标准未予明确,尤其是对于仲裁庭作出的其他临时措施,法院应从何种角度、按照何种标准审查临时措施的可协助执行性,可能引发实践中的难题。笔者建议借鉴《示范法》的立法模式,明确法院形式审查的原则,列举了拒绝承认或不予执行临时措施的消极事由。

第五,《征求意见稿》第 48 条第 2 款规定:"前款规定的临时措施作出后,经一方当事人申请,仲裁庭认为确有必要的,可以决定修改、中止或者解除临时措施。"该条没有赋予仲裁庭自行修改、中止和解除临时措施的权力。但是最高人民法院关于财产保全的规定则授权法院自行撤销、变更或补正。这不仅使仲裁庭相对于法院处于劣势,而且也可能引起法院、仲裁庭在临时措施执行的协作配合失调。笔者建议,在《仲裁法》中明确仲裁庭自行修改、中止或解除临时措施的权力,并通过法律确立法院在一定情形下撤销、变更或补正仲裁庭临时措施的权限,关注两者的协调统一。

第六,《征求意见稿》在体例上将紧急仲裁员条款与临时措施的域外执行合并在同一条规定中处理。紧急仲裁员制度的适用范围可能被解释为仅限于涉外案件。

第六节 第四章"仲裁程序"之"仲裁庭组成"*

《征求意见稿》第四章第四节对应《仲裁法》的第四章第二节,由原本的 9 条 712 字变为 8 条 1 006 字,规则的条文数量减少,但内容增加,变化分布如表 1-4 所示。此表将逐条分析具体的变化内容,条款顺序以《征求意见稿》为主。

表 1-4 修订条款对比总览

增 修 内 容	《征求意见稿》	现行《仲裁法》
名册由强制改为推荐	第 50 条	第 30 条
表述上将"仲裁委员会"改为"仲裁机构"	第 51、52、55、57 条	第 31—33、36、38 条
完善仲裁员披露与回避制度	第 52—56 条	第 34—37 条
强调效率、体现诚信原则	第 52、54 条	第 35 条

---

* 本节撰稿人袁荷露。

一、现行《仲裁法》与《征求意见稿》的比较

（一）《征求意见稿》第 50 条

《征求意见稿》第 50 条对应现行《仲裁法》第 30 条。[①] 主要变化在于《征求意见稿》明确了仲裁员可以从名册外选择，允许仲裁员的选择条件由当事人事先约定，体现了对当事人意思自治的尊重，也与国际规则接轨。现行《仲裁法》并未明确仲裁员名册的强制性，但实务中不少仲裁机构会要求当事人根据其名册选择仲裁员，名册制度具有实质上的强制性。这是因为 1994 年立法时，国内仲裁实践及水平有限，采用名册制选择仲裁员更能保证仲裁效率。有观点认为此举优点如下：一是相当于机构替代当事人筛选出高质量的仲裁员，保证了个案裁决的质量；二是建立了法院和社会公众对仲裁的信任，促进仲裁发展。[②]

本节从机构本身的角度再补充 1 条：名册制度保证了仲裁员的相对确定性，便于仲裁机构管理。因为名册中的仲裁员由机构聘任，这本质上就是预先筛选了一遍，便于管理；机构对仲裁员的法律素养等背景更了解，可以放心为名册上的仲裁员作出的裁决背书。同时，它的缺陷也很明显，即限制了当事人意思自治，使中国在制度和仲裁员资源上都无法和国际对接，影响中国仲裁的国际声誉和认可度。

（二）《征求意见稿》第 51 条

《征求意见稿》第 51 条实际上是将现行《仲裁法》第 31、32 条融合在了一起。在仲裁庭产生方式上调整了表述，更强调当事人意思优先，仲裁机构的介入在后，与"将仲裁作为高端服务业"的定位相吻合。指定仲裁员的主体由"仲裁委主任"改为"仲裁机构"，虽然实践中可能还是仲裁机构委托主任指定，但做到了形式和表达上与国际规则接轨。

第 51 条修改中有两点值得注意：首先，是仲裁庭人数的变化。现行《仲裁法》规定，仲裁庭由 3 人组成或 1 人独任仲裁。这是最简易的组织形式，效率较高，其缺点是人数太绝对。《示范法》第 10 条允许当事人就仲裁员人数有更多选择。[③]

[①] 《中华人民共和国仲裁法（修订）（征求意见稿）》第 50 条："仲裁庭可以由三名仲裁员或者一名仲裁员组成。由三名仲裁员组成的，设首席仲裁员。当事人可以在仲裁员推荐名册内选择仲裁员，也可以在名册外选择仲裁员。当事人在名册外选择的仲裁员，应当符合本法规定的条件。当事人约定仲裁员条件的，从其约定；但当事人的约定无法实现或者存在本法规定的不得担任仲裁员情形的除外。"《仲裁法》第 30 条规定："仲裁庭可以由三名仲裁员或者一名仲裁员组成。由三名仲裁员组成的，设首席仲裁员。"

[②] 祁壮：《构建国际商事仲裁中心——以〈仲裁法〉的修改为视角》，《理论视野》2018 年第 7 期，第 44—50 页。

[③] 《示范法》第 10 条规定："（1）当事各方可以自由确定仲裁员的人数。（2）如未作此确定，则仲裁员的人数应为三名。"

尊重当事人之间的意思自治,体现仲裁的服务业特性。实践中,国际上也有 2 人仲裁,例如英国的海事海商仲裁,申请人与被申请人协商选定 2 名仲裁员即可。①

在国内的仲裁中,随着仲裁第三方的加入和当事人人数较多案件的增加,仲裁员的选择受到关注。现有的处理方式有两种:一是《仲裁规则》规定:多方当事人的案件(有一方及以上是多位当事人),一方当事人选了一位仲裁员,另一方的多位当事人无法通过协商选定仲裁员的,仲裁机构重新指定仲裁员组成仲裁庭,当事人选定的仲裁员一概不予采用(防止一方选定的仲裁员有偏袒该方当事人的可能性)。② 二是仲裁机构规定,另一方的多位当事人无法通过协商选定仲裁员的,仲裁机构代为指定仲裁员组成仲裁庭,同时采用对方当事人选定的仲裁员。③ 两种方案采用的机构数量大体相当。

其次,是第三名仲裁员的产生方式,有两种需要讨论的情况。关于"第三名仲裁员由当事人共同选定"。当事人能够共同选定首席仲裁员的情况很少——立案后,给双方当事人《仲裁通知》时会要求共同指定"首席",但各方当事人有意向的"首席"候选人大概率不会重合,结果机构在双方的意向名单之外另选"首席",反而使当事人陷入被动。关于首席由"两名仲裁员共同指定",实务中由两个边裁共同选定"首席"的情况通常是因为当事人事先有协议约定,且较为少见——主要由于国内边裁协商选定首席仲裁员的理念缺位,这也与国内现行仲裁机制有关。因为机制上"首席"的产生总有仲裁机构兜底,两名边裁往往不愿意在这件事上花费时间和精力讨论。

当然,边裁指定"首席"可能存在另一个问题:"首席仲裁员"不在名册之内,这种情况是否允许还需要进一步规定或解释。中国海事仲裁委对此有规定:首席仲裁员、独任仲裁员必须出自本机构名册。④ 因为国内属于机构仲裁,仲裁裁决有失误,机构负责;相比之下,国际仲裁机构只在裁决书上盖章,通常不对仲裁

---

① 《伦敦海事仲裁员协会条款》(2021 年)第 9 条:"当事人协议约定的,仲裁庭可由 2 名仲裁员和 1 名公断人组成。"

② 参见《国际商会仲裁规则》第 12 条第(8)款;《香港国际仲裁中心机构仲裁规则》8.2 条(C)款;《2016 SIAC 仲裁规则》12.2 条;《北京仲裁委员会仲裁规则》2019 年第 20 条第(6)款;《中国国际经济贸易仲裁委员会仲裁规则》2015 年第 29 条第(3)款。

③ 《示范法》第 11 条第 3 项(A)款;《中国(辽宁)自由贸易试验区仲裁规则》第 19 条第(1)款;《广州仲裁委员会仲裁规则》(2021 年)第 35 条第(4)款;《海南国际仲裁院(海南仲裁委员会)仲裁规则》第 24 条第(5)款;《上海自贸区仲裁规则》第 30 条第(1)款;《深圳仲裁委员会仲裁规则》(2011 年)第 27 条。

④ 《中国海事仲裁委员会仲裁规则》第 30 条:"除非仲裁委员会另有决定,首席仲裁员和独任仲裁员应从仲裁委员会仲裁员名册中产生。"

地裁决负责。中国海事仲裁委的规定在尊重当事人意思自治、保证仲裁机构管理效率以及控制裁决风险之间做了平衡，比较符合中国实际，有较高的借鉴意义。

(三)《征求意见稿》第52条

《征求意见稿》第52条增加了仲裁员签署声明书的环节，保证独立、公正仲裁，明确要求仲裁员主动披露可能导致其回避的事由。树立仲裁员诚信仲裁的意识，使程序更加合法、规范化。同时增加了当事人就披露事由可申请回避的期限为收到披露后的10天的规定，这样可以对仲裁员披露情形是否构成回避事由及时处理，使得仲裁员的独立性或公正性尽早得到澄清，不至于对后续的仲裁程序以及仲裁裁决的效力造成不利影响，避免社会资源的浪费，并保证了仲裁的效率。这条规定使得仲裁庭运行机制更加合理。

1. 披露与回避制度

虽然不能逐条对应，但《征求意见稿》第52—56条总体上可以对应《示范法》的第12—15条。主要内容是仲裁员的披露与回避制度，这是从制度层面确保仲裁员独立性和公正性的具体措施。《征求意见稿》在仲裁庭的组成这一章，虽然规则比《示范法》还多两条，但更多属于框架性的规则，例如回避决定的做出主体等，规定的是一些要件。可见《仲裁法》在这一节尝试将更多的权力下放给各仲裁机构，由其因地制宜地制定规则。

但过于粗放的规定也会带来一些问题，例如就申请仲裁员回避的问题，现行《仲裁法》对此没有明确的规定。实践中，一方面，仲裁相关各方对于仲裁员披露与回避的概念、边界等问题的认识并不一致，一些仲裁员不清楚披露义务的界限到底在哪里，相当数量的当事人及其代理人也不确定在什么情况下可以对仲裁员提出回避请求。另一方面，仲裁机构和法院在处理与仲裁员披露和回避相关的争议时，又往往缺乏统一可行的操作标准、明确的程序规则和必要的透明度，导致个案的当事各方无所适从，他人也无法从中借鉴。由此而引起的争议常常会引起仲裁程序不必要的拖延，甚至导致仲裁裁决被法院撤销或者不予执行，使得当事人对于仲裁可以公正高效地解决争议的期待落空，有悖于仲裁的初衷。

针对这个问题，国际上很多仲裁机构为体现公平公正，事先把仲裁机构做出的回避决定脱敏处理后，在仲裁机构官方网站上公开披露，为之后的案件申请仲裁员回避提供参考。现行《仲裁法》和《征求意见稿》都缺乏对异议申请提交后的后续审查程序的具体规定。实务中，在我国香港地区，一方提出回避申请后，仲裁机构秘书将申请转送给仲裁庭成员和各方当事人。由被申请回避的仲裁员先就是否回避自行做出答复,再由仲裁机构做出最终决定。这个参考的是《示范法》的规则。[①]

2."对仲裁员回避的申请"定为 10 日的原因

首先,《示范法》中对仲裁员提出异议的期限是 15 日。[②] 其次,8 家国际知名仲裁机构的相关规则如表 1-5 所示。

表 1-5 主要仲裁机构对异议期限的规定

国际仲裁机构	对异议期限的规定
伦敦国际仲裁院(LCIA)	没有相关规定
国际商会仲裁院(ICC)	"在收到任命或确认该仲裁员的通知之后 30 日内提交"
美国仲裁协会(AAA)	"在收到任命或确认该仲裁员的通知之后 15 日内"
苏黎世商会仲裁院(ZCC)	没有相关规定
新加坡国际仲裁中心(SIAC)	"在收到任命或确认该仲裁员的通知之后 14 日内"
斯德哥尔摩商会仲裁院(SCC)	"得知仲裁员不称职情况后的 30 天"
中国香港国际仲裁中心(HKIAC)	"收到指定或确认该仲裁员的通知后 15 日内"或"获悉第 11.6 款所述的情况后 15 日内"[③]
中国国际经济贸易仲裁委员会(CIETAC)	"收到仲裁员的书面披露后 10 天内书面提出"

伦敦国际仲裁院(LCIA)规则中没有相关规定;国际商会仲裁院(ICC)要求"在收到任命或确认该仲裁员的通知之后 30 日内提交"回避申请;[④]美国仲裁协会(AAA)要求"在收到任命或确认该仲裁员的通知之后 15 日内";[⑤]苏黎世商会

---

① 《示范法》第 13 条规定:"除非当事人提出异议的仲裁员辞职或当事他方同意所提出的异议,否则仲裁庭应就所提出的异议作出决定。"

② 《示范法》第 13 条第 2 款。

③ 第 11.6 款即存在可导致对仲裁员的公正性或独立性产生合理怀疑的情况,或仲裁员不具备当事人约定的资格,或仲裁员在法律上或事实上不能履行其职责或因其他原因行事不当迟延。

④ 《国际商会仲裁规则》(2021 版)第 14 条:"要求仲裁员回避的申请,提出申请的当事人应当在收到任命或确认该仲裁员的通知之后三十日内提交。"

⑤ 《美国仲裁协会商事仲裁规则》第 8 条:"对仲裁员要求回避的一方当事人应在收到该仲裁员任命通知后十五天内,或在其知悉产生要求回避情况后十五天内,将要求回避通知送交协会行政管理人。"

仲裁院(ZCC)对此没有具体规定；新加坡国际仲裁中心(SIAC)要求"在收到任命或确认该仲裁员的通知之后 14 日内"；①斯德哥尔摩商会仲裁院(SCC)要求在"得知仲裁员不称职情况后的 30 天"；②中国香港国际仲裁中心(HKIAC)要求在 15 日内；③中国国际经济贸易仲裁委员会(CIETAC)要求"收到仲裁员的书面披露后 10 天内书面提出"。④

由此可见，首先，关于仲裁员披露后当事人申请回避的期限规定，在世界众多知名仲裁机构的规则中，《征求意见稿》还是选择了中国仲裁机构的规则。贸仲委于 1956 年设立，如今在全国各地有多处分会。制定的规则较其他国际仲裁机构更符合中国国情，因此将贸仲委的规则上升为法律有其现实依据。其次，在上述国际仲裁机构中，10 天这个异议期限是最短的，远小于排名第二的 SIAC 两周的时间。《征求意见稿》的修改思路中有一条是"坚持中国特色与国际接轨相统一"。在申请回避期限这一点上，可以说是更倾向于中国特色。再次，是否更倾向于效率而牺牲了公平则不能一概而论。

(四)《征求意见稿》第 54 条

《征求意见稿》第 54 条对于首次开庭后知道的回避事由，申请回避的期限由原来的"最后一次开庭终结前"改为"应当在得知回避事由之日起十日内"，以保证仲裁效率，并增加了"当事人对其选定的仲裁员要求回避的，只能根据选定之后才得知的理由提出"，既保证了仲裁员产生程序的效率，也保护了仲裁员的正当权利。这条凸显了《仲裁法》修改中的效率价值取向，同时也是为了避免有些当事人利用规则，明知仲裁员存在可能需要回避的事由而不及时申请，等到发现裁决可能不利于自己时就申请回避，拖延仲裁审理，试图影响裁决结果。缩减回避申请期限是鼓励当事人积极行使自己的权利。从这个角度上来说，也保证了仲裁的公正。

(五)《征求意见稿》第 55 条

《征求意见稿》第 55 条增加了"在回避决定作出前，被申请回避的仲裁员可

① 《新仲规则》(2016 年)第 15 条规定："在收到关于该仲裁员被指定的通知之日起的十四天内。"
② 《斯德哥尔摩商会仲裁院规则》第 7 条："当事人对仲裁员的异议必须立即提出，无论如何最迟不得超过其得知仲裁员不称职情况后的三十天。"
③ 《2018 香港国际仲裁中心机构仲裁规则》第 11.7 款规定："拟质疑仲裁员的当事人，应在其收到指定或确认该仲裁员的通知后 15 日内，或在其获悉第 11.6 款所述的情况后 15 日内，发出质疑通知。"
④ 《中国国际经济贸易仲裁委员会仲裁规则》第 32 条规定："当事人收到仲裁员的声明书及(或)书面披露后，如果以披露的事实或情况为理由要求该仲裁员回避，则应于收到仲裁员的书面披露后 10 天内书面提出。"

以继续参与仲裁程序"的表达,在保证公正的同时兼顾仲裁效率,可以说在公正和效率之间更倾向于效率。《征求意见稿》对回避申请审查期间仲裁员的权限规定比《民事诉讼法》宽泛得多。在民事诉讼中,被申请回避的人员在决定作出前需要暂停参与本案,而仲裁员的审理工作却没有任何影响,这一方面是因为借鉴了《示范法》中的规定;另一方面,当事人选择仲裁大多是因为其效率高。因此《征求意见稿》在做出回避相关的具体规定时,进一步放大仲裁的这种特性。

除了"仲裁机构"等细节表述上的变更外,《征求意见稿》第四章第四节修改的主要变化,在司法部发布的《关于〈中华人民共和国仲裁法(修订)(征求意见稿)〉的说明》中有较为完整的概括:完善仲裁员披露和回避制度;增加仲裁员应当签署保证独立、公正仲裁的声明书并送达当事人的规定;增加仲裁员披露义务,并把披露与回避制度相衔接,进一步规范仲裁员行为;提升回避制度透明度,要求仲裁机构对回避决定说明理由;增加诚信要求,对当事人行使回避申请予以合理限制;保障当事人和仲裁员的合法权利。

二、《示范法》和《征求意见稿》之比较

(一) 概述

《征求意见稿》第四章第四节对应的是《示范法》第三章"仲裁的组成",《征求意见稿》在仲裁庭的组成这个部分是 8 条 1 006 字,而《示范法》虽然只有 6 条,却有 1 500 多字,信息量要大得多,而且即使有的部分规制相同的对象,也仅限于形式上类似,在规则的具体程度、可操作性和价值追求等方面都有比较大的差别。

(二)《示范法》第 11 条

《示范法》第 11 条第 1 款要求除非双方另有协议,否则不得以所属国籍为由排除任何人作为仲裁员。首先,这种情况肯定频繁发生过,使得立法者认为有必要加以规制。双方事先协议中关于仲裁员国籍的常见要求是要求首席仲裁员为第三国籍人,以保证仲裁的公正。其次,禁止未经事前协议即以国籍为由排除仲裁员。这一方面是为保证仲裁员选择程序上的效率;另一方面是禁止国籍歧视,属于对仲裁员人格平等的保护。《征求意见稿》没有类似规定,可能是由于中国仲裁案件以国籍为由排除仲裁员的情况非常少,不必加以规制,以节约立法资源。

此外,还有些内容是现行《仲裁法》也没有规定的,例如:《示范法》第 11 条第 2 款,允许当事人在服从该条第 4、5 款的情况下自由地就指定仲裁员的程序进行协议;《示范法》第 11 条第 3—5 款则规定了未能达成、执行协议时的救济措

施。两者的异同如表 1-6 所示。

表 1-6 《示范法》与《征求意见稿》相关条文对照

规制的内容	《示范法》	《征求意见稿》
人数	第 10 条：允许当事人就仲裁员人数有更多选择	第 50 条：限定仲裁员人数为 1 人或 3 人
国籍	第 11 条：制定仲裁员的办法，其中第 1 款：除非双方另有协议，否则不得以所属国籍为由排除任何人作为仲裁员，以保证效率、排除歧视	第 51 条：规定仲裁员人数和仲裁庭组成办法
仲裁员的披露和回避义务	第 12 条：仲裁员的披露义务以及与之对应的当事人申请回避的权利	第 52 条：仲裁员签署声明、披露的义务；与之对应的当事人申请回避的权利
	第 13 条：较详细地规定了提出异议及处理的程序，明确法院等机构的复议作为救济途径	第 53 条：需要回避的法定事由
	第 14 条：终止任命仲裁员的程序	第 54 条：申请回避的程序与限制
	第 15 条：替代仲裁员的产生办法	第 55 条：回避决定的作出主体
	无对应规则	第 56 条：仲裁员回避后的程序
法律责任	无对应规则	第 57 条：对违规仲裁员追究法律责任

（三）《示范法》第 12 条

1. 独立性与公正性——仲裁员参与个案的资格标准

《示范法》第 12 条中将独立性和公正性同时规定为仲裁员参与个案时的义务。《征求意见稿》第 52 条借鉴了《示范法》中仲裁员独立性和公正性的要求，这是我国《仲裁法》首次使用这一参与个案的资格判断标准。[①] 仲裁员的独立性与公正性是相互关联的关系：一方面，公正性是当事人对仲裁员的终极期待，只有在仲裁员缺乏独立性的情形造成当事人对仲裁员的公正性产生正当怀疑的时候，独立性才有其重要意义。另一方面，独立性是公正性的必要条件。个案中，一个独立

---

① 徐三桥：《仲裁员的披露与回避问题探讨》，《商事仲裁与调解》2020 年第 3 期，第 16—32 页。

的仲裁员可能会因为其他因素作出不公正的裁决,但反过来,一个不独立的仲裁员是不可能作出公正裁决的。而且,公正性是一个主观概念,只从主观上去判断仲裁员在仲裁程序中能否保持公正,难以得出各方当事人一致认同的结论,因此只能通过外在的客观事实,例如查明仲裁员与当事人之间是否存在可能影响仲裁员公正性的来往或关系,去判断仲裁员是否具备主观上保持公正的客观基础。

2. 第三人正当怀疑标准——仲裁员回避的判断标准

《示范法》第12条第2款采用了第三人正当怀疑的标准作为仲裁员回避的标准。[①]《征求意见稿》则借鉴《示范法》,引入正当怀疑标准。这个标准高于利益冲突标准,更利于确保当事人对仲裁员独立性与公正性的信心,从而提升仲裁的认可度。

第三人正当怀疑标准探究的是可能引起一个通情达理的第三人对仲裁员的独立性或公正性产生正当怀疑的外在情形。仲裁员回避是仲裁员独立性与公正性原则消极效力的体现。仲裁员回避又分主动、被动两种情形。一般情况下,仲裁员主动申请回避的,不管回避事由是否确实成立,当事人或机构大多不会反对,所以仲裁员主动回避的情形一般不会导致争议。但是,在一方当事人要求仲裁员回避的情况下,被要求回避的仲裁员、对方当事人、仲裁机构和法院都可能会对回避事由是否成立产生不同的认识,从而导致争议。这里就衍生出了两个问题:当事人在何种情形下有权提出要求仲裁员回避的申请?仲裁机构或法院以什么标准判断仲裁员是否应当回避?

实务中经常存在的问题是:在当事人一方看来,对方当事人选的仲裁员完全不具备独立性和公正性,而另一方则往往认为这只是对方在借口拖延或恶意排除自己选的仲裁员。所以,以任何一方当事人的主观怀疑作为标准是不可行的。而且仲裁员的独立性与公开性往往不是全有或全无,而是处于一个相对模糊的地带。那么,在0和1之间,仲裁员回避的标准应该放在哪里才有可操作性?《仲裁法》第34条采用仲裁员回避标准,本质与《民事诉讼法》(2021年)第27条一样,都是利益冲突标准。但是,仲裁的基础是当事人的意思自治,当事人选择以仲裁而非诉讼的方式解决争议,某种程度上是因为对仲裁更加信任,所以对仲裁员的独立性与公正性也有更高的期待(见表1-7)。如果用利益冲突标准作为法官是否回避的判断标准,那么只有采用更高的判断标准才能有效地维护当事人对仲裁的信心。

---

① 《示范法》第12条规定:"只有存在对仲裁员的公正性或独立性引起正当的怀疑的情况或他不具备当事各方商定的资格时,才可以对仲裁员提出异议。"

表 1-7 《仲裁法》与《民事诉讼法》回避范围对照

《仲裁法》	《民事诉讼法》(2021 年)
第 34 条 仲裁员有下列情形之一的,必须回避,当事人也有权提出回避申请: (一)是本案当事人或者当事人、代理人的近亲属; (二)与本案有利害关系; (三)与本案当事人、代理人有其他关系,可能影响公正仲裁的; (四)私自会见当事人、代理人,或者接受当事人、代理人的请客送礼的	第 47 条 审判人员有下列情形之一的,应当自行回避,当事人有权用口头或者书面方式申请他们回避: (一)是本案当事人或者当事人、诉讼代理人近亲属的; (二)与本案有利害关系的; (三)与本案当事人、诉讼代理人有其他关系,可能影响对案件公正审理的。 审判人员接受当事人、诉讼代理人请客送礼,或者违反规定会见当事人、诉讼代理人的,当事人有权要求他们回避

（四）异议申请

《征求意见稿》第 53 条规定可以提出异议申请的法定事由。根据第 53 条的规定,如果出现仲裁员应当回避的事项,当事人有权提出回避申请。《示范法》没有对应条款,只是在第 14 条规定了仲裁员任命终止的情形和终止仲裁员任命的救济途径。第 53 条是归纳仲裁员应当回避的实然状态;而第 14 条的规定更为宽泛,对任命终止的情形描述为"未能不过分迟延地行事"且本人辞职或当事双方就此事达成一致。可以说,《示范法》第 14 条将更换仲裁员的权利更多地赋予当事人。而本次《征求意见稿》的修改加强了当事人的相关法定权利,既符合专家共识,也与国际共识接轨。

三、总结

本节共分为两个部分,第一部分将现行《仲裁法》与《征求意见稿》相比较,主要考察修改的部分及其修改原因。第二部分将《征求意见稿》与《示范法》相比较,主要考察哪些部分与国际接轨。

通过比对,可以发现主要有以下五点趋势:一是体现仲裁作为高端"服务业"的性质,充分尊重当事人意思自治,例如明确了仲裁员可以从名册外选择;在仲裁员的产生上,强调当事人意思优先。二是表述上将"仲裁委员会"改为"仲裁机构",摆脱人们将其作为政府下属组织的联想;同时更符合实际,因为目前有一些仲裁机构以"仲裁中心""仲裁院"的形式命名,例如"上海国际仲裁中心"和"深圳国际仲裁院"。三是更强调效率,体现诚信原则。将申请仲裁员回避的最迟期限由原本的"最后一次开庭终结前"提前至"得知回避事由之日起十日内"。四是增加仲裁员的披露义务,使之与回避制度配合,进一步规范仲裁员的仲裁行为。五是首次引入"独立性与公正性"和"正当怀疑"作为仲裁员对个案的义务和怀疑标准。总之,此次《仲裁法》修订的进步之处非常显著。

第七节　第四章"仲裁程序"之"审理与裁决"*

一、修改概览

仲裁裁决是仲裁的核心。① 《仲裁法》第四章第三节"开庭和裁决"共有 18 条,而此次《征求意见稿》第四章第五节"审理和裁决"共有 19 条,条文数量增加 1 条。

本部分在此次修改中保留了原有的 13 条(原第 52、53 条仅将"仲裁委员会改为机构"),修改了 4 条,新增了 2 条,并删去《仲裁法》原第 46 条证据保全的规定,加入《征求意见稿》第四章第三节"临时措施",修改为《征求意见稿》的第 45、46 条。修改概览如表 1-8 所示。

表 1-8　《仲裁法》第四章第三节修订情况概览

	《仲裁法》	《征求意见稿》
保留条款(13 条)	第 39、41、42、44、47、48、49、50、51、53、57、52、53 条	第 58、59、60、62、64、65、66、67、68、72、76、71、73 条
修改条款(4 条)	第 43、45、55、56 条	第 61、63、74、75 条
新增条款(2 条)	——	第 69、70 条
删除条款(1 条)	第 46 条	第 45、46 条

从表 1-8 可见,《征求意见稿》对开庭和裁决部分修改幅度不大,保留了绝大部分条款,仅修改了 4 个条款,新增了 2 个条款,删去的《仲裁法》第 46 条也拆分为《征求意见稿》的第 45、46 条。本节着重分析修改条款、新增条款与删除条

＊　本节撰稿人王晓霞。
①　参见傅郁林:《先决问题与中间裁判》,《北京仲裁》2010 年第 1 期。

款变动的具体内容与相关逻辑。

二、修改条款比较

《征求意见稿》第四章第五节的主要修改亮点为：一是与前述仲裁可以通过网络方式、书面审理的规定相配合（第35、58条），新增灵活决定质证方式的规定（第63条），为互联网仲裁提供法律依据，以支持和规范互联网仲裁发展。二是增加中间裁决的规定（第74条）。表1-9是本节修改的四个条款的具体内容。

表1-9 修改条款一览表

《仲裁法》	《征求意见稿》
第43条 当事人应当对自己的主张提供证据 仲裁庭认为有必要收集的证据，可以自行收集	第61条 当事人应当对自己的主张提供证据 仲裁庭认为有必要收集的证据，可以自行收集，必要时可以请求人民法院协助
第45条 证据应当在开庭时出示，当事人可以质证	第63条 证据应当及时送达当事人和仲裁庭 当事人可以约定质证方式，或者通过仲裁庭认为合适的方式质证 仲裁庭有权对证据效力及其证明力作出判断，依法合理分配举证责任
第55条 仲裁庭仲裁纠纷时，其中一部分事实已经清楚，可以就该部分先行裁决	第74条 仲裁庭仲裁纠纷时，其中一部分事实已经清楚，可以就该部分先行作出部分裁决 仲裁庭仲裁纠纷时，其中有争议事项影响仲裁程序进展或者需要在最终裁决作出前予以明确的，可以就该问题先行作出中间裁决 部分裁决和中间裁决有履行内容的，当事人应当履行 当事人不履行部分裁决的，对方当事人可以依法申请人民法院强制执行 部分裁决或者中间裁决是否履行不影响仲裁程序的进行和最终裁决的作出
第56条 对裁决书中的文字、计算错误或者仲裁庭已经裁决但在裁决书中遗漏的事项，仲裁庭应当补正；当事人自收到裁决书之日起三十日内，可以请求仲裁庭补正	第75条 对裁决书中的文字、计算错误或者仲裁庭已经裁决但在裁决书中遗漏的事项，仲裁庭应当补正；当事人自收到裁决书之日起三十日内，可以请求仲裁庭补正 申请执行的裁决事项内容不明确导致无法执行的，人民法院应当书面告知仲裁庭，仲裁庭可以补正或者说明。 仲裁庭的解释说明不构成裁决书的一部分

（一）第 61 条对比分析

相比《仲裁法》，《征求意见稿》第 61 条新增了仲裁庭于必要时可以请求人民法院协助收集证据的规定。《示范法》第 27 条也有同样的规定："仲裁庭或一方当事人在仲裁庭同意之下，可以请求本国内的管辖法院协助取证。法院可以在其权限范围内并按照其关于取证的规则执行上诉请求。"

新增此规定主要是由于在收集证据程序中，仲裁庭缺乏强制力。《仲裁法》虽然笼统规定了仲裁庭收集证据的职权，但是《仲裁法》并未规定涉案各方对仲裁庭取证行为的协助义务，也没有对拒不提供证据的当事人或案外人规定惩处条款，导致仲裁庭自行收集证据条款缺乏实际操作性，实际效果不佳。

首先，仲裁所具有的平等、自由属性使得仲裁庭并不能像法庭一般强制让当事人提供证据，在实践中大多数行政机关、企事业单位会以各种理由拒绝配合取证，然而赋予仲裁庭收集证据的权力又具有必要性，因为在实际的仲裁过程当中，有一些证据材料是当事人自己没有办法获取的，例如银行的储蓄信息、税务部门的税收信息等。由于上述种种原因，目前仲裁庭对于这些证据的收集亦缺乏有效手段，故《征求意见稿》第 61 条的补充在一定程度上解决了实际的证据收集难题。

其次，根据修改后的条款，当涉及对案外人或单位进行调查取证时，若案外人或单位拒不配合，可以充分利用法院的公权力强制性，对不配合行为给予相应的处罚，这也符合仲裁民间性和司法性的混合属性。

再次，许多国家都明确规定了仲裁庭自行收集证据时法院的司法协助义务，本条修改也是对这种趋势的回应。[①]

但是修改后的第 61 条也存在一定问题。

首先，尽管《征求意见稿》第 61 条增加了法院的协助收集证据义务，但是却未明确规定取证规范，这将限制该条款的实际应用效果。我国《仲裁法》就收集证据有三种方式：第 43 条第 1 款规定当事人收集提供证据及第 2 款规定仲裁庭自行收集证据；第 46 条规定法院协助仲裁庭保全证据。但这些条文非常简约，对仲裁庭自行收集证据的主体、方式、程序、范围等均未明确，直接导致适用上的模糊性。仲裁制度具有的灵活性、经济性和效率性等特点使得仲裁不可能完全照搬民事诉讼法的相关证据规则。随着我国仲裁事业的快速进步，仲裁庭

---

① 吴定喜、林浩、陈艳恩：《国际商务仲裁中当事人应如何选择证据收集规则》，《天中学刊》2001 年第 6 期，第 35—38 页。

自行收集证据规范的模糊性将严重阻碍仲裁事业的前行,因此,有必要探寻仲裁证据收集制度的新出路,特别是仲裁庭自行取证规范的明确性和具体性问题,以便更好地体现仲裁公平公允的宗旨。

其次,证据采纳规则的缺失也使得第 61 条的实用性大打折扣。我国《民事诉讼法》《民事证据规定》中规定的诉讼证据规则对证据可采性规则规定比较呆板,实践中不利于认定事实,故不应严格适用于仲裁。关于仲裁庭采集的相关证据如何进行认证、裁量的问题,我国《仲裁法》缺乏明确规定(现行《仲裁法》对证据的可采性和证明力问题没有规定)。而在国内各个仲裁机构的仲裁规则中,只有少量条文对此有所涉及,例如《贸仲规则(2015 年)》第 44 条规定了鉴定报告或专家报告的可采性;《海仲规则(2020 年)》第 23 条规定了电子数据的认定标准。

为了解决上述问题,《征求意见稿》第 61 条还应该作出以下改变。

一是明确仲裁庭自行收集证据的条件和主体。遵循现行条文规定,仲裁庭依职权自行收集证据的前提是"仲裁庭认为必要时"。而这个必要时可以理解为亟须取证时,即如果不自行收集证据,则会导致证据的毁损灭失、对案件关键事实或当事人双方的责任大小无法查清,从而直接影响案件的正确裁决。

二是关于主体方面,笔者认为,收集证据的适格主体应为首席仲裁员或独任仲裁员,首先,基于当事人对其所选仲裁员的绝对信任,仲裁员取证对当事人来说比较容易接受;其次,对于需要到企事业单位、接触案外第三方的情形,首席仲裁员或独任仲裁员取证也更符合仲裁的灵活性、快捷性和经济性特点;再次,仲裁庭独立地审理和裁决案件,独立性是裁决权威性的基础。而首席仲裁员和独任仲裁员是裁决权威的关键代表,由其取证也是符合仲裁独立性要求和特性的。[①]

(二) 第 63 条对比分析

《征求意见稿》第 63 条相较《仲裁法》第 45 条,主要变动如下。

首先,本条明确了证据应当及时送达,而非笼统说明证据应该在开庭时出示。事实上,《仲裁法》第 45 条直接借鉴了《民事诉讼法》第 71 条的规定:"证据应当在法庭上出示,并由当事人互相质证。"直接借鉴的结果是原规定过于笼统。

其次,本条还新增了灵活决定质证方式的规定,为互联网仲裁提供了法律依据。疫情之下,互联网仲裁成为主要开庭形式,本条修改呼应了这种趋势。

[①] 曾凤:《我国仲裁庭自行收集证据制度探析——以诉讼与仲裁制度的差异为视角》,《商事仲裁与调解》2021 年第 2 期,第 132—141 页。

再次,本条还明确了仲裁庭对证据效力及其证明力作出判断、依法合理分配举证责任的权力。举证责任的原则为"谁主张,谁举证",在国际商事仲裁中,此原则获得了较为广泛的应用,但在涉及侵权和知识产权等需要举证责任倒置的领域,则需要仲裁庭合理的对举证责任进行再分配,故本条文具有一定的意义。但是一般而言,各仲裁机构的《仲裁规则》也会规定相应的举证责任以及举证期限等,本条的规定也可交由仲裁规制,以使法律条文更加简洁,以赋予仲裁机构更大的自主权。

(三) 第 74 条对比分析

此次《征求意见稿》增加了中间裁决制度,且其适用范围不仅包括程序性事项,而且还包括实体裁决,且该中间裁决可以直接用于申请强制执行,充分体现了仲裁高效的特点和优势。该条修改是参考国际商事仲裁惯例、其他地区立法成果和国内实践经验做出的积极创新。

在商事仲裁领域,与中间裁决相对的是最终裁决、部分裁决。同样,在法院的司法判决领域,与中间判决相对的是终局判决(可分为全部判决和部分判决)。[①] 中间裁决(判决)和部分裁决(判决)的区别在于,中间裁决(判决)是就先决问题作出的裁决(判决)。所谓先决问题指"当事人请求裁判的争议事项必须以另一事项的先行确定为其裁判的前提条件时,这一须先行确定的事项";而部分裁决(判决)指在案件审理程序尚未终结时,针对案件部分诉讼标的(仲裁标的)作出的独立的、确定的、终局的和有实质既判力的判决(裁决)。[②] 也就是说,中间裁决针对案件争议中的程序事项或者有关实体方面的先决事项作出的裁决,中间裁决并非针对仲裁请求作出,不是对仲裁请求的终局处理。而部分裁决是针对当事人仲裁申请中提出的已经审理清楚的某项或某几项仲裁请求而作出的,是终局性的裁决,与最终裁决具有相同的效力,仲裁庭作出部分裁决后,一方不履行部分裁决中的义务,另一方有权向法院申请强制执行。

虽然新增中间裁决制度有着如上所诉的有利于纠纷快速解决的优点,但是也缺乏一定的必要性,因为此部分完全可以在仲裁规则中加以解决。当然,也有学者认为,尽管部分仲裁机构的仲裁规则中对此早已有规定,但从法律角度作出规定,能更好地保障这一制度的执行。笔者认为,若是按照这种逻辑,仲裁规则恐怕就无存在之必要了,因为任何规定都可以依照此种逻辑由各国《仲裁法》加

[①] 傅郁林:《先决问题与中间裁判》,《北京仲裁》2010 年第 1 期。

[②] 傅郁林:《先决问题与中间裁判》,《北京仲裁》2010 年第 1 期。

以规定。实际上，目前国内外仲裁机构对中间裁决的规定已趋完善，在国际层面，国际商会仲裁院、美国仲裁协会、伦敦国际仲裁院、新加坡国际仲裁中心等国际知名仲裁机构都在仲裁规则中规定了中间裁决的形式；在国内层面，北京仲裁委员会、武汉仲裁委员会等在仲裁规则中也有类似的规定。[①] 例如，北京仲裁委员会（Beijing International Arbitration Centre，BIAC）《仲裁规则》（2019 年）[②]第50 条第 1 款规定："仲裁庭认为必要或者当事人申请经仲裁庭同意时，仲裁庭可以在最终裁决作出前，就当事人的某些请求事项作出部分裁决"；第 2 款规定："仲裁庭认为必要或者当事人申请经仲裁庭同意时，仲裁庭可以在最终裁决作出前，就当事人的某些请求事项作出部分裁决"。国际商会仲裁院（International Chamber of Commerce，ICC）《仲裁规则》（2021 年）[③]第 2(v)条与第 28(1)条也规定了中间裁决制度。

（四）第 75 条对比分析

虽然第 75 条增加了申请执行的裁决事项内容不明确时进行补充说明的条款，但是却又不认可其为裁决书的一部分。仲裁庭的补充解释应当构成裁决的一部分，否则法院的执行将无合法依据，对此可以参考《示范法》第 33(1)(b)条的规定："当事人有约定的，一方当事人可以在通知对方当事人后请求仲裁庭对裁决书的具体某一点或某一部分作出解释。仲裁庭认为此种请求正当合理的，应当在收到请求后三十天内作出更正或解释。解释应构成裁决的一部分"。笔者建议本条应进一步修改增加一款条文："仲裁庭的解释应构成裁决书的一部分。"

三、新增条款分析

《征求意见稿》新增两个条款，分别是第 69 和 70 条，新增了"仲裁确认"条款，允许当事人选择仲裁庭之外的调解员进行单独调解，并规定了与原有仲裁程序的衔接，创新发展仲裁与调解相结合的中国特色仲裁制度。新增条款具体内容如表 1-10 所示。

---

① 澄明则正律师事务所：《〈仲裁法（修订）（征求意见稿）〉要点快评》，微信公众号"澄明则正律师事务所"，https://mp.weixin.qq.com/s/6oQp6uUQUp1xYEyovwI7Ig，最后访问日期：2021 年 8 月 3 日。

② 北京仲裁委官网，http://www.bjac.org.cn/page/zc/guize_cn2019.html♯6a，最后访问日期：2021 年 8 月 10 日。

③ 国际商会仲裁院官网，https://iccwbo.org/dispute-resolution-services/arbitration/rules-of-arbitration/♯article_28，最后访问日期：2021 年 8 月 10 日。

表1-10 本部分新增条款一览表

新增条款	
第69条 当事人在仲裁庭组成前达成调解协议的，可以请求组成仲裁庭，由仲裁庭根据调解协议的内容制作调解书或者裁决书，也可以撤回仲裁申请 当事人在仲裁庭组成后自愿选择仲裁庭之外的调解员调解的，仲裁程序中止。当事人达成调解协议的，可以请求恢复仲裁程序，由原仲裁庭根据调解协议的内容制作调解书或者裁决书，也可以撤回仲裁申请。达不成调解协议的，经当事人请求，仲裁程序继续进行	第70条 当事人根据仲裁协议申请仲裁机构对调解协议进行仲裁确认的，仲裁机构应当组成仲裁庭，仲裁庭经依法审核，可以根据调解协议的内容作出调解书或者裁决书

本部分新增的两条款可以做一些调整。首先，应当将两条款的顺序交换。《征求意见稿》第70条规定的是仲裁立案前已达成调解协议的情形，第69条规定的是仲裁立案后达成的调解协议的情形，两者应作顺序调整，并保持区分规定。其次，应在两条款中明确，仲裁确认调解协议是应由双方当事人申请，还是可由一方当事人申请。笔者认为，就申请确认调解协议的主体而言，诉讼、劳动仲裁确认调解协议应由双方当事人共同申请，与商事仲裁对此问题的规定保持一致；但若最终立法基于特别考量，认为可由一方当事人单独申请的，也应明示，免生疑义。

综上所述，第69条可以修改为："当事人根据仲裁协议共同申请仲裁机构对调解协议进行仲裁确认，仲裁机构应当组成仲裁庭。仲裁庭经依法审核，可以根据调解协议的内容作出调解书或者裁决书。"第70条可以修改为："仲裁程序开始后，当事人在仲裁庭组成前通过法定第三方调解机构达成调解协议的，可以共同请求组成仲裁庭，由仲裁庭根据调解协议的内容制作调解书或者裁决书，也可以撤回仲裁申请。当事人在仲裁庭组成后自愿选择法定第三方调解机构调解的，仲裁程序中止。当事人达成调解协议的，可以共同请求恢复仲裁程序，由原仲裁庭依法审核后，根据调解协议的内容制作调解书或者裁决书，也可以撤回仲裁申请。达不成调解协议的，经当事人请求，仲裁程序继续进行。"

四、删除条款分析

《征求意见稿》将《仲裁法》第46条证据保全的规定移入《征求意见稿》第四章第三节"临时措施"，变为修改意见稿的第45、46条（见表1-11）。

表 1-11　删除条款一览表

《仲裁法》	《征求意见稿》
第 46 条　在证据可能灭失或者以后难以取得的情况下，当事人可以申请证据保全。当事人申请证据保全的，仲裁委员会应当将当事人的申请提交证据所在地的基层人民法院	第 45 条　在证据可能灭失或者以后难以取得的情况下，当事人可以申请证据保全 第 46 条　当事人在提起仲裁前申请保全措施的，依照相关法律规定直接向人民法院提出

本部分只是位置顺序的调整，并无大变动。将《仲裁法》的证据保全从"仲裁程序"转移至"临时措施"部分更符合证据保全的性质。

五、小结

《征求意见稿》第四章第五节的改动内容并不多，相关改动也回应了现实需求。但是，本节部分修改条款仍然存在不完善之处，对仲裁实践有不利影响。此外，部分修改也并不具备必要性，如上文所述的中间裁决制度，完全可以在仲裁规则中体现。

《示范法》之所以简约，是因为其并未详细规定很多程序性规则；而我国《仲裁法》将各类程序性规则一一涵盖的做法也会给国内仲裁机构增加更多束缚，不利于仲裁事业的长远发展。

第八节　第五章"申请撤销裁决"之"申请撤裁程序"的完善*

一、现行仲裁裁决撤销制度概述

(一) 我国撤裁制度始于涉外仲裁裁决审查报告制度

1995 年，最高人民法院发布的《关于人民法院处理与涉外仲裁及外国仲裁事项有关问题的通知》，正式确立了涉外仲裁司法审查报告制度（以下简称审查报告制度），该通知和 1998 年最高人民法院发布的《关于人民法院撤销涉外仲裁

＊　本节撰稿人唐潮。

裁决有关事项的通知》以及《关于承认和执行外国仲裁裁决收费及审查期限问题的规定》共同构成了审查报告制度的核心内容。审查报告制度聚焦于对仲裁裁决撤销的认定问题,规定仲裁裁决被撤销的应逐级上报,即中级法院持否定意见的,应上报至高级法院,高级法院仍持否定意见的,应上报至最高人民法院,三份文件初步规定了我国涉外仲裁裁决的撤销程序。

报告制度的实施,经高级法院和最高人民法院的审查减少了各地法院错误裁定情况,在一定程度上有助于统一国内法院对涉外仲裁裁决的承认与执行标准,维护了涉外仲裁机构的权威,减少撤销涉外仲裁的数量。但设立该制度的时代背景又决定了其只是涉外仲裁司法审查中的一项特别程序,属于最高人民法院发布的内部规定,法律效力有限。①

(二)《仲裁法》形成撤裁双轨制

为了满足日益增加的国内仲裁需求,1994 年颁布的《仲裁法》第五章规定了国内仲裁裁决撤销程序,第七章规定了涉外仲裁裁决撤销程序,共同形成了仲裁裁决撤销的"双轨制"。第五章列举了当事人提出撤裁申请的六项证据,同时规定了法院认定裁决违背社会公共利益的,应当裁定撤销;第七章规定若裁决具有《民事诉讼法》第 258 条第 1 款规定的,应当裁定撤销。

《仲裁法》关于撤裁程序的"双轨制"被认为是对国内仲裁裁决与涉外仲裁裁决的"区别对待"。其中《仲裁法》第五章第 58 条第四—五项有关裁决所依据的证据不可避免地涉及对国内仲裁裁决的实体性审查。相比之下,涉外仲裁裁决仅规定了程序性审查。这种"双轨制"使得国内仲裁裁决受到法院更为严格的司法审查。②

虽然早期域外立法也规定了对撤裁的全面审查模式,但程序性审查是仲裁司法监督的发展趋势,例如英国于 1999 年颁布的《仲裁法》大大削弱和限制了法院对仲裁裁决的实体审查,当事人可以约定排除这种审查;《纽约公约》第 5 条也仅规定了程序性审查的条件。③

(三)撤裁程序的并轨趋势显现

"双轨制"对国内、涉外仲裁裁决撤裁程序的区别对待不利于民众对法的权

---

① 孙韵:《双轨制改革:我国仲裁裁决司法监督模式的重构》,《开封教育学院学报》2019 年第 2 期,第 256 页。

② 沈伟:《地方保护主义的司法抑制之困:中央化司法控制进路的实证研究——以执行涉外仲裁裁决内部报告制度为切入视角》,《当代法学》2019 年第 4 期,第 65 页。

③ 孙韵:《双轨制改革:我国仲裁裁决司法监督模式的重构》,《开封教育学院学报》2019 年第 2 期,第 255 页。

威的信服。随着社会经济关系的日益复杂化，对证据审查的要求越来越高，且按照仲裁自治的基本理念，法院不能对仲裁实体内容进行审查。

2017 年，《关于仲裁司法审查案件报核问题的有关规定》（以下简称《报核问题规定》）将上报制度全面适用于国内仲裁司法审查，释放了我国仲裁裁决报核制度将实现内外"并轨"的信号。[①]《报核问题规定》和《关于仲裁司法审查案件归口办理有关问题的通知》（以下简称《仲裁司法审查归口办理通知》）在撤裁申请的地域管辖上实现了突破，《报核问题规定》第 2 款规定中级人民法院或者专门人民法院管辖仲裁司法审查案件，《仲裁司法审查归口办理通知》第 1 条规定由涉外商事案件的审判庭具体办理仲裁司法审查案件。从司法审查的管辖并轨可见，当前内外合并的方向主要是废除了国内仲裁协议司法审查的管辖规定，统一适用涉外仲裁协议司法审查的管辖规则。[②]

不同于涉外仲裁裁决撤销的审查报告制度，《仲裁法》特别规定了国内仲裁裁决撤销的期限及重新仲裁制度。相比之下，由于涉外仲裁司法审查报告制度没有规定最高人民法院的审核期限，有学者对 2000—2015 年公布的 220 起适用报告制度的仲裁司法审查案件梳理中发现，撤裁期限中位数为 506 日，撤裁程序的过程十分漫长，撤裁的效率十分低下。[③]

（四）现行撤裁制度尚不健全

现行撤裁制度无仲裁调解书的撤销程序。《仲裁法》第 51、52 条规定了仲裁庭可以调解，调解书经双方当事人签收后，即发生法律效力。但《仲裁法》并没规定仲裁调解书的救济程序。相比之下，《民事诉讼法》第 208 条规定：当事人对已经发生法律效力的调解书，提出证据证明调解违反自愿原则或者调解协议的内容违反法律的，可以申请再审。虽然在本次修法前，《仲裁法》也历经几次"小修小改"，但均未提及对调解书的撤销，可能原因之一是 2008 年最高人民法院在《民事案件案由规定》中将申请撤销仲裁裁决案件纳入"适用特别程序"案件之中，不适用调解。[④]

事实上，仲裁调解书也会存在违反法律法规禁止性规定的情形，例如（2015）

---

① 姜业宏：《我国仲裁裁决核报制度将内外并轨》，https://www.chinatradenews.com.cn/shangshi/201712/21/c8370.html，最后访问日期：2022 年 6 月 29 日。

② 张春良、黄庆：《我国涉外仲裁协议司法审查新规评析》，《仲裁研究》2021 年第 1 期，第 78 页。

③ 陈挚：《最高人民法院最新仲裁司法审查报告制度评析》，http://www.hrbac.org.cn/newsshow.php?cid=69&id=4352，最后访问日期：2022 年 6 月 29 日。

④ 丁义平、张伟：《对国内仲裁裁决司法监督之实证研究（上）——以深圳市中级人民法院案例为视角》，《仲裁研究》2020 年第 1 期，第 56 页。

深中法涉外仲字第 154 号案,申请人主张其从未从未申请、参与仲裁程序、所有仲裁程序中文书的签名均系伪造。① 关于仲裁调解书是否可撤销,不同法院观点不一,前案深圳市中级法院最终撤销了仲裁调解书,即使上诉至最高人民法院民四庭,最终结果也与最高人民法院研究室观点相悖,民四庭依据《仲裁法》第51 条第 2 款认为,仲裁调解书与仲裁裁决书具有同等法律效力,仲裁调解书应纳入司法审查的范围;而研究室则认为除违反公共利益外,法院对仲裁调解书的撤销申请的受理,将会使法院的司法权更多地渗透到仲裁领域,削弱仲裁的优势及权威性。②

现行撤裁制度缺乏对案外第三人申请撤裁的规定。《仲裁法》第五、七章仅规定了仲裁当事人有权申请撤销仲裁裁决,事实上,案外人的权益因仲裁而受到损害的情形时有发生,双方当事人通过签订仲裁协议的方式将当事人与案外人共有的财产作为争议对象,提交仲裁或转移责任财产、逃避债务等。③ 受限于仲裁协议的相对性和仲裁程序的保密性,案外人几乎无法在仲裁中及时获知自身权益受到损害,也难以寻求司法救济;相反,却需要在没有任何程序保障的情况下承担仲裁裁决的不利影响,对仲裁案外人明显不公。④ 有观点担心若在仲裁撤销制度中引入案外第三人的概念,可能会冲击仲裁自治的基本理念,不同观点则主张因为仲裁程序中不存在仲裁第三人,在仲裁程序结束后更不会存在仲裁第三人的概念,即使确立了案外人撤销仲裁裁决之诉,也并不意味着同时确立了仲裁第三人制度,所以,引入案外第三人申请撤裁并不会冲击仲裁制度的私法自治。⑤

近年来,一方面,我国仲裁事业蓬勃发展,制度建设不断深化,愈发显示出对国内外商事主体的吸引力;另一方面,国内仲裁机构众多,仲裁员由于自身专业素养和办案经验局限,⑥会出现适用法律错误等情形,仲裁司法审查案件量居高不下。最高人民法院《中国仲裁司法审查年度报告(2019 年度)》数据显示,2019

---

① 李海涛:《法院撤销仲裁调解书的实证分析——以 42 个案例为样本》,《天津法学》2019 年第 4 期,第 17 页。

② 李海涛:《法院撤销仲裁调解书的实证分析——以 42 个案例为样本》,《天津法学》2019 年第 4 期,第 17 页。

③ 张文娟:《仲裁裁决案外人撤销之诉的构建》,《山西省政法管理干部学院学报》2016 年第 3 期,第 100 页。

④ 董暖、杨弘磊:《虚假仲裁案外人权利的司法救济研究》,《法律适用》2017 年第 21 期,第 69 页。

⑤ 毋爱斌、苟应鹏:《案外人撤销仲裁裁决、调解书之诉的立法表达——〈民事强制执行法草案(征求意见稿)〉第 87 条检讨》,《中国社会科学院研究生院学报》2020 年第 5 期,第 59 页。

⑥ 周海洋、何曜:《浅析撤销仲裁裁决司法审查的实质要点及实践启示——基于西南某仲裁委员会 100 个随机案例的实证研究》,《商事仲裁与调解》2021 年第 5 期,第 87 页。

年，全国法院旧存仲裁司法审查案件 1 649 件，新收 20 528 件，审结 20 513 件，结案率 92.6%。① 同年，中共中央办公厅、国务院办公厅印发《关于完善仲裁制度提高仲裁公信力的若干意见》（以下简称《仲裁公信力的若干意见》），要求改革完善司法监督机制，完善仲裁法相关司法解释，规范仲裁裁决撤销程序，依法支持和监督仲裁。

需注意的是，新出台的《中华人民共和国民事强制执行法（草案）》[以下简称《强制执行法（草案）》]执行对象包括仲裁机构依照《仲裁法》作出的仲裁裁决、调解书，根据该法第六章第一节"执行异议与复议"可知，当事人、利害关系人（第三人）可对仲裁调解书的执行提出异议，异议成立，法院可裁定撤销执行行为。换言之，《强制执行法（草案）》的规定起到了当事人、第三人对仲裁裁决和调解书的申请撤销的效果。从长远看，今后修法有必要将仲裁调解书的撤销、第三人申请撤裁程序纳入《仲裁法》中，以完善对仲裁裁决、调解书的救济制度。

二、《仲裁法》修法对撤裁程序的完善

除撤裁双轨制和立法不完善带来的不足之外，因当事人恶意串通、虚构事实、严重损害案外人合法权益的虚假仲裁行为频繁出现，对仲裁秩序和商事仲裁的公信力产生了严重影响。仅 2019 年，就有 637 件仲裁裁决被撤销或部分撤销，其中有 9 件案件被法院认定因"虚假仲裁"构成损害案外人合法权益，涉及 9 家仲裁机构，例如王某某虚假申请劳动仲裁案。王某某伙同他人将普通债权债务关系虚构为劳动争议，借此申请劳动仲裁，最终王某某等人被追究刑事责任。可见，对《仲裁法》进行修法以进一步规范仲裁活动十分必要，可有效减少"虚假仲裁"等情形的出现。

2021 年 7 月，《征求意见稿》公布，对当前《仲裁法》进行了较大修改，内容较原法增加了 74%，本次修法坚持政策指引与完善制度相统一的基本思路，《征求意见稿》在《仲裁公信力的若干意见》等文件的指引下，对《仲裁法》第五章"申请撤销仲裁"进行了较大幅度的修改，在保持现行《仲裁法》基本立法体例不变的前提下，进行了适度创新，例如《征求意见稿》在申请撤销裁决情形部分，以解决实际问题为导向，除原第 6 项未改变外，共进行了 5 处增加、2 处删除，吸收了现行《民事诉讼法》第 244 条关于仲裁裁决不予执行的规定（《仲裁法》关于涉外仲裁

---

① 《〈中国仲裁司法审查年度报告（2019 年度）〉新闻发布会》，http://www.scio.gov.cn/xwFbh/gfgjxwfbh/xwfbh/44193/Document/1696264/1696264.htm，最后访问日期：2022 年 6 月 29 日。

裁决撤销情形），改变了原来内外有别的"双轨制"，统一了国内和涉外仲裁裁决的申请撤销制度，理顺了申请撤销仲裁裁决和不予执行仲裁裁决两种司法监督方式的内在冲突。

（一）调整申请撤销裁决的管辖法院为仲裁地法院

《征求意见稿》第 77 条对《仲裁法》第 58 条进行了修改，将当事人申请撤销裁决的法院由"仲裁委员会"所在地调整为"仲裁地"的中级人民法院。所谓"仲裁地"，《征求意见稿》第 27 条指出，当事人在仲裁协议中约定，或当事人没有约定、约定不明确时由管理案件的仲裁机构所在地为仲裁地。

现行《仲裁法》并未规定"仲裁地"的概念，这一修改与我国仲裁行业发展的转变密切相关。1995 年《仲裁法》出台的时候，我国仅成立了少量的仲裁委员会，《仲裁法》未对仲裁委员会的法律地位予以明确，大多数仲裁委依据国务院于 1995 年 7 月 28 日颁布的《重新组建仲裁机构方案》将自己定位为事业单位，该方案规定"仲裁委员会设立初期，其所在地的市人民政府应当参照有关事业单位的规定，解决仲裁委员会的人员编制、经费、用房等"。

在《仲裁法》实施以来，全国共依法设立组建了 270 家仲裁机构，聘任仲裁员 5 万多人，办理仲裁案件 400 多万件，涉案标的额 5 万多亿元，受理的纠纷类型涵盖经济社会诸多领域，当事人涉及全球 100 多个国家和地区。[①] 为了更好地满足当事人日趋多样化的仲裁需求，推动仲裁机构适应时代发展，国家鼓励仲裁委员会进行改革，建立市场化运营的仲裁机构，其中《仲裁公信力的若干意见》更是将仲裁委员会直接定位为提供公益性服务的非营利法人。

2019 年以来，司法部研究推进仲裁机构内部治理结构综合体制改革，以市场化、法治化为方向。司法部在《关于〈中华人民共和国仲裁法（修订）（征求意见稿）〉的说明》（以下简称《意见稿说明》）中指出《仲裁法》修法所确立的"仲裁地"标准，是与国际仲裁惯例接轨，以增加我国对仲裁的友好度和吸引力。2021 年 1 月，上海出台全国首个主流仲裁机构退出事业单位体制的改革方案——《上海仲裁委员会深化改革总体方案》，同年 8 月，改革任务基本完成，吸引了一批有境外争端解决机构工作背景的人才加入。

引入"仲裁地"标准也是司法部考虑到国务院文件已经允许境外仲裁机构在

---

① 《司法部关于〈中华人民共和国仲裁法（修订）（征求意见稿）〉公开征求意见的通知》，http://www.moj.gov.cn/pub/sfbgw/lfyjzj/lflfyjzj/202107/t20210730_432967.html，最后访问日期：2022 年 6 月 29 日。

北京、上海等地设立业务机构，以及近年来自治州、不设区的地级市等地区"确有需要"并强烈要求设立仲裁机构的实际，面对原来的"仲裁委员会"标准不适应时代发展而做出的变革。

（二）吸收现有仲裁立法体系中撤销裁决情形

《征求意见稿》第 77 条对现行《仲裁法》第 58 条关于申请撤销裁决的 6 项情形做了大幅变动，除第 6 项"仲裁员在仲裁该案时有索贿受贿，徇私舞弊，枉法裁决行为的"未变动外，其余 5 项均有调整，以实现现行仲裁立法体系的协调统一。

第一项，增加了"仲裁协议无效"的情形，与《最高人民法院关于适用〈中华人民共和国仲裁法〉若干问题的解释》（以下简称《仲裁法解释》）保持一致。仲裁协议是仲裁的前提，仲裁协议的存在与否关系仲裁能否启动，因此，对仲裁协议效力认定与撤裁程序、不予执行仲裁裁决共同构成我国对仲裁的司法监督制度。[①]早在 1996 年，英国《仲裁法》第 30(1) 条规定的"实体管辖权"事项就包括是否存在有效的仲裁协议。在我国涉外仲裁裁决报核制度中，如果中级法院、高级法院认为所涉仲裁协议有效，则可直接作出有效裁定，无须再上报。《仲裁法解释》第 18 条对《仲裁法》第 58 条第 1 款第 1 项规定的"没有仲裁协议"作出进一步明确，仲裁协议被认定无效或者被撤销的，视为没有仲裁协议。《征求意见稿》对"仲裁协议无效"情形的丰富是国内撤裁程序向涉外撤裁程序靠拢的表现。

第二项，删除"仲裁委员会无权仲裁的"，增加"超出本法规定的仲裁范围的"。这一修改与引入"仲裁地"标准密切相关，《征求意见稿》的"仲裁范围"指自然人、法人和其他组织之间发生的合同纠纷和其他财产权益纠纷（《征求意见稿》第 2 条），较《仲裁法》删除了"平等主体的"这一定语，并在《意见稿说明》中指出，之所以删除限制性表述，主要是考虑将我国仲裁服务扩展适用到实践中已经出现的投资仲裁、体育仲裁，因为这类仲裁当事人并非平等主体，例如投资仲裁一方是商事主体（投资者），另一方是国家（东道国）。

《征求意见稿》完善了违反仲裁程序的情形，对仲裁庭程序提出明确要求，新增了被申请人可以因为"没有得到指定仲裁员或者进行仲裁程序的通知，或者其他不属于被申请人负责的原因未能陈述意见的""仲裁庭的组成或者仲裁的程序违反当事人约定，以致严重损害当事人权利的"等情形而申请撤销裁决。本质上，《征求意见稿》这一修改贯彻落实了程序性审查原则，避免了司法对仲裁的过

---

① 丁义平、张伟：《对国内仲裁裁决司法监督之实证研究（上）——以深圳市中级人民法院案例为视角》，《仲裁研究》2020 年第 1 期，第 55 页。

度监督，导致仲裁制度丧失优势。[①] 其实，如此修改也是对近年来仲裁法治发展成果的吸纳，例如《最高人民法院关于人民法院办理仲裁裁决执行案件若干问题的规定》（以下简称《仲裁裁决执行规定》）第14条第2款规定："当事人主张未按照仲裁法或仲裁规则规定的方式送达法律文书导致其未能参与仲裁……人民法院应当支持；仲裁庭按照仲裁法或仲裁规则以及当事人约定的方式送达仲裁法律文书，当事人主张不符合……人民法院不予支持。"此外，《征求意见稿》的相关增减也对分散于各项法律法规中的撤销仲裁裁决情形进行了整合，避免司法实践中可能的冲突。

第五项，"对方当事人隐瞒了足以影响公正裁决的证据的"细化为"裁决因恶意串通、伪造证据等欺诈行为取得的"，以应对司法实践中存在的伪造证据、隐瞒证据事由等较为严重的滥用、误用情况，例如最高人民法院在《中国仲裁司法审查年度报告（2019年度）》中列举了虚增被执行人债务、虚构担保、虚假购房等形式。同时，避免司法机关以举证责任分配及证据认定为由不当介入仲裁实体问题。[②] 对《仲裁法》撤裁情形第五项的修改也是全面审查变更为程序性审查的体现，对证据是否影响"公正裁决"需要法院通过实体审查进行判断。一方面，仲裁裁决具有终局拘束力，司法机关不得重新实体审查；[③]另一方面，事实上，审查仲裁涉及的实体问题往往需要较高的专业知识，包括法律法规、仲裁规则以及其他商事习惯。[④] 通过修法将对证据的实体审查转变为对证据出示行为的约束，减轻了审查的专业性要求，避免对裁决内容的过多干涉，保障私法自治。

第六项，是唯一没有改动的，无论是国内仲裁还是涉外仲裁，仲裁员均有可能出现索贿受贿、徇私舞弊、枉法裁判等行为。现行《仲裁法》第58条第六项较《联合国国际贸易法委员会国际商事仲裁示范法》（以下简称《国际商事仲裁示范法》），对仲裁员不端行为的表述更加明确，更具指引性。《国际商事仲裁示范法》第12条第（2）款将当事人申请仲裁员回避的事由分为两类：一是"对仲裁员的公正性或独立性产生正当怀疑情况"；二是"仲裁员不具备当事人约定的资格"。

---

① 孙韵：《双轨制改革：我国仲裁裁决司法监督模式的重构》，《开封教育学院学报》2019年第2期，第255页。

② 朱华芳：《2021年度中国仲裁司法审查实践观察报告——主题二：撤销仲裁裁决制度实践观察（上）》，https://www.sohu.com/a/551849318_121123817，最后访问日期：2022年6月29日。

③ 陈磊：《论瑕疵仲裁裁决之救济——以撤销仲裁裁决之诉为中心》，《甘肃政法学院学报》2016年第5期，第110页。

④ 周海洋、何耀：《浅析撤销仲裁裁决司法审查的实质要点及实践启示——基于西南某仲裁委员会100个随机案例的实证研究》，《商事仲裁与调解》2021年第5期，第88页。

《国际商事仲裁示范法》本身并未指出什么样的仲裁员行为才是不公正、不独立的，同时考虑到仲裁员在仲裁时的心理活动也是难以复原、判断的，导致法院在判断仲裁员回避事由时面临挑战。相比之下《仲裁法》明确"仲裁员在仲裁该案时有索贿受贿，徇私舞弊，枉法裁决行为的"，当事人可据此申请撤销仲裁裁决，故该条无需再修改。

整体而言，《征求意见稿》对撤销仲裁裁决情形的修改，充分考虑了我国仲裁实务所面临的问题，吸收了涉外仲裁裁决撤销的情形，将现行《仲裁法》关于涉外仲裁裁决撤销的规定吸收至《征求意见稿》第五章，实现了国内与境外仲裁裁决撤销程序的并轨，也体现出由国内仲裁向涉外仲裁"并轨"的改革方向。

（三）凸显仲裁效率原则

《征求意见稿》第 78 条将当事人申请撤销仲裁裁决的期限从收到裁决书之日起 6 个月内缩短至 3 个月，避免仲裁裁决效力的长期不确定。现行《仲裁法》规定当事人申请撤裁应当自收到裁决书之日起 6 个月内提出，法院在受理申请后两个月内作出裁定，即仲裁裁决需要 8 个月才能生效。仲裁当事人尤其是取得胜利一方当事人迫切希望实现自身权利，如果生效裁决长期处于不确定状态则不利于各方利益的保护。[①] 相比之下，《民事诉讼法》第 171 条规定上诉期为 15 天，远远短于撤裁申请期。

当然，《意见法》并未将 6 个月缩短至 15 天，而是充分借鉴了域外立法经验，选择了 3 个月。例如，《国际商事仲裁示范法》(2006 年)第 34 条第(3)款："当事人在收到裁决书之日起三个月后不得申请撤销仲裁裁决；已根据第 33 条提出请求的，从该请求被仲裁庭处理完毕之日起三个月后不得申请撤销"；《法国仲裁法》(2011 年)第 1494 条第 2 款："裁决一经作出，就可以提出异议。如果自裁决通知后一个月内未提出异议申请，则不得再对裁决提出异议。"美国 2000 年修订的《统一仲裁法》也规定了较短的申请期限。

（四）新增仲裁裁决的部分撤销情形

《征求意见稿》第 77 条第 3 款规定："当事人申请撤销的情形仅涉及部分裁决事项的，人民法院可以部分撤销。裁决事项不可分的，应当裁定撤销。"现行仲裁立法中的部分撤销情形规定在《仲裁法解释》第 19 条："在超裁部分与其他裁决部分可分时，人民法院应当撤销仲裁裁决中的超裁部分"。

在司法实践中，当一个仲裁案件出现多个法律关系合并时，频繁发生因某个

---

① 佟金彪：《论我国仲裁裁决的司法监督》，《经济研究导刊》2021 年第 26 期，第 156 页。

法律关系而导致部分撤裁的情形,例如广东省深圳市中级人民法院于 2021 年 1 月 4 日作出的(2019)粤 03 民特 991 号裁定,撤销深圳国际仲裁院作出的华南国仲深裁(2019)D349 号裁决第二、三、四、五项中要求马某某承担责任的内容。在该裁定中,法院并未撤销整个仲裁裁决,仅对其部分裁决予以撤销。部分撤裁规定与仲裁裁决的可分性相关,可有效节省司法资源,提高争端解决效率。相对应地,最新修改的《民事诉讼法》第 59、156 条表明纠纷解决的可分性,规定发生法律效力的裁定部分错误的,可向法院提起诉讼。《征求意见稿》根据实务需求增加可部分撤裁情形,对仲裁裁决确定的法律关系安定性的冲击或影响要小很多,①是对《仲裁法》"坚持现实性和前瞻性相统一"的修法基本思路的体现。

（五）对重新仲裁程序的完善

首先,《征求意见稿》完善了法院恢复撤销程序的情形,由"仲裁庭拒绝重新仲裁"变更为"仲裁庭指定期限内开始重新仲裁的,法院裁定终结撤销程序"或者"未开始重新仲裁的,法院裁定恢复撤销程序"。现行《仲裁法》仅规定了仲裁庭拒绝重新仲裁时法院应如何裁定的情形,但仲裁庭重新仲裁时,法院是维持中止还是裁定终结撤销程序并没有明确。《仲裁裁决执行规定》第 20 条规定,仲裁机构决定重新仲裁的,人民法院应当裁定终结执行。虽然该条规定补充了重新仲裁时法院后续程序,但在实务中,可能会出现仲裁机构受理重新仲裁,但迟迟未启动仲裁程序的情形,若此时法院已经终结了撤裁程序,申请人实际上很难及时寻求司法救济,因此法院应在仲裁机构启动重新仲裁之后再中止撤销程序。

其次,新增法院可以通知仲裁庭重新仲裁情形,即"裁决依据的证据因客观原因导致虚假的""存在本法第七十七条第三项、第四项规定的情形,经重新仲裁可以弥补的"。此外《征求意见稿》要求法院应当在通知中说明要求重新仲裁的具体理由,可为仲裁机构重新仲裁提供指引。现行《仲裁法》仅规定了可以重新仲裁,但未明确重新仲裁的情形,仅有《最高人民法院关于适用〈中华人民共和国仲裁法〉若干问题的解释》(以下简称《仲裁法解释》)第 21 条对国内仲裁裁决的重新仲裁情形作出列举,《征求意见稿》既吸收了司法解释的内容,也考虑到仲裁制度"并轨"的需要,将其扩展适用到涉外仲裁裁决中。

再次,新增对重新仲裁程序的规定。现行仲裁立法仅在《仲裁法解释》中对重新仲裁程序作出规定,例如《仲裁法解释》第 22 条:"仲裁庭在人民法院指定的

---

① 毋爱斌、苟应鹏:《案外人撤销仲裁裁决、调解书之诉的立法表达——〈民事强制执行法草案(征求意见稿)〉第 87 条检讨》,《中国社会科学院研究生院学报》2020 年第 5 期,第 65 页。

期限内开始重新仲裁的"。《征求意见稿》的新规吸收了《仲裁法解释》的内容,指出人民法院可以限定重新仲裁的审理期限,重新仲裁由原仲裁庭仲裁;当事人以仲裁庭的组成或者仲裁员的行为不规范为由申请撤销的,应当另行组成仲裁庭仲裁。

简言之,《征求意见稿》吸收司法解释和实践经验,尽可能尊重当事人选择仲裁的意愿,确立能够通过重新仲裁弥补的问题就不撤销的原则。需要注意的是,《征求意见稿》并未一味照搬司法解释,例如《仲裁法解释》第 23 条规定:当事人对重新仲裁裁决不服的,可以向人民法院申请撤销,而《征求意见稿》未出现相似规定。笔者认为,重新仲裁后双方当事人仍然享有完整的撤销权,当事人可直接依据《征求意见稿》申请撤销,无需在修法中再次赘述。

（六）增设当事人不服撤销裁定的复议制度

《征求意见稿》新增"复议制度",第 81 条规定当事人对撤销裁决的裁定不服的,可以自收到裁定之日起 10 日内向上一级人民法院申请复议。人民法院应当在受理复议申请之日起一个月内作出裁定。现行《仲裁法》并未规定当事人不服撤销裁定的复议制度,《征求意见稿》新设"复议制度",既是对《仲裁裁决执行规定》第 5、22 条的吸纳（该条规定当事人对人民法院裁定不予执行仲裁裁决、驳回或者不予受理、不予执行仲裁裁决申请的复议）,也是对《民事诉讼法》有关裁定复议程序的借鉴。区别在于《民事诉讼法》中对异议裁定不服的复议申请主体是当事人和利害关系人,而《征求意见稿》第 81 条仅规定当事人可提出复议申请。

现行规定可能存在救济不及时的情况。一方面,由于《仲裁裁决执行规定》在执行阶段赋予被执行人申请复议的权利,当仲裁裁决撤销被驳回后,申请方有可能会拒绝履行裁决,等待执行程序中申请复议;另一方面,若法院作出撤裁裁定,被申请方对裁定不服的,可根据现行法律申请重新仲裁或向法院起诉。问题在于,无论是哪种救济措施,都是在撤销程序终结后再启动的,并不利于及时保护当事人的利益。

可以看出,现行仲裁立法缺乏对撤裁裁定复议的规定,看似提高了程序效率,事实上在进行撤销仲裁裁决制度设计时,除了应强调程序效率外,也应当保障当事人的程序利益。[①]《征求意见稿》第 81 条参考了司法实践中下级法院向上一级法院"报核"的做法,增加赋予当事人对撤销裁决裁定可以申请上一级法院复议的规定,在完善当事人不服撤裁裁定救济制度的同时,实现了程序效率和

[①] 张卫平:《仲裁裁决撤销程序的法理分析》,《比较法研究》2018 年第 6 期,第 13 页。

程序利益的平衡,以提高仲裁司法监督的透明度和当事人的参与度。

(七) 以"违背社会公共利益"为撤裁的兜底条款

《征求意见稿》保留了"人民法院认定该裁决违背社会公共利益的,应当裁定撤销"的撤裁情形,"违背社会公共利益"作为兜底性的撤裁事由,在应对社会快速发展产生的新型仲裁事项发挥了重要作用。尽管当事人以违背社会公共利益为由要求撤销或者不予执行相关仲裁裁决的案件较多,但法院真正裁定撤销或者不予执行仲裁裁决的案件极少。[①] 比较典型的是中国比特币仲裁裁决被撤第一案,该案围绕有关个人数字货币资产理财的《股权转让协议》向深圳仲裁委员会申请仲裁。仲裁庭经审理后作出(2018)深仲裁字第 64 号仲裁裁决书,裁定变更股份、支付股权转让款等。2018 年 9 月 29 日,申请人向深圳市中级人民法院申请撤销仲裁裁决。深圳市中级人民法院在审核涉案仲裁裁决时,认为该仲裁裁决实质上变相支持了比特币与法定货币之间的兑付、交易,违反了社会公共利益,最终裁定撤销涉案仲裁裁决。

三、对《征求意见稿》撤裁制度修法的整体评价

《征求意见稿》对撤裁制度的修法可谓是"逐条调整",推动了国内仲裁裁决撤销程序向涉外仲裁裁决撤销程序的靠拢,变实体性审查为程序性审查,实现了撤裁制度的"并轨",凸显效率原则。修改后的撤裁程序一方面可有效防止仲裁权滥用,保证裁决的有效性;另一方面,可避免司法权对仲裁领域的过多干涉,保障了仲裁的优势及权威性,以更好地实现仲裁的程序正义。

《征求意见稿》将极大提升中国仲裁服务整体质量,推动中国仲裁事业的发展,有望成为我国优化营商环境、提升法治软实力的重要法律依据。同时,《征求意见稿》也有不足之处,有待今后修法继续完善。

第一,《征求意见稿》未规定仲裁调解书的撤销程序。从条文看,《征求意见稿》肯定了仲裁庭在作出裁决前,可以先行调解,调解书经双方当事人签收后,即发生法律效力。但《征求意见稿》并未明确对仲裁调解书的救济程序。笔者认为,调解书虽由仲裁庭作出,但调解书的内容是双方当事人合意的高度体现,若可以提出对仲裁调解书的撤销申请,法院必然需要对调解经过、调解书内容进行审查,这与调解的保密性要求相悖。当然从长远看,不应无视仲裁调解书大量存

---

① 张春良、毛杰:《论违背"一裁终局"原则的仲裁裁决之撤销》,《西南政法大学学报》2020 年第 6 期,第 69 页。

在的现实,故对仲裁调解书的救济制度可分两步走：近期参照适用现有的撤裁制度;未来可另行创设撤销仲裁调解书制度。

第二,《征求意见稿》未设立案外第三人的撤裁制度。相较现行《仲裁法》,《征求意见稿》首次提到案外人的执行异议程序,《征求意见稿》第84条规定在裁决执行过程中,案外人可对执行标的提出书面异议。同时,《征求意见稿》第85条规定案外人有证据证明裁决的部分或者全部内容错误,损害其民事权益的,可以依法对当事人提起诉讼。不过,《征求意见稿》并未设立案外第三人的撤裁制度,不利于案外人及时维护自身合法权益,且《征求意见稿》第85条不能吸收案外人撤销仲裁裁决、调解书之诉。今后在修法过程中,可考虑设立第三人撤销之诉,侧重从程序正义出发实现当事人的程序权。①

第三,对"社会公共利益"缺乏进一步解释。无论是《仲裁法》还是《民事诉讼法》,对于"社会公共利益"的认定仍有争论。尽管有学者认为公共政策条款可能在中国遭到滥用,但事实上,国内法院极少援引公共政策条款拒绝执行外国或涉外仲裁裁决。② 还有学者建议可以借鉴英美法系普遍认同的"公共秩序"标准,以公序良俗的判断标准替代社会公共利益的判断标准,因为这一概念具有更强的延展性,更能适应复杂多变的实践,③有利于与国际仲裁司法审查制度接轨。

第九节　第六章"执行"之主要修改 *

《仲裁法》施行30多年来,《仲裁法》施行的历史背景、社会经济状况和国际环境均发生较大变化,从与国际接轨扩大中国仲裁影响力、建立多元纠纷化解机制的角度,有必要对《仲裁法》进行修订。

《征求意见稿》站在全球角度接轨国际仲裁,结合中国国内仲裁经验,充分吸收联合国贸法会仲裁示范法的原则,充分体现了当事人意思自治、仲裁条款的独

---

① 毋爱斌、苟应鹏：《案外人撤销仲裁裁决、调解书之诉的立法表达——〈民事强制执行法草案(征求意见稿)〉第87条检讨》,《中国社会科学院研究生院学报》2020年第5期,第61页。

② 沈伟：《地方保护主义的司法抑制之困：中央化司法控制进路的实证研究——以执行涉外仲裁裁决内部报告制度为切入视角》,《当代法学》2019年第4期,第72页。

③ 谭晰文：《论仲裁裁决中的撤销事由》,《仲裁研究》2021年第1期,第59页。

* 本节撰稿人志贺在清。

立性、仲裁庭自裁管辖权、有限的司法介入和撤裁为唯一可诉事项五项原则。①
本节就《征求意见稿》中关于第六章的修订进行以下探讨。

一、《征求意见稿》第 82 条实质性修订的对比

《征求意见稿》第 82 条规定："当事人应当履行裁决。一方当事人不履行的，对方当事人可以向有关规定向有管辖权的中级人民法院申请执行。受申请的人民法院应当执行。人民法院经审查认定执行该裁决不违背社会公共利益的，应当裁定确认执行；否则，裁定不予确认执行。裁定书应当送达当事人和仲裁机构。裁决被人民法院裁定不予确认执行的，当事人就该纠纷可以根据重新达成的仲裁协议申请仲裁，也可以向人民法院起诉"。首先，本条从《仲裁法》第 62 条："当事人应当履行裁决。一方当事人不履行的，另一方当事人可以依照民事诉讼法的有关规定向人民法院申请执行。受申请的人民法院应当执行"；第 63 条："被申请人提出证据证明裁决有民事诉讼法第二百一十七条第二款规定的情形之一的，经人民法院组成合议庭审查核实，裁定不予执行"修改而来。通过将《民事诉讼法》第 217 条："人民检察院因履行法律监督职责提出检察建议或者抗诉的需要，可以向当事人或者案外人调查核实有关情况"直接内化为仲裁法具体条文的方式，避免产生因《仲裁法》修订滞后而产生的法条错误援引的问题。其次，虽然本条废除了原有的不予执行制度，当事人不能以任何理由申请不执行，但如果发现法院裁决有悖于公共利益，法院可以依职权决定不确认执行。换言之，本条将《仲裁法》中原有的撤销和不执行仲裁裁决的双轨制修改为单轨制。

《征求意见稿》第 82 条规定了不执行仲裁裁决条件的例外情况，充分参考了《示范法》第 36 条规定的不予执行和执行的条件与第 34 条规定的申请撤销的条件基本相同，即《示范法》第 36 条和第 34 条中的任何一种情形都适用，当事人既可以在时效内申请撤销裁决，也可以在执行阶段提出不予承认与执行。换句话说，根据《示范法》所示的申请撤销裁决和不予执行仲裁裁决的申请实行的是双轨制，当事人可以通过两种方式推翻仲裁裁决。现行《仲裁法》规定的撤销仲裁和不执行仲裁的理由基本相同。出于同样的原因，当事人既可以申请撤销仲裁裁决，也可以在执行期间申请不执行。《征求意见稿》第 82 条展示了新的方案，

---

① 曹琪：《撤销和不予执行仲裁裁决的单双轨制的选择》，微信公众号"无锡仲裁委员会办公室"，最后访问日期：2021 年 8 月 12 日。

即仲裁裁决应当执行,但人民法院主动审查仲裁裁决违反社会公共利益的情况除外。因此,《征求意见稿》对撤销仲裁裁决和不予执行仲裁裁决实施的是单轨制,撤销仲裁裁决的理由只有在当事人申请撤销仲裁裁决时才有效,不能用来申请不予执行,而且当事人没有不予执行的诉讼权。

（一）败诉方利用程序上的漏洞拖延执行

《民事诉讼法》修订后,撤销仲裁裁决和不予执行的事由几乎一样。《仲裁法》第59条规定,当事人必须在收到仲裁裁决书之日起6个月内申请撤销仲裁裁决,如果当事人超过6个月在仲裁机构所在地没有申请撤销,可以等到另一方当事人申请执行时,回到其所在地的执行法院申请不予执行,有时会因地方保护主义而得到法院支持。双轨制为败诉方拖延执行提供了程序上的漏洞。败诉当事人可以通过申请不予执行来推迟已经生效的仲裁裁决。

对此,虽然最高人民法院已经在司法解释中规定,当事人不能以相同的理由申请撤销仲裁裁决和不予执行,但这只是治标不治本。[①] 高效率是仲裁区别于传统诉讼的主要特征,也是仲裁机构和仲裁员经常提到的优势;双轨制改为单轨制将进一步提高效率。[②]

（二）不同法院对基本相同的案件有不同的判决

目前,中国已经加入了《纽约公约》,《示范法》和《纽约公约》都规定了司法干预原则。因此,中国有必要遵循这一原则。无论中国国内还是国外仲裁裁决书,除非有法定事由,仲裁裁决都应该由法院执行。在司法实践中,存在不同法院对相同的案件作出不同裁决的情况,例如当事人未在法定期限内申请撤销仲裁裁决书,却在执行阶段被执行法官裁定为不予执行,这与仲裁当事人的期望严重相悖,破坏了中国仲裁和司法的可信度。《征求意见稿》第58条规定:"当事人提出证据证明裁决有下列情形之一的,可以向仲裁委员会所在地的中级人民法院申请撤销裁决。"申请撤销裁决是仲裁委员会所在地的中级人民法院管辖。

《民事诉讼法》第207条规定:"法律规定由人民法院执行的其他法律文书,由被执行人住所地或者被执行的财产所在地人民法院执行仲裁裁决"。因此,申请执行受《民事诉讼法》第207条规定的"住所地"或"财产所在地"人民法院管辖。不同的法院在同一案件中作出不同的裁决是不可避免的,这使撤销仲裁裁

---

① 武进锋:《〈仲裁法(修订)征求意见稿〉全文解读》,微信公众号"律商锋评",最后访问日期:2021年8月2日。

② 曹琪:《撤销和不予执行仲裁裁决的单双轨制的选择》,微信公众号"无锡仲裁委员会办公室",最后访问日期:2021年8月12日。

决和执行仲裁裁决陷入尴尬境地。①

(三) 执行法官的业务专长和工作职责不一致

由于双轨制的实施,执行法官需要审查仲裁协议、仲裁范围、仲裁程序、篡改证据的有无以及仲裁员的腐败和贿赂行为,这无疑与执行法官的业务专长和工作职责不符。

综上,《征求意见稿》将《仲裁法》原有的撤销和不予执行仲裁裁决的双轨制修改为单轨制,主要是为了提高仲裁效率和裁决的有效性,《征求意见稿》体现了完善仲裁制度、提高仲裁公信力的决心,有利于理顺执行与司法监督的关系、尊重仲裁制度的自主性、保障仲裁的效率与稳定。

二、《征求意见稿》第 82 条的修订争议

首先,《纽约公约》和《示范法》都规定了申请撤销仲裁裁决和申请不予执行仲裁裁决的"双轨"救济机制。《征求意见稿》通过减少救济途径来提高裁决执行效率的做法,在价值选择上有所偏颇。②

其次,删除当事人在执行程序阶段提出不予执行审查,这样的规定会造成一种情况,即法院审查一项裁决,并认定该裁决不违背社会公共利益,则裁决必须执行。申请撤销仲裁裁决成为对可能的错误或非法的裁决寻求补救的唯一途径。因此,在法院作出仲裁裁决后,可以预见,当事人积极申请撤销仲裁裁决将成为隐患。根据《征求意见稿》,申请撤销仲裁裁决的期限统一缩减为 3 个月,如果被申请人没有获取通知导致裁决缺席,被申请人将无法在仲裁裁决作出后的 3 个月内申请撤销仲裁裁决,从而完全丧失质疑仲裁裁决的机会。因此,参照目前司法解释中关于当事人可申请不予执行的期限的相关规定,应考虑增加当事人在超过 3 个月后才知道部分撤裁事由(例如存在伪造证据、仲裁员舞弊枉法等情形)的存在时延长申请撤裁期间的例外情形。③

再次,会导致国内裁决和境外裁决中的司法补救机制存在差异。虽然境外仲裁裁决的当事人可以根据《纽约公约》向仲裁地法院申请撤销仲裁裁决,或向

---

① 曹琪:《撤销和不予执行仲裁裁决的单双轨制的选择》,微信公众号"无锡仲裁委员会办公室",最后访问日期:2021 年 8 月 12 日。

② 纪超一、迪丽热:《对〈仲裁法(修订)征求意见稿〉的解读与评议》,微信公众号"天达共和法律观察",最后访问日期:2021 年 8 月 12 日。

③ 纪超一、迪丽热:《对〈仲裁法(修订)征求意见稿〉的解读与评议》,微信公众号"天达共和法律观察",最后访问日期:2021 年 8 月 12 日。

中国执行法院申请不予执行仲裁裁决。但是，中国的仲裁裁决当事人只有一次救济，即向仲裁地法院申请撤销仲裁裁决，而无法向中国执行法院申请不执行仲裁裁决，并进行相应的举证，中国裁决和境外裁决的差别待遇不利于将中国打造为受欢迎的仲裁地。[①]

三、对《征求意见稿》第 82 条修改建议

建议将裁定书应当送达当事人和仲裁机构改为裁定书应当送达当事人，不予执行的裁定书还应当送达仲裁机构，这样可以有效减少人民法院和仲裁机构不必要的工作量，因为不需要将人民法院执行仲裁裁决的裁定书送至仲裁机构。[②]

综上，在立法中也有不予执行仲裁裁决制度的司法领域，例如比利时、我国香港等地区，这些地区目前也已转向双轨制。从《征求意见稿》的修订背景和目的来看，中国仲裁中当事人利用不予执行仲裁裁决的制度来破坏仲裁的可信度的情况并不少见。例如，2019 年，北京仲裁庭没有仲裁裁决被撤销，但有 19 项仲裁裁决被当地地方法院裁定为不予执行，且大部分被裁定不予执行的案件不无商榷之处。

四、《征求意见稿》第 84 条的对比

《征求意见稿》第 84 条规定："裁决执行过程中，案外人对执行标的提出书面异议的，人民法院应当自收到书面异议之日起十五日内审查。理由成立的，裁定中止对该标的的执行；理由不成立的，裁定驳回。"而《民事诉讼法》第 227 条规定："执行过程中，案外人对执行标的提出书面异议的，人民法院应当自收到书面异议之日起十五日内审查，理由成立的，裁定中止对该标的的执行。"可以看出，《征求意见稿》第 84 条只是援引了《民事诉讼法》第 227 条规定的案外人异议诉讼。仲裁庭作出裁决后，仲裁裁决本身的执行权由人民法院的执行部门行使，仲裁裁决的执行规则与法院生效判决的执行规则基本相同。因此，仲裁裁决进入执行程序后，肯定会适用《民事诉讼法》的相关法律规定和司法解释。因此，几乎没有必要在《仲裁法》中重申案外人异议制度。

---

① 纪超一、迪丽热：《对〈仲裁法（修订）征求意见稿〉的解读与评议》，微信公众号"天达共和法律观察"，最后访问日期：2021 年 8 月 12 日。
② 张群力：《对仲裁法征求意见稿的修改建议》，微信公众号"盈科法律微观"，最后访问日期：2021 年 8 月 8 日。

那么,案外人异议制度是否足以保护案外人的利益以及法律关系的稳定?答案是否定的。案外人异议以及异议之诉本身并不足以保护局外人的利益以及法律关系的稳定。

一是如果仲裁裁决已经进入执行程序,人民法院认为裁决确定了给付标的物,当涉及第三人的利益而决定中止执行时,仲裁裁决本身的效力不受影响,即既不丧失既判力,也不丧失执行力,仅为一个无法执行的生效法律文书。那么,如果双方的合同法律关系是真实的,是否需要给仲裁当事人之间的法律关系一个结论性的说法?是否有必要再给仲裁双方一个机会,重新调整他们之间的法律关系?如果需要重新确定调整仲裁双方当事人之间的法律关系,则需要撤销原仲裁裁决并重新进行仲裁,而不是把作出的仲裁裁决置于一种已经生效却又无法执行的法律状态。仅针对标的物的案外人异议之诉是解决不了这个问题的。①

二是侵害案外人利益的仲裁裁决,如果仅有确认权利的裁决内容或者根本没有进入执行程序,那么已经进入执行程序、用案外人异议程序来保护案外人利益的渠道面临着无法启动、无法进入法律程序的窘境,案外人丧失了救济其权利的渠道。②

五、《征求意见稿》第 85 条的对比

《征求意见稿》第 85 条规定:"案外人有证据证明裁决的部分或者全部内容错误,损害其民事权益的,可以依法对当事人提起诉讼。案外人起诉且提供有效担保的,该裁决中止执行。裁决执行的恢复或者终结,由人民法院根据诉讼结果裁定"。本条规定,案外人如果有证据证明裁决部分或全部错误,并损害其民事权益时,可依法对当事人提起诉讼。

首先,需要对这条规定进行重新思考。这里诉讼的目的是什么?如果仲裁裁决是虚假的或侵犯了案外人的权利,其目的应该是撤销仲裁裁决。这一规定应明确诉讼的客体。如果撤销仲裁裁决不是诉讼的目的,而仅是侵权行为的事由,结果是侵权行为的损害赔偿。如此一来,仲裁当事人与案外人之间的法律关

系就会陷入混乱的状态，与案外人的异议和中止执行的关系也不明确。① 其次，如果在提起诉讼后执行仲裁裁决中止执行，仲裁裁决的效率随后又被拖入漫长的诉讼程序。《最高人民法院关于人民法院办理仲裁裁决执行案件若干问题的规定》第 9 条：如果案外人有证据证明仲裁案件的一方当事人恶意申请仲裁或者虚假仲裁，损害其合法权益，或者案外人主张的合法权益所涉及的执行标的尚未终结的话，可以向人民法院申请不予执行仲裁裁决或者仲裁调解书。这一司法解释提供了一个有效的解决方案，即案外人申请不予执行仲裁裁决。案外人有权申请不予执行虚假仲裁或明显侵犯案外人利益的仲裁裁决，这似乎是一种更为合理和可操作的救济措施。相对于案外人对仲裁当事人单独提起民事诉讼，建立案外人撤销仲裁裁决或不予执行仲裁裁决的申请制度，将使仲裁裁决的评估更有效率、更具操作性，并符合仲裁实践的国际仲裁惯例。

如果执行标的涉及案外人，案外人可以提交书面异议；如果案外人认为裁决有误，损害了其权益，可以提起诉讼，并提供担保，阻止裁决的执行。这两条规定，根据《最高人民法院关于人民法院办理仲裁裁决执行案件若干问题的规定》加强了对案外人权益的保护：① 明显缩短了执行法院对案外人执行异议的审查期限；② 明确了案外人可以提起侵权之诉。

六、《征求意见稿》第 86 条的对比

《征求意见稿》第 86 条规定："发生法律效力的仲裁裁决，当事人请求执行的，如果被执行人或者其财产不在中华人民共和国领域内，应当由当事人直接向有管辖权的外国法院申请承认和执行。"

现行《仲裁法》第 72 条规定："涉外仲裁员会作出的发生法律效力的仲裁裁决，当事人请求执行的，如果被执行人或者其财产不在中华人民共和国领域内，应当由当事人直接向有管辖权的外国法院申请承认和执行。"因此，《征求意见稿》第 86 条显然是对现行《仲裁法》第 72 条条的调整表述。与原条文的第 72 条相比，修订后的条文更具提示性，鼓励当事人自行确定执行地。

七、《征求意见稿》第 87 条的对比

《征求意见稿》第 87 条规定："在中华人民共和国领域外作出的仲裁裁决，需

---

① 吴英姿：《论仲裁救济制度之修正——针对〈仲裁法（修订）征求意见稿〉的讨论》，《上海政法学院学报》2021 年第 6 期。

要人民法院承认和执行的,应当由当事人直接向被执行人住所地或者其财产所在地的中级人民法院申请。如果被执行人或者其财产不在中华人民共和国领域内,但其案件与人民法院审理的案件存在关联的,当事人可以向受理关联案件的人民法院提出申请。如果被执行人或者其财产不在中华人民共和国领域内,但其案件与我国领域内仲裁案件存在关联的,当事人可以向仲裁机构所在地或者仲裁地的中级人民法院提出申请。人民法院应当依照中华人民共和国缔结或者参加的国际条约,或者按照互惠原则办理。"

《征求意见稿》第 87 条是一个新增条款,涉及境外仲裁裁决在中国境内的承认和执行。由于大多数国家都是《纽约公约》的缔约国,中国法院基本上会根据《纽约公约》审查境外仲裁裁决,并决定是否承认和执行这些裁决。对于不是《纽约公约》缔约国的国家,将根据互惠原则审查案件,并决定是否承认和执行裁决。此外,该条第 2、3 款拓宽了中国法院对执行仲裁裁决案件的管辖权的范围。

《征求意见稿》第 87 条吸收了《民事诉讼法》第 280 条:"经中华人民共和国涉外仲裁机构裁决的,当事人不得向人民法院起诉。一方当事人不履行仲裁裁决的,对方当事人可以向被申请人住所地或者财产所在地的中级人民法院申请执行",以及《最高人民法院关于审理仲裁司法审查案件若干问题的规定》第 3 条:"外国仲裁裁决与人民法院审理的案件存在关联,被申请人住所地、被申请人财产所在地均不在我国内地,申请人申请承认外国仲裁裁决的,由受理关联案件的人民法院管辖。受理关联案件的人民法院为基层人民法院的,申请承认外国仲裁裁决的案件应当由该基层人民法院的上一级人民法院管辖。受理关联案件的人民法院是高级人民法院或者最高人民法院的,由上述法院决定自行审查或者指定中级人民法院审查。外国仲裁裁决与我国内地仲裁机构审理的案件存在关联,被申请人住所地、被申请人财产所在地均不在我国内地,申请人申请承认外国仲裁裁决的,由受理关联案件的仲裁机构所在地的中级人民法院管辖"的规定。这种做法进一步完善了《仲裁法》下执行仲裁裁决的管辖制度,将《民事诉讼法》的"援引条款"修改为直接表述,并通过立法肯定了司法解释所确立的做法。[1]

八、小结

综上,《征求意见稿》第 82 条删除了当事人在执行程序阶段提出不予执行审

---

[1] 汉坤律师事务所:《仲裁法(修订)征求意见稿》,微信公众号"汉坤律师事务所",最后访问日期:2021 年 7 月 31 日。

查的规定，同时赋予执行法院对裁决是否符合社会公共利益的主动审查权。《征求意见稿》第 83 条是《仲裁法》第 64 条，没有特殊变化。

《征求意见稿》第 84、85 条规定了案外人的救济路径，一是规定案外人在执行程序中可以对执行标的提出异议。二是明确案外人可以提起侵权之诉。《征求意见稿》第 86 条鼓励当事人自行考虑被执行人及其财产所在地来决定执行地。最后，《征求意见稿》第 87 条的新增条款吸收了民事诉讼法及相关司法解释的规定，增加了承认和执行外国仲裁裁决的条款。

第十节　第七章"涉外仲裁的特别规定"*

《征求意见稿》结合我国市场经济和对外开放的形势，融入了大量仲裁实践经验和司法解释规范，多纬度参考国际仲裁的经验和做法，体现出与国际上成熟的仲裁制度和实践接轨的理念，值得深入研习。[①] 本节主要聚焦于第七章"涉外仲裁的特别约定"，对现行的《仲裁法》与《征求意见稿》进行对比分析。

一、现行《仲裁法》和《征求意见稿》修订的对比

第七章延续《仲裁法》的做法，继续设立"涉外仲裁的特别规定"专章，在其他各章通用规定的基础上，考虑到涉外仲裁在特定时期和特定方面有别于国内仲裁，从而作出特别规定。国家立法机关制定的仲裁法（包括含有仲裁规定的私法典、民事诉讼法、单行仲裁法等）主要在本国司法辖区内实施。

在处理国内仲裁国际仲裁时，外国立法机关通常有三种做法：一是对国内仲裁和国际仲裁不加区分，施行无差别规定；二是将国内仲裁和国际仲裁分别立法，国际仲裁向联合国贸法会的《示范法》靠拢，甚至将《示范法》整体纳入转化为该国的国际商事仲裁法，使其成为《示范法》法域；三是在仲裁法中就国际仲裁作出专章或专条的特别规定。我国采用的是第三种立法体例。《征求意见稿》第七章整体上条款数量由现行《仲裁法》的 9 条减少至 7 条，其中关于取消双规制规定的删除条款有 6 条（《仲裁法》第 66、68、69、70、71、73 条），关于涉外因素的修改条

---

*　本节撰稿人张晓仪。

①　叶渌、吴雪瑶：《〈仲裁法（修订）（征求意见稿）〉评析与建议》，https://www.pkulaw.com/lawfirmarticles/e8c814d28ecb6f8ee8171f6055c01f85bdfb.html，最后访问日期：2021 年 9 月 9 日。

款有 3 条(《仲裁法》第 65、67、72 条)、关于仲裁程序的新增条款有 4 条(《征求意见稿》第 90、91、92、93 条),其中最大的亮点是建立临时仲裁制度(见表 1 - 12)。

表 1 - 12 《仲裁法》与《征求意见稿》修订对比

修订类型	条款数量	具 体 条 款
删除条款	6	《仲裁法》第 66、68、69、70、71、73 条
修改条款	3	《仲裁法》第 65、67、72 条
新增条款	4	《征求意见稿》第 90、91、92、93 条

二、涉外因素的概括

(一) 涉外因素的修改

修改条款主要体现在"涉外因素"的修订上(见表 1 - 13)。首先,《征求意见稿》第 88 条是在《仲裁法》第 65 条的基础上进行了修订。修订后,涉外仲裁包含所有"涉外因素"的纠纷仲裁,而不再区分具体的案由,包括但不限于经济贸易、运输和海事领域发生纠纷的仲裁,放宽了适用涉外仲裁规定的条件,但因涉外因素的具体内容属于其他法律应当规定的内容,在相关法律未作规定的情况下,实践中是由司法解释具体明确,故仲裁法不再具体规定。因此,涉外因素在哪些法律中规定需要进一步明确。

表 1 - 13 《仲裁法》与《征求意见稿》修改条款对比

《仲裁法》(2017 年修正)	《征求意见稿》
第 54 条 涉外经济贸易、运输和海事中发生的纠纷的仲裁,适用本章规定。本章没有规定的,适用本法其他有关规定	第 88 条 **具有涉外因素的纠纷的仲裁,适用本章规定。**涉外经济贸易、运输和海事中发生的纠纷的仲裁,适用本章规定。本章没有规定的,适用本法其他有关规定
第 67 条 涉外仲裁委员会可以从具有法律、经济贸易、科学技术等专门知识的外籍人士中聘任仲裁员	第 89 条 涉外仲裁委员会**从事涉外仲裁的仲裁员,**可以由**熟悉涉外**法律、仲裁、经济贸易、科学技术等专门知识的外籍人士**中外专业人士担任**

续 表

《仲裁法》(2017 年修正)	《征求意见稿》
第 72 条 涉外仲裁委员会作出的发生法律效力的仲裁裁决,当事人请求执行的,如果被执行人或者其财产不在中华人民共和国领域内,应当由当事人直接向有管辖权的外国法院申请承认和执行	第 86 条 涉外仲裁委员会作出的发生法律效力的仲裁裁决,当事人请求执行的,如果被执行人或者其财产不在中华人民共和国领域内,应当由当事人直接向有管辖权的外国法院申请承认和执行

(二) 涉外因素的认定

笔者在搜集案例过程中发现有些案件争议点并不在于相关仲裁条款的效力,而在于案件本身是否具有涉外因素。我国在涉外因素的立法上主要采取"三要素说",即只要一项民事关系中的主体、客体和内容中有一个与国外有联系,则该民事关系即可成为具有涉外因素的民事关系。由于《征求意见稿》没有具体的规定参照标准,因此有学者建议参照民诉法的司法解释界定,即《最高人民法院关于适用〈中华人民共和国涉外民事关系法律适用法〉若干问题的解释(一)》第1 条规定:"民事关系具有下列情形之一的,人民法院可以认定为涉外民事关系:(一) 当事人一方或双方是外国公民、外国法人或者其他组织、无国籍人;(二) 当事人一方或双方的经常居所地在中华人民共和国领域外;(三) 标的物在中华人民共和国领域外;(四) 产生、变更或者消灭民事关系的法律事实发生在中华人民共和国领域外;(五) 可以认定为涉外民事关系的其他情形。"前四项规定较为具体明确,但司法实践中的主要争议体现在第五项中"其他情形"的界定。学者将这些其他情形称为"非典型涉外因素"。[①]

当前立法上并未有具体的解释,实践中,最高人民法院通过实务问题解答、个案批复等形式来明确自己的司法观点。法院对外国主体作为合同的签署方但未实际履行合同,是否具有涉外因素的态度并不一致。有法院认为,即使境外主体作为合同的签署方且合同签订地在境外,但在未有证据证明该主体实际参与了合同履行的情况下,不能据此认定具有涉外因素。[②] 但同时也有法院认为,虽然境外主体最终没有实际履行合同,但其作为合同的签约方,该主体签订的合同

[①] 贾辉、鞠光:《境内企业选择域外仲裁注意事项》,《中国外汇》2020 年第 14 期,第 22—24 页。
[②] 苏州市中级人民法院民事裁定书 (2016) 苏 05 民辖终 305 号。

具有涉外因素。[①] 例如 2015 年的西门子案[②]就是通过《最高人民法院关于西门子国际贸易(上海)有限公司申请承认与执行外国仲裁裁决一案的请示的复函》中明确的涉外因素。2017 年《最高人民法院关于为自由贸易试验区建设提供司法保障的意见》第 9 条规定:"在自贸试验区内注册的外商独资企业相互之间约定商事争议提交域外仲裁的,不应仅以其争议不具有涉外因素为由认定相关仲裁协议无效。一方或者双方均为在自贸试验区内注册的外商投资企业,约定将商事争议提交域外仲裁,发生纠纷后,当事人将争议提交域外仲裁,相关裁决做出后,其又以和仲裁协议无效为由主张拒绝承认、认可或执行的,人民法院不予支持;另一方当事人在仲裁程序中未对仲裁协议效力提出异议,相关裁决作出后,又以有关争议不具有涉外因素为由主张仲裁协议无效,并以此主张拒绝承认、认可或执行的,人民法院不予支持。"因此,该条款应该完善关于"涉外因素"的认定才能解决相关当事人是否有权选择将纠纷提交涉外仲裁的问题。

(三) 涉外人员的适用

《征求意见稿》取消了"委员会"的说法,并使用"机构"的概念。此概念符合临时仲裁和机构仲裁的界定,因此涉外仲裁委员会的设立方式被单独区别的做法被废除,所以《征求意见稿》的第 86、89 条都将"涉外仲裁委员会"的概念删除。此外,《征求意见稿》第 89 条将从事涉外仲裁的仲裁员资格放宽至"可以由熟悉涉外法律、仲裁、经济贸易、科学技术等专门知识的中外专业人士担任",较之现行《仲裁法》中"具有法律、经济贸易、科学技术等专门知识的外籍人士担任"更加灵活。

该条文不仅明确了涉外仲裁的仲裁员任职资格,而且在一定程度上剥离了涉外仲裁中仲裁机构与仲裁员之间的隶属关系,为涉外临时仲裁的发展提供了制度基础。[③] 但对"从事涉外仲裁"这一限制条件的解释有待商榷,以案件性质标准区分国内仲裁员、涉外仲裁员并适用不同的仲裁员资格标准,有可能导致《征求意见稿》第 18、89 条关于仲裁员资格的规定在实践中发生混用,有学者建议将《征求意见稿》第 89 条关于涉外仲裁员资质的要求限制在"涉外仲裁程序中",以避免实践中的混用。

---

① 上海市第二中级人民法院民事裁定书(2008)沪二中民五(商)初字 19 号。
② 上海市第一中级人民法院民事裁定书(2013)沪一中民认(外仲)字 2 号。
③ 张志:《对〈仲裁法(修订)(征求意见稿)〉的评价及修改建议》,载微信公众号"万商天勤律师事务所" https://mp.weixin.qq.com/s/SMJ8rVQI-ajn0wY7eTLqNA,最后访问日期:2022 年 6 月 29 日。

三、取消国内、涉外仲裁机构双轨制规定

《仲裁法》关于取消双轨制而被删除的条款共有 6 条（见表 1－14），只有《仲裁法》第 73 条因《征求意见稿》第 88 条所规定涉外因素的具体内容由其他法律规定或者由司法解释而明确。其余的删除条款（《仲裁法》第 66、68、69、70、71条）因为取消了国内、涉外仲裁机构设立的双轨制规定，基本上与《征求意见稿》其他章节合并。

表 1－14　《仲裁法》与《征求意见稿》删除条款比对

《仲裁法》 （2017 年修正）（已删除条款）	《征求意见稿》（被合并条款）
第 10 条　仲裁委员会可以在直辖市和省、自治区人民政府所在地的市设立，也可以根据需要在其他设区的市设立，不按行政区划层层设立。仲裁委员会由前款规定的市的人民政府组织有关部门和商会统一组建。设立仲裁委员会，应当经省、自治区、直辖市的司法行政部门登记 第 66 条　涉外仲裁委员会可以由中国国际商会组织设立。涉外仲裁委员会由主任一人、副主任若干人和委员若干人组成。涉外仲裁委员会的主任、副主任和委员可以由中国国际商会聘任	第 12 条　仲裁机构的设立，应当经省、自治区、直辖市的司法行政部门登记。中国国际商会设立组建的仲裁机构，由国务院司法行政部门登记。外国仲裁机构在中华人民共和国领域内设立业务机构，办理涉外仲裁业务的，由省、自治区、直辖市的司法行政部门登记，报国务院司法行政部门备案。仲裁机构登记管理办法由国务院制定
第 68 条　涉外仲裁的当事人申请证据保全的，涉外仲裁委员会应当将当事人的申请提交证据所在地的中级人民法院	第 46 条　当事人在提起仲裁前申请保全措施的，依照相关法律规定直接向人民法院提出 当事人提起仲裁后申请保全措施的，可以直接向被保全财产所在地、证据所在地、行为履行地、被申请人所在地或者仲裁地的人民法院提出；也可以向仲裁庭提出
第 69 条　涉外仲裁的仲裁庭可以将开庭情况记入笔录，或者作出笔录要点，笔录要点可以由当事人和其他仲裁参与人签字或者盖章	第 65 条　仲裁庭应当将开庭情况记入笔录。当事人和其他仲裁参与人认为对自己陈述的记录有遗漏或者差错的，有权申请补正。如果不予补正，应当记录该申请。笔录由仲裁员、记录人员、当事人和其他仲裁参与人签名或者盖章

《仲裁法》 (2017年修正)(已删除条款)	《征求意见稿》(被合并条款)
第70条 当事人提出证据证明涉外仲裁裁决有民事诉讼法第二百五十八条第一款规定的情形之一的,经人民法院组成合议庭审查核实,裁定撤销	第77条 当事人提出证据证明裁决有下列情形之一的,可以向仲裁地的中级人民法院申请撤销裁决: (一)没有仲裁协议或者仲裁协议无效的; (二)裁决的事项不属于仲裁协议的范围或者超出本法规定的仲裁范围的; (三)被申请人没有得到指定仲裁员或者进行仲裁程序的通知,或者其他不属于被申请人负责的原因未能陈述意见的; (四)仲裁庭的组成或者仲裁的程序违反法定程序或者当事人约定,以致严重损害当事人权利的; (五)裁决因恶意串通、伪造证据等欺诈行为取得的; (六)仲裁员在仲裁该案时有索贿受贿,徇私舞弊,枉法裁决行为的 人民法院经组成合议庭审查核实裁决有前款规定情形之一的,应当裁定撤销 当事人申请撤销的情形仅涉及部分裁决事项的,人民法院可以部分撤销。裁决事项不可分的,应当裁定撤销 人民法院认定该裁决违背社会公共利益的,应当裁定撤销
第71条 被申请人提出证据证明涉外仲裁裁决有民事诉讼法第二百五十八条第一款规定的情形之一的,经人民法院组成合议庭审查核实,裁定不予执行	第82条 当事人应当履行裁决。一方当事人不履行的,对方当事人可以向有管辖权的中级人民法院申请执行 人民法院经审查认定执行该裁决不违背社会公共利益的,应当裁定确认执行;否则,裁定不予确认执行 裁定书应当送达当事人和仲裁机构 裁决被人民法院裁定不予确认执行的,当事人就该纠纷可以根据重新达成的仲裁协议申请仲裁,也可以向人民法院起诉
第73条 涉外仲裁规则可以由中国国际商会依照本法和民事诉讼法的有关规定制定	第88条 具有涉外因素的纠纷的仲裁,适用本章规定。本章没有规定的,适用本法其他有关规定

　　首先，现行《仲裁法》第 10、66 条合并为《征求意见稿》第 12 条，废除涉外仲裁委员会的设立，允许外国仲裁机构在中国领域内设立业务机构、办理涉外仲裁业务的登记和备案。如前文所述，修订符合对机构仲裁与临时仲裁的界定，同时国务院文件已经允许境外仲裁机构在北京、上海等地设立业务机构，增加了境外仲裁机构在我国设立业务机构的登记管理规定，对比国务院相关文件与《征求意见稿》，在登记和备案机构、业务范围（涉外仲裁案件）上差异不大，因此，条款主要是明确境外仲裁机构境内仲裁的合法性。这是承认外国仲裁机构创立分支机构的立法现实，突破我国原有立法的规定，在一定程度上解决了外国仲裁机构在境内设立分支机构和开展业务的问题，并结合仲裁地相关概念，使当事人约定由外国仲裁机构在中国境内仲裁并获得中国仲裁裁决成为可能，也减少了外国仲裁机构在中国从事仲裁业务所面临的障碍，解决了相关难点。[①] 而站在当事人的角度，由于此类仲裁不再被中国法院认为是外国仲裁裁决，故可直接向具有管辖权的法院申请执行，而不需要通过《承认及执行外国仲裁裁决公约（1958）》（《纽约公约》）进行国际仲裁裁决的承认和执行。

　　其次，《征求意见稿》不再区分涉外与否。例如《仲裁法》第 68 条合并到《征求意见稿》新增条款第 46 条，《仲裁法》第 69 条合并到《征求意见稿》第 65 条。《仲裁法》第 70 条合并到《征求意见稿》第 77 条，统一了国内裁决和涉外裁决的撤裁事由。相比而言，涉外仲裁的撤裁事由比国内仲裁的撤裁事由更少。《征求意见稿》将两者的撤裁事由进行了统一规定，并在《仲裁法》所规定的事由基础上进行了一定的调整和修改，加强了对仲裁程序的监督，同时明确了当事人可针对裁决的部分内容申请法院进行撤销。此外，《仲裁法》第 71 条合并到《征求意见稿》第 82 条，统一了执行法院对国内和涉外案件的执行审查标准。

　　法官适用自由裁量权可对裁决是否具有涉外性质进行识别，而涉外裁决的司法审查标准比国内仲裁裁决要宽松，司法不统一、裁判尺度各异以及适用不同的司法审查标准容易造成同案不同裁决的结果。例如，香港华兴发展公司与厦门橡胶制品厂签订合资经营厦门橡制有限公司合同，后双方合作发生纠纷，均要求终止合同。因对清算分配方案不能达成共识，香港华业发展公司于 1991 年依据合同的仲裁条款，将争议提交至中国国际经济贸易仲裁委员会仲裁。仲裁庭经审理作出了对申请人有利的（92）仲贸仲第 2051 号裁决书。裁决生效后，厦门橡胶制品厂未履行裁决义务，被申请执行人提出证据证明执行标的物不归其所

---

① 祁壮：《构建国际商事仲裁中心——以〈仲裁法〉的修改为视角》，《理论视野》2018 年第 7 期，第 44—50 页。

有。法院认为仲裁庭未能查清构成被执行人出资的厂房的权属之事实,仲裁认定事实的主要证据不足,根据《民事诉讼法》第 217 条的规定,裁定不予执行。[①] 而另一案例申请人郑榕根为我国澳门地区居民,被申请人是中经信国际担保有限公司。申请人认为珠海市仲裁委员会开庭违反法定程序,对 270 万元定金认定错误,申请珠海人民法院对珠海仲裁委员会作出的珠仲裁字(2008)第 31 号裁决书予以撤销。珠海中级法院经审查认为,仲裁庭对当事人双方提交的证据均进行了质证,并未违反法定程序。由于 270 万元定金是否认定错误属于实体审查的范围,法院对此不予审查,珠海市仲裁委员会的上述裁决并不属于《民事诉讼法》第 260 条的撤销涉外仲裁裁决的法定情形,裁定予以驳回。[②] 两个案例均为具有涉外因素的仲裁裁决,但前一案例错误地适用了国内裁决的司法审查规定,对该裁决进行实体审查从而不予执行;而后一案例对适用涉外裁决的司法审查进行了程序性审查,驳回了当事人的申请,导致同案不同判,因此将双轨合并为单轨、统一国内仲裁裁决和涉外仲裁裁决的司法审查程序变全面审查为程序性审查,可以避免司法对我国涉外仲裁的过度审查。[③]

四、仲裁程序相关条文的设立

《征求意见稿》关于仲裁程序的新增条款共 4 条(第 90、91、92、93 条),其中第 90 条是关于涉外仲裁协议的法律适用,第 91、92、93 条是允许涉外仲裁采取"临时仲裁"(《征求意见稿》称为"专设仲裁庭")(见表 1 - 15)。

表 1 - 15 《仲裁法》与《征求意见稿》新增条款对比

《仲裁法》(2017 年修正)	《征求意见稿》
/	第 90 条 涉外仲裁协议的效力认定,适用当事人约定的法律;当事人没有约定涉外仲裁协议适用法律的,适用仲裁地法律;对适用法律和仲裁地没有约定或者约定不明确的,人民法院可以适用中华人民共和国法律认定该仲裁协议的效力

---

① 贺晓翊:《从双轨走向并轨:我国国内仲裁与涉外仲裁司法审查制度之反思与重构》,《人民司法》2013 年第 17 期,第 4—9 页。
② 贺晓翊:《从双轨走向并轨:我国国内仲裁与涉外仲裁司法审查制度之反思与重构》,《人民司法》2013 年第 17 期,第 4—9 页。
③ 孙韵:《双轨制改革:我国仲裁裁决司法监督模式的重构》,《开封教育学院学报》2019 年第 2 期,第255—256 页。

《仲裁法》(2017 年修正)	《征求意见稿》
/	第 91 条 具有涉外因素的商事纠纷的当事人可以约定仲裁机构仲裁，也可以直接约定由专设仲裁庭仲裁。专设仲裁庭仲裁的仲裁程序自被申请人收到仲裁申请之日开始。当事人没有约定仲裁地或者约定不明确的，由仲裁庭根据案件情况确定仲裁地
/	第 92 条 专设仲裁庭仲裁的案件，无法及时组成仲裁庭或者需要决定回避事项的，当事人可以协议委托仲裁机构协助组庭、决定回避事项。当事人达不成委托协议的，由仲裁地、当事人所在地或者与争议有密切联系地的中级人民法院指定仲裁机构协助确定。指定仲裁机构和确定仲裁员人选时，应当考虑当事人约定的仲裁员条件，以及仲裁员国籍、仲裁地等保障仲裁独立、公正、高效进行的因素。人民法院作出的指定裁定为终局裁定
/	第 93 条 专设仲裁庭仲裁的案件，裁决书经仲裁员签名生效。对裁决持不同意见的仲裁员，可以不在裁决书上签名；但应当出具本人签名的书面不同意见并送达当事人。不同意见不构成裁决书的一部分。仲裁庭应当将裁决书送达当事人，并将送达记录和裁决书原件在送达之日起三十日内提交仲裁地的中级人民法院备案

（一）涉外仲裁协议的法律适用

《征求意见稿》第 90 条规定基本上延续了现行《仲裁法》确立的冲突法规则，根据《涉外民事关系法律适用法》第 18 条："当事人可以协议选择仲裁协议适用的法律。当事人没有选择的，适用仲裁机构所在地法律或者仲裁地法律"。《征求意见稿》第 90 条规定的进步在于删除了"仲裁机构所在地法律"这一选项，仅保留仲裁地法律。与国际仲裁实践中以仲裁地为起点进行制度设计不同，现行《仲裁法》突出的是仲裁机构，很多制度设计围绕仲裁机构进行建构。

此次仲裁法修改坚持中国特色与国际接轨相统一，将仲裁机构所在地法律删除，符合国际仲裁实践，这与《纽约公约》的国际标准是一致的。根据《纽约公约》第 5 条第 1 款第 1 项规定，当事人未约定仲裁协议应当适用的法律时，应当适用仲裁地法来判断仲裁协议的效力，所以，对于涉外仲裁协议的法律适用按照《征求意见稿》的路径，判断仲裁协议准据法的顺序为："当事人约定的法律—仲裁地法—中国法"，即① 当事人何以选择的准据法；② 当事人未约定仲裁协议准据法，适用仲裁地法；③ 当事人未约定适用法律或者仲裁地时，适用法院地法。该规定将减少仲裁协议效力的争议，促进提高当事人之间解决争议的效率，但同时需要同步修订《涉外民事关系法律使用法》相关规定,删去该法第 18 条的"仲裁机构所在地",避免民事诉讼法与仲裁法之间相互矛盾。

（二）建立临时仲裁制度

《征求意见稿》第 91—93 条新增在涉外仲裁领域引入"专设仲裁"制度,即"临时仲裁"。临时仲裁制度是仲裁制度的雏形,与机构仲裁的概念相对,指不由任何已设立的仲裁机构进行程序管理,而由当事人将他们之间的争议提交给双方选定的仲裁员,并根据双方自己设计或选定的仲裁规则进行审理并作出裁决的仲裁制度。① 在《纽约公约》第 1 条第 2 款中规定了"'仲裁裁决'一词不仅指专案选派之仲裁员所作裁决,亦指当事人提请仲裁之常设仲裁机关所作裁决"。据此,《征求意见稿》中关于确认临时仲裁的规定进一步贯彻和内化了《纽约公约》的有关内容,同时有利于完善多元纠纷解决机制。

虽然现行《仲裁法》并不认可在我国境内进行临时仲裁的效力,但我国已经在自贸区等地区进行临时仲裁制度的创设和试验。《最高人民法院关于为自由贸易试验区建设提出司法保障的意见》第 9 条第 3 款允许法院承认自由贸易试验区内注册企业之间符合"内地"特定地点、特定规则、特定人员标准的仲裁协议,在一定程度上承认了临时仲裁的效力。② 而《征求意见稿》确认临时仲裁的规定限定涉外商事仲裁领域,临时仲裁程序灵活,当事人在仲裁规则的适用、仲裁员的选择上均拥有较大的自主选择权,不必受限于仲裁机构的管理与程序限制,因此对双方当事人协作解决争议的意愿要求也更高,同时更加尊重当事人的意思自治与自主选择权。

但是临时仲裁在具体条文设计上仍有进一步改进的空间。首先,对于涉外仲裁,"临时仲裁"结合我国国情,将适用范围限定在"涉外商事纠纷",但未对此类纠纷作出清晰的界定,现行的仲裁法也没有规定商事纠纷的概念,使用的是"合同纠纷或其他财产纠纷",若《征求意见稿》不对商事纠纷作出定义会导致实践中容易引发争议,实务中会存在民、商事同类案件交叉审理的情况。依据法律关系进行判断也没有完美的解决方案,例如租赁合同、服务合同等可能是商事纠纷,也可能是民事纠纷,所以此次《征求意见稿》在第 91 条处仅使用"商事纠纷"的规定在实践中不够具体明确,建议将可适用临时仲裁的案件范围从"具有涉外因素的商事纠纷"拓宽至"具有涉外因素的民商事纠纷",或者结合国际上通用的

① 乔欣:《仲裁法学》,清华大学出版社 2020 年版,第 9 页。
② 唐琪:《我国临时仲裁制度的构筑研究》,《公关世界》2021 年第 8 期,第 181—182 页。

解释和理解厘清其外延和内涵。

其次，《征求意见稿》只规定了"涉外仲裁员资格""涉外仲裁协议的法律适用""专设仲裁庭制度"。《征求意见稿》第 92 条关于指定机构的规定在实践中可能会产生混乱。该条规定允许"仲裁地、当事人所在地或者与争议有密切联系地的中级人民法院指定仲裁机构协助确定"。第一，若地点均在境外时，"中级人民法院"应当如何确定，例如一个涉外仲裁案件选择香港国际仲裁中心作为仲裁机构，选择我国香港地区为仲裁地，但选择《征求意见稿》作为仲裁协议效力准据法及仲裁程序法时，根据规定适用《征求意见稿》第三章的内容作为判断仲裁协议是否有效的依据。而根据《征求意见稿》第三章第 28 条的规定，当事人如果对仲裁协议效力或仲裁庭管辖权决定有异议的，应当提请仲裁地的中级人民法院审查。但是，由于仲裁地在香港地区，其没有"中级人民法院"，此时如果严格依照《征求意见稿》的规定执行则无法实现；若在香港当地法院进行审查，则会产生法院是否受理，如果在香港法院受理并作出裁定后，会否存在"违反本法强制性规定"而导致被撤裁的风险问题。① 第二，密切联系地如何判断。与当事人或具体案件有"密切联系"的地点通常不止一个，后期可能还需要司法解释或指定管辖的文件来解决这一问题。当事人的经营地、合同签订地、合同履行地、标的所在地等均可能与案件产生"密切联系"。为解决此问题，国际私法上与仲裁实践中通常采取的是"最密切联系原则"，只有构成"最密切联系"的唯一地点，才能作为案件的连接点。而《征求意见稿》没有采用"最密切联系"，而是规定"密切联系"，有学者质疑其用意是否扩大指定法院的可选范围。②

再次，依据《征求意见稿》第 92 条规定，法院并不直接介入仲裁庭的组成；仲裁员回避事项的决定，仅在当事人无法达成合意的情况下承担指定仲裁机构的功能。考虑到临时仲裁本身注重效率，程序的尽快推进是为了解决当事人的纠纷，建议为法院指定仲裁机构设置期限，③或者为法院专门建立仲裁机构库，根据案件实际情况决定或随机选定负责协助的仲裁机构。

最后，《征求意见稿》第 93 条规定了对临时仲裁庭所作出的裁决书的备案制度。较之具有明确事由的撤销仲裁裁决程序和执行程序中对仲裁裁决的"不予

---

① 黄轶：《〈仲裁法〉修订中关于涉外仲裁的若干问题》，微信公众号"国浩律师事务所"，https://mp.weixin.qq.com/s/BAC0l12zlBXiLwf4v9yzBA，最后访问日期：2022 年 6 月 29 日。

② 张昊旻、李嵘辉：《〈仲裁法（修订）征求意见稿〉部分修订亮点简析》，微信公众号"北大法律信息网"，https://mp.weixin.qq.com/s/Iu1yz0hGNgv-r3Rj1ivfgQ，最后访问日期：2022 年 6 月 29 日。

③ 刘晓红、周祺：《我国建立临时仲裁利弊分析和时机选择》，《南京社会科学》2012 年第 9 期，第 95—102 页。

确认执行",备案能起到的司法监督作用十分有限。但是,将裁决书原件和送达记录进行备案,可能导致当事人对仲裁保密性失去信任。[1] 与此同时,在根据《纽约公约》规定境外申请承认和执行在中国境内作出的临时裁决的情况下,这一备案规定更显突兀。进一步而言,仲裁地的中级人民法院对裁决书原件和送达记录备案过程中是否有审查权、未依法进行备案可能导致的后果均未有明确规定。因此,第 93 条的规定在落实方面存在困难,也很可能难以实现起草者的目的。[2]

五、小结

本章的核心内容主要是完善涉外仲裁规定,增加临时仲裁制度。首先,明确适用涉外仲裁规定的条件,规定具有"涉外因素"的纠纷适用涉外仲裁规定,具体的涉外因素由其他法律规则规定,在相关法律未作规定的情况下,由司法解释具体明确。其次,吸收司法解释成果,规定涉外仲裁协议效力认定法律适用标准。再次,增加并规范"临时仲裁"制度,结合我国国情,将临时仲裁适用范围限定在"涉外商事纠纷",其中对临时仲裁的组庭、回避等核心程序规定了必要的规范,同时为了加强对临时仲裁的监督,规定了仲裁员因对裁决持不同意见而不在裁决书上签名的,必须向当事人出具书面意见,裁决书及其送达记录要在法院备案。

---

[1] 侯国鑫:《论中国对临时仲裁裁决的承认与执行》,《黑龙江人力资源和社会保障》2022 年第 5 期,第 148—150 页。

[2] 杜林、张纯:《仲裁法修改,专家大咖这样说》,《民主与法制》2021 年第 46 期,第 34 页。

第二章
是什么促成国际仲裁中心

什么因素促成国际商事仲裁中心,既是国际商事仲裁法的理论问题,也是建设国际商事仲裁中心或者仲裁友好型法域立法、司法等政策制定的重要实践问题。建设(建成)国际商事仲裁中心的核心要素并无定论,有关学者提出的六要素说,是对这一理论问题的一种回应和表达。

中国可以通过对六要素进行理论分析,包括法域是《纽约公约》的成员国、以《示范法》为法域仲裁立法的蓝本、具有国家仲裁机构和国际仲裁中心、具有熟悉仲裁实践的法官队伍、不断提高国际仲裁能力建设水平与不断更新的与仲裁有关的法律等六个方面,确立相关优化路径,并结合将中国上海、深圳等地建设亚太国际商事仲裁中心(乃至国际争端解决中心)的政策和实践,形成可复制、可推广的经验,从而推动中国国际商事仲裁的整体发展。

第一节 《纽约公约》与国际商事仲裁中心*

一、《纽约公约》的发展:国际裁决承认及执行制度的构建

国际条约在国际商事仲裁发展的进程中具有引领和促进的作用。20 世纪以来,世界各国在国际组织的主持下起草、制定、签署了一些关于国际商事仲裁程序的多边条约,这些国际条约促进了国际商事仲裁制度的发展与完善,[1]而《承认及执行外国仲裁裁决公约》(以下简称《纽约公约》)就是其中的典型。

---

* 本节撰稿人苏可桢。

[1] 沈伟、陈治东:《商事仲裁法:国际视野和中国实践》(上卷),上海交通大学出版社 2020 年版,第 30 页。

　　在国际商事仲裁中,对裁决的承认是指国家司法机构认可仲裁庭所做出的、具有法律约束力的仲裁裁决,并赋予裁决强制执行效力的行为;经过一国司法机关的承认,在该国境内,仲裁裁决将对争议双方具有约束力,裁决对相关争议的解决具有终局性,同时裁决本身还将获得可执行性。而在此基础上的执行行为是指司法机关根据已经获得可执行性的仲裁裁决,行使国家强制力实现仲裁裁决中的内容。仲裁裁决的承认或执行对于保护当事人合法权益、保障仲裁裁决合法性与正当性以及提升仲裁公信度都具有重要意义,而仲裁裁决的承认或执行则需要执行地国司法机构的协助,因此,其在 20 世纪初就得到了国际法方面的关注。20 世纪 20 年代,在国际联盟的主持下,各国于日内瓦分别签订了《关于承认仲裁条款的日内瓦议定书》(以下简称《日内瓦议定书》)和《关于执行外国仲裁裁决的日内瓦公约》(以下简称《日内瓦公约》),这两个国际条约是《纽约公约》的前身,[①]它们共同构成了最初的国际商事仲裁承认与执行制度。《日内瓦议定书》是世界上第一个关于国际仲裁的国际公约,[②]缔约方在当事人处于其管辖范围时,须承认在其他缔约方境内所订立之仲裁协议或条款的有效性,[③]并承担依其国内法执行在其境内根据前述仲裁协议作出的仲裁裁决之义务。[④] 但《日内瓦议定书》针对裁决执行的规定并不周延,其未就缔约方是否应执行于其他缔约方领土作出的仲裁裁决进行规定,为此,《日内瓦公约》依托《日内瓦议定书》,在对后者缔约方开放的同时,[⑤]要求前者缔约方在一定条件下执行于其他缔约方境内作出的仲裁裁决,只要该裁决系根据依照《日内瓦议定书》订立的仲裁协议或条款作出的。[⑥]

　　然而,《日内瓦议定书》和《日内瓦公约》的规定并不成熟,其中存在着覆盖面窄、仲裁地法过于强势等规则方面的问题。[⑦] 此外,随着第二次世界大战后嵌入

---

① 《纽约公约》的订立和生效使《日内瓦议定书》和《日内瓦公约》在其生效范围内失去效力。《纽约公约》第 7 条第 2 款:"1923 年日内瓦仲裁条款议定书及 1927 年日内瓦执行外国仲裁裁决公约在缔约国间,于其受本公约拘束后,在其拘束之范围内不再生效。"

② 沈伟、陈治东:《商事仲裁法:国际视野和中国实践》(上卷),上海交通大学出版社 2020 年版,第 31 页。

③ 《日内瓦议定书》第 1 条。

④ 《日内瓦议定书》第 3 条。

⑤ 《日内瓦公约》第 7 条第 1 款:"本公约将持续开放给《1923 年仲裁条款议定书》的所有签署国签署,并应予以批准。"

⑥ 《日内瓦公约》第 1 条。

⑦ International Chamber of Commerce. Enforcement of International Arbitration Awards: Report and Preliminary Draft Convention (adopted by the Committee on International Commercial Arbitration at its meeting of 13th March 1953), https://daccess-ods.un.org/access.nsf/Get? OpenAgent&DS = E/C.2/373&Lang=E, accessed on 16 March 2023.

式自由主义的盛行和布雷顿森林体系的建立，全球经济随着经济治理结构的建立而蓬勃发展，仲裁作为国际争议解决机制的普遍性成为共识，但这两个公约及其所建立的制度已不能满足全球经济活动中争端解决的需要。因此，国际商会（International Chamber of Commerce）于 1953 年向联合国经济与社会理事会（United Nations Economic and Social Council）提交了《执行国际仲裁裁决公约草案》，旨在融合两个公约的内容并予以更新，建立起一套全新统一的国际商事仲裁裁决承认与执行制度。① 后经修改，公约内容于 1958 年 6 月 10 日由联合国外交会议通过，并于 1959 年 6 月 7 日正式生效。

《纽约公约》的诞生标志着仲裁逐渐成为国际商事领域最受欢迎的争议解决制度。② 该公约如今被广泛认可为国际商事仲裁的基础性文书，适用于在寻求承认和执行的国家不被视为国内裁决的国际商事仲裁裁决。较之《日内瓦议定书》和《日内瓦公约》，《纽约公约》在适用范围、国际化、尊重当事人意愿等方面具有先进性。

首先，《纽约公约》的适用范围较原有的两个公约更宽，其适用不因仲裁协议或裁决的当事人的国籍而受到限制，国际商事仲裁不再受制于某一特定国家的国内法制度，促进了国际商事仲裁的国际化和去本地化，③《纽约公约》的"准国际"（quasi-international）标准使任何在承认与执行地国领土外作出的仲裁裁决（不论是否涉及国际利益）均可适用该公约，国际裁决的执行不再局限于基于仲裁地法的本国裁决（national award）。④

其次，《纽约公约》充分尊重仲裁当事人对仲裁庭组成与仲裁程序选择的自决权，⑤

---

① International Chamber of Commerce. Enforcement of International Arbitration Awards: Report and Preliminary Draft Convention (adopted by the Committee on International Commercial Arbitration at its meeting of 13th March 1953), https://daccess-ods.un.org/access.nsf/Get? OpenAgent&DS=E/C.2/373&Lang=E, accessed on 16 March 2023.
② Convention on the Recognition and Enforcement of Foreign Arbitral Awards (New York, 1958) (the "New York Convention"), https://uncitral.un.org/en/texts/arbitration/conventions/foreign_arbitral_awards, accessed on 17 March 2023.
③ Wei Shen. *Beyond the New York Convention*. Ann Arbor: ProQuest, 2014, p. 49.
④ 此处的"国际裁决"指完全独立于本国法、主要与经济请求有关的裁决，详见《纽约公约》第 1 条第 1 款。Wei Shen. *Beyond the New York Convention*. Ann Arbor: ProQuest, 2014, p. 49; International Chamber of Commerce. Enforcement of International Arbitration Awards: Report and Preliminary Draft Convention (adopted by the Committee on International Commercial Arbitration at its meeting of 13th March 1953), https://daccess-ods.un.org/access.nsf/Get? OpenAgent&DS = E/C.2/373&Lang=E, accessed on 16 March 2023.
⑤ 《纽约公约》第 5 条第 1 款："裁决唯有于受裁决援用之一造向声请承认及执行地之主管机关提具证据证明有下列情形之一时，始得依该造之请求，拒予承认及执行：……（丁）仲裁机关之组成或仲裁程序与各造间之协议不符，或无协议而与仲裁地所在国法律不符者。"

较《日内瓦议定书》更尊重仲裁协议的有效性,[①]承认国际机构仲裁及其裁决的合法性,[②]限制了两个原有公约坚持的仲裁地法控制仲裁的观念。此外,《纽约公约》还通过证明责任倒置、[③]减少并限制法院受理拒绝执行诉请之情形、[④]排除"双轨制"[⑤]等手段使外国仲裁裁决的承认和执行更有效和简单。

二、《纽约公约》的作用：规则制定对经济发展的积极意义

《纽约公约》的主要目的在于使外国和非国内的仲裁裁决不受歧视,要求缔约方确保这些裁决在其管辖范围内与国内裁决一样得到普遍的承认和执行;其辅助目标是促进仲裁制度的发展和应用——要求缔约方的法院充分落实仲裁协议,拒绝当事人违反仲裁协议而将纠纷诉诸法院。[⑥]《日内瓦议定书》《日内瓦公约》与《纽约公约》分别出现在第一次世界大战后与第二次世界大战后,国际经济秩序在当时随着政治格局的转向而变迁,这些国际条约也是伴随着经济活动和仲裁制度的发展而诞生的。结合时代背景探究《纽约公约》与经济活动及国际商事仲裁发展之间的关系,有助于理解该公约的作用所在。

首先,《纽约公约》的出现对国际商事仲裁制度产生了深刻的影响。一方面,《纽约公约》在承继两个原有公约的基础上,[⑦]对国际商事仲裁裁决的承认与执行制度进行了发展,国际商事仲裁制度在尊重当事人处分权、适用范围、国际化程度、裁决可执行性等方面得到了改进。除了具体规范层面的发展,《纽约公约》第5条确立了"以仲裁裁决承认与执行为原则,以拒绝承认和执行为例外"的原则;[⑧]该条还引入了"公共政策"作为拒绝承认与执行的抗辩事由,这是国际商事仲裁中公共政策防御最为重要的法律来源。[⑨]另一方面,《纽约公约》还推动了两部重要国际商事仲裁规则的制定,即《联合国国际贸易法委员会仲裁规则》(以

---

① Wei Shen. *Beyond the New York Convention*. Ann Arbor：ProQuest，2014，p. 50.
② 《纽约公约》第1条第2款。
③ 《纽约公约》第5条。
④ Wei Shen. *Beyond the New York Convention*. Ann Arbor：ProQuest，2014，p. 50.
⑤ "双轨制"(double exequatur)指在《日内瓦公约》中,寻求执行的一方必须证明执行的必要条件已成就,例如仲裁地国法院对仲裁裁决终局性的认可。
⑥ Convention on the Recognition and Enforcement of Foreign Arbitral Awards（New York，1958）（the "New York Convention"），https://uncitral. un. org/en/texts/arbitration/conventions/foreign_arbitral_awards，accessed on 17 March 2023.
⑦ 《纽约公约》第7条第2款。
⑧ 徐春龙、李立菲：《〈纽约公约〉中"公共政策"的理解与适用——以最高人民法院批复的8起案件为样本》,《中国海商法研究》2014年第4期,第60—66页。
⑨ 马德才：《〈纽约公约〉中的公共政策性质之辨》,《法学杂志》2010年第4期,第69—72页。

下简称《仲裁规则》）和《联合国国际贸易法委员会国际商事仲裁示范法》（以下简称《示范法》）。其中，《仲裁规则》的制定以《纽约公约》的实施情况作为依据；《示范法》则是在《纽约公约》的基础上更详细地对国际商事仲裁的法律框架进行了澄清和补充（例如临时措施裁决的承认与执行），[①]使相关规则具备转化为国内立法的可能。[②]

其次，经由对仲裁制度的发展，《纽约公约》对经济活动产生了促进作用，这具体表现为稳定的仲裁制度对于营商环境的改善。仲裁制度对于国际商业活动的巩固作用是毋庸置疑的，这种贡献不仅体现在程序方面，而且在于对国际商事规范的统一。[③]《纽约公约》是当前最为重要的调整国际商事仲裁活动的全球性公约，[④]商事仲裁在《纽约公约》的影响下所涉范围不断扩大。[⑤] 第二次世界大战后确立的布雷顿森林体系使全球经济治理迎来了新机制，[⑥]商业视角与策略也因国际市场与基础设施的发展而变得前所未有的跨国化（transnational），跨国公司成为财富的管理者和支配者，是全球发展的主要工具；在此基础上，以《关贸总协定》（GATT）为代表的超国家（supernational）规范在推动贸易自由化、全球化的同时，也对全球化商业社会中商法规范的统一化提出了要求，而这一目标是原有的两个公约无法达到的。[⑦] 因此，《纽约公约》为国际商事仲裁提供了可供统一使用的规范，为国际商事仲裁裁决在世界上大多数国家的承认和执行提供了法律依据，[⑧]奠定了缔约方"支持仲裁"的大原则，[⑨]同时还推动了《仲裁规则》和旨在统一仲裁司法审查标准的《示范法》的制定，[⑩]在国际商事规则统一化和明晰化方面做出了巨大贡献，以规则的稳定性和可预期性改善了国际的尤其是

[①] 徐伟功：《论我国商事仲裁临时措施制度之立法完善——以〈国际商事仲裁示范法〉为视角》，《政法论丛》2021 年第 5 期，第 139—150 页。

[②] 王英民：《〈纽约公约〉五十年述评》，《法学杂志》2009 年第 3 期，第 130—132 页。

[③] 王英民：《〈纽约公约〉五十年述评》，《法学杂志》2009 年第 3 期，第 130—132 页。

[④] 沈伟、陈治东：《商事仲裁法：国际视野和中国实践》（上卷），上海交通大学出版社 2020 年版，第 31 页。

[⑤] 王英民：《〈纽约公约〉五十年述评》，《法学杂志》2009 年第 3 期，第 130—132 页。

[⑥] 胡键：《全球经济治理体系的嬗变与中国的机制创新》，《国际经贸探索》2020 年第 5 期，第 99—112 页。

[⑦] Wei Shen. *Beyond the New York Convention*. Ann Arbor: ProQuest, 2014, p. 54.

[⑧] Convention on the Recognition and Enforcement of Foreign Arbitral Awards (New York, 1958) (the "New York Convention"), https://uncitral.un.org/en/texts/arbitration/conventions/foreign_arbitral_awards/status2, accessed on 18 March 2023.

[⑨] 徐春龙、李立菲：《〈纽约公约〉中"公共政策"的理解与适用——以最高人民法院批复的 8 起案件为样本》，《中国海商法研究》2014 年第 4 期，第 60—66 页。

[⑩] 陈挚：《〈纽约公约〉体系下仲裁司法审查程序的冲突与协调——以〈纽约公约〉第 6 条为视角》，《武大国际法评论》2019 年第 3 期，第 47—64 页。

《纽约公约》缔约国的营商环境。可以说,《纽约公约》是国际商事仲裁制度适应全球经济发展趋势的产物,而商法规范的统一能提升法律的稳定性和可预期性,这又能对经济发展起到很好的促进作用,实现两者间的良性循环。

三、《纽约公约》的意义：成就国际商事仲裁中心的必要条件

虽然我国自 1978 年起实行改革开放,但是外资对中国市场还是持观望态度,纠纷解决等制度设计与安排对外资而言尚不明朗,加入《纽约公约》的重要意义由此体现。1986 年,我国正式加入《纽约公约》,并在《仲裁法》实施以后初步建立起商事仲裁制度。[1] 这一行为其实是在向国际社会就中国的营商环境进行说明、以国际公约为营商环境的包容开放背书,同时我国的纠纷解决机制亦与世界接轨,交易成本与安全性由此得到保障,外资可以放心地进入中国市场进行投资。《纽约公约》对成就国际商事仲裁中心的意义正在于此——通过缔结该公约,我国向外界传递了支持仲裁程序、减少司法干预的信息。

《纽约公约》第五条奠定了"支持仲裁"的原则,而其对当事人在争端解决机制选择方面的尊重皆体现在其条文中。在仲裁协议效力方面,《纽约公约》规定了缔约方承认当事人间仲裁协议之效力的概括义务,以及法院依当事人请求执行仲裁协议、要求当事人诉诸仲裁的具体义务。[2] 公约第 3 条要求各缔约方承认仲裁裁决的拘束力,并依仲裁地国之程序规则执行仲裁裁决;同时缔约方在承认或执行仲裁裁决时,不得附加过于苛刻的条件或者征收过多费用。公约还规定只有在有限的五种情况下,司法机关可依当事人申请拒绝仲裁裁决的承认与执行,[3]可见《纽约公约》下缔约方对仲裁的司法干预受到了较大限制,而司法机关对仲裁裁决进行形式审查并拒绝承认与执行的有限法律依据,仅存于《纽约公约》第 5 条第 2 款。[4] 由此可知,在《纽约公约》缔约方的境内,从仲裁程序的启动到仲裁裁决的执行,缔约方司法机关都有义务予以支持、为其提供较好的保障,且不得对仲裁程序进行不当干预,或依职权自行对仲裁裁决进行审查。有学者在实证研究中指出,加入《纽约公约》后,我国法院对绝大多数的外国仲裁裁决都

---

[1]　沈伟:《我国仲裁司法审查制度的规范分析——缘起、演进、机理和缺陷》,《法学论坛》2019 年第 1 期,第 114—129 页。

[2]　《纽约公约》第 2 条。

[3]　《纽约公约》第 5 条第 1 款。

[4]　《纽约公约》第 5 条第 2 款:"倘声请承认及执行地所在国之主管机关认定有下列情形之一,亦得拒不承认及执行公断裁决:(甲) 依该国法律,争议事项系不能以公断解决者;(乙) 承认或执行裁决有违该国公共政策者。"

予以了承认与执行,且实际执行率和执行标的到位率较高。①《纽约公约》支持仲裁、减少司法干预的原则在我国得到了落实。

截至 2023 年 1 月,《纽约公约》共有 172 个缔约方,其中包括 169 个联合国成员。② 世界各国对国际商事仲裁重要性的认可是《纽约公约》具有国际影响力的主要原因,该公约在承认仲裁协议效力以及法院承认和执行外国和非国内仲裁裁决方面提供了统一的立法标准。③ 国际商事仲裁作为跨境商业活动中越来越流行的替代性争端解决手段,相较于法院诉讼,其主要优势是规则的可预期性和裁决的可执行性,这正是《纽约公约》对仲裁制度推广最大的功能所在,也是加入《纽约公约》是促成国际商事仲裁中心的最重要因素。从结果上看,国际知名的仲裁发达国家和地区,包括法国、英国、新加坡、瑞典、美国等都是《纽约公约》的缔约方。当然,加入《纽约公约》的国家有很多,只有少数国家成为仲裁中心,因此,加入《纽约公约》是促成仲裁中心的必要不充分因素。

综上,为什么加入《纽约公约》是促成仲裁中心的重要因素? 根本原因在于,《纽约公约》适应了国际经济发展的新需要,《纽约公约》的缔约方需要在其国内确立"支持仲裁"的原则,并保证对仲裁程序的司法干预更少,从而使以仲裁制度为代表的纠纷解决机制建设与经济活动发展相辅相成、良性循环。具体而言,《纽约公约》要求缔约方对仲裁当事人的程序选择权予以充分尊重,仲裁裁决在公约下可以得到有效的承认和执行,公约中所包含的关于国际商事仲裁的基本原则也为世界上的多数国家所认可。因此,加入《纽约公约》对国际商事仲裁中心的形成具有重要意义。

第二节　以《示范法》为蓝本制定本国仲裁法 *

联合国《国际商事仲裁示范法》(简称《示范法》)是联合国国际贸易法委员会

---

① 肖蓓:《〈纽约公约〉背景下我国对外国仲裁裁决承认及执行的实证研究》,《现代法学》2016 年第 3 期,第 181—193 页。

② Convention on the Recognition and Enforcement of Foreign Arbitral Awards (New York, 1958) (the "New York Convention"), https://uncitral. un. org/en/texts/arbitration/conventions/foreign_arbitral_awards/status2, accessed on 18 March 2023.

③ "非国内仲裁裁决"所指的裁决为:虽然其为在执行国作出的裁决,但由于程序中存在某些外国因素,例如适用了另一国的程序法。See Convention on the Recognition and Enforcement of Foreign Arbitral Awards (New York, 1958) (the "New York Convention"), https://uncitral. un. org/en/texts/arbitration/conventions/foreign_arbitral_awards, accessed on 17 March 2023.

* 本节撰稿人万赟。

于 1985 年主持制定的。《示范法》没有强制力,供各成员国制定国内仲裁法时参考引用。《示范法》被许多国家借鉴使用,体现了国际商事仲裁普遍规则。截至目前,世界上已有 85 个国家和 118 个法域参照《示范法》制定本国仲裁法,成为《示范法》国家或地区。

一、《示范法》的基本内容

在讨论《示范法》的基本内容之前,有必要先明确《示范法》的目的:"进一步协调世界各国规范国际商事仲裁的国内法,统一世界各国有关国际商事仲裁程序,并使国际商事仲裁不再集中于伦敦、巴黎等有限的欧洲城市,为各国制定或修改其本国仲裁法提供一个统一的范本。"①

从《示范法》的章节排列来看其基本内容:总则:第 1—6 条;第二章(仲裁协议)第 7—9 条;第三章(仲裁的组成)第 10—15 条;第四章(仲裁庭的管辖权)第 16 条;第五章(仲裁程序的进行)第 17—27 条;第六章(裁决的作出和程序的终止)第 28—33 条;第七章(对裁决的追诉)第 34 条;第八章(裁决的承认和执行)第 35—36 条。

《示范法》第 1 条对于"商事"的界定,从条款原文出发,②并结合该条的脚注内容,③可以发现,《示范法》对于"商事"一词的内涵界定非常广泛,包含交易、销售、代表、代理、保理、租赁、工程承包、咨询、许可、投资、融资、保险、合营和其他工商界合作形式以及运输等多种关系。而《示范法》进行这样宽泛的界定的目的是尽量扩大《示范法》的适用。

《示范法》第 1 条对于"国际性因素"也进行了一个比较明确的界定,④"国际

---

① 沈伟、陈治东:《商事仲裁法:国际视野和中国实践》(上卷),上海交通大学出版社 2020 年版,第 41 页。

② Article 1:"This Law applies to international commercial arbitration, subject to any agreement in force between this State and any other State or States."

③ Article 1 (Footnote):"the term 'commercial' should be given a wide interpretation so as to cover matters arising from all relationships of a commercial nature, whether contractual or not. Relationships of a commercial nature include, but are not limited to, the following transactions: any trade transaction for the supply or exchange of goods or services; distribution agreement; commercial representation or agency; factoring; leasing; construction of works; consulting; engineering; licensing; investment; financing; banking; insurance; exploitation agreement or concession; joint venture and other forms of industrial or business cooperation; carriage of goods or passengers by air, sea, rail or road."

④ "(a) the parties to an arbitration agreement have, at the time of the conclusion of that agreement, their places of business in different States; (b) one of the following places is situated outside the State in which the parties have their places of business in different States; one of the following (转下页)

仲裁"主要存在三种判断标准：① 仲裁协议的各方当事人在缔结协议时，其营业地点位于不同的国家；② 仲裁协议中确定的或根据仲裁协议而确定的仲裁地点或者履行商事关系的大部分义务的任何地点或与争议事项关系最密切的地点位于各方当事人营业地点所在国以外；③ 当事各方明确同意仲裁协议的标的与一个以上的国家有关。

综合以上三种判断标准可以看出，《示范法》尽可能把所有实体和程序的相关因素都加以考虑，尽量扩大"国际性"范围。

就仲裁条款的书面形式而言，《示范法》第 7 条提供了两个备选文案，其中第一种备选文案规定：仲裁协议应为书面形式；第二种备选文案规定了仲裁协议的定义，即仲裁协议指当事人同意将他们之间一项契约性或非契约性的法律关系中已经发生或可能发生的一切或某些争议提交仲裁的协议，而没有涉及仲裁协议的形式问题，暗含了书面形式并非有效仲裁协议的必要要件。① 目前，诸如英国、法国、瑞士、俄罗斯、意大利等国将非以书面形式的仲裁协议认定为无效。但是，也有少数国家对仲裁协议不作形式要求，例如瑞典。② 以《示范法》第 7 条第二个备选文案来看，进一步放宽了对仲裁协议书面形式的限制，这无疑是仲裁立法上的巨大突破。

二、《示范法》的影响

在简要了解了《示范法》的一些重要条款后，有必要探究一下《示范法》的影响。以亚太地区具有影响力的仲裁法域新加坡和我国香港地区为例，新加坡《国际仲裁法(1994 年)》和香港《仲裁条例(2014 年)》对《示范法》的吸收和借鉴非常明显。

首先，新加坡《国际仲裁法(1994 年)》主要以《示范法》为立法蓝本。为了进一步与《示范法》的立法精神相契合，新加坡《国际仲裁法(1994 年)》明确指出

（接上页）places is situated outside the State in which the parties have their places of business; (i) the place of arbitration if determined in, or pursuant to, the arbitration agreement; (ii) any place where a substantial part of the obligations of the commercial relationship is to be performed or the place with which the subject-matter of the dispute is most closely connected; (c) the parties have expressly agreed that the subject matter of the arbitration agreement relates to more than one country."

① Article 7 Option I (2): "The arbitration agreement shall be in writing; Option II: 'Arbitration agreement' is an agreement by the parties to submit to arbitration all or certain disputes which have arisen or which may arise between them in respect of a defined legal relationship, whether contractual or not."

② 陈思思：《从 UNCITRAL 示范法第 8 条看法院对国际商事仲裁协议效力的认定》，《北京仲裁》2009 年第 1 期，第 93 页。

《示范法》的准备文件可用于解释我国香港地区仲裁法律。在总体性文本转换的基础上,新加坡《国际仲裁法(1994 年)》和《示范法》主要的不同体现在:① 新增"提单"形式的仲裁协议;② 赋予当事人针对管辖权的上诉的机会,也就是说,如果当事人不服仲裁庭的自裁管辖权结果,可先向新加坡高等法院上诉。若不服新加坡高等法院裁判,当事人还可以向新加坡上诉法院提起二审;③ 将默认的仲裁员人数从《示范法》的 3 人减少至 1 人;④ 赋予仲裁员豁免权。

早在 1997 年之前,我国香港地区就已经是《示范法》的法域。与新加坡《国际仲裁法(1994 年)》一样,香港《仲裁条例(2014 年)》明确指出《示范法》的准备文件可用于解释我国香港地区仲裁法律。[①] 除此以外,《仲裁条例(2014 年)》更多的是一些细节上的调整,例如为了避免当事人因对"商事"一词内涵理解差异而产生争议,特意删去了"商事"一词。当然,香港《仲裁条例(2014 年)》也在《示范法》的基础上进行了一定的制度创新,特别增设了紧急仲裁员条款和第三方资助仲裁(third party funding)专章。

通过梳理新加坡和我国香港地区这两大具有影响力的亚太仲裁法域,可以看到,虽然两者在立法上都进行了相应的创新,但总体仍与《示范法》呈现出高度的文本一致性,足见《示范法》的直接影响力。

三、《仲裁法》与《示范法》的对比

以《示范法》为参照,我国《仲裁法》与其存在的最大差异在于对当事人意思自治的尊重。当事人意思自治是仲裁中的"帝王原则"。我国《仲裁法》没有从文本表述上突出意思自治原则,通过文本检索,我国《仲裁法》不存在通过当事人的意思自治排除特定法条适用的"但书"情形。通过条文对比研究,可以发现我国《仲裁法》和《示范法》对当事人意思自治的限制程度差异具体体现在实体法的选择、仲裁员的选定、是否承认临时仲裁以及仲裁管辖权等方面。

(一) 实体法的选择

我国《仲裁法》并未就实体法的选用作出规定,而是通过《涉外民事关系法律适用法》第 2 条第 2 款、第 6 条、第 2—7 章等规定了特定争议类型确定适用实体法的规则,以及在无规则时的"最密切联系地原则"的法定判断原则。相比之下,《示范法》给予了当事人相当大的选择实体法的自由权,一方面,其采用"法律规

---

① 王徽:《〈国际商事仲裁示范法〉的创设、影响及启示》,《武大国际法评论》2019 年第 3 期,第 111 页。

则"的表述，表明当事人不仅可以选择适用国内法，而且还可以适用惯例、示范法等非国家法；另一方面，允许当事人"授权仲裁庭以公平合理为原则或作为友好调解人来裁定争议"，即仲裁庭的裁决在公平正义的范围内可不依照法律规则的规定来做出。① 两相对比，可以发现，我国法律为当事人意思自治的自由空间相对狭窄。

（二）仲裁员的选定

按照《示范法》第 11 条的规定，当事人可以自由选择仲裁员。② 而我国《仲裁法》第 13 条规定了严格的仲裁员任职资格，第 25 条规定了仲裁机构将仲裁员名册送达当事人的义务。虽然我国《仲裁法》没有明确规定必须在名册中选择仲裁员，但实际上当事人只能在名册上选择仲裁员。对仲裁员的资质限制强化了仲裁机构的管理权能，排除了不由仲裁机构管理的临时仲裁，与国际商事仲裁中普遍倡导尊重当事人意思自治原则相违背。

（三）临时仲裁

虽然《示范法》没有明确提及"临时仲裁"一词，但是根据第 2(a)条的表述："仲裁"指无论是否由常设仲裁机构进行任何仲裁，表明了"仲裁"包括没有常设仲裁机构管理的临时仲裁。③ 我国《仲裁法》第 16 条规定仲裁协议有效的必备要件之一是约定明确的"仲裁委员会"；第 18 条规定："仲裁协议对仲裁事项或者仲裁委员会没有约定或者约定不明确的，当事人可以补充协议；达不成补充协议的，仲裁协议无效"，因此我国不承认临时仲裁。但是，我国存在有限开放临时仲裁的情况，例如 2016 年 12 月 30 日颁布的《最高人民法院关于为自由贸易试验区建设提供司法保障的意见》第 9 条有限放开了自贸区企业的临时仲裁，规定在自贸试验区内注册的企业相互之间约定特定地点，即在中国内地，不一定在自贸

---

① Article 28："(1) The arbitral tribunal shall decide the dispute in accordance with such rules of law as are chosen by the parties as applicable to the substance of the dispute. Any designation of the law or legal system of a given State shall be construed, unless otherwise expressed, as directly referring to the substantive law of that State and not to its conflict of laws rules. (2) Failing any designation by the parties, the arbitral tribunal shall apply the law determined by the conflict of laws rules which it considers applicable. (3) The arbitral tribunal shall decide ex aequo et bono or as amiable compositeur only if the parties have expressly authorized it to do so. (4) In all cases, the arbitral tribunal shall decide in accordance with the terms of the contract and shall take into account the usages of the trade applicable to the transaction."

② Article11："(1) No person shall be precluded by reason of his nationality from acting as an arbitrator, unless otherwise agreed by the parties. (2) The parties are free to agree on a procedure of appointing the arbitrator or arbitrators, subject to the provisions of paragraphs (4) and (5) of this article."

③ Article 2(a)："For the purposes of this Law：'arbitration' means any arbitration whether or not administered by a permanent arbitral institution."

区内,且满足按照特定仲裁规则,双方约定由特定人员对有关争议进行仲裁的,人民法院可以认定该仲裁协议有效。

总体而言,我国对临时仲裁采取保守态度,过度强调仲裁机构的管理职能,从而限制了当事人意思自治的自由。应该看到,临时仲裁虽然不如机构仲裁高效有序,但是其极高的自治性、便捷性与相对低廉的价格深受仲裁当事人青睐。因此,为了与国际仲裁趋势相接轨,我国有必要减少仲裁机构的决定事项,将仲裁机构的职权限定在基本的程序管理与服务职能上,为临时仲裁的开展铺平道路。[①]

（四）仲裁管辖权

根据学者的观点,《示范法》关于仲裁庭自裁权的规定遵循仲裁庭自裁管辖权原则,该原则意味着仲裁庭具有优先于法院决定其自身管辖权的权力,但是仲裁庭也不是一裁终局,法院仍有最后决定权。法院对仲裁协议效力的认定应晚于仲裁庭的认定,并且应当维护仲裁庭的自裁管辖权。[②] 根据《仲裁法》规定,我国法律目前仅赋予仲裁委员会自裁管辖权,并且当事人对仲裁协议的效力有异议而分别向仲裁机构和法院请求作出决定时,由法院裁定。这一规定反映出法院在仲裁管辖权方面裁决的优先性。

两相对比可知,《示范法》更加强调仲裁庭对于案件的管理能力,而我国《仲裁法》的做法有利于加强法院作为第三人对仲裁机构合法、合理行使权力的监督。为了减少司法对仲裁的过度干预,与国家主流做法相接轨,有必要赋予仲裁庭更多的决定管辖权异议的权力,同时赋予法院更多的对管辖权事后监督的权力,这样既能够保证仲裁的效率,也兼顾了法院对仲裁庭行使权力的有效监督。

四、结语

我国在制定《仲裁法》时参考了《联合国示范法》,但借鉴吸收的程度有限,直接带来的结果就是我国的仲裁实践与国际主流做法存在脱节。如果当事人不提前做好功课,很可能会导致消极结果。因此,我国仲裁立法有必要向国际主流做法靠拢,在实体法的选择、仲裁员的选定、临时仲裁和仲裁管辖权等方面做出调整,充分尊重双方当事人的意思自治。

---

① 刘瑛、林舒婷:《借鉴〈联合国国际贸易法委员会国际商事仲裁示范法〉完善中国〈仲裁法〉》,《太原师范学院学报(社会科学版)》2018 年第 3 期,第 82 页。

② 陈思思:《从 UNCITRAL 示范法第 8 条看法院对国际商事仲裁协议效力的认定》,《北京仲裁》2009 年第 1 期,第 89 页。

第三节　国家级仲裁机构对国际仲裁
中心形成的促进作用*

本节主要分析国家级的仲裁机构对于形成国际仲裁中心的促进作用。

一、国家级仲裁机构对国际仲裁中心形成的促进作用

鉴于国家级仲裁机构和国际仲裁中心的定义并不明确，笔者将国家级仲裁机构定义为："受案范围为全国和国际案件、在国家范围内唯一且影响较大的受理仲裁案件的机构。"具体而言，国家级仲裁机构需要具备以下几个要素："全国范围内具有知名度；本土建立并成长；受案范围包括全国和国际案件；国内缺少同类型、同体量的竞争对手"。而鉴于相关的研究比较少，本节将通过数据来展示国家级仲裁机构与国际仲裁中心形成的相关性。

为了衡量机构的国际化程度，即判断一个仲裁机构是否为国际仲裁中心，本节选择了仲裁学界公认的一些国际仲裁中心，衡量其国际化程度选取的要素有：涉外仲裁案件数量（2019 年），以及涉外仲裁案件占总受案量的比例（2019 年）。为了衡量一个机构是否属于国家级仲裁机构，笔者选取的指数为该机构（总部）所属国家其他有影响力的仲裁机构的数量（见表 2 - 1）。

表 2 - 1　主要国际仲裁机构受案数量（2019 年）

机构名称	总受案量（件）	涉外（国际）案件数量（件）	国际化案件占比	所属国家（地区）其他大型仲裁机构数量（件）
HKAIC	308	249	80.90%①	3
SIAC	479	416	87%②	2

---

* 本节撰稿人姚书怡。
① Hkiac.org. 2021，Statistics. https://www.hkiac.org/about-us/statistics，accessed on 13 April，2021.
② Siac.org.sg. 2020. Annual Report 2019. https://www.siac.org.sg/images/stories/articles/annual_report/SIAC_Annual_Report_2020.pdf. Accessed on 13 April，2021.

续　表

机构名称	总受案量 (件)	涉外(国际) 案件数量(件)	国际化 案件占比	所属国家(地区) 其他大型仲裁 机构数量(件)
ICC	869	652	75%①	/
CIETAC	3 333	617	18.50%②	254
DIS (German Arbitration Institute)	153	60	39%③	3
ICDR	882	882	100%④	2
LCIA	395	320	81%⑤	/

通过表 2-1 可以看出,中国类似国家级仲裁机构的 CIETAC 国际化程度远远低于其他公认的国际仲裁中心,而相应地,中国主要涉外仲裁机构的数量也远超其他仲裁中心所属国家的仲裁机构数量。但由于仲裁中心的形成影响因素众多,仅靠这一关系无法证明国家级仲裁机构和国际仲裁机构的直接因果关系,因此,本节对中国数据进行了纵向对比,以进一步加强对两者关系的证明。

2012—2019 年,中国的仲裁机构和受理的涉外案件增加,但与此同时,CIETAC 受理的涉外案件比例却呈下降趋势。2012 年,全国仲裁委员会共计 219 个,受理案件 96 378 件,涉外案件 1 521 件,占全部仲裁案件总数的 2%。⑥而到了 2019 年,全国共设立 253 家仲裁委员会,受理案件 486 955 件,涉外案件

① ICC — International Chamber of Commerce. 2020. 2019 ICC Dispute Resolution Statistics — ICC — International Chamber of Commerce. https://iccwbo. org/publication/icc-dispute-resolution-statistics/. Accessed on 13 April, 2021.

② 《中国国际商事仲裁年度报告(2019—2020)》,http://www. moj. gov. cn/Department/content/2020-09/29/612_3257207. html,最后访问日期:2021 年 4 月 13 日。

③ Disarb. org. 2021. German Arbitration Institute (DIS):Our work in numbers. https://www. disarb. org/en/about-us/our-work-in-numbers,Accessed on 13 April,2021.

④ Adr. org. 2020. 2019 Annual Report. https://www. adr. org/sites/default/files/document_repository/AAA_AnnualReport_2019. pdf, Accessed on 13 April, 2021.

⑤ Lcia. org. 2021. 2019 Annual Casework Report. https://www. lcia. org/LCIA/reports. aspx, Accessed on 13 April, 2021.

⑥ "仲裁受案量连续 17 年增长",https://www. 163. com/news/article/8T75A1B000014AED. html,最后访问日期:2021 年 4 月 13 日。

3 141 件，占全部仲裁案件总数的 6%，[1]涉外案件无论是绝对数量还是相对数量都呈明显的上升趋势。与此同时，CIETAC 的国际化程度不进反退。2012 年，CIETAC 受理案件 1 060 件，其中涉外案件 331 件，占总受案量的 30%；[2]到了 2019 年，CIETAC 受理案件 3 333 件，其中涉外案件 671 件，涉外案件仅占到总受案量的 19%。[3] 可见，2012—2019 年，中国仲裁机构受理的涉外仲裁案件的绝对数量和相对数量显著上升，而 CIETAC 受理案件的国际化程度却降低。尽管受理的涉外案件绝对数量有所上升，但上升比例远低于中国仲裁机构受理的涉外仲裁案件，且涉外案件占比甚至明显下降。基于 CIETAC 本身情况并没有发生明显变化，故可以推断 2012—2019 年大量的（34 家）仲裁委员会的成立，以及其他早先成立、受理较多涉外案件的仲裁机构分散了 CIETAC 受理的涉外案件，导致其国际化程度不升反降。2019 年 SHAIC 上海国际仲裁中心处理涉外案件 125 件，同比增长 54.32%；[4]2012 年上海国际仲裁中心处理涉外案件 123 件。[5] 2019 年北京仲裁委员会总受案量 6 732 件，其中 163 件为涉外案件，同比增长 85%；[6]2012 年北京仲裁委员会总受案量 1 473 件，其中 26 件为涉外案件。[7] 上海仲裁委员会 2019 年受案 4 603 件，其中涉外案件为 71 件。[8] 以上几个机构在一定程度上分散了 CIETAC 本身的涉外案源，而近年入驻中国的国际仲裁机构，也更加剧了案源的分化（见表 2 - 2）。该结论不仅证明了国家级仲裁机构（没有或少有竞争对手）和国际仲裁中心形成的相关性，而且证明了国家级仲裁机构能够推进国际仲裁机构的一个原因，即能够集中案源。

---

[1]　《中国国际商事仲裁年度报告（2019—2020）》，http://www.moj.gov.cn/Department/content/2020-09/29/612_3257207.html，最后访问日期：2021 年 4 月 13 日。

[2]　《贸仲数据统计》，http://www.cietac.org/index.php?m=Page&a=index&id=24，最后访问日期：2021 年 4 月 13 日。

[3]　《中国国际商事仲裁年度报告（2019—2020）》，http://www.moj.gov.cn/Department/content/2020-09/29/612_3257207.html，最后访问日期：2021 年 4 月 13 日。

[4]　《SHIAC 数据统计仲裁资讯》，http://www.shiac.org/SHIAC/arbitrate_informations_detail.aspx?id=314，最后访问日期：2021 年 4 月 13 日。

[5]　《SHIAC 数据统计》，http://www.shiac.org/SHIAC/aboutus.aspx?page=5，最后访问日期：2021 年 4 月 13 日。

[6]　《北京仲裁委员会/北京国际仲裁中心 2019 年度工作总结》，https://www.bjac.org.cn/news/view?id=3687，最后访问日期：2021 年 4 月 13 日。

[7]　《北京仲裁委员会 2012 年工作总结》，https://www.bjac.org.cn/page/gybh/2012zj.html，最后访问日期：2021 年 4 月 13 日。

[8]　《上海仲裁委员会 2020 年度工作报告》，https://www.sohu.com/a/454217213_120209938，最后访问日期：2021 年 4 月 13 日。

表 2-2 国内仲裁机构 2012 与 2019 年国际化程度对比

仲裁机构	年份	涉外案件数量(件)	占同年总受案量比例
上海国际仲裁中心	2012	123	24％
	2019	125	8.2％
北京仲裁委员会	2012	26	1.7％
	2019	163	2.4％
上海仲裁委员会	2012	/	/
	2019	71	1.5％

二、国家级仲裁机构对国际仲裁中心形成促进作用：原因

国家级仲裁机构能够推进国际仲裁中心形成的原因有如下几点。

一是案源集中。由于辐射范围广且缺少相应的竞争对手,在本国范围内的涉及本国当事人的涉外案件,当事人更加倾向于选择国家仲裁机构;而分散的仲裁机构设置、竞争激烈的仲裁环境,则会导致案源的分散,很难形成一个国际仲裁中心。

二是避免地方保护主义。地方级的仲裁机构可能会导致地方保护主义。我国各地政府可能会倾向于扶植和发展本地的仲裁机构,导致各地仲裁机构案源主要来自政府引导而非市场自发选择,不利于形成国际仲裁中心。

三是仲裁机构的知名度。通常来说,当事人在选择仲裁机构时,一个重要考量因素就是知名度。尽管仲裁机构的知名度受到机构的专业性、去行政化等因素的影响,但国家级仲裁机构的知名度更大,而地方级仲裁机构可能仅在当地具有知名度。较高知名度可在一定程度上促进当事人的选择,从而有利于国际仲裁中心的形成。

综上,笔者认为,国家级仲裁机构能够推进国际仲裁中心形成的根本原因并非其具有国家性,而是因为全国或一定区域范围内缺少竞争对手,例如地方性仲裁机构。即使是地区级的国际仲裁机构,例如我国香港地区,在缺少竞争对手且满足其他国际仲裁中心的条件下(商业性、中立性),依然可以成为国际仲裁中心。正因为缺乏对手,国家级仲裁机构可以获得更加集中的案源、避免地方保护

主义的影响，同时，国家级仲裁机构的知名度也往往更高。

第四节　法官与仲裁中心建设之关系 *

　　司法审查作为国际商事仲裁实践与理论的核心内容，受到学者们的热烈关注与讨论，国内外学者的著述颇多，但有关论述基本上是从司法审查的制度建构视角入手开展讨论，鲜有从法官或法官队伍视角入手进行的研究。许多文章或著作的内容似乎与这个主题有关，但并非十分贴切。制度建构视角的讨论在一定程度上与"促成国际仲裁中心六要素"中的"不断提高国际仲裁能力建设水平"与"不断更新与仲裁有关的法律"这两个要素相重合，落脚点在于立法者应当如何制定有利于促成国际仲裁中心的法律，而不在于法官要如何实施法律以及会产生何种影响。

　　对于这一问题的分析，本节采用历史研究方法和比较研究方法，从历史和现实两个维度看待具备熟悉仲裁实践的法官对于国际仲裁中心的促进作用。本节首先探究普通法历史上法官对仲裁的作用；其次，分析法官对仲裁的间接的影响；再次，论述法官直接参与仲裁或直接影响仲裁的一些情形；最后，总结分析具备熟悉仲裁实践的法官对仲裁的正效应。

一、法官对仲裁影响之历史维度

　　对这一问题的探究要追溯到普通法历史上的法院、法官和仲裁裁决，观察仲裁的普通法背景。[①] 要理解外国法律制度的任何一个侧面，有必要对其整体进行了解。仲裁和其他争议解决方式都与本国的法律制度有着明显的联系，甚至受这种法律制度的支配。普通法的历史开始于 800 多年前的英国，即中世纪前期。彼时的英国多次被劫掠团伙和西北欧的定居者入侵，最后一次成功的入侵发生在公元 1066 年。自此之后，英国实际上变成了一块"殖民地"。诺曼底国王们乐于将多数私人之间的争议继续由当时英国的习惯法及适用习惯法的各级法院处理。而这样做的原因也很简单：一方面，他们不具备足够的资源

---

*　本书撰稿人丁旭、屠安楠。

①　［英］德瑞克·罗德立：《普通法历史上及当代中国的法院、法官和仲裁裁决》，赵宇红译，《法学家》1995 年第 5 期，第 24—30 页。

和技术进行全面的改革；另一方面，他们需要通过保留现存法律来主张他们的合法性。

此时的诺曼底国王们必须依赖于一小部分与他们亲近的人的建议和支持，而这些人多半来自当年跟随占领者威廉到英国的家族。在有必要下放王权的时候，无论是军事、行政还是司法方面的权力，国王总是会任命周围那些他可以信任的经验丰富且效忠国王的人为其代表。到了1300年，已经有一些人长期为国王从事司法方面的工作。作为国王的代表，他们不仅可以适用法律，而且可以制定法律。普通法从它一诞生起，就是法官在制订法律。这也许只是一个历史的巧合，在800多年的普通法历史中，高级法官的重要判决及其理由总是连同他们的姓名一起被印刷出版，但它却是一个令人高兴的巧合，因为它为普通法增添了一些特殊的优点。法官的判决理由能够帮助律师预测该法官在将来类似的案件中会作出什么样的判决。遇到类似的案件，一方律师会试图证明他们应该胜诉，因为法律规则使他们处于先前案例中胜诉方的位置，而另一方律师则会试图将这一案件与先前那一案件相区分。正是在这种辩论之中，法律得以发展。这种开放的性质使得普通法制度为人们所接受。

在普通法发展历史中，仲裁的一种很重要的产生方式是"法院命令的仲裁"。也就是说，法院可以在诉讼程序开始后向双方建议中止或终止该诉讼，并将该争议移交给一位仲裁员处理。当事人倾向于选择仲裁有许多原因，人们常常提到的例如保密以及较高的专业水平便是原因之一。在普通法的历史上还有另外一个很清楚的原因，即普通法有一个特殊的缺陷，它从不会将争执的标的物一分为二，以使双方达成妥协。普通法法庭所能操作的只能是一方胜诉，而另一方败诉。而仲裁就没有这一限制。也就是说，仲裁的灵活性是其发展的一个重要原因。

在1250—1750年，英国的仲裁制度与法庭同时发展起来。法庭要求人们对它保持尊敬，一旦双方开始诉讼程序，庭审日期确定下来，他们便不可以在不经法庭允许的情况下达成妥协，而申请法院准许是需要缴纳一定费用的。如果仲裁作出裁决，法庭会尊重仲裁裁决，不受理经仲裁裁决过的争议，并且在一方的要求下执行该裁决，这是早期英国法庭遵循的原则。但是，法院也没有完全放弃监督仲裁的管辖权，如果有人称仲裁员偏袒一方，衡平法院就会介入，如同它们处理违背信任或不公平行为的指控一样。①

———————————

① 哈尔滨仲裁委员会：《仲裁制度的起源》，https://www.sohu.com/a/218161599_806018，最后访问日期：2021年4月3日。

从普通法制度下的仲裁制度起源来看，可以发现：① 普通法的发展历史使得法官成为法律的制定者，而法官所具有的开放和公开的性质以及法官责任的个体性，使得法官具有权威性。② 仲裁的灵活性是其起源和发展的一个重要原因，"最大限度尊重仲裁裁决"也是英国法庭所遵循的原则。

二、法官对仲裁影响之现实维度

（一）法官对仲裁的间接影响

1. 法律依据与法理基础

通过对比《仲裁法》《纽约公约》《示范法》可见，虽然三部法律里除了仲裁法在仲裁员任职资格中提到过法官的字眼之外，其余部分都是提到的法院或"法庭"这个单词。《仲裁法》出现 32 处法院，纽约公约出现 8 处"法庭"，《示范法》除了目录之外出现了 100 次"法庭"。《纽约公约》是关于外国仲裁裁决的承认与执行的法律，本身就与法院履行职能有关，有 6 处是在介绍里面提到的，相当于一个总论的作用，所以不能单纯因为全文只有 8 处"法庭"就否定其对法院职能的强调。三部法律提到的法院相关职能主要集中在以下 5 个事项之中，包括确认仲裁协议的效力、保全措施、撤销裁决、仲裁庭的组成和更换、参与的限度和原则。之所以把仲裁庭的组成和更换放在后面，是因为根据我国《仲裁法》第 31、32 和 37 条规定，仲裁庭的组成和更换都是根据当事人的意思自治或者仲裁委员会主任的职权进行，不涉及法院的直接干预。① 而《示范法》允许当事人在申请的情况下，法院或其他机构是可以干预仲裁庭的组成和更换的。实际上，通过这一点也可以稍微分析一下法院干预仲裁的限度问题，《示范法》第 5 条规定："由本法管辖的事情，任何法院不得干预，除非本法有此规定。"这个原则说明一个好的法院与仲裁的关系应该是"最大支持，最小干预"。虽然中国没有类似条款存在，但是不能直接得出结论说中国对于法院干预仲裁是没有限度要求的，至少在法律制度的设计上包括关于仲裁庭的组成、回避、更换等问题是不涉及法院

---

① 《中华人民共和国仲裁法》第 31 条："当事人约定由三名仲裁员组成仲裁庭的，应当各自选定或者各自委托仲裁委员会主任指定一名仲裁员，第三名仲裁员由当事人共同选定或者共同委托仲裁委员会主任指定。第三名仲裁员是首席仲裁员。当事人约定由一名仲裁员成立仲裁庭的，应当由当事人共同选定或者共同委托仲裁委员会主任指定仲裁员。"第 32 条："当事人没有在仲裁规则规定的期限内约定仲裁庭的组成方式或者选定仲裁员的，由仲裁委员会主任指定。"第 37 条："仲裁员因回避或者其他原因不能履行职责的，应当依照本法规定重新选定或者指定仲裁员。因回避而重新选定或者指定仲裁员后，当事人可以请求已进行的仲裁程序重新进行，是否准许，由仲裁庭决定；仲裁庭也可以自行决定已进行的仲裁程序是否重新进行。"

直接干预的。

上文通过法律规定层面列举了一些法院干预仲裁的主要事项问题。接下来笔者以国内典型案例和三个域外经验为视角,进一步剖析熟悉仲裁实践的法官如何通过法院这个平台去影响国际仲裁中心的建设。

2. 国内典型案例

这三个案例分别是"龙利得案""大成产业案""布兰特伍德案"。前两个案例主要是当事人约定国外仲裁机构在中国仲裁时的仲裁协议效力的问题。根据《仲裁法》第16条规定,仲裁协议有效必须包含三个基本要素,即请求仲裁的意思、仲裁事项、选定的仲裁委员会。① 关键问题是按照法律规定,"选定的仲裁委员会"是否包括外国仲裁机构。由于中国仲裁市场尚未完全开放,这是否意味着在原则上应该尽量限制国外仲裁机构的一切活动。我国已经有试点在尝试进行一定程度的仲裁市场的开放,例如自贸区。这两个案件中的"仲裁委员会"指的就是仲裁机构。该案法官并非严格按照法律规定去套用,显示出一个具有国际视野的法官是怎么通过承上启下的判决影响我国仲裁制度朝着与国际接轨的方向发展。

在解决仲裁协议是否有效的问题后,承认与执行则是更务实的问题。在"布兰特伍德案"中,当外国仲裁机构以中国仲裁地作出仲裁裁决后,关于仲裁裁决的国籍问题有三种观点:申请人认为是外国国籍,应当根据《纽约公约》执行;被申请人认为我国传统上按照仲裁机构所在地判断国籍,该仲裁机构在中国作出裁决,不是外国仲裁裁决,同时这是国外机构在中国作出的裁决,不属于中国内国裁决或涉外仲裁裁决;中国法律并未规定非内国裁决相关事项,故应属无效。关于这个案件,广州市中级法院创造性地确定了该裁决视为中国的涉外仲裁裁决。这个案件如果严格按照目前的法律规定进行处理的话,很可能无法执行,会出现仲裁协议有效而仲裁裁决无法被承认和执行的矛盾境地。如果根据仲裁裁决作出地来判断国籍是比较符合国际惯例的,也尊重了当事人的意思自治。法官敢于做出这种大胆且创造性的裁判结果,不仅体现了其对法律理论的娴熟掌握,而且也体现了其政治智慧和勇气。

---

① 《仲裁法》第16条:"仲裁协议包括合同中订立的仲裁条款和以其他书面方式在纠纷发生前或者纠纷发生后达成的请求仲裁的协议。仲裁协议应当具有下列内容:(一)请求仲裁的意思表示;(二)仲裁事项;(三)选定的仲裁委员会。"

3. 法国的助仲法官制度[①]

国外通过法院对仲裁的司法监督亦值得借鉴。"助仲法官"是《法国仲裁法》(2011)反复出现的一个词,[②]而这里的"助仲"本身就有帮助仲裁的意思。这个词在此前的《法国仲裁法》(1980—1981)中并不存在。[③] 从概念上讲,"助仲法官"源自《瑞士仲裁法》,后被法国借用,在仲裁司法实践中频繁使用,直至2011年法国立法者正式将其写入《法国仲裁法》(2011)。在机构仲裁背景下,由于仲裁机构可以协助处理仲裁庭的组庭困境以及仲裁程序的推进障碍,助仲法官的角色往往被仲裁机构所取代。而对于临时仲裁,助仲法官具有十分重要的实践意义。助仲法官主要针对临时仲裁设立,它给临时仲裁实践提供了极为关键的制度支持,所以,助仲法官制度的目的是协助仲裁尤其是临时仲裁的开展,例如组庭困境、程序推动。关于助仲法官的管辖制度,对于国际仲裁的助仲法官,法国实行集中管辖。原因是国际仲裁案件的当事人一般都会选择巴黎作为仲裁地,随着时间的推进,巴黎法官处理国际仲裁案件的经验比其他地区更为丰富。对于国际仲裁,"助仲法官"的管辖权由巴黎大审法院院长集中行使,其主要职能是:解决临时仲裁的组庭困境;组庭后的履行职务问题;延长程序期限。体现了法院支持仲裁,而熟悉仲裁实践的法官在这个过程中发挥着非常重要的作用。

4. 国际商事法院与国际仲裁中心

国际商事法院与国际仲裁机构的关系问题是近些年来的热门研究话题,具体表现为国际商事法院的兴起在长远来看,是推动仲裁还是争夺仲裁业务这是一个有待考证的问题。"2018年国际仲裁调查"最受欢迎的5个仲裁地有4个是拥有与国际仲裁中心、海事国际仲裁中心完全协调一致的商业法院,这些仲裁地包括伦敦、巴黎、新加坡和我国香港地区(见表2-3)。

实际上,国际商事法院可以弥补仲裁的不足,首先是收费问题。相比于国际仲裁中心,国际商事法院的诉讼费用较低。法院本身具有直接的权威性,无需仲裁借助法院的权威来增强裁决的约束力。有的普通法国家的法官认为,仲裁的

[①] 傅攀峰:《司法如何协助临时仲裁? ——法国"助仲法官"制度及其启示》,《北京仲裁》2019年第3期,第108—127页。

[②] 例如《法国仲裁法(2011)》:除非另有规定,国际仲裁存在下列情形之一者,助仲法官应是巴黎大审法院院长:仲裁在法国开展;当事人合意选择法国程序法支配仲裁;当事人明确赋予法国法院行使与仲裁程序有关的争议的管辖权;一方当事人面临拒绝正义的风险。

[③] 例如《法国仲裁法(1980—1981)》第1493条:在国际仲裁中,对于在法国开展的仲裁或者当事人约定适用法国仲裁程序法的仲裁,如果仲裁庭组庭遇到困难,那么,最勤勉的一方当事人可以请求巴黎大审法院院长协助解决。

表 2-3　同时拥有国际仲裁中心和协调一致的商业法院的仲裁地

仲 裁 中 心	仲 裁 机 构	商 业 法 院
伦敦	伦敦国际仲裁院、伦敦海事仲裁员协会	伦敦商事法院
巴黎	国际商会国际仲裁院、巴黎海事仲裁院	巴黎商事法院
新加坡	新加坡国际仲裁中心、新加坡海事仲裁院	新加坡国际商事法院
中国香港地区	香港国际仲裁中心、香港海事仲裁协会	香港特别行政区高等法院原讼法庭

私密性会阻碍商法的发展,尤其是商业发展与变化如此迅速,仲裁在商事领域的广泛应用很可能导致法律的滞后性。[①] 关于促进还是竞争的问题,目前的研究普遍认为,两者更多的是互相配合、共同发展的关系,以提升两机构的法域影响力。[②] 而在这些国际商事法院,高素质的熟悉仲裁实践的法官能在理顺两者的关系问题上发挥重要作用。国际仲裁机构和国际商事法院的配合可以提升国际仲裁中心的建设。

(二) 法官直接参与仲裁

所谓法官直接参与仲裁就是法官本人在职或者卸任后参与仲裁,但是大多数国家都不允许在职的法官担任仲裁员,主要原因在于仲裁需要法院行使司法监督权。仲裁协议的效力、仲裁裁决的执行需要法官进行裁判,如果法官既能担任仲裁员,又能担任裁判,就会出现"自己监督自己的情况"。但是有些国家在一定程度上允许在职法官直接参与仲裁,例如《英国仲裁法》第 93 条:"商事法院的法官或官方判断官可在其认为合适的情况下,接受仲裁协议约定或通过仲裁协议产生的由其担任独任仲裁员或公断人的委任。"在职法官能够直接担任仲裁员时,其素质的高低和对仲裁实践的掌握程度能够直接影响一个国家仲裁的建设进程。

我国《仲裁法》规定,曾任法官满 8 年的人可以担任仲裁员。这个规定一方

---

① 苏伟康:《国际商事法庭与国际仲裁的关系定位——以新加坡国际商事法庭为借镜》,《上海法学研究》2020 年第 22 卷,第 10 页。

② 叶珊珊:《国际商事法庭对国际商事仲裁的影响——以新加坡国际商业法庭和伦敦商事法庭为例》,《北京仲裁》2019 年第 1 期,第 78—79 页。

面排除了在职法官担任仲裁员的可能；另一方面，明确了卸任法官担任仲裁员的要求。实际上，卸任法官担任仲裁员是非常普遍的状况，其熟悉仲裁实践意味着仲裁员能够推动仲裁中心的建设。

三、具备熟悉仲裁实践的法官队伍对仲裁的正效应

从法官的整体价值判断层面，熟悉仲裁实践的法官可以更好地理解仲裁与司法之间的关系，会更倾向于作出"支持"仲裁的裁决结果，进而影响学界、实务界乃至社会整体对两者关系的观点。从法官裁判的具体操作层面，熟悉仲裁实践的法官一方面有利于形成一套稳定、高效、合理的仲裁审查判断规则，实现双方当事人的合理预期，提升潜在仲裁当事人对国际仲裁中心地司法系统的信任程度；另一方面，可以提高处理仲裁案件的效率，使资源得到更加高效的利用，进而保障裁决水平。[①]

首先，从法官的整体价值判断层面来看，传统的司法审查制度强调司法的国家主权性质，主张国内法院理应对国际商事仲裁裁决进行严格的司法审查。其理论进路是，仲裁当事人的意思自治权利和仲裁庭的仲裁权都源于司法主权，是司法主权让渡的结果，仲裁协议是以合同形式记录了国家司法权力对仲裁庭的部分转让。[②] 其背后的潜在逻辑是将解决法律问题的权力视为法院固有的、不可让渡的权力，坚持法院对于法律争议问题的管辖权不得因为当事人之间的协议而被废除。

随着贸易全球化与投资自由化，仲裁理论演化到晚近呈现出更加重视维护当事人意思自治、尊重当事人契约自由的趋势。其理论进路是，仲裁员或仲裁庭的权力来自当事人的私人协议，而不是仲裁地国家的容忍与让渡。意思自治说认为，仲裁的价值取向是速度、效益与自治，而不是所谓抽象的正义。如果抽象的正义是他们的价值选择，当事人会宁愿选择诉讼。所以，在仲裁过程中，当事人实际上并不关心争议解决中抽象的正义概念，相反，他们在选择仲裁这种争议解决方式时，追求的是完全的自治，或者说是极高程度的自治。

熟悉仲裁实践的法官更能把握仲裁理论的变化和趋势，在处理案件的过程中体现司法与仲裁"支持与配合"的理念，最大限度地尊重仲裁活动，强化仲裁裁决的终局性和确定性，给仲裁和司法制度的总体信誉带来正面影响。

[①] 王鸿翔、崔宝宁：《论法院对仲裁的司法支持与监督制度》，http://blog.sina.com.cn/s/blog_a307246801017aug.html，最后访问日期：2021 年 3 月 12 日。

[②] 阮国平、马姗姗：《仲裁裁决执行案件的司法审查要点和裁判思路》，《上海法学研究》2019 年第 17 卷，第 135—139 页。

有观点认为,仲裁之所以受到司法权制约,是因为仲裁的自身局限性和法律公正性之间的冲突。[①] 具体而言,一方面,仲裁庭审理案件以不公开审理为原则,以公开审理为例外。虽然封闭进行的仲裁有利于保护当事人的商业秘密,维护当事人商业信誉,但也容易引起对仲裁公正性的质疑。另一方面,仲裁员的专业和职业素质是保证仲裁结果公正的关键,但仲裁员作出的裁决受到主观经验和专业知识的限制,具有局限性。这些原因合理化了法院对仲裁的司法监督。

笔者认为上述两个理由都不具有说服力。一是仲裁案件的封闭审理与仲裁公正性之间的关联性到底有多大? 当事人质疑仲裁裁决在一定程度上不是因为仲裁的封闭进行而对其公正性产生怀疑,而是对裁决的结果不满。事实上,当事人在进入仲裁程序之前就知道,仲裁是封闭进行的,即当事人在仲裁前同意通过一个封闭式的争端解决程序来解决双方之间的争端,那么在仲裁之后又以封闭审理为由质疑仲裁的公正性,不符合诚实信用与禁反言原则。此外,诉讼以公开审理为原则、不公开审理为例外,然而质疑司法公正性的情形同样很多,这说明是否公开审理与其公正性无关。二是仲裁员受主观经验和专业知识的限制,司法程序中的法官同样面临专业和职业素质上的局限性,这一点似乎并不是很有说服力。

笔者认为支持仲裁受到司法权限制的两个理由,一是仲裁裁决可能涉及第三人利益或公共利益。二是仲裁裁决的一审终审制没有给对仲裁裁决有异议的当事人基本的救济途径。

其次,从法官裁判的具体操作层面而言,具备熟悉仲裁实践的法官队伍这一因素对于促成国际仲裁中心的作用主要体现在以下几点。

第一,法官主要是通过法院来间接影响仲裁中心的建设,其干涉仲裁的法理基础是国内法和国际法的双重支持,仲裁的司法性和自治性的统一理论以及支持仲裁的原则。法官通过法院干预仲裁的原则应该本着"最大支持和最小干预",这既是《示范法》第 5 条的原则性规定,也是目前主要国际仲裁中心普遍采取的做法。

第二,成熟的法官队伍将通过确认仲裁协议的有效性直接支持国际仲裁。仲裁庭取得解决双方当事人纠纷的权力基础是双方当事人选择仲裁的合意,其权力来自当事人有效的仲裁协议。因此,当双方对仲裁协议的有效性产生争议时,法官对仲裁协议有效性的审查判断将直接决定是否能敲开仲裁的大门。具备熟悉仲裁实践的法官队伍将形成一套稳定且论证清晰的仲裁协议有效性审查规则,最大限度地为仲裁的启动提供支持。

[①]　宋连斌:《仲裁司法监督制度的新进展及其意义》,《人民法治》2018 年第 3 期,第 21—25 页。

第三，司法对财产保全和证据保全的支持。由于仲裁机构不享有任何国家强制权，仲裁法也未赋予仲裁庭采取强制措施的权力，故财产和证据的保全仍然需要依托人民法院。保全措施的实施对仲裁程序的顺利进行和仲裁裁决的顺利执行有直接影响。熟悉仲裁实践的法官可以快速、高效地处理仲裁庭提交的保全申请，以推进仲裁程序的进行。

第四，司法对仲裁裁决的监督将维护仲裁程序的完整性和公正性。司法对仲裁的监督包括撤销仲裁裁决以及不予执行仲裁裁决两个方面，以保证仲裁机构依法、公正、及时地处理纠纷。熟悉仲裁实践和仲裁理论的法官在审查仲裁裁决时，将有意识地限制司法的否决权，最大限度地维护仲裁裁决的有效性与可执行性。在这些司法程序中，具备熟悉仲裁实践的法官队伍可以提高处理仲裁案件的效率，使得司法资源更加高效，保障执法水平。国际商事法院与国际仲裁的有机结合能够使熟悉仲裁实践的高素质法官队伍通过国际商事法院发挥影响仲裁中心建设的重要作用。

第五，具备熟悉仲裁实践的法官队伍对于国际仲裁中心建设最大的影响在于形成一套稳定、高效、合理的有关仲裁的审查判断规则，以实现双方当事人的合理预期，提升潜在仲裁当事人对该国际仲裁中心地司法系统的信任程度。[1]

第六，国际仲裁的发展和国内司法制度的衔接问题，需要熟悉仲裁实践的法官队伍做出顺应国际潮流的司法判断，从而促进本国国际仲裁中心的建设，这也是我国目前仲裁制度与国际衔接的主要表现形式之一。

第五节 仲裁法律对建设国际仲裁中心的作用：英国仲裁法律司法监督的启示*

一、问题的提出

中国正致力于将上海建设成为"面向全球的亚太仲裁中心"[2]和"一带一路

---

[1] 刘晓红、冯硕：《制度型开放背景下境外仲裁机构内地仲裁的改革因应》，《法学评论》2020 年第 3 期，第 125 页。

* 本节撰稿人胡耀辉、沈伟。

[2] 《国务院关于印发进一步深化中国（上海）自由贸易试验区改革开放方案的通知》，http://www.gov.cn/zhengce/content/2015-04/20/content_9631.htm，最后访问日期：2021 年 4 月 7 日；《最高人民法院关于人民法院为中国（上海）自由贸易试验区临港新片区建设提供司法服务和保障的意见》，（转下页）

仲裁中心",①以及"国际仲裁中心"。何为"国际仲裁中心"？在建设国际仲裁中心过程中,仲裁法律扮演什么样的角色？这是仲裁理论需要解答的问题。

二、国际仲裁中心的定义

（一）国际仲裁的中心,还是国际的仲裁中心？

根据"国际"修饰的是哪一个单词,对"国际仲裁中心"的理解可以分为两种："国际仲裁的中心"（Center of International Arbitration）；"国际（化）的仲裁中心"（International Arbitration Center）。鉴于仲裁中心往往指向的是仲裁机构,例如"上海国际仲裁中心""新加坡国际仲裁中心",与这里讨论的城市上海并不属于同一性质。因此,对国际仲裁中心的理解不宜理解为后者,而更应该指向的是前者,即内涵是"国际仲裁的中心"。那么"国际仲裁的中心"的定义是什么？当前并没有明确的字面意义上的解释。鉴于该概念是中国官方提出的词语,因此宜采"目的解释",从相关的官方文件中找到"国际仲裁的中心"的要素,进而总结出其定义。

（二）"国际仲裁的中心"的官方解读

通过分析相关官方文件,基本可以提炼出上海作为"国际仲裁的中心"在国内话语体系中应当具有的要素,并以此作为定义"国际仲裁中心"的基础,主要包括以下元素。

1. 国际化

主要是指受理的"商事纠纷仲裁的国际化程度",②具体内涵包括两个方面:一是受案的国际化。上海仲裁服务能够通过"鼓励中外当事人选择上海作为争议解决地",③进而"接轨国际市场"。④ 这里更能够体现国际化程度的是外国当事人,特别是案件双方当事人都是外国当事人,选择上海作为仲裁地（机构所在地或

（接上页）http://rmfyb.chinacourt.org/paper/images/2019-12/28/02/2019122802_pdf.pdf,最后访问日期：2021 年 4 月 7 日。

① 《上海服务国家"一带一路"建设发挥桥头堡作用行动方案》,http://www.shanghai.gov.cn/newshanghai/xxgkfj/yidaiyilu.pdf,最后访问日期：2021 年 4 月 7 日。

② 《国务院关于印发进一步深化中国（上海）自由贸易试验区改革开放方案的通知》,http://www.gov.cn/zhengce/content/2015-04/20/content_9631.htm,最后访问日期：2021 年 4 月 7 日。

③ 《上海市司法局关于印发〈打响"上海仲裁"服务品牌行动方案（2019—2021 年）〉的通知》,http://www.shanghai.gov.cn/nw12344/20200813/0001-12344_59251.html,最后访问日期：2021 年 4 月 7 日。

④ 《上海建设亚太仲裁中心 优化国际营商环境》,https://baijiahao.baidu.com/s?id=1629210105212092104&wfr=spider&for=pc,最后访问日期：2021 年 4 月 7 日。

受理地）。二是引入国际知名仲裁机构。"吸引和聚集国际知名商事争议解决机构"，[①]"有国际知名的商事争议解决机构入驻"，[②]"引入境外知名仲裁机构"。[③]换言之，国际化程度高的一个重要标志是受到其他国际仲裁机构的认可，它们愿意在上海设立分支机构或代表机构。这个标准更具中国特色，因为其他国际仲裁中心更加关注本国仲裁机构的被接受度，较少致力于吸收境外仲裁机构入驻。

2. 专业化

这主要是指"对标国际最高标准最好水平"，[④]提升"仲裁公信力"，[⑤]"行业实力、竞争力"和"上海仲裁的国际影响力、国际竞争力"，[⑥]以实现"上海仲裁专业化、国际化、高端化、信息化"，[⑦]具体内涵包括三个方面：一是规则专业化。能够"进一步对接国际商事争议解决规则，优化自贸试验区仲裁规则"，[⑧]"与国际通行规则相衔接"，且同时"积极参与国际仲裁规则……制定"。[⑨] 规则专业化有国内和国际两个面向，更加关注两个面向的衔接。显然，这个维度体现了仲裁的国际性，是国内和国际规则的交汇。二是管理专业化。"完善仲裁（机构）管理机制"，[⑩]"仲裁管理制度与国际接轨"。[⑪] 理论上讲，目前国内仲裁机构的显著特征

---

① 《十三五时期上海国际贸易中心建设规划》，http://fgw.sh.gov.cn/resource/72/72b839b535eb46a7bd171be7d48e4ff4/b1834d031adee9ba2f22c42878d522af.pdf，最后访问日期：2021年4月7日。

② 《国务院关于印发进一步深化中国（上海）自由贸易试验区改革开放方案的通知》，http://www.gov.cn/zhengce/content/2015-04/20/content_9631.htm，最后访问日期：2021年4月7日。

③ 《对市政协十三届三次会议第0846号提案的答复意见》，https://fgw.sh.gov.cn/zxwyca/20200902/15e624b59e2b4caab92fd339f7eeadce.html，最后访问日期：2021年4月7日。

④ 《上海建设亚太仲裁中心 优化国际营商环境》，https://baijiahao.baidu.com/s?id=1629210105212092104&wfr=spider&for=pc，最后访问日期：2021年4月7日。

⑤ 《上海市司法局关于印发〈打响"上海仲裁"服务品牌行动方案（2019—2021年）〉的通知》，http://www.shanghai.gov.cn/nw12344/20200813/0001-12344_59251.html，最后访问日期：2021年4月7日。

⑥ 《上海建设亚太仲裁中心 优化国际营商环境》，https://baijiahao.baidu.com/s?id=1629210105212092104&wfr=spider&for=pc，最后访问日期：2021年4月7日。

⑦ 《上海市司法局关于印发〈打响"上海仲裁"服务品牌行动方案（2019—2021年）〉的通知》，http://www.shanghai.gov.cn/nw12344/20200813/0001-12344_59251.html，最后访问日期：2021年4月7日。

⑧ 《国务院关于印发进一步深化中国（上海）自由贸易试验区改革开放方案的通知》，http://www.gov.cn/zhengce/content/2015-04/20/content_9631.htm，最后访问日期：2021年4月7日。

⑨ 《上海市司法局关于印发〈打响"上海仲裁"服务品牌行动方案（2019—2021年）〉的通知》，http://www.shanghai.gov.cn/nw12344/20200813/0001-12344_59251.html，最后访问日期：2021年4月7日。

⑩ 《上海市司法局关于印发〈打响"上海仲裁"服务品牌行动方案（2019—2021年）〉的通知》，http://www.shanghai.gov.cn/nw12344/20200813/0001-12344_59251.html，最后访问日期：2021年4月7日。

⑪ 《创新打造仲裁改革发展上海特色》，http://www.moj.gov.cn/subject/content/2019-03/28/863_231695.html，最后访问日期：2021年4月7日。

是行政化,有别于其他国家仲裁机构的去行政化,主要表现在自治性和商业化两个方面。换言之,我国仲裁机构的管理制度反映出仲裁机构的行政机关特点,无从体现商事仲裁本身所具有的当事人意思自治属性。三是服务专业化。实现"仲裁服务专业化、国际化",[①]具有"专业服务能力"、[②]领先的"法律服务水平、国际公信力",[③]能够"提供优质开庭支持"[④]等"专业化的仲裁服务",进而"成为国际化的仲裁服务品牌",[⑤]将"'上海仲裁'打造成具有较大国内外影响力的高端法律服务品牌"。[⑥]

3. 活跃化

将上海建设成为仲裁活动的中心,举办大量国际仲裁活动,成为"仲裁业务交流研讨活动最活跃"[⑦]的城市。目前,上海也有仲裁周之类的活动,但是限于疫情,这些活动的国际性比较欠缺。

(三) 国际仲裁中心的定义

需要指出的是,无论是"举办国际仲裁活动",即活跃化,还是国际化的表现之一——"引入国际知名仲裁机构"都并非难事,我国已经开启这一进程,例如ICC、HKIAC 等国际知名仲裁机构已经陆续在上海设立代理处,定期举办仲裁论坛等活动。因此,"活跃化"以及"国际化"中的"引入国际知名仲裁机构"并不能够被认为是国际仲裁中心的核心要素,或者说是锦上添花的因素。在剩下的几项要素中,若干概念仍需进一步澄清。

首先,是"受案国际化"的"国际"应指"国际当事人"。中国商务部条法司前司长张玉卿认为,"选择到中国仲裁机构仲裁的基本上都是由于中企选择在中国

---

① 《创新打造仲裁改革发展上海特色》,http://www.moj.gov.cn/subject/content/2019-03/28/863_231695.html,最后访问日期:2021 年 4 月 7 日。

② 《十三五时期上海国际贸易中心建设规划》,http://fgw.sh.gov.cn/resource/72/72b839b535eb46a7bd171be7d48e4ff4/b1834d031adee9ba2f22c42878d522af.pdf,最后访问日期:2021 年 4 月 7 日。

③ 《上海建设亚太仲裁中心　优化国际营商环境》,https://baijiahao.baidu.com/s?id=1629210105212092104&wfr=spider&for=pc,最后访问日期:2021 年 4 月 7 日。

④ 《上海市司法局关于印发〈打响"上海仲裁"服务品牌行动方案(2019—2021 年)〉的通知》,http://www.shanghai.gov.cn/nw12344/20200813/0001-12344_59251.html,最后访问日期:2021 年 4 月 7 日。

⑤ 《上海服务国家"一带一路"建设发挥桥头堡作用行动方案》,http://www.shanghai.gov.cn/newshanghai/xxgkfj/yidaiyilu.pdf,最后访问日期:2021 年 4 月 7 日。

⑥ 《上海市司法局关于印发〈打响"上海仲裁"服务品牌行动方案(2019—2021 年)〉的通知》,http://www.shanghai.gov.cn/nw12344/20200813/0001-12344_59251.html,最后访问日期:2021 年 4 月 7 日。

⑦ 《上海市司法局关于印发〈打响"上海仲裁"服务品牌行动方案(2019—2021 年)〉的通知》,http://www.shanghai.gov.cn/nw12344/20200813/0001-12344_59251.html,最后访问日期:2021 年 4 月 7 日。

仲裁，很少有双方都是外方而选择在中国仲裁的。只有外国企业均愿意选择中国仲裁机构，才能真正体现中国仲裁机构在世界上具有竞争力"。① 这也是贸仲、上仲有别于 ICC、伦敦国际仲裁院等境外仲裁机构"国际性"的标志性特征。

其次，"鼓励中外当事人选择上海作为争议解决地"，"受案"的含义需要厘清。仲裁地（seat of arbitration）和开庭地（venue/place of hearing）属于不同的概念，实际上即使不将上海建设成为国际仲裁中心，其他国家的仲裁机构仍然可以选择在上海开庭。而仲裁地则具有重要的法律意义，属于真正意义上的"争议解决地"。② 因此，"鼓励中外当事人选择上海作为争议解决地"，"受案国际化"本质上是指国外当事人在合同争议解决条款中明确约定，选择中国上海作为仲裁地。黄进教授认为："把中国建成国际仲裁中心的核心要义，是把中国打造成国际仲裁的目的地，只有当事人真正愿意把纠纷放到中国仲裁解决，尤其是把'仲裁地'放在中国，才能够真正把中国建设成为国际仲裁中心。"③仲裁地的重要性在于两个方面：一是当事人和仲裁员在上海进行与仲裁有关的争端解决活动，表明对上海仲裁和司法环境的信任。二是仲裁地法的受众性更为明显，是当事人对仲裁地法信任的表现。

再次，所谓的"专业化"主要指仲裁机构的规则、管理、服务实现专业化。这不仅从相关官方文件的措辞中可见一斑，而且与我国特殊的仲裁行业情况有关，例如就管理而言，我国许多仲裁机构带有行政化的色彩，而这经常受到国外的质疑。因此有学者认为，中国的仲裁机构要成为国际仲裁中心，就要去行政化，如果仲裁机构与国家机关联系过于紧密，就会让人觉得仲裁机构不够中立，④相关官方文件中也体现了这一态度，例如"稳步推进仲裁机构与行政机关脱钩等创新性举措，努力建立与国际接轨的仲裁管理制度""准确把握仲裁机构管理机制不够完善，仲裁国际竞争力不够强……的突出问题"。⑤

种下梧桐树，才能引来金凤凰。商事争议解决事实上是一个法律服务的市场，这个法律服务市场是否健全尤为重要。当仲裁在专业化的服务上回应了市

---

① 汪闽燕：《中国成为国际仲裁中心还有多远》，《法制日报》2013 年 5 月 21 日。
② 冯硕、陈晨：《上海打造面向全球亚太仲裁中心应从打造国际一流"仲裁地"开始》，《上海法治报》2018 年 9 月 17 日。
③ 《中国成为国际仲裁中心需四个要件——2017 年上海国际仲裁周纵论》，http://www.legaldaily.com.cn/index/content/2017-03/16/content_7056256.htm?node=20908，最后访问日期：2021 年 4 月 7 日。
④ 汪闽燕：《中国成为国际仲裁中心还有多远》，《法制日报》2013 年 5 月 21 日。
⑤ 《创新打造仲裁改革发展上海特色》，http://www.moj.gov.cn/subject/content/2019-03/28/863_231695.html，最后访问日期：2021 年 4 月 7 日。

场的需求,那么市场的参与者也会更多地选择仲裁。① 因此,从国际商事仲裁的服务业和商事性的特征出发,只有实现规则、管理、服务的专业化,直到能够对标国际标准,在国际上具有竞争力、影响力,才能真正说服国际当事人选择中国上海作为仲裁地,实现受案国际化。

综上,可以将中国语境下"国际仲裁中心"定义为:一个拥有提供专业仲裁规则、管理、服务的本地仲裁机构,在国际当事人中极富竞争力、影响力、公信力、愿意选择作为仲裁地的城市。

三、受欢迎的仲裁地(attractive arbitration seat)的共性及仲裁法律的重要性

国际仲裁中心的落脚点是两个方面:一是本地仲裁机构;二是仲裁地本身。将上海建成为国际仲裁中心则主要是从城市角度而言,因此这里也主要从仲裁地本身出发,探寻国际上是否存在"极富竞争力、影响力、公信力、愿意选择作为仲裁地的城市"。如果存在,这些中心具有哪些要素,仲裁法律或者法律制度具有哪些优势?

世界范围内最受欢迎的仲裁地(the most preferred seats of arbitration)主要是五座城市:伦敦、巴黎、新加坡、我国香港地区和日内瓦。得益于总体声誉与认可度(general reputation and recognition),2018 和 2015 年同样是该五座城市上榜。这种声誉与认可度是当事人选择仲裁地的第一考量因素,②与上文所述的"国际影响力"也具异曲同工之妙。

当前,学界和业界对哪些关键要素促成这种顶尖的"声誉与认可度"已经有较为成熟的研究。从业界来说,英国皇家特许仲裁员协会(Chartered Institute of Arbitrators / CIArb)于 2015 年提出所谓的"伦敦原则",涵盖十项成功的仲裁地所应当具备的要素。③

一是法律。承认、尊重当事人选择仲裁解决争议的清晰、有效、现代化的仲裁法律,该法律能够:① 提供必要框架,以便通过仲裁程序实现公正、平等的争

---

① 邓瑛:《"国际仲裁中心建设的上海思维"之观想》,http://www.lawyers.org.cn/info/d895548e599540aa9547f517de5b2519,最后访问日期:2021 年 4 月 7 日。

② http://www.arbitration.qmul.ac.uk/media/arbitration/docs/LON0320037-QMUL-International-Arbitration-Survey-2021_19_WEB.pdf,最后访问日期:2021 年 5 月 16 日。

③ https://www.ciarb.org/media/1263/london-centenary-principles.pdf,最后访问日期:2021 年 5 月 13 日。

议解决；② 限制仲裁中的法院干预；③ 在保密性与适当透明度之间实现平衡。

二是司法。独立、高效、具有竞争力、对国际商事仲裁具有专业经验、尊重当事人选择仲裁作为争议解决方式的司法系统。

三是法律专业水平。独立、具有竞争力和国际仲裁专业经验的法律群体，为当事人提供寻找代理人的选择。

四是教育。仲裁地能够给予仲裁律师、仲裁员、司法系统、专家、仲裁服务使用者、学生有关国际仲裁自治性、特征等方面的教育。

五是代理权。当事人能够自主选择代理人（包括但不限于代理律师，无论其是否来自仲裁地当地）。

六是便利性与安全性。前往仲裁地的交通方式便利，对当事人、证人和代理律师进入仲裁地、工作和离开仲裁地没有不合理的限制，对参与人、文件、信息的安全提供足够保护。

七是设备。服务国际仲裁程序的设备，包括笔录设备、听证室、文档处理、管理服务、翻译服务。

八是职业伦理。包含多样法律与文化传统、拘束仲裁员与代理律师的国际伦理原则的专业规范。

九是可执行性。遵守对承认与执行其他国家仲裁地作出的仲裁裁决有拘束力的国际条约、协定。

十是豁免。仲裁员以良好信念、基于仲裁员的能力做出或未能做出的任何行为能够被豁免于民事责任的权利。

此外，学界还研究了受欢迎仲裁地的共同特征，与上述"伦敦原则"不谋而合。

第一，法治环境。一是支持性。[①] 支持和保护国际仲裁主要体现在法院对仲裁的态度，最好是拥有一个支持与协助仲裁而无过分干预的法院。仲裁法仅允许在例外情况下对仲裁裁决进行司法监督，而非范围过广的司法审查等。二是中立性。[②] 从操作层面（Practical aspect）而言，是指确保当事人之间的平等待遇。从法律层面（Juridical element）而言，仲裁地的各类情形不会直接或间接影响仲裁员的决定，例如出现国内法院主动审查仲裁裁决的情况。三是确定性或

① Gonzalo Vial & Francisco Blavi. Santiago as a Seat for International Commercial Arbitration, *OR. REV. INT'l L*, Vol. 18, No. 25, 2016.

② Gonzalo Vial & Francisco Blavi. New Ideas for the Old Expectation of Becoming an Attractive Arbitral Seat, *Transnat'l L. & CONTEMP. Probs*, Vol. 25, 2016.

可预期性(法律发展)。具有仲裁长期传统的城市对国际仲裁的相关问题法律发展的层次可能更深,这种传统很可能持续,有正式法律基础设施(formal legal infrastructure)创造出的可预测性法律框架(a predictable legal framework)。[①]上述发展给了当事人在判断国内法院对仲裁程序不同阶段采取态度时具有确定性,包括确定仲裁协议有效性、拒绝承认仲裁裁决的标准等。[②]

第二,环境与经济水平。作为广受欢迎的仲裁地,其一定位于"经济与政治稳定的国家",[③]为当事人提供安全的仲裁环境。此外,经济水平也是重要考量因素,包括但不限于"交通便利程度"[④]"地理位置"的便利性、"住宿、仲裁设备、通信系统、餐厅饮食和环境景点"等物质条件。[⑤]

第三,专业群体。广受欢迎的仲裁地必须能够"汇集具有经验的仲裁员和本地律师群体"。除了本地专业人士外,当地法律还需要允许国际当事人"能够选择其他司法区域的律师","由外国律师代理,允许外国律师直接参与仲裁程序"。此外,当地专业人士的收费、服务成本等经济原因也是当事人考量的因素。[⑥]

综上可以得出,受欢迎仲裁地的仲裁法律主要具有以下特征:首先,确保仲裁程序的公正、平等、中立;其次,限制仲裁中的法院干预,仅允许在例外情况下对仲裁裁决进行司法监督而非范围过广;再次,给予当事人确定性(可预期性),即法院在承认、执行、确定仲裁协议效力等方面的态度稳定,且可预测;最后,在保密性与适当透明度之间实现平衡。

《示范法》《纽约公约》《美国联邦仲裁法》以及普通法系国家的仲裁实践都支持仲裁程序司法不干预原则,[⑦]国内法院仅在有限的情况下进行司法干预或协助。[⑧] 英国《仲裁法》也秉持这样的原则。[⑨]

---

① Tuuli Timonen & Nika Larkimo. Attracting International Arbitrations through Adoption of Predictable and Transparent National Legislation: Advantages of the UNCITRAL Model Law for an Aspiring Arbitration Seat, *Scandinavian Stud. L*, Vol. 63, 20117.

② Gonzalo Vial & Francisco Blavi. New Ideas for the Old Expectation of Becoming an Attractive Arbitral Seat, *Transnat'l L. & CONTEMP. Probs*, Vol. 25, 2016.

③ Gonzalo Vial & Francisco Blavi. Santiago as a Seat for International Commercial Arbitration, *OR. REV. INT'l L*, Vol. 18, 2016.

④ Gonzalo Vial & Francisco Blavi. Santiago as a Seat for International Commercial Arbitration, *OR. REV. INT'l L*, Vol. 18, 2016.

⑤ Gonzalo Vial & Francisco Blavi. New Ideas for the Old Expectation of Becoming an Attractive Arbitral Seat, *Transnat'l L. & CONTEMP. Probs*, Vol. 25, 2016.

⑥ Gonzalo Vial & Francisco Blavi. New Ideas for the Old Expectation of Becoming an Attractive Arbitral Seat, *Transnat'l L. & CONTEMP. Probs*, Vol. 25, 2016.

⑦ Gary Born. *International Arbitration: Law and Practice*. Wolters Kluwer, 2016, pp. 162-163.

⑧ Gary Born. *International Commercial Arbitration*. 2014, pp. 2191-2197.

⑨ English Arbitration Act, § 1(c).

四、英国仲裁法的镜鉴

英国法院采取的是逐渐接近"自由放任"（laissez faire）原则，允许仲裁程序自治，不受司法干预拘束，这种变化趋势在 1996 年英国《仲裁法》之前就已经存在。有学者认为三种因素造成这种改变：一是务实的目标，寻求吸引国际仲裁来到英国，更加适合的对仲裁的态度能够吸引仲裁当事人选择在英国仲裁。二是英国法院控制仲裁裁决的权力被意识到太过强大，以致非常容易被滥用，因此不能被仲裁想满足的消费者（customer）所接受。三是国家法律与国际仲裁的程序示范法（Model Law）相互和谐、一致。

（一）英国仲裁法的历史演进

英国仲裁法经历了数次修订（1698、1889、1934、1950、1975、1979、1996 年），共 7 次。英国对仲裁持绝对控制和强烈干预的态度。英国存在所谓的"法院的司法权不容剥夺原则"（the doctrine of ouster），即不得通过协议排除法院对特定案件法律问题的管辖权。[①] 但是当前司法监督的内在理性（rationale）存在转变：更多的是合作，而非冲突；更多的是辅助而非监督（Partnership rather than Confrontation；Judicial assistance rather than Judicial supervision）。现在的英国法院干预更多的是为了鼓励求助于仲裁，而非对仲裁程序的目的和运行持对立态度。对仲裁的不信任，即相信仲裁没有能力形成法律决断，只能提供事实发现的功能已经不是英国实践的主旨动力。这就是英国仲裁法强调的"有限干预原则"。

1. 1950 年《仲裁法》的特征[②]

1950 年的《仲裁法》具有以下特征：法院干预仲裁实体问题不以公共政策理由为限，对一般的法律与事实问题亦可介入；对裁决的实体问题的干预不限于仲裁裁决作出以后，在仲裁程序进行过程中即可因"特别案件陈述程序"的启动而介入；法院对仲裁实体问题的监督属于强行性规定，当事人不得协议排除；"特别案件陈述程序"，即对于仲裁审理中产生的任何法律问题及仲裁裁决或其中的任何部分，法院有权下令仲裁庭以所谓特殊案件的形式加以说明，由高等法院对其作出判决。

---

① 王德新：《仲裁司法监督的定位：过度干预抑或适度监督——以英、法两国为对象的分析》，《河北青年管理干部学院学报》2011 年第 4 期。
② 余蕊桢：《英国法院对仲裁裁决的司法监督》，《仲裁研究》2008 年第 4 期。

2. 1979 年《仲裁法》的修订

在 20 世纪六七十年代,越来越多的国家大力参与国际商业活动,这类活动一旦发生纠纷,当事人出于中立性和便利性的考虑,一般是不愿意去其他国家的法院解决争议的。在商事仲裁方面,虽然英国法律体系完备、法律人才和各种专业人才济济,由于英国法院对仲裁监督过于宽泛,使得上述这类纠纷大多协议用的是英文,适用法是英国法,但仲裁地点不选英国,保守估计这会令英国每年失去 5 亿英镑的外汇收入。①

因此,1979 年修订的《仲裁法》废除了"特别案件"的做法。区别事实问题和法律问题,当事人仅可以向高等法院就仲裁裁决的法律问题进行上诉,但必须征得所有对方当事人的同意,或者征得法院的准许且高等法院只有在其认为考虑到所有的因素,即对有关法律问题的认定会在实体上影响仲裁协议一方或更多方当事人的权利时,才准许上诉;允许当事人在除海事争议、保险合同和某些特殊商品合同争议之外的广泛的国际仲裁领域中预先约定排除司法复审,从而承认仲裁裁决的终局性。②

3. 1996 年《仲裁法》的修订

1996 年《仲裁法》进一步严格限制"对法律问题的上诉"实体审查权,包括如下四个方面的限制。

一是一般原则。本编之规定基于下述原则,并以其作为解释依据:① 仲裁之目的在于由公平的仲裁庭,在没有不必要的拖延和开支的情况下,使争议得以公正解决;② 当事人得自由约定争议解决方式(parties should be free to agree how their disputes are resolved),仅受制于充分保障公共利益之必须;③ 除本编另有规定外,法院不得干预本编规定之事项。

二是当事人排除性协议。根据第 69 条的措辞可以推断,只要当事人之间存在排除法院管辖的协议,任何一方当事人就不可以向法院就英国商事仲裁裁决的法律问题提出异议;同时,若当事人约定仲裁庭作出不具理由的裁决书,则视为约定排除法院的实体审查权;英国法院还通过判例确认,只要双方选定的仲裁规则中规定英国商事仲裁裁决的终局性,则视为当事人以书面协议有效排除了法院的实体审查权;除此之外,虽然根据第 87 条的规定,在英国本土仲裁的情形下,排除法院管辖协议必须在仲裁开始后达成,但鉴于规定国际仲裁与本土仲裁

---

① 杨良宜:《国际商务仲裁》,中国政法大学出版社 1997 年版,第 47 页。
② 余蕊桢:《英国法院对仲裁裁决的司法监督》,《仲裁研究》2008 年第 4 期。

区别的第 85 条存在与英国参加的《罗马公约》发生冲突的可能性，英国国务大臣已根据第 88 条的规定，以行政命令取消了这种区别，当事人在英国本土仲裁中签订排除法院管辖协议的时间限制已不复存在。[①]

三是法院审查的内容。根据 1996 年《仲裁法》，英国法院可以受理就英国商事仲裁裁决的法律问题提出的上诉，但仅限于对英国法律问题的上诉。针对争议实体问题适用非英国法律的国际商事仲裁，英国法院无权对其进行实体审查。

四是程序性限制。首先，并非所有异议都将被受理，法院仅在认为符合下列条件时准许上诉：① 问题的决定将实质性地影响一方或多方当事人的权利；② 问题是仲裁庭被请求作出决定的；③ 根据裁决书中认定的事实，仲裁庭对问题的决定明显错误，或问题具有普遍的公共重要性，仲裁庭对此作出的决定至少存在重大疑问；④ 尽管当事人约定通过仲裁解决争议，但在任何情况下由法院对该问题进行判决是公正和适当的。其次，法院应尽可能避免撤销仲裁庭的裁决。法院有权确认、修改或者撤销裁决，也有权将案件发回仲裁庭重审。除非法院认为将争议事项发回仲裁庭重审是不合适的，否则法院不应全部或部分撤销裁决。再次，用尽救济。上诉权不得违背第 70 条第 2 款和第 3 款的限制。

五是如申请人或上诉人未首先用尽下列救济则不得提出申请或上诉：① 任何可资利用的仲裁上诉或复审程序；② 根据第 57 条（裁决更正及补充裁决）可资利用的追诉；③ 申请或上诉必须自仲裁裁决作出之日起 28 天内提出，如果已经存在仲裁上诉或复审程序，则自申请人或上诉人接到该程序结果的通知之日起 28 天内提出。

综上，三部《仲裁法》的主要不同见表 2-4。

表 2-4 英国三部《仲裁法》主要方面比较

内　容	1950 年《仲裁法》	1979 年《仲裁法》	1996 年《仲裁法》
审查范围	程序事项和实体事项（实体包括事实问题和法律问题）	程序事项和实体事项（实体限于法律问题，且有所限制）	程序事项和实体事项（实体限于法律问题，且条件要求极严格）

---

① David Fraser. English Arbitration Act 1996: Arbitration of International Commercial Disputes under English Law, *Am.Rev.Int'l Arb.1*, USA. Vol. 8, 1997.

续 表

内　容	1950 年《仲裁法》	1979 年《仲裁法》	1996 年《仲裁法》
对实体问题审查的约定排除的规定	不能约定排除	可以,除了海事、保险、货物买卖合同争议	可以并且无特别限制

由表 2 - 4 可知:

第一,法院对仲裁的监督范围逐步缩小,特别是最大限度地避免司法对仲裁裁决实体上的干预和监督。

第二,对当事人意思自治原则更加尊重,允许当事人通过协议排除法院的司法审查。

第三,法院对仲裁裁决进行审查的条件进行了严格的限制,几乎就限定在只有当仲裁出现不公正时,法院方可介入和干预。另外,法院介入仲裁的时间被推迟,要想就仲裁裁决向法院提出异议申请,一般需要先用尽仲裁程序中的所有救济措施,这实际上是将法院的干预作为一项最后的救济措施来援引的。

(二) 对英国《仲裁法》中实体审查权变迁的评价

实际上,英国 1996 年《仲裁法》第 69 条"对法律问题的上诉"因其赋予法院对英国商事仲裁裁决进行实体审查的权力而备受争议,这是英国仲裁的传统(tradition)和独特之处(unique)(因部分国家遵循现代法律的理念绝对排除了实体审查权)。杨良宜在《国际商务游戏规则——伦敦仲裁》一书中提到,"笔者于2004 年 5 月在伦敦参加一个大型会议,伦敦市长(原来是律师),上诉庭庭长(Master of Rolls)与首席贵族院法律勋爵(Senior Law Lord)异口同声赞成'走回头路'。伦敦市长更是明确说,即使英国是世界上唯一不让裁决书'说了算'的国家,而是可就法律观点向法院提出上诉,'就让它去'(so be it)。"与之遥相呼应的是施米托夫教授早在 1967 年所著的《仲裁与法院的监督管辖权》一文中指出的:"尽管人们有时主张,不得剥夺法院对法律问题的管辖权是英国仲裁制度的一大缺陷,但英国商业界和法律界的一般看法则相反。"

综合来看,英国保留的严格限制的实体审查权在当事人公正与意思自治之间达成了一种微妙的精巧平衡,更有利于当事人利益的实现。

从仲裁庭的角度来看,司法审查权的存在和行使有助于提高仲裁的质量。

一般而言,法院的司法审查权很难受到仲裁庭的欢迎,在实践中更常有仲裁员对此怨声载道,但这恰恰体现了司法审查的作用。作为提供法律服务的商业机构,司法审查无疑限制了仲裁庭的自由。愈广泛和细致的司法审查必然给仲裁裁决带来更大的被撤销的危险,而任何一次仲裁裁决的撤销对仲裁庭的商誉都将带来打击。由于存在司法监督,为避免发生上述状况,仲裁庭必须尽力而为,提高法律服务质量,使法律服务的消费者,即仲裁案件的当事人满意。

寻求法院实体帮助的目标是为了给予仲裁服务的消费者,即当事人在例外情况下的救济。将对实体的要求放入规制框架并要求仲裁庭对程序负责并行,都是为了修正例外情形下存在的令人厌恶的或者公然的滥用裁判权力。这种司法监督的目标与其说是规制(regulatory),不如说是救济(remedial)。裁判包括即使是私人意义上的裁判(也就是仲裁)的正当性与国家利益攸关,要求仲裁意思自治不代表对程序与实体方面的裁判彻底放弃让裁判服务达到最低标准的要求。事实上,当争议金额巨大时,当事人对仲裁的公正期望显然高于对仲裁效率的要求。一裁终局机制下的错判、误判风险是任何当事人都难以承受的。前几年曾对美国最大的606家公司的律师所做的调查显示,54.3%的律师在大型商事争议中宁愿选择诉讼而非仲裁,原因是仲裁缺乏有效的上诉机制,无法保证裁决的公正性。[①]

彻底剥夺法院的司法审查权无疑意味着将天平彻底倾向于当事人利益,从而令法院在维护公平公正方面无能为力。以直接立法方式排除法院司法审查权则意味着剥夺了当事人自主决定是否寻求法院帮助的权利,在尊重当事人意思自治方面赋予当事人选择权能够达成一种精巧的平衡。

总而言之,1996年《仲裁法》在维护当事人意思自治与维护公正的裁决方面实现了良好的平衡,在为当事人提供寻求公正的途径同时实现其意思自治的最大化。从当事人角度来看,首先其享有意思自治的选择权,在当事人以协议的方式表明愿意承担一裁终局的风险时尊重其处置其私权的自由,且法院的审查权受到了一定程度的掣肘,但追求争议的公正解决是任何争议解决机制的共同目标。将仲裁的意思自治完全凌驾于公正之上,臆断商人愿意无条件地接受错误的裁决来换取争议的快速解决是不科学的,所以英国1996年《仲裁法》仍然为法

---

① https://www.mayerbrown.com/-/media/files/perspectives-events/publications/2002/01/betting-the-farm-on-international-arbitration-is-i/files/art_intarb_00_betthefarm/fileattachment/art_intarb_00_betthefarm.pdf,最后访问日期:2021年5月13日。

院介入确保公正裁决提供了缺口。

第六节　国际金融中心和国际仲裁中心之关系：基于法治水平的视角 *

党的十四大报告中即提出，要"尽快把上海建设成为国际经济、金融、贸易中心之一"，上海从此翻开了建设国际金融中心的历史篇章。截至目前，上海以"基本建成与我国经济实力及人民币国际地位相适应的国际金融中心"为目标，初具国际金融中心的特点，具有一定的国际影响力。① 2021 年 3 月，英国 Z/Yen 集团与中国（深圳）综合开发研究院联合发布《第 29 期全球金融中心指数（GFCI29）》，上海在全球金融中心综合竞争力排名中位列第三位，仅次于纽约与伦敦。②

在 2015 年发布的《国务院关于印发进一步深化中国（上海）自由贸易试验区改革开放方案的通知》中，明确要求上海加快打造面向全球的亚太仲裁中心；2016 年，上海市人民政府发布《"十三五"时期上海国际贸易中心建设规划》，提出"打造亚太国际商事争议解决中心，构建面向全球的商事争议解决平台"的任务；2017 年，上海市人民政府发布《上海服务国家"一带一路"建设发挥桥头堡作用行动方案》，进一步提出建设"一带一路"国际仲裁中心的任务。上海逐步走上了建设国家仲裁中心到建设亚太仲裁中心，再到建设国际仲裁中心的道路。

无论是国际金融中心的建设还是国际仲裁中心的建设，都是一项系统性工程，需要从完善法律体系、调整监管机制、健全基础设施、优化营商环境等多个方面发力，其中法治因素在这两个中心的建设过程中发挥了重要的作用。无论是国际金融中心还是国际仲裁中心，都离不开一个优质的法治环境，包括完备合理的法律规则体系、公正高效的争议解决机制等。本节将通过观察法治因素在上海国际金融中心与上海国际仲裁中心建设发挥的作用来分析国际金融中心建设与国际仲裁中心建设的关联性，以及国际金融中心建设对国际仲裁中心建设的促成作用。

---

*　本节撰稿人牟伟、魏恒泽。
①　汪小亚：《从国际金融中心迈向全球金融中心》，《中国金融》2021 年第 2 期，第 67 页。
②　《第 29 期全球金融中心指数（The Global Financial Centres Index 29）》。

一、法治因素对国际金融中心的促成作用

（一）国际金融中心的特征

国际金融中心具有普通金融中心所不具有的特征，正是这些特征决定了一个金融中心是否能够被称为国际金融中心。与普通的金融中心相比，国际金融中心具有国际金融资源配置能力强大、金融服务范围覆盖全球、金融服务功能种类齐全、拥有国际金融规则制定与实施的话语权、拥有金融产品与服务的定价权等特点。[1] 目前全球公认的国际金融中心只有纽约和伦敦，我国香港地区、新加坡、上海、东京等国际金融中心的地位和功能还难以与纽约和伦敦相提并论。[2] 但同时也存在着将纽约、伦敦、我国香港地区并称为全球三大金融中心，即"纽伦港"（Nylonkong）的观点。[3]

国际金融中心所具备的特征决定了其建设过程非一日之功，需要通过系统的举措从多方面持续发力。无论是国际金融中心建设的相关文件，还是对金融中心进行评估排名的研究报告，都会通过众多的指标从多个角度对国际金融中心进行分解，从而全面地剖析与透视各个金融中心的发展现状。通过对这些指标的解读可以发现，究竟是哪些因素在影响着一个国际金融中心的构建，并进一步分析各类因素在国际金融中心的建构过程中所发挥的作用。

（二）国际金融中心的评价维度

1. 全球金融中心指数（GFCI）的评价维度

在《第 29 期全球金融中心指数（GFCI29）》中，研究机构使用 143 个特征指标对 126 个金融中心开展了研究。根据 GFCI29，纽约在全球金融中心综合竞争力排名位居首位，得分为 764 分；伦敦居第二位，得分 743 分；上海落后于伦敦 1 分以 742 分位居第三位；我国香港地区、新加坡分别以 741 和 740 的得分位居第四和第五位。

GFCI29 使用了五类特征指标对全球金融中心的竞争力进行评估，包括营商环境、人力资本、基础设施、金融业发展水平和声誉。在每一类特征指标下，相关特征指标又被具体分为四个更为具体的维度，从而更好地对国际金融中心的竞争力进行评估。具体的考察维度见表 2-5。

---

[1]　汪小亚：《从国际金融中心迈向全球金融中心》，《中国金融》2021 年第 2 期。

[2]　汪小亚：《从国际金融中心迈向全球金融中心》，《中国金融》2021 年第 2 期。

[3]　Michael Elliott. A Tale of Three Cities，http://content.time.com/time/subscriber/article/0,33009, 1704398,00.html，最后访问日期：2021 年 4 月 1 日。

表 2 - 5　GFCI 全球金融中心竞争力具体考察维度

特征指标	具体考察维度			
营商环境	政治稳定性及法律法规	制度与监管环境	宏观经济环境	税收与成本竞争力
人力资本	专业人才的可获得程度	劳动力市场的灵活度	教育与发展	生活质量
基础设施	建筑设施	信息通信设施	交通基础设施	可持续性
金融业发展水平	产业集群的广度和深度	资本可获得性	市场流动性	经济产出
声誉	城市品牌与吸引力	创新程度	城市吸引力与文化多样性	与其他金融中心的比较定位

2. 世界银行营商环境的评价维度

营商环境是指商事主体从事商事组织或经营行为的各种境况和条件,包括影响商事主体行为的政治要素、经济要素、文化要素等,是一个国家或地区有效开展交流、合作以及参与竞争的依托,体现了该国或地区的经济软实力。[1] 世界银行自 2003 年起发布《营商环境报告》(Doing Business),对世界各个国家或地区的相关指标进行衡量和比较,从而对各个国家或地区的营商环境进行排名。金融行业相较于其他行业具有更高的风险性,对于政治因素、经济因素、文化因素等环境因素更为敏感,对营商环境的要求也更高,即国际金融中心的产生必然依托于优秀的营商环境。因此,对于营商环境的评价指标体系进行分析有助于理解究竟是哪些因素影响了国际金融中心的形成。

世界银行的营商环境指标体系并不是固定不变的,而是不断发展变化,内容不断丰富完善。因各年度考察的侧重点不同,每年的指标体系不尽相同,例如2004 年侧重企业生命周期的环境指标;2005 年侧重登记物权、税制环境、对投资者保护等指标;2006 年侧重知识产权保护、跨国贸易、治安环境等相关指标;2015 年侧重监管效率与质量并重;2016 年侧重监管环境便利度,该指标体系包括 10 项,即开办企业、办理施工许可证、获得电力、登记财产、获得信贷、保护少

---

① 董彪、李仁玉:《我国法治化国际化营商环境建设研究——基于〈营商环境报告〉的分析》,《商业经济研究》2016 年第 13 期。

数投资者、纳税、跨境贸易、执行合同、办理破产。①

《2020 年营商环境报告》是该报告的第 17 期，旨在衡量监管法规是否有助于推动或限制商业活动。《2020 年营商环境报告》涵盖 12 个领域的商业法规。营商环境便利度分数和营商环境便利度排名涵盖了其中的 10 个领域：开办企业、办理施工许可证、获得电力、登记财产、获得信贷、保护少数投资者、纳税、跨境贸易、执行合同和办理破产。《营商环境报告》也衡量了有关雇用员工和政府采购的规定，但是这两个指标不包括在营商环境便利度分数计算和排名中。②《营商环境报告》收集的数据关注了有关政府的三个问题：一是政府何时改变法规以发展其私营部门？二是改革派政府的特点是什么？三是监管变化对经济或投资活动不同方面的影响是什么？③

总的来说，《营商环境报告》的评价指标涉及开办企业的各个方面，能够全面地评估在一个国家或地区开办企业的便利程度。其评价指标中的办理施工许可证等对国际金融中心的建设没有直接的影响，但开办企业、登记财产、获得信贷、保护少数投资者、纳税等因素对于金融机构的投资有直接的影响，因此会对国际金融中心的建设产生影响。基于此，可以认为《营商环境报告》通过指标的选取，能够反映一国或地区的营商环境是否有利于国际金融中心的建设。

（三）法治因素促成国际金融中心

1. LLSV 理论

对于法律制度与金融市场发展水平的关系问题，美国的四位学者拉波塔、西拉内斯、施莱佛和罗伯特·维什尼，即"LLSV"，在 1998 年发表的论文《法律与金融》中的相关分析是该领域的代表之作。

论文考察了 49 个不同法系的国家关于公司股东和债权人的保护规则及执法质量，并认为普通法国家通常对投资者的法律保护最强，法国法系最弱，而德国法系、斯堪的纳维亚法系居中。基于这一结论，LLSV 提出，外部股东和债权人受到的保护的程度（法律文本和执法质量）决定了股票和债券市场在各个国家

---

① 董彪、李仁玉：《我国法治化国际化营商环境建设研究——基于〈营商环境报告〉的分析》，《商业经济研究》2016 年第 13 期。

② World Bank. Doing Business，https://www.doingbusiness.org/en/rankings，最后访问日期：2021 年 6 月 25 日。

③ 参见营商环境报告网站，https://www.doingbusiness.org/en/reports/global-reports/doing-business-2020，最后访问日期：2021 年 6 月 28 日。

不同的繁荣程度。[①] LLSV 的理论成果可以分为两个部分：一是法系、外部投资者保护与金融三者之间的关系，被称为公司治理的法律理论；二是投资者保护与金融发展和经济增长之间的关系，被称为金融发展或经济增长的法律理论。[②] LLSV 的研究解释了法律体系对金融和经济发展的作用，即法律制度和司法制度对经济和金融的发展起到了重要的作用，对一国金融市场的发展状况产生了深刻的影响。面对金融市场，法律不能放任不管，而是应当积极作为，通过公司治理提高对外部投资者的保护。但与此同时，大陆法系国家容易陷入干预过多的陷阱，从而导致金融发展的滞后。[③]

LLSV 的研究为法治因素促进国际金融中心建设提供了理论依据，即法律制度、司法机制等因素对于经济和金融的发展起到了重要作用，甚至是决定性作用，这也为后文所列举的众多评价标准或建设措施中的法治因素提供了理论支撑。

2. 全球金融中心指数（GFCI）中的法治因素

如前所述，全球金融中心指数（GFCI）使用了五大类指标对全球金融中心的竞争力进行评估。在营商环境类指标中，"政治稳定性及法律法规"是该类指标下考察的一个侧面。具体到相关度排名前 30 的特征指标，与"法治"相关的指标有"监管执法""法治""腐败控制"等。法治因素对国际金融中心的建设起到了一定的作用，是国际金融中心建设过程中不容忽视的因素。从法治因素相关指标在报告编制的所有指标中所占的比例及指标相关度来看，该报告的编制机构虽然肯定了法治因素在国际金融中心建设过程中的地位，但是并未赋予其较高的权重。

3. 世界银行营商环境评估中的法治因素

如前所述，世行营商环境评估方式主要是通过对法律法规的考察来判断相关指标的得分，从而对各个国家或地区的营商环境进行排名。这也就意味着，在世行营商环境评估小组的眼中，法律法规是营商环境构成要素的直接表现形式，法律法规的建设对当地的营商环境起到了决定性的作用。既然营商环境对国际金融中心的建设起到了不可忽视的基础性作用，那么可以认为，在世行营商环境报告的视野下，法律法规所代表的法治因素在国际金融中心的建设中发挥了重

---

① 缪因知：《维什尼和"法律与金融"学派研究》，微信公众号"法律和社会科学"，最后访问日期：2018 年 3 月 18 日。

② 沈伟：《国际商事法庭的趋势、逻辑和功能——以仲裁、金融和司法为研究维度》，《国际法研究》2018 年第 5 期，第 114 页。

③ 缪因知：《维什尼和"法律与金融"学派研究》，微信公众号"法律和社会科学"，最后访问日期：2018 年 3 月 18 日。

要作用。

4.《上海市推进国际金融中心建设条例》中的法治因素

2009 年 6 月，上海市人大发布《上海市推进国际金融中心建设条例》（以下简称《条例》），为上海市推进国际金融中心建设提供了法律依据。《条例》从金融市场体系建设、区域布局和基础设施建设、金融人才环境建设、信用环境建设、金融创新环境建设以及金融风险防范与法治环境建设 6 个方面规定了上海国际金融中心建设的具体措施。

《条例》在第七章规定了推进上海国际金融中心建设法治方面的措施，具体内容包括金融监管协调机制的建设、金融诉讼案件审理机制的完善、金融仲裁规则的完善、金融仲裁专业水平的提高和金融法律服务业的发展支持等。这些举措既包括法律法规规则的完善，也包括争议解决机制的完善。该《条例》通过专章的形式规定了国际金融中心建设过程中法治方面的举措，既肯定了法治因素对国际金融中心建设的作用，又赋予了法治因素高度的重要性。

5.《上海国际金融中心建设目标与发展建议》中的法治因素

2020 年 12 月，由上海高级金融学院、国家金融与发展实验室与上海新金融研究院联合撰写的《上海国际金融中心建设目标与发展建议》（以下简称《发展建议》）在"2020 金融论坛"上发布。① 《发展建议》分为三部分：新发展格局与上海国际金融中心建设新任务、上海国际金融中心建设的长期目标和基础支撑、上海国际金融中心"十四五"建设的政策建议。《发展建议》从不同角度提到法治这项因素对国际金融中心建设所产生的影响及其重要性。

《发展建议》在第一部分提出了上海国际金融中心建设面临的新任务，其中完善金融法制与监管是上海国际金融中心建设的任务之一，这一任务的目的是为金融体系的健康、稳定、高效运行提供坚实支撑。

在第二部分，《发展建议》将"完善与国际对接的金融法治监管体系和现代化金融系统风险防范体系"作为上海国际金融中心建设的一项基础支撑。具体来说，为了推动上海国际金融中心的建设，应"提升金融法治水平，健全法律制度"。在争议解决方面，《发展建议》认为需要建设并形成专业化的审判机制、国际化的仲裁和调解机制，以及完善的、国际化的金融法治环境。同时，《发展建议》也将"形成高度国际化的营商环境和一流人才队伍"作为一项基础支撑。其中，打造

---

① 参见上海交通大学上海高级金融学院网站，https://www.saif.sjtu.edu.cn/show-107-4973.html，最后访问日期：2021 年 6 月 27 日。

一流营商环境的一个重要方面是完善法律服务体系。对于如何完善法律服务体系从而形成一流的营商环境,《发展建议》认为需要通过健全公正的司法审判系统,为知识产权保护、劳动者权利保护、鼓励移民、吸引人才等提供有力的制度保障;通过完善企业纠纷解决渠道,推动市场秩序的完善,促进健康的市场竞争行为;推出完备的对标国际的知识产权法和个人数据保护法等。可以看出,《发展建议》十分重视争端解决机制的建设,两次提到了相关内容,认为金融争端的解决对于国际金融中心的建设起到了至关重要的作用,是建设国际金融中心的必须完成的任务,也是上海成为国际金融中心不可或缺的支撑因素。

基于前两部分的分析,《发展建议》在第三部分提出了相关的政策建议,其中法治因素的相关内容同样是政策建议的重要构成部分。在《发展建议》提出的33条政策建议中,与法治相关的政策建议主要有 5 条,包括在临港新片区建立金融法治试验区、在科创板试点建立更完善的证券集体诉讼机制、加强知识产权保护、建立数据资产相关的法律制度和加强个人信息与隐私权保护。

从《发展建议》的三部分内容可以看出,法治因素不仅是国际金融中心建设的影响因素,而且是促成国际金融中心建设的重要因素,其内容主要关注点为完备合理的法律规则体系与公正高效的争议解决机制。

(四) 小结

国际金融中心的建设是一个系统性的工程,需要从多方面持续发力。在建设过程中,法治建设是国际金融中心建设工程的重要组成部分,包括法律法规的完善、争端解决机制的构建、金融监管机制的优化与协调等。法治建设在国际金融中心的建设过程中发挥了不可或缺的作用。

二、国际仲裁中心建设中的法治因素

(一) 国际仲裁中心的内涵

在理解国际金融中心和仲裁中心建设的关联性之前,我们先要明确什么是国际仲裁中心。对此,我们从国际一般理解和我国官方政策的定位中进行讨论。

1. 国际定义

在英文语境下,国际仲裁中心被对应理解为受欢迎的仲裁地(attractive arbitration seats)。[①] 这一表述因在伦敦大学玛丽皇后学院发布的《国际仲裁调

---

① "仲裁地"的概念具有法律上的特殊含义,在此,本节进行综合理解。"仲裁地"既代表选择其背后的法律制度,也代表选择当地的仲裁机构和实地开展庭审活动。

查报告》(以下简称《报告》)中被使用而受到广泛接受。[1] 2021 年度的《报告》指出，尽管受到新冠疫情的影响和冲击，调查结果显示仲裁仍是一种十分受欢迎的跨境争议解决方式。而在全球范围内，最受欢迎的五个仲裁地分别为：伦敦、新加坡、我国香港地区、巴黎和日内瓦。特定地点成为受欢迎的仲裁地由多种因素决定，包括当地法院和司法部门对仲裁的大力支持、当地司法体系的中立性和公正性，以及执行仲裁协议和裁决的优秀表现等。[2]

2. 中国定位

随着"一带一路"倡议的提出及实施、上海自贸区建设的进一步深入等多方面因素的作用，我国越来越多的城市正在加快部署打造仲裁中心的地位。其中，上海作为我国的金融和经济中心，一直被视为建设国际仲裁中心的合适对象。无论是中央政府还是上海地方政府，均对此提出了具体的展望和实施措施，例如 2015 年由国务院颁布的《国务院关于印发进一步深化中国(上海)自由贸易试验区改革开放方案的通知》，为在自贸区进行地方立法灵活调整以推进自贸区内的仲裁发展提供了依据。上海市政府也在此基础上一直积极稳步推进。2016 年 8 月，上海市政府发布《"十三五"时期上海国际贸易中心建设规划》，提出要打造亚太国际商事争议解决中心。2017 年 10 月，上海市推进"一带一路"建设工作领导小组办公室发布《上海服务国家"一带一路"建设发挥桥头堡作用行动方案》，进一步明确提出要建设"一带一路"国际仲裁中心。2019 年 1 月，上海全面深化改革委员会通过了《关于完善仲裁管理机制提高仲裁公信力加快打造面向全球的亚太仲裁中心的实施意见》，该《意见》明确表示上海市将会力图加快推进仲裁工作改革发展，加快建设亚太仲裁中心。上海市司法局也于同年发布了《上海市司法局关于印发〈打响"上海仲裁"服务品牌行动方案(2019—2021 年)〉的通知》，明确对于仲裁领域的创新尝试予以鼓励。

根据对这些规范性文件的解读，国际仲裁中心"是指一个拥有提供专业仲裁规则、管理、服务的本地仲裁机构，且在国际当事人中极富竞争力、影响力、公信力、愿意选择作为仲裁地的城市"。[3]

---

[1] Queen Mary University of London & White&Case. 2021 International Arbitration Survey: Adapting arbitration to a changing world.

[2] Queen Mary University of London & White&Case. 2021 International Arbitration Survey: Adapting arbitration to a changing world.

[3] 胡耀辉、顾心怡：《将上海建成国际仲裁中心—英国仲裁法律司法监督的启示》学术演讲(2021 年 5 月 18 日)。

（二）国际仲裁中心建设的评价维度

在对国际仲裁中心的内涵进行了梳理后，我们将从《报告》所反映的观点考察什么因素对于建设国际仲裁中心最具有影响。

涉及仲裁地法治水平的法院系统对仲裁的支持力度、司法体系的中立性和公正性、法院执行仲裁协议和裁决的情况等被认为是仲裁地受欢迎的主要因素。此外，因新冠疫情的冲击，对于线上庭审的支持力度和仲裁员选任的多样性以及其他一些能使仲裁程序更加快速便捷和便宜进行的因素也被受访者提及。[1]

黄进教授认为，国际仲裁中心的建设离不开四个要件：一流的法治环境、一流的仲裁法律制度、一流的仲裁管理服务和一流的仲裁品牌机构。[2]其他学者也认为，对于仲裁，包括法律制度作为一种争议解决方式的支持度和中立性、可预测性在内的一国法治环境、经济环境和仲裁的专业群体和能力水平都对于建设仲裁中心有重要的影响。[3]

与建设国际金融中心一样，国际仲裁中心的建设需要本国强有力的法治水平支撑。下文将以伦敦和上海为例，分析其背后所代表的英国法、普通法和中国法、大陆法对于建设仲裁中心的意义。

（三）法治影响仲裁中心建设

由于法治本身的概念较为宽泛，本节尝试以整体法治环境、仲裁法律制度和法律的中立性三个方面讨论法治对于仲裁中心建设的影响。

1. 整体法治环境

作为世界公认的国际仲裁中心，选择伦敦为仲裁地代表了对整个英国法律系统的信心。一般认为，普通法系国家的法律体制相较于大陆法系国家的法律体制，尤其是在涉及产权保护和市场执行机制等方面运行得更为良好和有效果。[4]上文提到的世界银行营商环境指标排名中，英国排名第8位，中国排名第31位，[5]也反映出中国法律制度对于国际投资者和当事人的吸引力还不强。[6]

---

[1] Queen Mary University of London & White&Case. 2021 International Arbitration Survey: Adapting arbitration to a changing world.

[2] 张维：《中国成为国际仲裁中心需四个要件》，《法制日报》2017年3月16日。

[3] Tuuli Timonen & Nika Larkimo. Attracting International Arbitrations through Adoption of Predictable and Transparent National Legislation: Advantages of the UNCITRAL Model Law for an Aspiring Arbitration Seat. *Scandinavian Stud. L.* Vol. 63, 2017.

[4] 沈伟：《国际商事法庭的趋势、逻辑和功能——以仲裁、金融和司法为研究维度》，《国际法研究》2018年第5期，第114页。

[5] World Bank. Doing Business，https://www.doingbusiness.org/en/rankings，最后访问日期：2021年6月25日。

[6] 牟笛：《上海建设面向全球的亚太仲裁中心的挑战与出路》，《上海法学研究》2019年第17卷，第14页。

因此，相较于伦敦，上海在建设国际仲裁中心的目标上，其整体法治环境有待改善。而这一点与我国的整体法律制度、法律渊源、文化等不可分割。要提升上海所代表的中国法律体系的国际公信力和认可情况，需要长期和广泛的努力。

2. 仲裁法律制度

英国仲裁法律制度起步十分早，17 世纪末仲裁机制的雏形便显现。经过漫长的发展，1950 年英国出台了《仲裁法》(Arbitration Act)，并将仲裁机制的定位从司法权限的一部分剥离，成为一种独立公正的争端解决方式，在具体制度设计上趋向于限制法院对于仲裁程序和裁决的干预。1996 年英国《仲裁法》修改，其仲裁法律制度体现出对仲裁作为一种独立的争议解决方式的尊重，法院对于仲裁程序的介入持有限干预原则(limited judicial intervention)。①

中国国内的仲裁事业起步较晚，且"由于我国总体的仲裁生态体系有别于国际商事仲裁界的主流形态，外界对上海仲裁缺乏认识和认同"。② 改革开放后，仲裁开始发展，我国《仲裁法》于 1994 年颁布，且至今并未有大的修改。在理念上，我国对于仲裁的认识和理解为将其视作司法进行争议解决整体框架体系的一个部分，对于仲裁的行政管制和限制较多，集中体现在必须为机构仲裁、仲裁机构的设立和仲裁员的选任、关于仲裁协议效力认定等方面，有着较为鲜明的行政化色彩。③

尽管中国政府近年来高度重视仲裁的发展，并综合运用多种手段推动仲裁法律机制的改革和建设对仲裁更为友好的整体环境，例如将仲裁机构市场化，同时如上所述，上海市作为国家部署的仲裁中心建设，其在具体的制度上获得了更多的灵活性机会，例如可在自贸区内进行临时仲裁、境外仲裁机构可设置分支机构等，④但上海市在立法权和司法权上的局限性使得这些改革措施的推行范围有限。⑤ 同时，由于未以法律或较为规范的形式所固定，这些政策不具有稳定性，故给投资者选择中国作为仲裁地带来了极大的风险。因此，中国的仲裁法律制度对于投资者而言并无较强吸引力，并可能对给当事人产生造成诸多风险和不确定性。⑥

就裁决的承认和执行而言，中英两国均为《纽约公约》的成员国，因此对于非

---

① 余蕊桢：《英国法院对仲裁裁决的司法监督》，《仲裁研究》2008 年第 4 期。

② 牟笛：《上海建设面向全球的亚太仲裁中心的挑战与出路》，《上海法学研究》2019 年第 17 卷，第 14 页。

③ 沈伟：《中国仲裁司法审查制度——缘起、演进、机理和缺陷》，《上海法学研究》2019 年第 17 卷，第 29 页。

④ 《境外仲裁机构可在上海自贸区临港新片区设立业务机构》，http://www.gov.cn/xinwen/2019-11/08/content_5450236.htm，最后访问日期：2021 年 6 月 25 日。

⑤ 牟笛：《上海建设面向全球的亚太仲裁中心的挑战与出路》，《上海法学研究》2019 年第 17 卷，第 14 页。

⑥ 沈伟：《中国仲裁司法审查制度——缘起、演进、机理和缺陷》，《上海法学研究》2019 年第 17 卷，第 45 页。

内国裁决适用同样的审查标准。事实上,中国法院系统基于国情建立的报核制度是为了履约,克服地方保护主义,并在近年将其推广至对国内裁决的审查程序中。[①] 但需指出的是,这样的做法虽在一定程度上保证了审查标准和力度的一致性,但也意味着中国法院执行和审查的程序可能会更长,司法的介入和干预也会更多。同时,中国的基层法院对于仲裁程序普遍欠缺了解的情况导致在实践中司法程序出现较多的任意性和违法裁定,从而在整体上削弱了中国仲裁法律制度的可信度。

3. 中立性

地方法院体系对于仲裁程序和裁决执行是否中立(neutrality)且不偏私(impartiality),是影响仲裁地选择的重要因素。英国《仲裁法》通过确认法院仅能在有限的情形下对仲裁程序进行复核,确保了其作为仲裁地的中立性。而上海作为中国的经济中心,其中立性难以得到外国投资者和当事人的认可。[②] 上海的仲裁机构的注册仲裁员的背景相较于伦敦的仲裁机构更为单一,不具有多元性的劣势也使得投资者对于其中立性有担忧。[③] 事实上,如前所述,中国法院在承认和执行仲裁裁决中对于社会公共利益和公共秩序保留常作出充满争议的认定和理解,加剧了商事活动投资者对于其中立性的不认可。[④]

综合而言,法治对于国际金融中心和仲裁中心的建设具有极为重要的作用。对比中英两国法律体系,中国的法治和仲裁法律制度对于投资者并不具有吸引力。

三、小结

尽管国际金融中心和国际仲裁中心的排名在结果上具有相当的耦合性,通过对比也可看出两者的建设存在着诸多共同因素,但从法治水平这一重要的促成因素来看,由于伦敦和上海背后代表的实为英国法和中国法在法治环境、历史上的差异以及对仲裁地位的定性和友好程度的区别,上海要建设成为目标中的国际仲裁中心仍受到掣肘。将上海建设成为面向世界的亚洲仲裁中心,具体的政策导向和弹性固然重要,但也有赖于我国整体法治水平建设的提升。

---

① 沈伟:《中国仲裁司法审查制度——缘起、演进、机理和缺陷》,《上海法学研究》2019 年第 17 卷,第 29 页。
② 牟笛:《上海建设面向全球的亚太仲裁中心的挑战与出路》,《上海法学研究》2019 年第 17 卷,第 14 页。
③ Queen Mary University of London & White&Case. 2021 International Arbitration Survey: Adapting arbitration to a changing world.
④ 沈伟:《中国仲裁司法审查制度——缘起、演进、机理和缺陷》,《上海法学研究》2019 年第 17 卷,第 29 页。

第三章

《仲裁法》修改的难点

把上海、深圳等地建设成为亚太国际商事仲裁中心，通过立法方式构建仲裁友好型法域，集聚仲裁要素至关重要。上海、深圳、青岛等地通过地方立法和行政改革的方式，深化改革机制，集聚仲裁要素，提升仲裁理念现代化，吸收国际商事仲裁实践的普遍经验。

对于这些目标，《仲裁法》修订可以进一步促进仲裁制度的改革，在规则方面需要重点解决仲裁地的选择、临时仲裁制度的建立、可仲裁性范围的拓展、仲裁临时措施的完善、集中管辖的确立和政府支持措施的到位等六个方面的难点。此外，仲裁司法审查、公共政策、仲裁裁决的撤销和执行、仲裁选择性上诉机制等问题也值得优化和分析。

第一节　仲　裁　地[*]

一、仲裁地的概念

在国际商事仲裁中，仲裁地是一个法律概念，它是指仲裁当事人约定的或无约定时由仲裁庭（仲裁机构）、法院确定的仲裁的法律归属地。[①] 仲裁地在整个仲裁活动中发挥着重要的作用，涉及程序法和实体法的选择和适用、可仲裁性、仲裁协议的效力、不予承认或执行等问题。

司法实践与"仲裁地"易混淆的概念有两种：一是仲裁开庭地，指仲裁案件进行开庭审理的地点，是物理意义上的地理概念，在法律上并没有实际意义。二

---

[*] 本节撰稿人沈钺、王晓霞。

[①] 覃华平：《国际商事仲裁中仲裁地的确定及其法律意义——从 BNA v.BNB and another 案谈起》，《商事仲裁与调解》2020 年第 2 期，第 69 页。

是仲裁庭合议地。通常情况下仲裁庭合议地与仲裁地相同,有时也会与仲裁开庭地相同,或者在仲裁机构所在地。① 实践中,仲裁开庭地和仲裁庭合议地在通常情况下往往就是当事人在仲裁协议中约定的仲裁地。只有当仲裁庭在当事人约定的仲裁地以外的国家和地区开庭审理或者进行合议时,才会出现不一致。② 仲裁地也会与仲裁机构所在地、准据法所在地等概念相混淆。

1998 年《伦敦国际仲裁院仲裁规则》第 16 条规定:③各方当事人可以对仲裁地以书面协议的方式作出约定,而仲裁庭可以将审理、会议和审议的地点酌情选择在任意方便的地点,但是仲裁活动依旧应当被视为在仲裁地进行,仲裁裁决也应视为在仲裁地做出。虽然仲裁开庭地、仲裁庭合议地并不确定,但是仲裁裁决的作出地始终是由仲裁地决定的。

二、仲裁地的重要性

仲裁地决定了仲裁裁决的国籍。它的重要性在于：一是仲裁地决定了仲裁程序的法律适用;④二是仲裁地决定了裁决的效力和执行。仲裁的相关活动必然遵循一国国内法律体系,仲裁地作为关键的连接点,是确定适用哪一国家法律体系的重要因素。

仲裁地影响着裁决的国籍,国籍标志着裁决的法律效力来源。因为仲裁如果不与某一特定国家的国内法相联系,就不会产生法律上的拘束力。⑤ 仲裁裁决生效后,只有仲裁地所在国有权监督裁决的效力和执行,在一定条件下作出撤销裁决或不予执行的决定,为仲裁裁决的效力和执行提供保障。因此,仲裁地在整个仲裁活动中起着十分重要的作用。

三、关于仲裁地的国际立法惯例

(一) 国际法中仲裁地的确认

《纽约公约》对于仲裁地的确定方式采取了开放的标准,即仲裁地的确定

---

① 赵秀文：《论法律意义上的仲裁地点及其确定》,《时代法学》2005 年第 1 期,第 13—20 页。
② 赵秀文：《论法律意义上的仲裁地点及其确定》,《时代法学》2005 年第 1 期,第 13—20 页。
③ 王兰：《我国仲裁协议法律适用的理论反思与制度完善》,《甘肃社会科学》2014 年第 2 期,第 148—152 页。
④ 崔悦：《论网上国际商事仲裁中仲裁地的选择与确认》,《西安石油大学学报(社会科学版)》2021 年第 1 期,第 81—86 页。
⑤ 宋建立：《仲裁地在仲裁程序中的重要性》,http://www.huizhou.gov.cn/bmpd/hzzcw/zwgk/gzdt/content/post_4115236.html,最后访问日期：2022 年 8 月 24 日。

适用于承认及执行在一国领土外作出的仲裁裁决，或者一国认为一项仲裁裁决不是其本国裁决。《国际商事仲裁示范法》第 20 条关于仲裁地作出了明确规定："对于仲裁地点的选择，当事人可以任意地在仲裁协议中进行约定，若未达成协议，则由仲裁庭根据国际商事纠纷的具体情况确定仲裁地点，当事人各方的方便可以作为参考因素。在当事人双方不存在明确的协议时，仲裁庭可以在任何适当的地点审理、合议，利于仲裁员间的讨论研究，询问证人、听取当事人或者专业人士的意见，查验货品、财产或者文件。"虽然《欧洲国际商事仲裁公约》《美洲国家国际商事仲裁公约》中并未对仲裁地的确定方式进行专门的规定，但在具体实践中，对于仲裁地的认定，都是在当事人自治的原则上由仲裁庭进行决定。[1]

《联合国国际贸易法委员会仲裁规则》（以下简称《UNCITRAL 仲裁规则》）第 18 条对于仲裁地的确定方式作出规定，应当首先尊重当事人对于仲裁地的约定，在当事人未约定时，将仲裁地的决定权授予仲裁庭，由其根据案情确定。[2]《国际商会仲裁规则》（以下简称《ICC 仲裁规则》）第 14 条是对于仲裁地认定的规定："（1）除非当事人约定，否则仲裁地点应由仲裁庭确定。"另外，《ICC 仲裁规则》将开庭审理、会面和合议地点的决定权赋予仲裁庭。

（二）外国国内立法中仲裁地的确定

1996 年《英国仲裁法》第 3 条规定了 3 种确定仲裁地的方式：当事人可以在仲裁协议中确定仲裁地；可以将选择权赋予其他仲裁机构或者个人，由他们选定；将选择权交予仲裁庭，由其选定。若这 3 种方式都不能选定仲裁地，则由仲裁庭在参考仲裁协议并考虑案情后作出决定。1986 年《荷兰仲裁法》第 1037 条关于仲裁地点的确定方式规定，首先应当由当事人协议确定，若无此协议，则由仲裁庭确定。若当事人和仲裁均未确定仲裁地点，则裁决书中记载的裁决作出地为仲裁地。此外，《德国民事诉讼法》《瑞典仲裁法》《加拿大商事仲裁法案》《韩国仲裁法案》中关于仲裁地点的规定与《国际商事仲裁示范法》基本一致。因此，外国国内立法对于仲裁地的确定，一般先给予当事人选择权并允许其在仲裁协议中作出约定，如果未约定则由仲裁庭综合考量确定仲裁地。

---

[1] 赵秀文：《论法律意义上的仲裁地点及其确定》，《时代法学》2005 年第 1 期，第 13—20 页。

[2] 第 18 条规定："1. 各方当事人未事先约定仲裁地的，仲裁应根据案情确定仲裁地。裁决应视为在仲裁地作出。2. 仲裁庭可在其认为适当的任何地点进行合议。除非各方当事人另有约定，仲裁庭还可在其认为适当的任何地点为其他任何目的举行会议，包括进行开庭审理。"

四、我国仲裁地立法现状

我国现行立法对仲裁地的概念及确定方式的规定很少,相关的立法与仲裁规则有:《民事诉讼法》及其司法解释、《仲裁法》及其司法解释、《涉外民事关系法律适用法》及其司法解释、《中国国际经济贸易仲裁委员会仲裁规则》(以下简称《CIETAC仲裁规则》)。

《民事诉讼法》第四编第26章规定了我国涉外仲裁与司法相衔接的内容。该法第283条规定:"根据中华人民共和国缔结或者参加的国际条约,或者按照互惠原则,人民法院和外国法院可以相互请求,代为送达文书、调查取证以及进行其他诉讼行为。外国法院请求协助的事项有损于中华人民共和国的主权、安全或者社会公共利益的,人民法院不予执行。"《民事诉讼法解释》第545条规定,对于临时仲裁庭在我国领域外作出的仲裁裁决,在有关承认和执行的具体事项上,参照《民事诉讼法》第283条的规定,即将临时仲裁庭在我国领域外作出的仲裁裁决等同于国外仲裁机构作出的裁决。我国《民事诉讼法》及其司法解释并未提及"仲裁地"的有关概念,也未对仲裁地的确认作出相关规定。

《仲裁法》第16条第2款规定仲裁当事人签订的仲裁协议的内容中应当包括:提交仲裁的意思表示、需要仲裁的具体事项以及选择确定的仲裁委员会。本条没有将"仲裁地"纳入仲裁协议的必备内容,当事人并非必须在仲裁协议中约定明确具体的仲裁地。《仲裁法》第7章是涉外仲裁的特别规定,主要侧重于涉外仲裁委员会及涉外仲裁程序,并没有涉及仲裁地的相关事宜。《仲裁法解释》第16条第一次引入了"仲裁地"的表述,该条规定:"对涉外仲裁协议的效力审查,适用当事人约定的法律;当事人没有约定适用的法律但约定了仲裁地的,适用仲裁地法律;没有约定适用的法律也没有约定仲裁地或者仲裁地约定不明的,适用法院地法律。"若当事人对于仲裁协议是否有效存在不同意见,需要向法院申请确认时,《仲裁法解释》第12条对于国内仲裁与涉外仲裁分别规定了不同的管辖法院,第12条第2款规定,对于涉外仲裁协议,由当事人在仲裁协议中选择的"仲裁机构所在地、仲裁协议签订地、申请人或被申请人住所地"法院确认其是否有效。如上文所述,在确认一份仲裁协议是否有效时,国际上普遍采用的做法通常是向仲裁地法院提出申请,然而本条将管辖法院确定为"仲裁机构所在地"的法院,可见最高人民法院在《仲裁法解释》把仲裁地理解为"仲裁机构所在地"。《仲裁法解释》作为最高人民法院发布的司法解释,其在《仲裁法》对于"仲裁地"只字未提的情况下出现了"仲裁地"的字样。法律和司法解释出现了不一致的情形。《涉外民事关系法律适用法》第 18 条规定:"当事人可以协议选择仲裁协议适用的法律。当事人没有选择的,适用仲裁机构所在地法律或者仲裁地法律。"而上文《仲裁法解释》默示推定仲裁机构所在地为仲裁地,此处法条的"或者"也明显存在矛盾之处。

综上所述,我国法律目前并未对仲裁地作出明确的定义,也并未将仲裁地与仲裁机构所在地进行区分,且各法规之间存在诸多矛盾之处。与之相对的是我国仲裁机构规则对仲裁地确定作出了明确的规定。

《CIETAC 仲裁规则》第 7 条是对于仲裁地的专门规定,首先允许当事人自行对仲裁地进行协议选择,若未约定或者约定不明的,则将"管理案件的仲裁委员会或其分会/仲裁中心所在地"推定为仲裁地,或者由仲裁委员会考虑案件的实际状况后选择更为适宜的仲裁地。[1] 第 30 条将仲裁地列为仲裁委员会主任指定仲裁员时的考虑因素之一。[2] 此外,《CIETAC 仲裁规则》第 36 条对开庭地进行了专门的规定,将开庭地定义为仲裁案件开庭审理的地点,与仲裁地的概念进行了明确的区分,防止二者之间发生混淆。相较于修订前的 2005 年《CIETAC 仲裁规则》第 31 条,2015 年《CIETAC 仲裁规则》扩大了仲裁委员会选择仲裁地的范围,不局限于仲裁委员会总会或其分会。可见,CIETAC 对于仲裁地的确定方式采纳了国际上通行的标准,修改后的《CIETAC 仲裁规则》正在逐步与国际接轨,这为我国仲裁机构参与国际商事仲裁打下了坚实的基础。

《北京仲裁委员会仲裁规则》第 27 条对仲裁地的确定方式作出规定:在当事人未作出明确约定的情况下,默认北京仲裁委员会所在地为仲裁地。同时赋予北京仲裁委员会出于对案件实际情况的考虑,选择北京之外的地点作为仲裁地的权力。[3] 同样,该规则在第 28 条就开庭地点单独进行了规定。《上海仲裁委员会仲裁规则》第 39 条、《中国广州仲裁委员会仲裁规则》第 7 条、《深圳国际仲裁院仲裁规则》第 4 条、《武汉仲裁委员会(武汉国际仲裁中心)仲裁规则》第 75 条都是关于仲裁地的特别规定,与《北京仲裁委员会仲裁规则》第 27 条的规

① 《中国国际经济贸易仲裁委员会仲裁规则(2015 年版)》,http://www.cietac.org.cn/Uploads/201902/5c614d80b051f.pdf,最后访问日期:2022 年 7 月 19 日。
② 《中国国际经济贸易仲裁委员会仲裁规则(2015 年版)》,http://www.cietac.org.cn/Uploads/201902/5c614d80b051f.pdf,最后访问日期:2022 年 7 月 19 日。
③ 《北京国际仲裁中心仲裁规则(2022 年版)》,http://www.bjac.org.cn/news/view?id=4104,最后访问日期:2022 年 7 月 19 日。

定基本相同。

关于仲裁裁决国籍如何进行确认,国际上通常以仲裁裁决的作出地为标准,即仲裁地标准。若一项仲裁裁决被认定为"外国裁决",那么作为《纽约公约》的缔约国,在承认和执行该项裁决时,就不能适用其国内的法律,而是遵循《纽约公约》的规定。如果一项国际商事仲裁裁决在缔约国被承认和执行时,适用了《纽约公约》而非其国内的一般立法,就可以推断出此项仲裁裁决在该国被判定为"外国裁决"。根据最高人民法院发布的《最高人民法院关于执行我国加入的〈承认及执行外国仲裁裁决公约〉的通知》第 1 条,在我国互惠保留声明的范围外,若《纽约公约》的规定与我国民事诉讼法出现了分歧,应当适用《纽约公约》的规定。[①] 根据我国《民事诉讼法》第 283 条,在承认和执行"国外仲裁机构的裁决"时,应当依照我国缔结或者参加的国际条约办理。因此,我国将"国外仲裁机构的裁决"认定为"外国裁决",即认定仲裁裁决的国籍是以仲裁机构的所在地为标准,而非仲裁裁决作出地,与国际主流标准并非一致。

我国《仲裁法》第 58 条将撤销一项仲裁裁决的权力授予"仲裁委员会所在地"的法院,由《仲裁法》可知我国法律意义上的仲裁地就是仲裁委所在地,仲裁委所在地的中级人民法院享有对仲裁裁决、仲裁协议效力的监督权。[②] 这一立法模式显然与国际上将司法监督权授予仲裁地法院的做法相违背,在当事人未就仲裁地作出约定的情况下,可能会引起撤销权或者效力确认权的冲突。[③]

五、立法建议

(一) 明确仲裁地的概念和确定方式

"仲裁地"这一表述在我国立法中第一次出现是在 2006 年 9 月 8 日起施行的《仲裁法解释》中,此后,《涉外民事关系法律适用法》中也出现了"仲裁地"的字样。其他仲裁立法并未出现"仲裁地"概念,反而以"仲裁委员会所在地""仲裁机构所在地"等替代,司法解释却出现了"仲裁地"概念,存在一定的混淆。因此,建议在《仲裁法》中界定仲裁地的概念。

2022 年 6 月 30 日,上海仲裁委员会(上仲)推出了新版仲裁规则(2022 年版《上仲仲裁规则》),并从 7 月 1 日开始实施。上仲呼应司法部于 2021 年《仲裁

---

① 《最高人民法院关于执行我国加入的〈承认及执行外国仲裁裁决公约〉的通知》,http://www.gqb.gov.cn/node2/node3/node5/node9/node113/userobject7ai1482.html,最后访问日期:2022 年 7 月 19 日。
② 赵秀文:《论法律意义上的仲裁地点及其确定》,《时代法学》2005 年第 1 期,第 18 页。
③ 赵秀文:《论法律意义上的仲裁地点及其确定》,《时代法学》2005 年第 1 期,第 17—19 页。

法》(征求意见稿)中关于仲裁地的新理念,对接国际通行惯例,在 2022 年版《上仲仲裁规则》明确规定了仲裁地,其中第 4 条规定:"(一)当事人对仲裁地有约定的,从其约定;当事人对仲裁地没有约定的,以仲裁委所在地为仲裁地,仲裁委也可以视案件的具体情形确定其他地点为仲裁地。(二)经征求当事人的意见,仲裁庭可以在其认为适当的任何地点开庭和举行会议,但当事人另有约定的除外。(三)仲裁庭可以在其认为适当的任何地点进行合议,仲裁裁决视为在仲裁地作出。"①在未来《仲裁法》的修订中,应当加入仲裁地的定义,仲裁地是指仲裁当事人约定的,或无约定时由仲裁庭、仲裁机构或法院确定的仲裁的法律归属地。②

在仲裁地的确定方式上,应当承认当事人对仲裁地的自主选择权和仲裁地的确定方式,充分尊重当事人的意思自治。具体而言,建议删除《仲裁法》第 16 条关于有效仲裁协议必须包括选定的仲裁机构的内容,并加入仲裁地相关内容,即当事人可以在仲裁协议中约定仲裁地,当事人对仲裁地没有约定或约定不明确的,由仲裁地综合考量决定,仲裁裁决被视为在仲裁地作出。③ 即使仲裁程序涉及多个地点,也不能改变仲裁地,这样才不会在后续仲裁程序和仲裁裁决的承认和执行中存在混乱和不确定性。

（二）明确仲裁地的适用范围

国际商事仲裁裁决的国籍具有至关重要的意义,在其之后的承认和执行、当事人申请将其撤销等环节都起着关键作用。我国在判定一项仲裁裁决国籍时,采用的是"仲裁机构所在地"这一准则,不仅与国际公认的标准不相符合,而且在实践中导致出现众多混乱与矛盾。④ 同时,以"仲裁机构所在地"作为准则,说明我国立法者将临时仲裁排除在外,这远远落后于当今世界仲裁事业的发展现状,限制了我国仲裁的进步。因此,我国立法者在修订《仲裁法》时,应当摒弃"仲裁机构所在地",而将仲裁地确立为认定国际商事仲裁裁决国籍的标准。至于是否引入其他标准作为补充,可以在深入分析以及结合实践后决定。确立仲裁地标

---

① 《上海仲裁委员会仲裁规则（2022 年版）》,http://www.accsh.org/uploadfile/2022/0630/20220630092424289.pdf,最后访问日期:2022 年 8 月 25 日。

② 覃华平:《国际商事仲裁中仲裁地的确定及其法律意义——从 BNA v.BNB and another 案谈起》,《商事仲裁与调解》2020 年第 2 期,第 69 页。

③ 杨园硕:《中国仲裁地建设研究——以中国(上海)自由贸易试验区临港新片区为例》,《华东理工大学学报(社会科学版)》2022 年第 2 期,第 120 页。

④ 孙金诚:《让"中国仲裁"成为一张亮丽名片——全国政协"仲裁法的修订"专题调研综述》,http://www.cppcc.gov.cn/zxww/2022/04/13/ARTI1649818747430399.shtml,最后访问日期:2022 年 8 月 24 日。

准后,我国实践中因立法不明带来的长期混乱将得到有效缓解,且临时仲裁也不会再处于尴尬的地位。

第二节 临 时 仲 裁*

一、临时仲裁概念与特点

临时仲裁是不经已设立的仲裁机构管理,而是由当事人对某一特定仲裁案件自愿设计仲裁程序,进而解决争端的一种仲裁裁决活动。以是否有专门的常设机构来组织或辅助仲裁的进程为标准,可以将仲裁分为机构仲裁和临时仲裁两种。机构仲裁指由专门的仲裁机构按照其仲裁规则来安排进程的仲裁;在临时仲裁中不存在专门的仲裁机构,仲裁程序完全由仲裁庭和双方当事人自行推进。机构仲裁的优势在于其具备完善的仲裁规则,并拥有丰富的经验,因此可以为当事人甚至仲裁员提供高质量的服务。很多仲裁机构在业内享有较高的声誉,有时法院会对机构仲裁中作出的裁决给予更多的信任。

临时仲裁也拥有独特的优势,特别是在灵活性方面。由于临时仲裁不存在仲裁机构,当事人可以自主仲裁程序并根据案件的具体情况作出安排,双方当事人可以最大限度地实现程序上的便利性,节省时间和开支,提高仲裁的效率并增强其效果。[①] 随着联合国国际贸易法委员会(UNCITRAL)仲裁规则的推出,临时仲裁的便利性得到了极大的增强。UNCITRAL 仲裁规则作为一份专门为临时仲裁起草的仲裁规则,可以供当事人轻松地选择适用于其仲裁程序之中。由于商事仲裁的保密特性,很难精确统计在世界范围内,机构仲裁和临时仲裁到底由哪种方式处理的案件更多,当事人往往会根据它们之间的合同或争端的具体情况来选择最合适的仲裁方式。总体来说,鉴于其灵活性和经济性,在争议额较小的案件中,当事人可能会更倾向于临时仲裁。目前我国在支持机构仲裁的同时总体否定临时仲裁。

二、临时仲裁的设立意义

首先,"一带一路"倡议中的规则新要求。"一带一路"倡议作为顶层设计,自

---

* 本节撰稿人张晓仪。

① 张铁铁:《我国法律制度对商事仲裁性质的误解——从临时仲裁谈起》,《北方法学》2020 年第 4 期,第 98 页。

2013 年提出以来得到越来越多国家的认可和参与。最高人民法院在深圳和西安两地建立国际商事法庭,专门处理国际商事纠纷案件。日前,第一国际商事法庭在深圳公开审理了广州本草公司与意大利贝思迪药厂一案,得到社会广泛关注,标志着我国探索国家商事争议解决专门法庭的成功。当然,仅依靠国际商事法庭还远远不够应对"一带一路"倡议开展过程中的国际贸易争端,在法院体系之外还需要探索其他争议解决方式,而目前比较成熟的手段就是仲裁。我国已经初步建立了机构仲裁体系,但临时仲裁制度处于缺位状态,应当将仲裁领域已经较为成熟、国际上皆已认可的临时仲裁规则吸收到我国立法中。临时仲裁的相关规则在域外具有非常深厚的理论及成熟的实践经验,在"一带一路"推进过程中,不同国家的企业都会参与其中,这就要求我们的司法制度尽可能国际化,提供临时仲裁,与世界仲裁规则保持一致。[①]

其次,国际化的需求。目前世界格局正在发生变化,经济全球化浪潮正在世界范围内掀起波澜,随着科学技术的进步,国家之间的距离被进一步拉近。中国作为《纽约公约》的缔约国,并未对临时仲裁制度做出保留,从与国际仲裁规则接轨和履行缔约国义务的角度来说,完全没有理由放弃临时仲裁制度。随着改革开放成就被普遍认可,无论是国家战略层面还是民间企业都已经意识到了打开国门的诸多优势和其必要性,随着深化改革的推进,特别是"一带一路"合作的展开,我们必须进一步与国际接轨,在各个领域都摒弃执念,抛弃故步自封的观念,尽快与国际先进制度对接。在仲裁制度上,是否可以继受临时仲裁的诸多规则,本质而言并没有损害我们的国家利益,建立临时仲裁制度是继续国际化、深入推进"一带一路"倡议的要求。因此,从我国继续和深化国际化进程的角度来考虑,有理由认为应当尽快建立临时仲裁制度,以切实完善国际商事纠纷解决机制,实现与国际仲裁规则的真正对接。

三、临时仲裁制度的域外立法

目前,世界上多数国家及地区,例如德国、美国、意大利等都在仲裁制度中规定了临时仲裁,临时仲裁与机构仲裁"双轨并行"。[②] 少数国家,例如葡萄牙、希腊等将临时仲裁作为主要的仲裁形式在全国范围内推行。[③] 国际公约对临时仲

---

① 叶雄彪:《从理念到实践:论"一带一路"背景下临时仲裁的制度构建》,《河南财经政法大学学报》2019 年第 6 期,第 134 页。
② 唐琪:《我国临时仲裁制度的构筑研究》,《公关世界》2021 年第 8 期,第 181 页。
③ 唐琪:《我国临时仲裁制度的构筑研究》,《公关世界》2021 年第 8 期,第 181 页。

裁也作出了明确的规定,《纽约公约》第 1 条规定:"本公约所称仲裁判断,不仅指个别事件由选定之仲裁人所作的判断,也指当时交付常设机构而作的判断。"《关于国际商事仲裁的欧洲公约(1961 年)》第 4 条规定:"当事人可以自由决定将其争议提交常设仲裁机构或临时仲裁机构审理。"《美洲国家国际仲裁公约(1975年)》《联合国国际贸易法委员会仲裁规则(1976 年)》《联合国国际商事仲裁示范法(1985 年)》等亦对临时仲裁制度予以确认。

(一) 国家和地区制度层面

1. 英国的临时仲裁

英国仲裁法一直承认临时仲裁的存在,在立法上也有相关体现,例如 1996年《仲裁法》第 74 条。此外,对于临时仲裁中仲裁员任命机构的范围规定也相当宽泛,可以是法院、仲裁机构以及个人。该法所强调的当事人意思自治原则与临时仲裁的本质也相吻合,其所提出的有限的法院干预原则对于保证临时仲裁的公正性发挥了强大的作用。LCIA 作为国际上成立最早、影响力最大的仲裁机构之一,对英国仲裁制度以及国际仲裁制度都发挥着不可替代的作用。作为常设仲裁机构,LCIA 除了提供机构仲裁还可以在仲裁员委任困难时根据当事人或其他主体的请求指定仲裁员。这本质上是仲裁机构提供临时仲裁方面的协助,显然不同于我国国内仲裁机构一直以来仅处理机构仲裁事务的职能。[①]

2. 我国香港地区的临时仲裁

至 1963 年《仲裁条例》颁布之前,临时仲裁是我国香港地区唯一的仲裁形式。1977 年英国将《纽约公约》扩大适用于我国香港地区,至 1990 年率先采纳《国际商事仲裁示范法》。1985 年 HKIAC 成立,至今我国香港地区已建立了一套以 HKIAC 为首的完整仲裁机构体系,临时仲裁制度在我国香港地区发展迅速,比重已远超过机构仲裁。不同于内地的仲裁机构,HKIAC 扮演辅助的角色,同时为机构仲裁与临时仲裁提供设施和服务。其主要功能是提供仲裁员名册供当事人选择,也可向当事人及仲裁员提供各项后勤工作及部分行政服务,且不向当事人和仲裁员收取费用。根据我国香港地区《仲裁条例》第 12 条规定,HKIAC 在当事人未能达成一致意见委任仲裁员的情况下,有权代为委任。仲裁裁决作出后,只需仲裁员本人签署,但 HKIAC 也可根据当事人的要求加盖印

---

① 夏佳凤:《论我国自由贸易试验区临时仲裁制度的构建》,《经济研究导刊》2020 年第 1 期,第 192—194 页。

章以证明裁决书由中心所委任的仲裁员作出。[1]

(二) 国际规则层面：UNCITRAL 规则

《UNCITRAL 规则》自 1976 年颁布后，无论是在临时仲裁还是机构仲裁，甚至是国家和个人间的投资仲裁上都得到了广泛的适用，可以说是当代成功运用解决争议的规则。[2] 2010 年国际贸易发展委员对《UNCITRAL 规则》作出了进一步修订，以促进其能适应实践的发展和需求。

在 2010 年最新的《UNCITRAL 规则》中，有两点对临时仲裁的适用更加有利，一是对诸多形式要件作了进一步简化。《UNCITRAL 规则》第 1 条删除了仲裁协议的书面要求，并将仲裁的适用范围从"与合同相关"扩大至"与确定法律关系相关"，扩大了《UNCITRAL 规则》的适用范围，符合临时仲裁适用的灵活性并且符合其便利化的要求。在送达方面，2010 年新《UNCITRAL 规则》强调了电子邮件送达和传真送达的效力，这一改变为通过互联网进行仲裁的情况下相关文书的送达确定了效力，而通过互联网进行仲裁是当代金融科技发展中的表现形式。二是 2010 年新《UNCITRAL 规则》提升了仲裁庭和仲裁员的独立性，且扩大了仲裁庭的裁量权。新规则借鉴了英国 1996 年《仲裁法》，规定在非故意的情形下，仲裁员对自身的作为或不作为均不承担责任，且细化了仲裁员免责条款。2010 年新《UNCITRAL 规则》还在借鉴 ICC 仲裁的基础规定基础上增加了第 5 款，即对于仲裁庭的组成不得受到通知不充分的阻碍，最后应由仲裁庭加以解决。以上的规定有利于仲裁庭或仲裁员的及时组成，并对仲裁庭或仲裁员加以保护，有利于增加其处理案件的积极性。新规则第 31 条规定也充分尊重了当事人的意思自治，该规定要求指定机构应向各方当事人送达一份至少含有 3 名仲裁员的名单，由各方当事人删除并表明选择顺序，结合该顺序的基础上确认独任仲裁员。在当事人选择由三人组成仲裁庭的情况下，一方当事人需在规定时间内指定仲裁员，如果未在规定时间内作出明确指定，另一方当事人可请求指定机构指定，或者双方以各自指定仲裁员而无法就第三名仲裁员达成一致时，亦可请求指定机构指定，指定机构指定失败或未就指定机构达成一致的处理同独任仲裁员。可见，该种规定和衔接有效避免了仲裁庭组成或独任仲裁员指定失败的僵局，有利于化解临时仲裁相对于机构仲裁无指定名单、无仲裁机构指定

---

[1]　夏佳凤：《论我国自由贸易试验区临时仲裁制度的构建》，《经济研究导刊》2020 年第 1 期，第 192—194 页。

[2]　夏佳凤：《论我国自由贸易试验区临时仲裁制度的构建》，《经济研究导刊》2020 年第 1 期，第 192—194 页。

情况下无法开展仲裁程序的困境。

四、中国建立临时仲裁的现状

首先,我国现行法律对于临时仲裁持否定态度。我国《仲裁法》第 16 条规定,仲裁协议应当包括选定的仲裁委员会;第 18 条规定,仲裁协议对仲裁委员会没有约定或者约定不明确的,当事人可以达成补充协议,达不成补充协议的,仲裁协议无效。仲裁协议是仲裁制度的基石。由于临时仲裁协议在我国法律制度下属于无效,所以临时仲裁制度整体不被我国法律所承认。[①] 但是,在《纽约公约》基础之上建立起来的国际商事仲裁制度可谓自成一体,仲裁协议以及仲裁裁决可以在世界范围内得到承认和执行,其命运并不当然取决于某一国家或法域。[②] 在此框架下,我国法律制度并不能单方面完全禁止临时仲裁。

美国作为世界上的经济强国,仲裁制度是其司法外解决争议的各种手段最成熟、使用最广泛的纠纷解决办法。美国仲裁协会对临时仲裁提供行政支持,尽管其没有正式的临时仲裁制度的法律规定,但在国际商事纠纷解决中,也得到了美国政府的承认与行政支持,更多体现在《承认及执行外国仲裁裁决条约》,即《纽约公约》中。

中国作为《纽约公约》的缔约国,对于互惠条款和契约型商事关系条款进行了保留。[③]《纽约公约》中第 5 条表明:可选择的仲裁方式不仅包括机构仲裁,而且有临时仲裁,当事人在国外约定临时仲裁的,如果依据当地国家法律的规定,临时仲裁在程序和内容方面都是合法的,我国法院有理由根据《纽约公约》中关于对临时仲裁裁决的规定进行承认并执行。[④] 由此可见,针对境外的临时仲裁,中国必须对签订的《纽约公约》承担条约义务,即承认并执行临时仲裁裁决。但我国立法并没有对临时仲裁进行开放,其一直都持有谨慎的态度。[⑤] 从权利对等的角度思考,国内外法律的差异化造成了对临时仲裁不同的态度,我国商事主体相较于外国商事主体而言,丧失了将争端实践于临时仲裁裁决的机会,减少了在国际商事纠纷解决中的话语权。

---

① 张铁铁:《我国法律制度对商事仲裁性质的误解——从临时仲裁谈起》,《北方法学》2020 年第 4 期,第 98 页。
② 张铁铁:《我国法律制度对商事仲裁性质的误解——从临时仲裁谈起》,《北方法学》2020 年第 4 期,第 98 页。
③ 张荣:《中国建立临时仲裁制度的困境及对策》,《经贸实践》2018 年第 15 期,第 9 页。
④ 张荣:《中国建立临时仲裁制度的困境及对策》,《经贸实践》2018 年第 15 期,第 9 页。
⑤ 张荣:《中国建立临时仲裁制度的困境及对策》,《经贸实践》2018 年第 15 期,第 9 页。

其次，在上海、广州、天津和福建 4 个自贸试验区（以下简称自贸区）陆续成立后，国务院于 2017 年 3 月 31 日又批准成立辽宁、浙江、河南等 7 个自贸区。[①] 2018 年 10 月 16 日，国务院正式启动了海南自贸区。至此，我国共成立了 12 个自贸试验区，形成了东中西协调、陆海统筹的新格局。为保障和支持自贸区内实施的各项改革措施，最高人民法院于 2016 年 12 月 30 日发布《关于为自由贸易试验区建设提供司法保障的意见》（以下简称《意见》）。[②] 其第四部分第 9 条规定：“在自贸试验区内注册的企业相互之间约定在内地特定地点、按照特定仲裁规则、由特定人员对有关争议进行仲裁的，可以认定该仲裁协议有效。人民法院认为该仲裁协议无效的，应报请上一级法院进行审查。上级法院同意下级法院意见的，应将其审查意见呈报最高人民法院，待最高人民法院答复后作出裁定。”学界和实务界对上述规定普遍解读为颇具争议的“临时仲裁”制度在自贸区内已经得到突破。[③] 尽管如此，虽然《意见》允许自贸区内企业之间约定以“在内地特定地点、按照特定仲裁规则、由特定仲裁人员”进行仲裁，但这类仲裁是否等同于临时仲裁尚不确定。[④] 因此，针对“三特定”而进行的仲裁制度创新的边界仍然需要廓清。在我国《仲裁法》不承认境内临时仲裁效力的情况下，如何才能解决自贸区临时仲裁纠纷解决机制与现行仲裁立法的冲突有待立法层面适度突破。

再次，仲裁员名册制的规定限制了当事人对临时仲裁的选择。在我国早期仲裁事业发展尚不完善的阶段，《仲裁法》第 13 条要求仲裁委员会设立强制仲裁员名册制，对仲裁员任职资格的严格限制是必要的，但随着实践的发展，仲裁员名册制也存在缺陷。《仲裁法》未对仲裁员的消极任职资格作出限制，若仲裁员有不良信用记录、受政纪处分而被开除公职，或者有其他严重道德缺陷的，是否要从仲裁员名册中除名尚待明确。[⑤] 另外，当事人无法从名册之外选任仲裁员，即使该仲裁员对某一领域较为精通，业务能力突出。[⑥] 因我国入世时的《服务贸易具体承诺减让表》没有采用负面清单的方式承诺开放仲裁服务市场，所以仲裁业不属于《服务贸易总协定》中允许外国进入的服务领域。[⑦] 而且《仲裁法》订立

① 《国务院印发〈中国（辽宁、浙江、河南、湖北、重庆、四川、陕西）自由贸易试验区总体方案〉》，http://www.gov.cn/xinwen/2017-03/31/content_5182442.htm，最后访问日期：2022 年 7 月 19 日。
② 《国务院印发〈中国（辽宁、浙江、河南、湖北、重庆、四川、陕西）自由贸易试验区总体方案〉》，http://www.gov.cn/xinwen/2017-03/31/content_5182442.htm，最后访问日期：2022 年 7 月 19 日。
③ 初北平、史强：《自由贸易试验区临时仲裁制度构建路径》，《社会科学》2019 年第 1 期，第 102 页。
④ 初北平、史强：《自由贸易试验区临时仲裁制度构建路径》，《社会科学》2019 年第 1 期，第 102 页。
⑤ 汤霞：《临时仲裁制度在我国自贸区适用的困境与纾解》，《国际经济法学刊》2020 年第 4 期，第 49 页。
⑥ 汤霞：《临时仲裁制度在我国自贸区适用的困境与纾解》，《国际经济法学刊》2020 年第 4 期，第 49 页。
⑦ 汤霞：《临时仲裁制度在我国自贸区适用的困境与纾解》，《国际经济法学刊》2020 年第 4 期，第 49 页。

时我国的对外经济活动不如今天这么频繁,立法者未考虑仲裁市场开放问题。如今我国已身处资本输出和输入双重身份的大国地位,跨境投资者在我国从事经济活动发生争议时,亟须具有处理国际争议能力的仲裁员。但强制仲裁员名册制的规定排除了名册之外的仲裁员组成临时仲裁庭的可能,限制了争议当事方的自主选择权。① 当出现国际性重大、复杂案件时,我国无法邀请专业素质过硬的国际仲裁员参与案件仲裁,不利于我国"一带一路"国际商事仲裁中心的建设。

五、立法建议

(一) 承认临时仲裁

虽然《示范法》没有明确提及"临时仲裁"一词,但是其第 2(a) 款中指出:"'仲裁'是指无论是否由常设仲裁机构进行的任何仲裁",表明了"仲裁"包括没有常设仲裁机构管理的临时仲裁。② 应该看到,临时仲裁虽然不如机构仲裁高效有序,但是其极高的自治性、便捷性与相对低廉的价格深受仲裁当事人青睐,也未曾显现衰落之势。③ 虽然早些年我国对是否应该承认临时仲裁讨论激烈,但近些年的讨论热点似乎转向应该何时对临时仲裁进行规定。从中国《仲裁法》的规定来看,对临时仲裁制度建立的障碍主要在于《仲裁法》对仲裁机构的过度强调,因此临时仲裁制度的构建首先要解决仲裁协议的效力问题,对《仲裁法》第16、18 条进行修改,不再规定仲裁机构的选定是仲裁协议有效的要件。此外,由于目前《仲裁法》下的仲裁机构有权对仲裁协议的效力等重要事项进行审查,使得仲裁庭的自治权受到影响,故应在仲裁法律体系中处理好仲裁庭和仲裁机构之间的关系,合理分配相关权限。事实上,《最高人民法院关于为自由贸易试验区建设提供司法保障的意见》已经允许在自由贸易试验区试点开展临时仲裁,珠海横琴、中国互联网联盟等都已经发布《临时仲裁规则》,并且成功开展了临时仲裁实践。④ 《仲裁法》可以借鉴《示范法》,结合中国制度环境和临时仲裁试验,制定出可以引领中国临时仲裁未来发展的规则。

---

① 汤霞:《临时仲裁制度在我国自贸区适用的困境与纾解》,《国际经济法学刊》2020 年第 4 期,第 4 页。
② 刘瑛、林舒婷:《借鉴〈联合国国际贸易法委员会国际商事仲裁示范法〉完善中国〈仲裁法〉》,《太原师范学院学报(社会科学版)》2018 年第 3 期,第 78 页。
③ 刘瑛、林舒婷:《借鉴〈联合国国际贸易法委员会国际商事仲裁示范法〉完善中国〈仲裁法〉》,《太原师范学院学报(社会科学版)》2018 年第 3 期,第 78 页。
④ 刘瑛、林舒婷:《借鉴〈联合国国际贸易法委员会国际商事仲裁示范法〉完善中国〈仲裁法〉》,《太原师范学院学报(社会科学版)》2018 年第 3 期,第 78 页。

（二）明晰"三特定"原则的适用主体和适用范围

1. 内地特定地点

《意见》对"内地特定地点"的范围没有界定。通常来说，内地特定地点是指当事方约定的或当事方无约定时由仲裁庭确定的在内地进行临时仲裁的地点。[①] 在国际商事仲裁中，仲裁地点是确定仲裁裁决的国籍、仲裁程序适用的法律以及决定仲裁裁决撤销等事项的依据。而《意见》中的仲裁地点显然不是指纯粹地理意义上的仲裁开庭、合议或其他程序性事项的地点，即使实践中这些地点与仲裁地点可能重合。一些仲裁规则允许仲裁庭在仲裁地点以外听取证人陈述或查验证据等，例如联合国国际贸易法委员会《示范法》第 20 条就以灵活的方式规定了仲裁地点，使得仲裁程序更为经济、高效。2015 年国务院《进一步深化中国（上海）自由贸易试验区改革开放方案》提出了建立自贸区仲裁法律服务联盟的构想，这一构想意味着自贸区临时仲裁可以跨自贸区进行。因此，内地特定地点目前可能是我国 18 个自贸区内当事人约定的任一地点的仲裁地法院行使监督权。[②] 当然这一特定地点还需要最高人民法院后续出台司法解释进行明确。

2. 特定人员

特定人员主要指组成临时仲裁庭的仲裁员。当事方可直接选定或通过仲裁规则确定仲裁员。仲裁规则通常会对仲裁庭的组成包括仲裁员的人数、任命以及仲裁员的披露和回避等程序性问题进行规定。当事方选择临时仲裁时，可以自己选定仲裁员或约定由仲裁机构指定特定仲裁员对案件进行仲裁。若当事方未能选定仲裁员而需要法院指定时，由于我国法律未对临时仲裁作出规定，立法可以规定仲裁地法院或者仲裁地仲裁机构作为当事方请求指定仲裁员或协助临时仲裁的机构。

特定人员的任职资格应符合仲裁地法律的规定。我国对仲裁员的任职资格进行了严格限制并规定从强制名册制中选任仲裁员。该规定虽在一定程度上对仲裁员起到了事前监督的作用，但与临时仲裁充分尊重当事方意思自治的理念不符，当事方无法任命名册外的仲裁员。而国际上的仲裁机构通常采用开放名册制，其指定的仲裁员名册仅供当事方参考，例如新加坡国际仲裁中心、香港国际仲裁中心等均采用开放名册制，当事方可以自由选择。

我国目前在自贸区内已经尝试通过变通的方式扩大仲裁员的选任范围，例如上海自贸区仲裁规则允许当事方选择名册外的仲裁员，但须仲裁委员会主任

---

① 汤霞：《临时仲裁制度在我国自贸区适用的困境与纾解》，《国际经济法学刊》2020 年第 4 期，第 50 页。
② 汤霞：《临时仲裁制度在我国自贸区适用的困境与纾解》，《国际经济法学刊》2020 年第 4 期，第 50 页。

的确认；横琴自贸区临时仲裁规则也没有要求当事方在名册内选择仲裁员，但仲裁员的选任要符合我国《仲裁法》对仲裁员任职资格的限制。《对接规则》规定了开放的仲裁员库，当事方可选择联盟成员内的仲裁员，也可选择非联盟成员的仲裁员，只要满足《仲裁法》规定的仲裁员条件即可。虽然上述规则扩大了仲裁员的选任范围，但仍需相关法律制度予以支持。这些规定都可以进一步放宽，同时，建议借鉴《示范法》在仲裁员指定与选任上的开放态度，对仲裁员不作非必要的任职限制，以顺应国际普遍做法，反映中国仲裁机构的最新规则与实践。[①]

3. 特定仲裁规则

仲裁规则是仲裁机构制定的用于其管理仲裁程序的规则。由于临时仲裁缺乏特定的仲裁机构管理，所以《意见》规定的当事方可约定的特定仲裁规则仅包含临时仲裁的仲裁规则。在我国，当事方可选择《联合国国际贸易法委员会仲裁规则》《横琴自由贸易试验区临时仲裁规则》《对接规则》以及其他仲裁机构制定的允许临时仲裁的仲裁规则或协助临时仲裁的程序指引等。为了进一步认可和落实《对接规则》的内容，广州仲裁委员会还修改了《中国广州仲裁委员会仲裁规则》第 103 条，允许临时仲裁对接广州仲裁委员会的适用规则。其他仲裁机构例如南沙国际仲裁中心发布的《中国南沙国际仲裁中心仲裁通则》第 3 条第 4 款："在白贸试验区内注册的企业相互之间依据《最高人民法院关于为自由贸易试验区建设提供司法保障的意见》规定，约定在内地特定地点、按照特定仲裁规则、由特定人员对有关争议进行仲裁的，本中心可根据当事人约定或法律规定为案件提供协助组成仲裁庭、送达案件材料、提供开庭地点等服务。"本条规定对接最高人民法院《意见》中的"三特定"原则，为临时仲裁的进行提供了支持，极大满足了当事方的意思自治。

第三节 可 仲 裁 性[*]

一、可仲裁性之定义

商事仲裁的可仲裁性，是指争议客体即仲裁协议所涉及的争议事项通过仲

[①] 刘瑛、林舒婷：《借鉴〈联合国国际贸易法委员会国际商事仲裁示范法〉完善中国〈仲裁法〉》，《太原师范学院学报(社会科学版)》2018 年第 3 期，第 78 页。

[*] 本节撰稿人方荔。

裁方式解决的合法性。只有在具备可仲裁性的前提下，争议事项才可以通过仲裁的争议解决机制进行审理。[①]

二、可仲裁性概念的重要性

可仲裁性在仲裁特别是国际商事仲裁的立法和实践中都有着重要意义。在立法层面上，各国立法者倾向于将确定可仲裁范围作为立法权规制仲裁的一个重要方式。一般而言，一国立法者扩大其国内可仲裁范围标志其鼓励当事人通过仲裁的方式解决争端。[②] 换言之，一国法律规定的可仲裁范围大小展现了该国对于仲裁的态度和信心。

在实践层面，争议事项的可仲裁性也涉及诸多方面。例如，案涉仲裁庭是否具备管辖权、仲裁协议有效与否、相关仲裁裁决能否在外国得到承认与执行等。根据联合国《承认及执行外国仲裁裁决公约》（《纽约公约》）第 5 条第 2 款的规定："倘声请承认及执行地所在国之主管机关认定有下列情形之一，亦得拒不承认及执行仲裁裁决：（甲）依该国法律，争议事项系不能以仲裁解决者；（乙）承认或执行裁决有违该国公共政策者。"若一国或国际仲裁机构做出的裁决是依另一国法律属于不可仲裁的争议事项，则另一国法院有权拒绝承认或执行相关仲裁裁决。

三、国际惯例

国际商事争议可仲裁事项因其与一国的社会公共利益有着极为密切的联系，所以目前的国际公约和示范法尚未就此作出统一规定，而是主要由各国仲裁的立法与司法实践加以确定。

关于可仲裁范围的国际条约可以追溯至 1923 年的《仲裁条款议定书》和 1927 年的补充协议《关于执行外国仲裁裁决的公约》。《仲裁条款议定书》第 1 条规定："在不同缔约国管辖权下的合同当事人之间……不论是商事问题或者其他可以用仲裁方式解决的问题，提交仲裁。"由此可见，《仲裁条款议定书》将争议事项是否"商事问题"作为可仲裁性的主要判断标准。

1985 年签订的《示范法》尝试廓清"商事"的内涵。《示范法》第 1 条第 1 款

[①] 赵秀文：《论国际商事仲裁中的可仲裁事项》，《时代法学》2005 年第 2 期，第 90 页。

[②] 黄进、马德才：《国际商事争议可仲裁范围的扩展趋势之探析——兼评我国有关规定》，《法学评论》2007 年第 3 期，第 54—58 页。

在注释中注明:"对'商事'一词应作广义解释,使其包括不论是契约性或非契约性的一切商事性质的关系所引起的事项。商事性质的关系包括但不限于下列交易……"欧美国家主要引导仲裁相关立法,这与其市场经济起步较早,发展程度较高的国情密切相关。关于可仲裁性的立法大致可以分为三类:第一类概括式立法以美国、荷兰、葡萄牙为代表;第二类立法模式则受到《示范法》的影响,采取列举的方式确定可仲裁范围,主要代表国家有加拿大、墨西哥;第三类立法兼采概括式和列举式规定,呈现折中特点。

(一) 概括式立法

美国联邦层面关于仲裁的主要法律是《联邦仲裁法》,其中并未明确规定可仲裁事项的范围,仅规定了当争议事项不具备可仲裁性时,相关的仲裁协议归于无效。美国关于可仲裁事项的范围的规定散见于各单行法律中,例如《专利法》规定专利有效性相关争议可以通过仲裁形式解决等。

荷兰《民事诉讼法典》第 1020 条第 3 款规定,当事人不能自由处分的法律后果则不能适用仲裁协议,但其《民事诉讼法典》对于何为"当事人不能自由处分的法律后果"的事项并未作出具体规定。

《葡萄牙仲裁法》第 1 条第 1 款规定,有关可处分的权力的任何争议,如果特别法没有规定其必须提交法院或强制仲裁,可由当事人将之提交仲裁员裁决。此种立法例通过概括性地指出可仲裁事项的范围,赋予了法院、仲裁庭较大的自由裁量权。

(二) 列举式立法

在《示范法》的影响下,加拿大不列颠哥伦比亚省的《国际商事仲裁法案》第1 条列举了货物贸易、服务贸易、销售协议、商事代理等属于可仲裁事项。墨西哥《民事诉讼法典》第 615 条则以负面列举的方式,规定离婚(财产分割除外)、婚姻无效、抚养费等事项不可通过仲裁解决。

(三) 折中式立法

根据德国《民事诉讼法典》第 1030 条规定,包含经济利益的争议以及当事人有权和解的争议可以提交仲裁裁决,但是涉及德国房屋租赁合同是否存在的仲裁协议是无效的。折中模式对可以仲裁的事项同时作出了概括式和列举式的规定。

总而言之,虽然各国(地区)域内法对于可仲裁性的认定模式有差异,但较为主流的认定标准有"商事认定"和"当事人意思自治"。根据各国有关仲裁立法和司法实践，国际商事争议的仲裁范围仅限于一定特性的争议，而诸如证券交易、反托拉斯、知识产权等均属于传统的不可仲裁事项，被排除在可仲裁范围之外。随着世界经济一体化进程的加快，各国经济相互依赖的程度加大，国际商事争议愈益增多，为了迅速解决此类争议，促进国际经济的良性发展，各国对仲裁所实施的政策逐渐放宽，各国对仲裁支持的力度也在加大。

晚近的发展趋势之一是可仲裁性问题与公共政策概念相脱离，因此国际商事争议的可仲裁范围呈现不断扩展的趋势，原先许多传统的不可仲裁的事项已经可以通过仲裁方式解决或者正在向可仲裁的方向演进。

四、我国立法现状

我国关于可仲裁性的法律规定主要见于《民事诉讼法》《仲裁法》等法律法规。《仲裁法》第 2 条规定："平等主体的公民、法人和其他组织间发生的合同纠纷和其他财产权益纠纷，可以仲裁。"《仲裁法》第 3 条规定了不可仲裁的事项，包括（1）婚姻、收养监护、扶养、继承纠纷；（2）依法应当由行政机关处理的行政争议。《仲裁法》第 77 条规定，劳动争议和农业集体经济组织内部的农业承包合同纠纷的仲裁，另行规定。

根据《股票发行与交易管理暂行条例》第 79 条规定："与股票发行或者交易有关的争议，当事人可以按照协议的约定向仲裁机构申请调解、仲裁"；第 80 条规定："证券经营机构之间以及证券经营机构与证券交易场所之间因股票的发行或者交易引起的争议，应当签订证券争议仲裁协议或仲裁条款。证券经营机构之间以及证券经营机构与证券交易场所之间因股票的发行或者交易引起的争议必须采取仲裁方式解决。上述机构签订的与股票发行或者交易有关的合同，应当包括证券争议仲裁条款。"可见，在我国与股票的发行或者交易的有关争议，也可提交仲裁解决。

另外，根据《最高人民法院关于执行我国加入〈承认及执行外国仲裁裁决公约〉的通知》规定，我国在加入该公约时所作的商事保留声明表明，我国仅对按照我国法律属于契约性和非契约性商事法律关系所引起的争议适用该公约。所谓"契约性和非契约性商事法律关系"具体是指由于合同、侵权或者根据有关法律规定而产生的经济上的权利义务关系，[①]例如货物买卖、财产租赁、工程承包、加工承揽、技术转让、合资经营、合作经营、勘探开发自然资源、保险、信贷、劳务、代理、咨询服务

---

① 最高人民法院《关于执行我国加入〈承认及执行外国仲裁裁决公约〉的通知》。

和海上、民用航空、铁路、公路的客货运输以及产品责任、环境污染、海上事故和所有权争议等,但不包括外国投资者与东道国政府之间的争端。显然,根据此规定其仲裁范围也较为宽泛。所以,我国对争议事项可仲裁性的限制较少,即可仲裁事项的范围较为宽泛,与国际社会在争议事项可仲裁范围的扩展趋势上接近。

五、改进做法

在我国,可仲裁性问题逐步与公共政策概念相脱离,以公共政策为由否定案涉事项的可仲裁性和仲裁裁决的可执行性不是我国的主流立场。国际商事争议的可仲裁范围呈现出不断扩展的趋势。2003 年,最高人民法院在《关于 ED&F 曼氏(香港)有限公司申请承认和执行伦敦糖业协会仲裁裁决案的复函》中指出,"违反我国法律的强制性规定不能完全等同于违反我国的公共政策。因此……应当承认和执行本案仲裁裁决"。同时,最高人民法院还认为案涉期货交易合同属于"因契约型商事法律关系产生的纠纷",属于可仲裁事项。[①]

另外,在"Castel Electronics Pty Ltd.申请承认和执行外国仲裁裁决"案中,申请人(澳大利亚企业)向广东省高级人民法院申请执行与 TCL 空调公司争议的仲裁裁决,而该仲裁裁决所根据的仲裁条款在裁决作出后曾被我国国内法院裁定为无效条款,但是即使如此,最高人民法院仍然要求广东省高级人民法院在不存在《纽约公约》第 5 条所规定的其他拒绝和承认执行外国仲裁裁决的情况下,裁定予以承认和执行该裁决。最高人民法院给出的理由是,《纽约公约》第 5 条第 2 款中关于违反公共政策的情形,应当理解为有可能"违反我国法律基本原则、侵犯我国国家主权、危害社会公共安全、违反善良风俗等足以危及我国根本社会公共利益的情形"。

六、立法建议

(一)修订《专利法》《商标法》和《反不正当竞争法》

我国《专利法》第 41 条规定:"专利申请人对国务院专利行政部门的复审决定不服的,可以自收到通知之日起三个月内向人民法院起诉。"第 60 条规定:"对专利侵权行为,专利人或利害关系人可申请专利管理机关处理,也可以直接向人民法院起诉。"《商标法》第 60 条规定:"有侵犯注册商标专用权行为之一,引起纠纷的,由当事人协商解决;不愿协商或者协商不成的,商标注册人或者利害关系

---

① 《最高人民法院关于 ED&F 曼氏(香港)有限公司申请承认和执行伦敦糖业协会仲裁裁决案的复函》。

人可以向人民法院起诉，也可以请求工商行政管理部门处理。"《反不正当竞争法》第 29 条规定："当事人对监督检查部门作出的决定不服的，可以依法申请行政复议或者提起行政诉讼。"从上述规定可见，有关专利侵权、商标侵权、竞争法方面的争议不能通过仲裁的方式解决，而根据其他法律法规，这些争议却可以通过仲裁方式加以解决。

我国《仲裁法》第 65 条规定，涉外仲裁制度"适用于涉外经济贸易、运输和海事中发生的纠纷"，这一概括性的范围包含知识产权争议。从我国加入《纽约公约》的声明看，仅合同纠纷、侵权及所有权争议可交付仲裁。照此声明，知识产权合同争议、侵犯知识产权而发生的损害赔偿纠纷在我国均属可仲裁之列。事实上，CIETAC 已把包括知识产权转让在内的涉外经济贸易争议纳入受案范围，并受理过若干案件。与知识产权争议可以仲裁的理由相似，竞争法方面的争议特别是不正当竞争行为的认定及其赔偿不能被排除在仲裁范围之外，而且这也与我国较宽泛的可仲裁范围不一致。显然，应从立法技术与内容上加以修改、完善，使上述有关法律法规相互衔接。

（二）细化"社会公共利益"司法审查标准

《民事诉讼法》第 289 条规定："人民法院对申请或者请求承认和执行的外国法院作出的发生法律效力的判决、裁定，……审查后，认为……违反中华人民共和国法律的基本原则或者国家主权、安全、社会公共利益的，不予承认和执行。"建议将条文中的"社会公共利益"予以细化，或将其改为"公共秩序"一词，并列举违背公共秩序的形式和审查标准，与此同时再附加一款："第二款所称之公共秩序的范围，是指涉及国家利益、社会利益、法律基本原则、公平正义理念、国家政策、公序良俗、道德及宗教信仰等一切对公共秩序可能造成的影响。"

（三）厘清可仲裁范围的确定主体

法律以立法形式明确，法院对商事仲裁管辖权不享有的直接决定权，仲裁协议效力的审查为对仲裁管辖权的审查，仲裁协议无效的情形属于法院"事后监督"的范围。

（四）扩展贸仲委的仲裁范围

贸仲委的仲裁范围不应局限于商事仲裁等方面，还要涉及投资仲裁，以丰富仲裁范围。① 对于投资仲裁，需指引和引导企业、相关业界了解、熟悉贸仲委的

---

① 蔡要彩：《经济全球化下打造我国国际商事仲裁国际品牌的思路》，《黑龙江生态工程职业学院学报》2019 年第 2 期，第 43 页。

投资仲裁机制,加强内外的良好衔接,可以设立贸仲委国际投资仲裁研究中心,关注并深层次研究投资仲裁热门问题,积极服务我国投资仲裁实践。[1]

(五) 扩大仲裁协议的自治性

在仲裁协议的形式上,就"书面形式"和"电子形式"的关系以及"电子形式"的法律效力,鉴于民用航空货物运输合同的当事人通常为熟悉《蒙特利尔公约》且长期从事国际贸易的商人、民用航空旅客运输合同的当事人通常通过网络签订协议,[2]出于促成交易、提高效率和便于仲裁的考虑,可以认为"书面形式"包含"电子形式",二者具有同等法律效力。[3]

(六) 构建我国反垄断争议仲裁制度

对于仲裁庭而言,反垄断争议中对于涉及行政主体的非平等主体间的垄断争议,以及涉及国家根本公共政策、重大社会公共利益的案件不能仲裁。但经济性垄断纠纷中国际垄断纠纷更有利于社会公共利益的实现,实践中可以先开放国际经济性垄断纠纷的仲裁,再视情况逐步推广到其他垄断纠纷。[4] 此外,横向的、具有私人性质的、因合同引发的垄断协议应当具有可仲裁性,但仍然需要有具体的判断标准。在对具有管辖权的争议案件处理中,仲裁机构在属于民商事范畴内进行审查和裁决,涉及刑事和处罚性部分,仲裁庭不能裁决。因此,不能"一刀切"地否认反垄断争议仲裁制度,应当制定具体的审查细则,确定反垄断争议可仲裁的类型,建立合理的反垄断争议仲裁制度。

第四节　仲裁临时措施 *

一、临时措施的基本内涵

商事仲裁中的"临时措施"是指那些能够为仲裁当事人提供立刻且临时性保

---

[1] 蔡要彩:《经济全球化下打造我国国际商事仲裁国际品牌的思路》,《黑龙江生态工程职业学院学报》2019 年第 2 期,第 43 页。

[2] 张超汉、张宗师:《国际航空仲裁制度研究——兼评 1999 年〈蒙特利尔公约〉第 34 条》,《北京理工大学学报(社会科学版)》2017 年第 4 期,第 115 页。

[3] 张超汉、张宗师:《国际航空仲裁制度研究——兼评 1999 年〈蒙特利尔公约〉第 34 条》,《北京理工大学学报(社会科学版)》2017 年第 4 期,第 115 页。

[4] 童肖安團:《社会公共利益视角下垄断纠纷可仲裁性研究》,《华东政法大学学报》2021 年第 3 期,第 171 页。

* 本节撰稿人张晓仪。

护的措施,其目的通常是避免当事人的权利或预期利益在仲裁进行过程中受到损害。

有学者认为临时措施是"在国际商事仲裁中,临时性的保全措施旨在防止在仲裁程序进行中,当事人利用其所处的优势地位,转移或销毁证据或财产,致使仲裁裁决不能合理地作出,或者即便在裁决作出后,也难以执行"。① 还有学者持比较宽泛的态度,认为在没有作出最终裁决之前,一切用于协助或保护当事双方能够使争议能够得到公正解决的指令,都可以被认为是临时措施。② 由于不同法域的立法、仲裁规则以及学者的观点不同。综合学者的不同观点,临时措施可以是:为保证仲裁程序顺利进行或者保证将来产生法律效力的仲裁裁决得到有效执行,在仲裁程序开始之前或仲裁程序过程中法院、紧急仲裁员或仲裁庭根据一方当事人的申请而发布的临时性应急措施。

《中国(上海)自由贸易试验区仲裁规则》(以下简称《自贸区仲裁规则》)《仲裁法》《民事诉讼法》中均未对临时措施直接进行界定,而是采用列举式的方法作了简单的规定。其中,《仲裁法》第28、68条分别规定了"财产保全"和"证据保全"的相关制度;《民事诉讼法》除规定证据保全以及财产保全两类措施之外还规定了"行为保全";《自贸区仲裁规则》第18条第4款在此基础上增加了"法律规定的其他措施"作为兜底性质的条款规则。依据我国相关法律规定,临时措施可界定为:"临时措施是仲裁庭对特定纠纷作出最终裁决之前或在仲裁庭组成之前,为了争议的正常解决和保障仲裁裁决的顺利执行,应当事人要求,由仲裁委员会或仲裁委员会委派的紧急仲裁员发布的任何临时性裁定,包括财产保全、证据保全、行为保全等措施。"③

临时措施作为仲裁庭发布的一种临时性的命令(order),其效力只能持续到仲裁庭作出最终裁决(final award)之时;在临时措施存续期间,仲裁庭可以根据案件的情况随时修改甚至是撤销临时措施。联合国国际贸易法委员会第二工作组对临时措施总的认识是一致的:"在某些情况下,仲裁裁决对胜方的有效性取决于胜方是否能够执行为促进以后执行仲裁裁决而设计的临时措施。"④

---

① 许偲:《我国国际商事仲裁临时措施制度的改进路径》,《海峡法学》2022年第2期,第112—113页。
② 任明艳:《国际商事仲裁中临时性保全措施研究》,上海交通大学出版社2010年版,第16页。
③ 杜玉琼、林福辰:《"一带一路"背景下我国国际商事仲裁临时措施制度的立法及完善》,《西南民族大学学报》(人文社会科学版)2018年第10期,第95页。
④ A/CN.9/468:联合国国际贸易法委员会仲裁工作组第三十二届会议工作报告,第60段。

从临时措施的功能来讲,临时措施一方面是为了避免证据的灭失,保障仲裁程序顺利进行,使仲裁庭作出公正合理的裁决;另一方面是为了保障仲裁最终裁决得到有效执行,避免作出的仲裁裁决落空。从立法和实践来看,临时措施的目的是防止在仲裁程序进行中财产的转移或证据的销毁而使最终仲裁裁决或裁判难以执行,不利于保障当事人的权利。例如,临时措施可以防止预期败诉的一方当事人在仲裁程序进行中以不合理的价格转移资产,或者以增加债务、销毁于己不利的证据等方式,最大限度地保障仲裁裁决的可执行性。

二、临时措施的域外经验

自 1985 年诞生以来,联合国国际贸易法委员会发布的《示范法》已成为国际商事仲裁领域举足轻重的规范文本。一方面,《示范法》法域遍布世界各地。截至 2019 年 1 月 1 日,在全球 111 个法域中共有 80 个法域的立法采纳了《示范法》,其中不乏享誉全球的国际仲裁地,即中华人民共和国香港特别行政区和新加坡。另一方面,许多国家和地区对《示范法》表现出浓厚的兴趣。在充分意识到仲裁对经济发展具有助力作用的基础上,它们纷纷以《示范法》为基础开展了仲裁制度的升级,其中包括但不限于日本、韩国、俄罗斯、白俄罗斯、印度、智利、土耳其、比利时、波兰、中华人民共和国澳门特别行政区。这些国家和地区都将成为《示范法》法域作为其仲裁制度迈向国际化的重要标志,[1]因此欲实现我国仲裁制度的国际化,可考虑在以下两方面进行完善:一是运用法律解释方法,将《示范法》的精髓有机融入我国的司法实践中;二是,以《示范法》为蓝本,遵行仲裁国际性和一致性的要求,对我国《仲裁法》尤其是涉外篇部分进行法律修订。

在临时措施发布权的立法模式上,《示范法》采用并行权力模式,即法律规定法院以及仲裁庭都拥有作出采取临时措施裁决的权力。该法第 17A 条规定:"如果一方当事人申请,仲裁庭可以采取临时措施且具有拘束力,当事人另有约定的除外。法院在仲裁庭做出临时措施指令后应当给予必要协助。"许多国家或地区的仲裁立法都以《示范法》为蓝本,在商事仲裁立法和实践中采用了该模式,例如我国香港地区《仲裁法》第 17 条规定的法庭协助仲裁庭的临时

---

① 王徽:《〈国际商事仲裁示范法〉的创设、影响及启示》,《武大国际法评论》2019 年第 3 期,第 104—123 页。

措施裁决。

在仲裁前的临时措施问题上，《示范法》第 9 条规定当事人在仲裁程序开始前或进行时有权请求法院采取临时保全措施。由此可见，当事人申请临时措施的权利不仅在仲裁进行的过程之中，它既可以在仲裁前也可以在仲裁中，而且仲裁临时措施实施的时间范围覆盖了整个仲裁过程，包括仲裁前、仲裁庭组成后与案件受理之后三个阶段。

在临时措施的种类上，《示范法》第 17 条规定仲裁庭裁定采取临时措施的权力，除非当事各方另有协议，否则仲裁庭经当事一方请求，可以裁定当事任何一方就争议的标的采取仲裁庭可能认为有必要的任何临时性保全措施。仲裁庭可以要求任何一方提供有关此种措施的担保。因此，《示范法》对仲裁庭可采取的临时措施的种类也无特别限制，即在采取临时措施的种类上，仲裁庭与法院享有无差异的权力。

在临时措施的执行问题上，《示范法》第 17H 条中规定："(1) 仲裁庭发出的临时措施应当被确认为具有约束力，并且除非仲裁庭另有规定，应当在遵从第 171 条各项规定的前提下，经向有管辖权的法院提出申请后加以执行，不论该措施是在哪一国发出的。"据此，临时措施一方面独立于裁决的执行，即本法第 35、36 条的仲裁裁决执行制度；另一方面也独立于仲裁地，即无论是否本国仲裁庭作出的临时措施，法院都应当进行审查并执行，此规定大大加强了临时措施的执行力度。[①]

由此可见，《示范法》在临时措施方面的规定充分体现了仲裁委的管辖权与法院平行，并在执行上受法院强制保障，从而保证了临时措施的时效性，保护了仲裁活动中申请人的合法权益。

三、我国仲裁临时措施的立法现状

我国《仲裁法》与《民事诉讼法》均采用列举式的方法对临时措施作了简单的规定。其中，《仲裁法》第 28、68 条分别规定了"财产保全"和"证据保全"；《民事诉讼法》额外规定了"行为保全"。我国几个主要仲裁委的仲裁规则对临时措施的规定如表 3-1 所示。

[①] 杜玉琼、林福辰：《"一带一路"背景下我国国际商事仲裁临时措施制度的立法及完善》，《西南民族大学学报(人文社会科学版)》2018 年第 10 期，第 97 页。

表 3-1 主要仲裁机构的仲裁规则对临时措施的规定

法规名称	相 关 规 定	不 足
《上海自由贸易区仲裁规则》	第三章从主体、条件和流程等方面对临时措施进行了专章规定。其中的临时措施包括财产、证据和行为保全,但决定权专属于法院。附表中规定了临时措施申请的费用。例如第 18 条:当事人可以根据临时措施执行地所在国家(地区)有关法律的规定向仲裁委员会及(或)具有管辖权的法院提出如下一种或数种临时措施的申请:① 财产保全;② 证据保全;③ 要求一方作出一定行为及(或)禁止其作出一定行为;④ 法律规定的其他措施	临时措施的管辖权发布仍局限于法院,对临时措施的执行也无具体规定
《海南国际仲裁院仲裁规则》	第 21、70 条分别规定了保全与临时措施,仲裁庭可自行作出,申请人可通过仲裁庭申请,也可直接向法院申请执行	目前仅就临时措施的申请情形和申请主体进行了规定,其他规则仍处于空白
《北京仲裁委员会仲裁规则》	第 62 条规定了临时措施的主体;附录 2 规定了临时措施的费用	仅规定临时措施主体,其他规则仍处于空白

《深圳国际仲裁院》(2019 年版)、《中国海事仲裁委员会仲裁规则》(2021 年版)和《中国国际经济贸易仲裁委员会金融争议仲裁规则》(2014 年版)对于临时措施没有提及。

为了快速推进仲裁程序、提高纠纷解决效率、体现司法对仲裁的支持态度、增强我国作为仲裁地的竞争力,于《仲裁意见稿》专门增加"临时措施"一节(第43—49 条),将原有的仲裁保全内容与其他临时措施整合,增加行为保全和紧急仲裁员制度,明确仲裁庭有权决定临时措施,并统一规范临时措施的行使。[①]

四、推进我国商事仲裁临时措施的立法建议

目前我国的临时措施主要有财产保全、证据保全、行为保全。我国学者对三大类临时措施的发布主体、执行方式等方面展开了多维度讨论。

从整体视角出发,建议立法者完善临时措施规定的体系结构。我国的《民事

---

① 《中华人民共和国仲裁法(修订)(征求意见稿)》,https://zqyj.chinalaw.gov.cn/readmore?listType=1&id=4518,最后访问日期:2022 年 8 月 25 日。

诉讼法《仲裁法》已对临时措施的发布主体和临时措施种类有相关规定，接下来需要就临时措施的其他方面，例如临时措施发布的时间、发布的条件、执行与救济等方面作出明文规定。在借鉴《示范法》方面，建议立法者：第一，借鉴《示范法》在一定条件下将被法院拒绝执行临时措施的规定和对法院审查临时措施的内容作出立法指引，并对不具有拒绝执行的法定情形的临时措施予以强制执行。[①] 第二，涉外仲裁立法应以《示范法》为蓝本，充分尊重当事人意思自治，允许非机构仲裁充分培育和发展仲裁文化。[②] 第三，《仲裁法》应授予仲裁庭准予采取临时仲裁的权力，承认并列明《示范法》中所列举的四种类型的临时措施，但对于《示范法》所规定的初步命令则不宜借鉴，因为它一方面有违背通知和给予当事人陈述机会这一正当程序原则的嫌疑；另一方面它不由法院执行且不构成仲裁裁决，不具有强制执行力。[③]

在发布权限上，第一，立法者可以在法律规定中增加仲裁庭作为发布临时措施的主体，并参考《示范法》的规定，明确仲裁庭发布临时措施的条件。第二，立法者可以将申请方提供担保规定为仲裁员发布紧急临时措施的前置条件，且法院和仲裁庭都应当有对仲裁庭发布的临时措施作出修改或撤销的权力。第三，立法者可以在法律中规定在执行前进行形式审查，且审查权应当由仲裁庭优先行使。在仲裁庭不能有效实施该权力时法院才可实施。紧急情况下，法院也可以根据仲裁程序中的当事人的申请，直接采取临时措施。

在执行问题上，建议立法者规定：第一，执行临时措施前应进行审查。审查主要包括以下几个方面：① 申请文件的形式合法性；② 临时措施的正当性（该要件由申请人承担举证责任）；③ 执行该内容或该种类的临时措施不会违背我国公共政策。第二，《仲裁法》增设被申请人提出临时措施执行异议的条款。具体而言，仲裁庭作出临时措施决定后，如果出现仲裁庭认为必要或者依据当事人事后的申请，需对已发布的临时措施作出修改、撤销、终止或重新发布的情况，被申请人有权对临时措施提出异议。第三，国家应承认临时措施的强制执行力，对于错误但尚未执行的临时措施，仲裁庭可予以撤销，对于错误且已经执行的临时措施，仲裁庭在予以撤销之外，还应采取恢复原状等方式尽可能地使其恢复到未

① 徐伟功：《论我国商事仲裁临时措施制度之立法完善——以〈国际商事仲裁示范法〉为视角》，《政法论丛》2021年第5期，第147—149页。
② 李奎：《国际商事仲裁程序的软思考》，《大连海事大学学报（社会科学版）》2021年第2期，第34—42页。
③ 刘瑛、林舒婷：《借鉴〈联合国国际贸易法委员会国际商事仲裁示范法〉完善中国〈仲裁法〉》，《太原师范学院学报（社会科学版）》2018年第3期，第45页。

执行的状态。① 同时,强制执行紧急仲裁中的临时措施的主体为法院和仲裁机构。第四,建立临时措施执行制度,具体内容如下:① 不论仲裁地在何处,仲裁庭所发布的临时措施均具有和法院发布的临时措施一样的效力,具有强制执行力。② ② 除违背我国公共秩序以及强行法的规定的情形外,我国法院应当执行域外的相关临时措施。第五,建议立法者增强仲裁庭在证据收集、证据保全等方面的强制力保障。《仲裁法》应明确规定仲裁庭在收集证据、证据保全等行为过程中,若需要采取强制性措施时,法院有义务予以援助,同时也要适当地赋予仲裁庭或仲裁员一定的权限,以便其开展相应的证据工作。③

针对不同类型的临时保全措施,建议立法者:第一,在立法上应采取不同的发布条件。针对所有临时措施发布的条件可以采取"损害标准"以及"可能胜诉"标准。证据保全和其他临时措施除以上标准外,还可以增加"适当的标准"或"必要的标准"。④ 第二,应对紧急仲裁措施的形式进行区分,对紧急仲裁临时措施的形式统一采取"决定"这一形式,以利于其在《纽约公约》项下获得承认与执行。此外,《民事诉讼法》和《仲裁法》作为执行的上位法依据,应当实现临时措施种类规定的多样化。

在临时措施配套规则的制定方面,建议立法者对《刑法》规定的拒不执行判决、裁定罪中的"裁定"进行扩大解释,或者将拒不执行仲裁措施的行为规定为单独的罪名,从而通过刑法对临时措施的强制执行提供保障。

从法院参与仲裁的角度,建议立法者对涉外民事案件同时符合特定情形的,经一方当事人申请,人民法院可以签发禁诉令,禁止对方当事人在外国法院起诉或继续进行诉讼:① 违反双方当事人达成的以中华人民共和国为仲裁地的仲裁协议,在外国法院起诉的;② 情况紧急,不立即签发禁诉令将会使申请人的合法权益受到难以弥补的损害的;③ 外国诉讼属于恶意诉讼;④ 签发禁诉令不会损害社会公共利益。法院在审查前述要件时,应当遵守国际礼让原则、利益平衡原则和比例原则。针对外国法院或仲裁庭签发的禁诉令,人民法院可以签发反禁诉令,命令当事人申请撤回外国禁诉令或者不得执行外国禁诉令。被申请人拒

① 郝飞:《紧急仲裁员制度程序论》,《法治论坛》2018 年第 2 期,第 252—263 页。
② Amendment to the Hong Kong Arbitration Ordinance (2011),Art. 61.
③ 黄骅:《我国国际商事仲裁证据的运用规则研究及其法理分析》,《商事仲裁与调解》2021 年第 2 期,第 142—160 页。
④ 徐伟功:《论我国商事仲裁临时措施制度之立法完善——以〈国际商事仲裁示范法〉为视角》,《政法论丛》2021 年第 5 期,第 147—149 页。

绝履行人民法院发布的禁诉令的，依照《民事诉讼法》第 111 条的规定处理。人民法院可判决禁诉令的被申请人赔偿申请人因参加外国诉讼而产生的诉讼费用和遭受的损失。对于被申请人违反人民法院签发的禁诉令而获得的外国仲裁裁决，人民法院不予承认和执行。[①]

从涉外仲裁的角度，立法者可以：① 涉外仲裁中临时措施包括财产保全、行为保全以及证据保全；② 涉外仲裁当事人在申请仲裁前可自行向法院提出临时措施申请；③ 中国涉外仲裁机构在涉外仲裁当事人申请仲裁前协助当事人向法院提交临时措施申请；④ 明确境外仲裁庭决定的临时措施在我国法院申请执行的配套立法；⑤ 规定法院对域外的临时措施的承认与执行的相关权力，由法院来保障仲裁裁决的强制力。

第五节　集 中 管 辖[*]

一、集中管辖的基本内涵

对于商事仲裁案件实行集中管辖意味着，将以往分散由各地、各层级法院管辖的商事仲裁案件集中由少数收案较多和审判力量较强的法院管辖，包括审判法院级别上的集中，以及审判法院地域上的集中。

一方面，级别上的集中管辖有助于提高商事仲裁案件的审判质量。按照两审终审制，大量商事仲裁案件由基层法院管辖，较低级别的法院因审判人员业务水平、驾驭国际商事案件的能力具有一定的局限性，对涉外案件难以把握，客观上容易造成错案。由于中级法院事实上成为大多数商事仲裁案件的终审法院，高级法院、最高人民法院对这些案件的审理通常难以实施有效的审级监督。[②]

另一方面，地域上的集中管辖有助于克服商事仲裁案件审判过程中的地方保护主义现象。我国法院的建制基本上与行政区划一致，地方法院的人事、财政、编制、经费等都依赖于地方，在这种体制下，地方法院很容易变为"地

---

① 张建：《国际商事仲裁中禁诉令的适用问题研究——兼论我国仲裁禁诉令制度的立法构建》，《国际法学刊》2021 年第 3 期，第 55—77 页。

＊ 本节撰稿人李况然、靳思远。

② 丁伟：《我国对涉外民商事案件实行集中管辖的利弊分析——评〈最高人民法院关于涉外民商事诉讼管辖权若干问题的规定〉》，《法学》2003 年第 8 期，第 118 页。

方的法院"。[①] 如果突破现有管辖规则中的属地原则(例如,仅仲裁机构所在地或仲裁地法院享有管辖权),则全国各地仲裁委员会所作出的裁决可以去其他地区的法院执行,这将有助于集中管辖法院所在地吸引来自全国各地的商事仲裁审判业务,进而推动国际仲裁中心的形成。

二、集中管辖的域外经验

集中管辖的做法在其他国家(地区)已有较为成熟的经验,例如英国《仲裁法》(1996 年版)并没有对审理商事仲裁有关申请的法院进行限制,其第 32 条第 1 款规定:"应仲裁程序一方当事人的申请(经通知对方当事人),法院可决定有关仲裁庭实体管辖权的任何问题。当事人可丧失提出异议的权利。"2002年修订的《新加坡国际仲裁法》第 6 条"国际仲裁协议的执行"表明,该条和第7 条法院中止诉讼的权利及第 11A 条确认竞合权利仲裁中的"法院"是指高等法庭、地方法庭、推事法庭或任何其他受理诉讼的法庭,可见其并未限制对可受理仲裁相关案件的法院范围。我国香港特别行政区则将这一管辖权集中于香港高等法院,例如《高等法院规则》第 73 号命令《仲裁程序》规定:"除本命令的以下规则另有规定外,根据《仲裁条例》(第 609 章)向法庭提出的申请、请求或上诉,必须借采用附录 A 表格 10 格式的原诉传票,向在法庭的一名法官提出。"

我国内地可参考香港特别行政区的《高等法院规则》,将对于商事仲裁相关案件的管辖权集中于部分仲裁业务发达地区的、审判水平较高的法院。同时,考虑到当事人对于司法审查的实际需求,这一管辖权的集中不应规定为强制性的,以使标的较大的、涉外的等有需要的案件根据当事人意愿优先利用集中管辖带来的司法审查资源。

三、我国商事仲裁案件管辖的立法现状

我国《仲裁法》对仲裁当事人就以下请求事项规定了管辖法院:申请证据保权、申请撤销裁决、涉外仲裁中当事人申请证据保全。《征求意见稿》对仲裁当事人就以下请求事项规定了管辖法院:对仲裁协议效力或者管辖权决定异议、申请撤销裁决、申请执行仲裁裁决。两者的具体对比可见表 3-2。

---

① 丁伟:《我国对涉外民商事案件实行集中管辖的利弊分析——评〈最高人民法院关于涉外民商事诉讼管辖权若干问题的规定〉》,《法学》2003 年第 8 期,第 118 页。

表 3-2 《仲裁法》与《征求意见稿》中有关法院对商事仲裁管辖权的规定与比较

条款所在章节	《仲裁法》	《征求意见稿》
第三章 仲裁协议	/	第 28 条（新增） 当事人对仲裁协议效力或者管辖权决定有异议的，应当自收到决定之日起十日内，提请仲裁地的中级人民法院审查。当事人对仲裁协议无效或者仲裁案件无管辖权的裁定不服的，可以自裁定送达之日起十日内向上一级人民法院申请复议。人民法院应当在受理复议申请之日起一个月内作出裁定
第四章 仲裁程序	第 46 条 在证据可能灭失或者以后难以取得的情况下，当事人可以申请证据保全。当事人申请证据保全的，仲裁委员会应当将当事人的申请提交证据所在地的基层人民法院	第 45 条 在证据可能灭失或者以后难以取得的情况下，当事人可以申请证据保全
第五章 申请撤销裁决	第 58 条 当事人提出证据证明裁决有下列情形之一的，可以向仲裁委员会所在地的中级人民法院申请撤销裁决	第 77 条 当事人提出证据证明裁决有下列情形之一的，可以向仲裁地的中级人民法院申请撤销裁决
	/	第 81 条（新增） 当事人对撤销裁决的裁定不服的，可以自收到裁定之日起十日内向上一级人民法院申请复议
第六章 执行	第 62 条 当事人应当履行裁决。一方当事人不履行的，另一方当事人可以依照民事诉讼法的有关规定向人民法院申请执行。受申请的人民法院应当执行	第 82 条 当事人应当履行裁决。一方当事人不履行的，对方当事人可以向有管辖权的中级人民法院申请执行
	/	第 87 条（新增） 在中华人民共和国领域外作出的仲裁裁决，需要人民法院承认和执行的，应当由当事人直接向被执行人住所地或者其财产所在地

续　表

条款所在章节	《仲裁法》	《征求意见稿》
第六章 执行	/	的中级人民法院申请。如果被执行人或者其财产不在中华人民共和国领域内,但其案件与人民法院审理的案件存在关联的,当事人可以向受理关联案件的人民法院提出申请。如果被执行人或者其财产不在中华人民共和国领域内,但其案件与我国领域内仲裁案件存在关联的,当事人可以向仲裁机构所在地或者仲裁地的中级人民法院提出申请
第七章 涉外仲裁的特别规定	第68条 涉外仲裁的当事人申请证据保全的,涉外仲裁委员会应当将当事人的申请提交证据所在地的中级人民法院	删除
	第72条 涉外仲裁委员会作出的发生法律效力的仲裁裁决,当事人请求执行的,如果被执行人或者其财产不在中华人民共和国领域内,应当由当事人直接向有管辖权的外国法院申请承认和执行	第86条 发生法律效力的仲裁裁决,当事人请求执行的,如果被执行人或者其财产不在中华人民共和国领域内,应当由当事人直接向有管辖权的外国法院申请承认和执行
	/	第92条(新增) 专设仲裁庭仲裁的案件,无法及时组成仲裁庭或者需要决定回避事项的,当事人可以协议委托仲裁机构协助组庭、决定回避事项。当事人达不成委托协议的,由仲裁地、当事人所在地或者与争议有密切联系地的中级人民法院指定仲裁机构协助确定
	/	第93条(新增) 专设仲裁庭仲裁的案件,裁决书经仲裁员签名生效。……裁庭应当将裁决书送达当事人,并将送达记录和裁决书原件在送达之日起三十日内提交仲裁地的中级人民法院备案

《征求意见稿》的改进之处在于，一是采用了通用的"仲裁地"概念；二是明确了法院对于仲裁协议的司法审查权和执行仲裁裁决申请的管辖法院；三是明确了部分法院对于专设仲裁庭仲裁的协助作用。

我国《民事诉讼法》亦规定了对于仲裁裁决中保全措施申请、裁决执行申请、承认和执行国外仲裁机构裁决的管辖法院（见表 3-3）。

表 3-3 《民事诉讼法》有关法院对商事仲裁管辖权的规定

条款所在章节	条 款
第九章 保全和先予执行	第 104 条 利害关系人因情况紧急，不立即申请保全将会使其合法权益受到难以弥补的损害的，可以在提起诉讼或者申请仲裁前向被保全财产所在地、被申请人住所地或者对案件有管辖权的人民法院申请采取保全措施。申请人应当提供担保，不提供担保的，裁定驳回申请
第二十章 执行的申请和移送	第 244 条 对依法设立的仲裁机构的裁决，一方当事人不履行的，对方当事人可以向有管辖权的人民法院申请执行。受申请的人民法院应当执行
第二十六章 仲裁	第 280 条 经中华人民共和国涉外仲裁机构裁决的，当事人不得向人民法院起诉。一方当事人不履行仲裁裁决的，对方当事人可以向被申请人住所地或者财产所在地的中级人民法院申请执行
	第 290 条 国外仲裁机构的裁决，需要中华人民共和国人民法院承认和执行的，应当由当事人直接向被执行人住所地或者其财产所在地的中级人民法院申请，人民法院应当依照中华人民共和国缔结或者参加的国际条约，或者按照互惠原则办理

2002 年《最高人民法院关于涉外民商事案件诉讼管辖若干问题的规定》就已明确了对于申请撤销、承认与强制执行国际仲裁裁决的案件可以实行集中管辖，其第 3 条明确规定对以下五类案件实行集中管辖："（一）涉外合同和侵权纠纷案件；（二）信用证纠纷案件；（三）申请撤销、承认与强制执行国际仲裁裁决的案件；（四）审查有关涉外民商事仲裁条款效力的案件；（五）申请承认和强制执行外国法院民商事判决、裁定的案件。"

2013 年 10 月，上海国际仲裁中心设立中国（上海）自由贸易试验区仲裁院，制定了与国际接轨的《中国(上海)自由贸易试验区仲裁规则》。根据 2014 年《上海市第二中级人民法院关于适用〈中国(上海)自由贸易试验区仲裁规则〉仲裁案件司法审查和执行的若干意见》,上海市第二中级人民法院是上级法院指定管辖上海国际经济贸易仲裁委员会(上海国际仲裁中心)所仲裁案件的司法审查单位,其所管理案件类型包括申请仲裁保全、申请确认仲裁协议效力、申请撤销仲裁裁决、申请执行仲裁裁决及申请不予执行仲裁裁决。

综上可知,尽管我国早在 2002 年就确立了对于申请撤销、承认与强制执行国际仲裁裁决的案件可以实行集中管辖的制度,但其与对商事仲裁有关案件进行集中管辖的设想仍有差距。一是目前规定可以集中管辖的案件类型有限,仅包括申请撤销、承认与强制执行国际仲裁裁决,不含证据、财产、行为保全之申请。二是由于我国仍实行国内仲裁裁决与涉外仲裁裁决的二分,而集中管辖制度仅适用于后者,故对于国内仲裁裁决的集中管辖依然缺位。

四、推动商事仲裁案件进行集中管辖的立法建议

第一,仿照涉外民商事法庭的集中管辖制度设立具有集中管辖权的专门仲裁法庭。例如 2019 年,海南第一、第二涉外民商事法庭成为全国首个设立省级跨区域集中管辖涉外民商事案件的专门法庭,集中管辖诉讼标的额 50 亿元以下的第一审涉外、涉港澳台民商事案件。[①] 2020 年《海南省多元化解纠纷条例》第35 条强调,建立国际商事纠纷多元化解机制,完善国际商事纠纷案件集中审判机制,利用国际商事仲裁、国际商事调解等多种非诉讼方式解决纠纷。目前,上海市第二中级人民法院是上级法院指定管辖上海国际经济贸易仲裁委员会(上海国际仲裁中心)所仲裁案件的司法审查单位,这一定程度上体现了集中管辖的理念,但仍未使指定法院对仲裁有关案件受理范围突破地域限制。若设立具有集中管辖权的专门仲裁法庭,将法院对于仲裁的集中监督,亦有利于法院当地的仲裁机构提升业务吸引力。

第二,以现有自贸区为依托,充分落实现有的仲裁条例,提升当地司法水平。由于现有的自贸区具备相对成熟的仲裁规则且对外经贸往来密切,其更适合作为商事仲裁案件集中管辖法院所在地。例如,可以参照《海南省司法厅关于印发〈海南省贯彻落实《关于完善仲裁制度提高仲裁公信力的若干意见》的具体措施〉

---

① 《海南在全国首设涉外民商事法庭》,https://www.hainan.gov.cn/hainan/5309/201909/e5e2391a4c8243309c6f7672b0c72451.shtml,最后访问日期:2022 年 7 月 19 日。

的通知》之第（十八）："加强和完善法院监督机制，海南法院要进一步加强和完善对仲裁工作的监督，建立与海南国际仲裁院之间的工作协调机制，及时通报司法监督中发现的问题，提高审理有关仲裁司法审查案件的效率，依法支持和监督仲裁。海南国际仲裁院应积极就司法监督中发现的问题进行改进、完善，并及时向人民法院反馈情况，不断提升仲裁公信力。"在此基础上，可以将这类司法支持监督工作在司法管辖方面集中于当地特定的法院，实现自贸区内仲裁案件的集中管辖。

第三，最终通过仲裁法和民事诉讼法确立对于商事仲裁案件的集中管辖制度。在以自贸区为试点的基础上，若要在全国范围内落实商事仲裁集中管辖制度以提升仲裁案件的流动性，需要从法律层面统一确立仲裁案件的管辖制度。这可通过扩大对于商事仲裁案件具有管辖权法院的选项、放开特定仲裁行业较为发达地区的审判水平和较为先进的法院对于此类案件的管辖权来实现。有管辖权的法院审查范围应全面包括仲裁协议的效力、申请仲裁保全、申请确认仲裁协议效力、申请撤销仲裁裁决、申请执行仲裁裁决及申请不予执行仲裁裁决、承认和执行国外仲裁机构裁决等。此外，建议立法允许部分当事人通过协议排除我国法院对国际商事仲裁监督。我国法律规定，当事人无权通过协议约定的方式排除仲裁地法院的监督权，这一规定导致我国法院对国际商事仲裁的司法监督权过大，阻碍了国际商事仲裁事业在我国的发展，应允许与我国无关的当事人排除我国法院的监督权，以提高国际商事仲裁的效率。

第六节　仲裁裁决的承认与执行[*]

本节主要分四部分梳理仲裁裁决的承认与执行：第一部分简要介绍承认与执行之间的区别与联系；第二、三部分将以程序时间轴为线索，分"当事人申请"与"法院裁定"展开；第四部分是小结，并以案例穿插其中。需注意的是，为了表述上的便利，本节对裁决有利的当事人称为胜诉方，对裁决不利的当事人称为败诉方，但这仅是为了表述上的简练，不意味将仲裁与诉讼相提并论或予以混淆。

一、概念明晰：承认与执行

简要梳理国际商事仲裁裁决的承认与执行之间的区别与联系。仲裁是以双

---

[*]　本节撰稿人屠安楠、牟伟。

方当事人的仲裁协议为基础的解决争议的方式,其区别于其他商事争端解决机制的一个显著特点是双方当事人都希望通过非司法的方式达成有拘束力的解决方案。当事人在签订仲裁协议时,履行仲裁裁决被视为当事人的一种默示的承诺。然而,若败诉方拒不执行裁决,作为一个中立的第三方,仲裁机构本身不具备强制执行裁决的权力,作出裁决的仲裁庭在裁决作出后亦不复存在,胜诉方只能提请有管辖权的法院承认裁决的效力,并予以强制执行。两者的概念与含义可见表3-4。

表3-4 仲裁裁决的承认及执行之含义

概　　念	含　　义
仲裁裁决的承认	国家的法院对仲裁机构所作出的具有约束力的裁决予以许可,并赋予其强制执行力的司法行为
仲裁裁决的执行	在承认的基础上通过国家的强制力,使已经发生法律效力并取得了执行力的仲裁裁决得以实施的司法行为

承认是一个保护性的步骤,其作用在于使裁决获得司法上的认可和效力。胜诉方会主张争议得到解决,并且通过向法院递交裁决提出申请的方式,要求法院认可裁决的法律效力并对双方当事人产生约束力。此外,承认的保护性还体现在有效防止当事人提起新的司法诉讼程序,以保护胜诉方的法律和商业利益。而执行是承认之后的步骤,是更为积极的救济手段。法院不仅需要承认裁决的法律效力,而且应当运用所有的法律强制力保证裁决的事项获得贯彻。[①]

因此,承认是仲裁裁决取得执行力的必经程序,是使仲裁裁决在法院地国取得如同内国法院之终局判决一样的既裁(决)效力。执行是内国法院通过强制力使裁决确定的权利义务付诸实现的过程。任何外国裁决要在内国取得执行力必须得到内国法院的承认。也就是说,承认是执行前的必然性程序,但执行不是承认之后的必然性程序。如果某仲裁请求被仲裁庭裁决不成立,被申请人向法院提起承认该裁决的请求,使得仲裁庭在裁决中所认定的事实具有一定的既判力。

---

① 沈伟、陈治东:《商事仲裁法:国际视野和中国实践》(下卷),上海交通大学出版社2020年版,第497—498页。

二、当事人申请

在厘清承认与执行的基本概念与关系后，我们将以当事人申请承认与执行的具体程序为线索展开论述。我们以时间轴的形式展示，当一方当事人获得一份对其有利的仲裁裁决后，会经历哪些程序。首先，当事人需要向法院申请承认与执行；其次，在当事人申请后，异议人可能会向法院申请不予执行，其中异议人既可能是被申请人，也有可能是案外人；最后，法院作出裁定。

（一）申诉方申请执行

根据《民事诉讼法》第237条第1款、①第273、②283条③规定，当事人向中国法院提出执行仲裁裁决的申请必须具备一定的条件。

第一，必须由胜诉的一方当事人提出申请。这一个要件虽然没有在法条中予以直接规定，但从法条中的"一方当事人不履行""被执行人"等表述可以看出，一方面，执行仲裁裁决的程序必须由参加仲裁的一方当事人提出，法院无权主动执行仲裁裁决；另一方面，只有胜诉方有权要求法院执行裁决。在此有一个相关案例涉及申请人问题。④ 案情本身非常简单，被申请人向申请人申请贷款，到期未能还本付息，故申请人依据贷款协议中约定的仲裁条款提起仲裁。这一案件的特殊之处在于申请人国际金融公司（International Finance Corporation）是一个总部位于美国华盛顿特区的多边国际金融机构。该公司是世界银行集团的成员，由177个成员国出资设立，致力于为发展中国家和新兴市场的私营部门提供多样化的金融支持，中国也是其成员国之一。本案是中国首例涉及国际组织的仲裁裁决认可及执行的案件。根据《国际金融公司协定》第六条第一节的规定，国际金融公司在每个会员国境内享有本条规定的法律地位、豁免权和特权，包括管辖豁免、执行豁免、税收豁免等。本案中，国际金融公司作为申请人，并未涉及有关豁免权和特权问题，但国外已有相关案例涉及这一问题：2019年2月27日，美国联邦最高法院就"杰姆等诉国际金融公司案"（Jam

---

① 《民事诉讼法》第237条第1款："对依法设立的仲裁机构的裁决，一方当事人不履行的，对方当事人可以向有管辖权的人民法院申请执行。受申请的人民法院应当执行。"

② 《民事诉讼法》第273条："经中华人民共和国涉外仲裁机构裁决的，当事人不得向人民法院起诉。一方当事人不履行仲裁裁决的，对方当事人可以向被申请人住所地或者财产所在地的中级人民法院申请执行。"

③ 《民事诉讼法》第283条："国外仲裁机构的裁决，需要中华人民共和国人民法院承认和执行的，应当由当事人直接向被执行人住所地或者其财产所在地的中级人民法院申请，人民法院应当依照中华人民共和国缔结或者参加的国际条约，或者按照互惠原则办理。"

④ 四川省自贡市中级人民法院（2020）川03认港1号。

et al. v. International Finance Corp.)作出判决，认定国际金融公司作为国际组织在美国享有与外国相同的豁免，并适用限制豁免原则，即在从事商业活动、侵权等情形下不享有豁免。[①]

第二，当事人必须在一定期限内提出。根据《民事诉讼法》第239条规定，[②]申请执行的期间为二年，该时效的中止、中断适用法律有关诉讼时效中止、中断的规定。由于这一条文规定在"第三编执行程序"之下，而"第四编涉外民事诉讼程序"中对这一问题又没有特别规定，则可以认为这一规定适用于中国法院执行国内、涉外和外国仲裁裁决。

第三，当事人必须向有管辖权的法院提出申请。确定具体的管辖法院又可以分为两部分：级别管辖与地域管辖。在级别管辖问题上，根据《仲裁法司法解释》第29条、[③]《民事诉讼法》第273条、《民事诉讼法》第283条规定，由中级人民法院管辖。在地域管辖问题上，同样根据上述规定，由被执行人住所地或者被执行的财产所在地法院管辖。在管辖法院问题上也有一个案例。[④] 成功公司是申请仲裁裁决执行的一方，天洋集团公司、天洋国际公司以及周政这一自然人是被申请人，两家公司的住所地均在北京市朝阳区。在仲裁进行过程中，申请人通过香港国际仲裁中心成功向北京市第三中级人民法院申请财产保全。而在执行程序中，被申请人提出管辖权异议，主张两家公司的主要办事机构均位于河北省三河市，且其在北京市辖区无任何可供执行的财产，本案应由河北省廊坊市中级人民法院管辖。本案的一审与二审法院均认为，被申请人的住所地位于北京市朝阳区，被申请人未否定上述住所地的证据，也没有证据证明其主要办事机构所在地位于河北省三河市，根据《关于内地与香港特别行政区相互执行仲裁裁决的安排》第一、二条，本案管辖法院为北京市第四中级法院。本案的意义在于，二审法院明确说明申请人曾依照两地仲裁保全安排申请财产保全，这有助于北京法院管辖权的行使，同时明确执行便利与否并不构成限制申请人选择法院的理由。这提醒我们仲裁保全措施的采取不仅有利于保障未来胜诉裁决的执行，而且有

---

① 陈延忠：《中国内地法院首度认可与执行涉政府间国际组织香港仲裁裁决》，微信公众号"万邦法律"，最后访问日期：2021年3月4日。

② 《民事诉讼法》第239条："申请执行的期间为二年。申请执行时效的中止、中断，适用法律有关诉讼时效中止、中断的规定。前款规定的期间，从法律文书规定履行期间的最后一日起计算；法律文书规定分期履行的，从规定的每次履行期间的最后一日起计算；法律文书未规定履行期间的，从法律文书生效之日起计算。"

③ 《仲裁法司法解释》第29条："当事人申请执行仲裁裁决案件，由被执行人住所地或者被执行的财产所在地的中级人民法院管辖。"

④ 北京市高级人民法院(2020)京民辖终161号。

利于申请执行仲裁裁决的管辖。①

（二）异议人申请不予执行

在申请人向有管辖权的法院申请执行仲裁裁决后，作为被申请人当然可以向法院提出异议，请求法院不予承认与执行仲裁裁决。值得注意的是，2018 年最高人民法院出台的《仲裁裁决执行规定》首次明确赋予了案外人申请不予执行仲裁裁决的权利，而在此之前，只有被申请人有权提出异议。

在此通过一个案例来介绍这一新规定。② 在该案中，提出异议的案外人是严沪生（其也是施庆公司的股东），申请执行仲裁裁决的是宇升公司，被执行人是施庆公司，两公司签订了一份《厂房转让协议》。法院根据查证的事实，认定涉案厂房转让协议以及仲裁条款的签订均无施庆公司的有效授权，而是施庆公司的股东严某在没有施庆公司法定代表人的授权委托书和公司决议的情况下擅自代表施庆公司与宇升公司签订的合同，而转让厂房所得的款项均用于归还严某的个人借款。法院根据《仲裁裁决执行规定》第 18 条之规定，支持了案外人严沪生的请求。

《仲裁裁决执行规定》的第 9、18 条规定了案外人申请不予执行仲裁裁决的程序条件和实质审查标准，③第 22 条第 3 款还赋予了对审查结果不服的案外人进一步救济的权利。④《仲裁裁决执行规定》虽然首次明确赋予了案外人提出不予执行仲裁裁决申请的权利，创设了案外人申请不予执行制度，但该制度的局限和细节规定如何完善仍有待进一步研究，例如，如何明确界定"案外人"的范围、

---

① 张振安：《北京高院案例：依照内地香港仲裁保全安排采取保全，保全地法院有权管辖香港仲裁裁决认可与执行》，微信公众号"临时仲裁 ADA"，最后访问日期：2021 年 1 月 14 日。
② 上海市第一中级人民法院(2021)沪 01 执异 20 号。
③ 《仲裁裁决执行规定》第 9 条："案外人向人民法院申请不予执行仲裁裁决或者仲裁调解书的，应当提交申请书以及证明其请求成立的证据材料，并符合下列条件：
（一）有证据证明仲裁案件当事人恶意申请仲裁或者虚假仲裁，损害其合法权益；
（二）案外人主张的合法权益所涉及的执行标的尚未执行终结；
（三）自知道或者应当知道人民法院对该标的采取执行措施之日起三十日内提出。
《仲裁裁决执行规定》第 18 条：案外人根据本规定第九条申请不予执行仲裁裁决或者仲裁调解书，符合下列条件的，人民法院应当支持：
（一）案外人系权利或者利益的主体；
（二）案外人主张的权利或者利益合法、真实；
（三）仲裁案件当事人之间存在虚构法律关系，捏造案件事实的情形；
（四）仲裁裁决主文或者仲裁调解书处理当事人民事权利义务的结果部分或者全部错误，损害案外人合法权益。"
④ 《仲裁裁决执行规定》第 22 条第 3 款："人民法院基于案外人申请裁定不予执行仲裁裁决或者仲裁调解书，当事人不服的，可以自裁定送达之日起十日内向上一级人民法院申请复议；人民法院裁定驳回或者不予受理案外人提出的不予执行仲裁裁决、仲裁调解书申请，案外人不服的，可以自裁定送达之日起十日内向上一级人民法院申请复议。"

如何判断仲裁案件当事人之间的"恶意"。在本案中,有学者和实务界人士提出异议:根据该执行规定,案外人系仲裁裁决或调解书损害的权益的主体,是借由"利益"界定主体,而本案中权利或利益的主体是施庆公司而非施庆公司的股东。更直观来看,严沪生作为所谓的案外人提出执行异议,与股东代表诉讼有异曲同工之妙,由于涉及公司法上有关股东代表诉讼的知识,在此不做展开,但我们可以思考的是,若将股东代表诉讼视为本质上是在维护公司的利益,这种情况下股东是否属于"权利或者利益的主体"? 还有,本案法院认定仲裁案件当事人之间的"恶意"也颇具争议,涉案厂房在拟办理过户交易时,施庆公司的法定代表人到场,宇升公司也提供了向施庆公司支付购房款的凭证,在此情况下,能否得出"施庆公司股东严某与宇升公司存在虚构法律关系、恶意申请仲裁的情形"? 对该制度另一个值得质疑的点在于,这一制度的实际实施效果,即目前案外人申请不予执行制度仅适用于虚假仲裁的情形。然而,如果虚假仲裁的当事人已经产生了恶意串通损害案外人的意图,一般会选择自动履行仲裁裁决或仲裁调解书,避免因案件进入执行阶段而使案外人启动救济程序的条件满足,因此,这一制度的实际实施效果如何,还有待进一步验证。[①]

三、法院裁定

法院裁定阶段分为以下部分:首先,是仲裁裁决的国籍判断问题;其次,根据仲裁裁决国籍判断分类的结果,依次介绍国内仲裁裁决、涉外仲裁裁决以及外国仲裁裁决;最后,是相关程序问题。

(一) 仲裁裁决的国籍判断问题

在界定国际商事仲裁裁决的"国际"性质问题上,实践中往往从两个层面来进行:一是解决仲裁裁决的国籍问题,区分国际与国内仲裁。二是以裁决所涉内容是否具有涉外因素为标准,对内国裁决进行分类,将内国裁决分为具有涉外因素的涉外裁决与纯粹的国内裁决。之所以需要关注仲裁裁决的国籍,原因在于对不同国籍的裁决将适用不同的法律,通常对外国仲裁裁决的承认和执行比内国仲裁裁决的承认和执行更为严格,因此,认定仲裁裁决的国籍具有重要意义。目前,判断仲裁裁决的国籍主要有以下 3 个标准:裁决作出地标准、非内国裁决标准以及混合标准,具体可见表 3-5。

---

① 张振安:《虚构法律关系,法院根据案外人的申请不予执行仲裁裁决》,微信公众号"临时仲裁 ADA",最后访问日期:2021 年 3 月 8 日。

表 3-5　判断仲裁裁决国籍三大标准

	判　断　标　准	举　　例
裁决作出地标准	以仲裁裁决在何国作出为标准来区分内国仲裁裁决与外国仲裁裁决。凡是在内国领域作出的裁决即为内国裁决；反之，在国外作出的裁决就属于外国裁决	1976 年《瑞典仲裁法》第 5 条规定，在国外作出的仲裁裁决，即为外国仲裁裁决 在适用本法时举行仲裁程序所在地的国家，即认为是作出仲裁裁决的国家 《奥地利执行令》第 79 号文件规定，在奥地利，仲裁裁决的国籍应当由裁决作出地来决定
非内国裁决标准	凡是依据内国法律认为不属于其内国裁决的仲裁裁决即为外国仲裁裁决。至于如何认定裁决为非内国裁决则完全由采纳此标准的国家自行决定	根据法国法律规定，凡根据法国法以外的程序法所作出的裁决，不论其在法国还是在外国作出均被视为外国裁决
混合标准	同时采用裁决作出地标准和非内国裁决标准作为认定外国裁决的依据	《纽约公约》第 1 条第 1 款："仲裁裁决，因自然人或法人间之争议而产生且在声请承认及执行地所在国以外之国家领土内作成者，其承认及执行适用本公约。本公约对于仲裁裁决经声请承认及执行地所在国认为非内国裁决者，亦适用之"

若将某一仲裁裁决认定为内国裁决，接下来需要区分的是内国裁决中的纯内国仲裁裁决与涉外仲裁裁决。各国立法主要采纳了三种不同的标准，具体可见表 3-6。

表 3-6　区分纯内国仲裁裁决与涉外仲裁裁决三大标准

	判　断　标　准	举　　例
实际连结因素标准	以仲裁当事人本身的国际性实际要素的有无来判定仲裁是否系涉外。只要仲裁当事人具有如下因素之一，如果具有外国国籍，其住所地或经常居住地在国外，或者法人登记地或者主要办事机构所在地在国外，就可以用来识别仲裁具有涉外性质，因而具有国际性质	《关于国际商事仲裁的欧洲公约》第 1 条第 1 款："本公约适用于为解决自然人或法人之间的因贸易所引起的争议的仲裁协议，并且该自然人或法人在达成该协议时，他们的惯常居住地或所在地应在不同的缔约国内"

续　表

	判　断　标　准	举　　例
争议内容标准	提交仲裁的争议内容涉及国际商事利益	1981 年《法国民事诉讼法》第 1492 条："所有涉及国际商事利益的仲裁均属于国际仲裁"
复合标准	实际连接因素标准与争议内容标准的综合	《国际商事仲裁示范法》第 1 条第 3 款："仲裁如有下列情况即为国际仲裁：(A) 仲裁协议的当事各方在缔结协议时，他们的营业地点位于不同的国家；(B) 下列地点之一位于当事各方营业地点所在国以外：(a) 仲裁协议中确定的或根据仲裁协议而确定的仲裁地点；(b) 履行商事关系的大部分义务的任何地点或与争议标的关系最密切的地点；(C) 当事各方明确地同意，仲裁协议的标的与一个以上的国家有关"

我国法律没有明确规定何为涉外仲裁裁决，但根据《民诉法司法解释》以及《法律适用法司法解释》规定，我国采用的是复合标准，[①]以"布兰特伍德案"为例。[②]

2010 年 4 月 13 日，Z 公司、B 公司与 F 公司共同签订涉案合同，其中第 16 条约定："如果协商不能解决，应提交国际商会仲裁委员会根据国际惯例在项目所在地进行仲裁"。三公司签订的《补充协议》约定，本合同项下的货物用于名称为"广州某污水处理厂四期工程"的项目中，地址位于广州市。

2010 年 12 月 16 日，B 公司向广州市中级法院提起诉讼，但因当事人之间存在仲裁协议，法院裁定不受理 B 公司的起诉。2011 年 5 月 9 日，B 公司向广州市中级

---

① 《民诉司法解释》第 522 条："有下列情形之一，人民法院可以认定为涉外民事案件：
(一) 当事人一方或者双方是外国人、无国籍人、外国企业或者组织的；
(二) 当事人一方或者双方的经常居所地在中华人民共和国领域外的；
(三) 标的物在中华人民共和国领域外的；
(四) 产生、变更或者消灭民事关系的法律事实发生在中华人民共和国领域外的；
(五) 可以认定为涉外民事案件的其他情形。
《法律适用法司法解释》第 1 条：民事关系具有下列情形之一的，人民法院可以认定为涉外民事关系：
(一) 当事人一方或双方是外国公民、外国法人或者其他组织、无国籍人；
(二) 当事人一方或双方的经常居所地在中华人民共和国领域外；
(三) 标的物在中华人民共和国领域外；
(四) 产生、变更或者消灭民事关系的法律事实发生在中华人民共和国领域外；
(五) 可以认定为涉外民事关系的其他情形。"
② 广东省广州市中级人民法院(2015)穗中法民四初字第 62 号。

法院申请确认案涉合同的仲裁协议无效，广州市中级法院于 2012 年 2 月 22 日作出(2011)穗中法仲异字第 11 号民事裁定，确认案涉合同中的仲裁条款有效。

2012 年 8 月 31 日，B 公司向国际商会仲裁院秘书处提起仲裁申请。2014 年 3 月 17 日，独任仲裁庭作出案件编号 18929/CYK《终极裁决》，裁决由 F 公司及 H 公司共同或分别支付各类款项。裁决生效后，B 公司要求被申请人履行仲裁裁决规定的支付义务未果，遂于 2015 年 4 月 13 日向广州市中级法院申请承认并执行该裁决。

这个案件涉及的争议焦点是，境外仲裁机构在中国内地作出的仲裁裁决的性质认定，即到底是外国仲裁裁决还是中国涉外仲裁裁决。仲裁裁决国籍的确定对于司法审查具有重要意义。对于外国裁决，法院只能进行承认和执行方面的审查，而对于本国裁决，法院则可以进行撤销和执行两个方面的审查。法院最终认定，案涉仲裁裁决系外国仲裁机构在中国内地作出的仲裁裁决，可以视为中国涉外仲裁裁决，法院有一个用语上的"小细节"——"视为"——是一种法律拟制。如果按照"仲裁地"标准理解，既然认定广州是仲裁地，那么我国就应当是仲裁裁决的国籍国，该仲裁裁决应当属于中国涉外仲裁裁决，并不存在拟制"视为"中国涉外仲裁裁决的空间和可能，本案法院在多大程度上采纳了"仲裁地"的标准，值得进一步推敲。[①]

确定了仲裁裁决的国籍和分类问题，便可确定判断其是否被承认和执行的法律依据，具体见表 3-7。

表 3-7 三类仲裁裁决判断依据及适用条文

仲裁裁决种类	判断依据	适用的法律条文
国内仲裁裁决	《仲裁司法审查规定》第 17 条第 1 款："人民法院对申请执行我国内地仲裁机构作出的非涉外仲裁裁决案件的审查，适用《中华人民共和国民事诉讼法》第二百三十七条的规定"	《民事诉讼法》第 237 条
涉外仲裁裁决	《仲裁司法审查规定》第 17 条第 2 款："人民法院对申请执行我国内地仲裁机构作出的涉外仲裁裁决案件的审查，适用《中华人民共和国民事诉讼法》第二百七十四条的规定"	《民事诉讼法》第 274 条

① 上海国际仲裁中心：《申请执行境外仲裁机构在中国内地作出裁决的最新司法审查实践》，微信公众号"上海国际仲裁中心"，最后访问日期：2020 年 9 月 15 日。

续　表

仲裁裁决种类	判　断　依　据	适用的法律条文
国际仲裁裁决	《仲裁司法审查规定》第16条:"人民法院适用《承认及执行外国仲裁裁决公约》审查当事人申请承认和执行外国仲裁裁决案件时,被申请人以仲裁协议无效为由提出抗辩的,人民法院应当依照该公约第五条第一款(甲)项的规定,确定确认仲裁协议效力应当适用的法律"	《纽约公约》《关于内地与香港特别行政区相互执行仲裁裁决的安排》等

(二) 国内仲裁裁决

对于籍属中国国内的仲裁裁决,法院对于判断是否执行的依据主要为《民事诉讼法》第237条及与之相关的司法解释和适用规则。在第237条中,共列明了8种不予执行仲裁裁决的情形,其中下列6项由被申请人承担证明责任:(一) 当事人在合同中没有订有仲裁条款或者事后没有达成书面仲裁协议的;(二) 裁决的事项不属于仲裁协议的范围或者仲裁机构无权仲裁的;(三) 仲裁庭的组成或者仲裁的程序违反法定程序的;(四) 裁决所根据的证据是伪造的;(五) 对方当事人向仲裁机构隐瞒了足以影响公正裁决的证据的;(六) 仲裁员在仲裁该案时有贪污受贿,徇私舞弊,枉法裁决行为的。在被申请人提出相应证据予以证明上述某一情形存在并经法院确认核查后,应当裁定不予执行。而对于另外两种情形,仲裁裁决违背社会公共利益和裁定书送达的有关程序问题,法院则享有主动审查权。对于被裁定不予执行的仲裁裁决,第237条也提供了相应的救济途径,即当事人可以选择依据此前订立的仲裁协议申请重新仲裁,或者向有管辖权的人民法院进行起诉。

在实践中,争议往往围绕着仲裁事项的范围、仲裁庭组成和仲裁程序的合法性和社会公共利益的事项发生,并涉及承认与执行的程序竞合、诉讼与仲裁的程序竞合等问题。

1. 可仲裁性

可仲裁性(arbitrability),是指涉及的争议通过仲裁进行处理是否恰当的问题。我国《仲裁法》第2条规定:"平等主体的公民、法人和其他组织之间发生的合同纠纷和其他财产权益纠纷,可以仲裁";第3条规定:"下列纠纷不能仲裁:(一) 婚姻、收养、监护、扶养、继承纠纷;(二) 依法应当由行政机关处理的行政争议。"条文分别从积极和消极的角度,规定可以进行仲裁的范围和不能诉诸仲裁的事项。

2020 年，云南省昭通市中级人民法院接到异议人昭通大德房地产开发有限公司(以下简称大德公司)的申请，要求法院依据可仲裁性的相关规定裁定昭通市仲裁委(2019)昭仲裁字第 118 号仲裁裁决书不予执行。①

本案的基本事实为，申请人郭仕玲与大德公司于 2016 年签订了《商品房购销合同》，约定前者向后者购买房屋，并约定交房日期应为 2016 年 6 月 30 日前，逾期交房，大德公司应当按照约定承担违约金。实际上，大德公司于 2019 年 4 月 9 日完成了交房，相比合同约定延迟了近 3 年。对此，郭仕玲向昭通市仲裁委提起仲裁申请，并在 2019 年获得了有利裁决。

法院认为大德公司未按时交房的原因不在于其自身，而是因其履行《中华人民共和国建筑法》《中华人民共和国城市房地产管理法》规定的验收手续延迟交房，因此此案涉及"依照法律规定不可仲裁的事项"，裁定不予执行。②

依照《最高人民法院关于仲裁司法审查案件报核问题的有关规定》第 2 条的规定，本案例法院拟不予执行涉案仲裁裁决的，应向云南省高级人民法院报核，待云南省高级法院审核后，方可依云南省高级法院意见作出裁定。类似案例也有高级法院裁定未履行报核程序而严重违法的情形。因此，本案法院裁定仍存在程序上的不当性。

对于法院的观点是否妥当，可以从两个方面进行讨论。

第一，《仲裁法》第 13 条明确规定了不能进行仲裁的情形，而本案大德公司因法定验收程序导致交房延迟的事实显然并不能落入其任意一款的规定。因此，即使在其他法律法规或规范性文件另有规定的情形下，能否直接扩展《仲裁法》的规范范围，还是值得商榷的。类似情况还可见于《破产法》第 58 条的规定："债务人、债权人对债权表记载的债权有异议的，可以向受理破产申请的人民法院提起诉讼"，原《合同法解释一》第 14 条规定："债权人依照合同法第七十三条的规定提起代位权诉讼的，由被告住所地人民法院管辖。"此类规定是关于法院内部管辖权限分配的规定，还是对仲裁与法院管辖事项之间的划分？对于前者，《破产法解释三》第 8 条规定："债务人、债权人对债权表记载的债权有异议

---

① 异议人进行主张的依据是《最高人民法院关于人民法院办理仲裁裁决执行案件若干问题的规定》第 13 条第 1 款第(二)项："下列情形经人民法院审查属实的，应当认定为民事诉讼法第二百三十七条第二款第二项规定的'裁决的事项不属于仲裁协议的范围或者仲裁机构无权仲裁的'情形：(二)裁决的事项属于依照法律规定或者当事人选择的仲裁规则规定的不可仲裁事项"。

② 云南省昭通市中级人民法院(2020)云 06 执异 60 号。

的……当事人之间在破产申请受理前订立有仲裁条款或仲裁协议的,应当向选定的仲裁机构申请确认债权债务关系"。对于后者,在(2019)陕 01 民特 307 号民事裁定书中,陕西省西安市中级人民法院指出,"代位权应当以向人民法院提起诉讼的方式行使,西安仲裁委员会认为华瑞公司以行使代位权方式要求西工大承担付款责任的请求超出其管辖范围,对该项请求予以驳回并无不当"。[①]

第二,本案法院是否进行了实质审查。法院对于房屋交付手续规定内容进行了审查,从而作出了仲裁系无权仲裁的判断。这一论证过程是否突破了《民事诉讼法》第 237 条可以进行审查的范围,也是值得商榷的。

2. 仲裁程序违法

对于仲裁程序的规定,《仲裁法》中有一定数量的强行性规范条款,例如第 42 条规定:"被申请人经书面通知,无正当理由不到庭或者未经仲裁庭许可中途退庭的,可以缺席裁决。"此外,各仲裁机构的仲裁规则亦对仲裁的程序规则进行了规定或阐释。违反法定程序是指违反《仲裁法》规定的仲裁程序和当事人选择的仲裁规则,可能影响案件正确裁决的情形。《关于仲裁机构"先予仲裁"裁决或者调解书立案、执行等法律适用问题的批复》规定:"仲裁机构在仲裁过程中未保障当事人申请仲裁员回避、提供证据、答辩等仲裁法规定的基本程序权利的",亦构成违反法定程序。

2020 年,湖北省孝感市中级人民法院接到异议人熊校军等的申请,要求法院依据仲裁文书送达的程序规定,裁定不予执行大庆仲裁委员会作出的(2020)庆仲(裁)字第(181)号裁决书。

法院查明,在本案仲裁程序进行中,大庆仲裁委员会在未联系到被申请人的情形下,通过在报纸上公告送达开庭通知及领取裁决书的通知方式。《仲裁法》第 42 条第 2 款规定:"被申请人经书面通知,无正当理由不到庭或者未经仲裁庭许可中途退庭的,可以缺席裁决。"同时,《大庆市仲裁委员会仲裁规则》第 58 条规定:"除当事人另有约定或者仲裁庭另有要求外,仲裁文书、通知、材料可以直接送达当事人、代理人,或者以邮寄、传真、电报等方式送达当事人、代理人。"在不能直接送达的情况下,仲裁庭未以仲裁规则中列明的邮寄、传真和电报方式送达,转用法律和仲裁规则中均没有提及的公告送达方式,未能保障被申请人申请回避、提供证据、答辩等仲裁法规定的基本程序权利的行使,属于程序违法,故裁

---

① 张振安:《认定支付违约金缺乏事实依据,法院不予执行仲裁裁决》,微信公众号"临时仲裁 ADA",最后访问日期:2020 年 11 月 23 日。

定对于原裁决不予执行。①

因仲裁一般不公开进行，故仲裁文书的送达形式也一般不采取公开送达的方式。即使仲裁规则中规定了公告送达的方式，一般认为也应当是在穷尽其他所有送达方式后才能采用。目前，国际上接受"最后一个为人所知的地址"的做法。联合国贸法会《国际商事仲裁示范法》第 3 条规定："任何书面通信，经当面递交收件人，或投递到收件人的营业地点、惯常住所或通信地址的，或经合理查询不能找到上述任一地点而以挂号信或能提供作过投递企图的记录的其他任何方式投递到收件人最后一个为人所知的营业地点、惯常住所或通信地址的，视为已经收到。"中国国际贸易仲裁委员会亦在其《仲裁规则》第 8 条中采用了类似的方式。②

2016 年，最高人民法院接到天津泰达科技投资股份有限公司（以下简称泰达公司）的申诉，依据《民事诉讼法》第 237 条对天津市高级人民法院（2016）津执复 11—22 号执行裁定进行审查。

本案中，2007 年，申请人泰达公司等与被申请人达成融资协议，向天津精诚公司融资，而后者需在到期后对其股份进行回购。2013 年，被申请人到期未进行回购，泰达公司申请仲裁，并获得了有利裁决。裁决由天津市仲裁委员会作出，并在随后以补正书的方式对裁决中涉及的公司主体名称进行了补正。2014 年，被申请人依据仲裁条款效力、隐瞒证据、仲裁程序违法、裁决危害社会公共利益等多项理由向天津市第二中级人民法院申请撤裁，但被驳回。2015 年泰达公司向天津市第二中级法院申请强制执行，但被申请人以高度重叠的事由申请不予执行。天津市第二中级法院依据《最高人民法院关于适用〈中华人民共和国仲裁法〉若干问题的解释》第 26 条规定："当事人向人民法院申请撤销仲裁裁决被驳回后，又在执行程序中以相同理由提出不予执行抗辩的，人民法院不予支持"，认为被申请人以相同理由提出不予执行申请，不予支持。随后，被申请人就补正书更改涉案公司名称为程序违法，再次向天津市高级法院申请复议。天津市高级法院认为本案公司名称的补正涉及当事人权利义务的实质性变更，故撤销了原审的裁定，并对仲裁裁决裁定不予执行。

申诉人认为公司名称的变更只是对文字错误的补正，并不对被申请人的法律责任进行实质性变更。同时，被申请人在执行程序中以相同理由提出不予执

---

① 湖北省孝感市中级人民法院（2020）鄂 09 执异 95 号。
② 张振安：《公告送达违反法定程序，法院不予执行仲裁裁决》，微信公众号"临时仲裁 ADA"，最后访问日期：2020 年 11 月 16 日。

行的抗辩依法应不予支持。最高人民法院认为,案涉争议焦点为案涉仲裁裁决是否存在应裁定不予执行的情形。对于天津市高级法院关于补正效果的认定,最高人民法院认为其认定事实不清,应当予以撤销,并进行重新认定。对于申诉人关于相同理由申请不予承认和执行的主张,最高人民法院认为被申请人申请撤销仲裁裁决及不予执行仲裁裁决时虽然均是主张程序违法,但主张的具体事项和事实并不相同。申请撤销仲裁裁决时并未提出补正程序违法的理由,天津市第二中级法院在审理被申请人申请撤销仲裁裁决案中作出的民事裁定中也并未涉及对该事项的审查,故本案不属于《最高人民法院关于适用〈中华人民共和国仲裁法〉若干问题的解释》第 26 条规定的情形。最终,因本案在审理程序上的瑕疵,最高人民法院裁定撤销原裁定,并由天津市高级法院另案处理。①

本案涉及对于仲裁法律法规中"相同理由"和"相同事由"的理解。在上述第 26 条表述为"相同理由"的情况下,《仲裁法解释》第 26 条规定:"当事人向人民法院申请撤销仲裁裁决被驳回后,又在执行程序中以相同理由提出不予执行抗辩的,人民法院不予支持"。最高人民法院《关于人民法院办理仲裁裁决执行案件若干问题的规定》第 20 条亦有同样的规定。从文义理解来看,两者应在指向上有所区别,但本案与(2020)京 04 民特 662 号民事裁定书的实践都倾向于将两者视为相同,并不对其进行区别。

同时,《关于人民法院办理仲裁裁决执行案件若干问题的规定》第 10 条规定:"被执行人申请不予执行仲裁裁决,对同一仲裁裁决的多个不予执行事由应当一并提出。不予执行仲裁裁决申请被裁定驳回后,再次提出申请的,人民法院不予审查,但有新证据证明存在民事诉讼法第二百三十七条第二款第四、六项规定情形的除外。"在(2020)粤 01 民特 901 号民事裁定书中,广州市中级人民法院对上述条款进行适用,认为其结果应为"当事人对同一仲裁裁决的多个申请撤销仲裁裁决事由应当一并提出"。基于一次性提出原则,如果认为"相同事由"指向具体的事实主张,则无法实现上述规范的目的。因此,实践中应不对"相同理由"和"相同事由"进行区别。②

3. 社会公共利益

社会公共利益的内涵和指向不明晰,存在着较大的不确定性,而《民事诉讼法》

① 最高人民法院(2016)最高法执监 350 号。
② 张振安:《不予执行申请中的'相同理由'是指具体事实主张?》,微信公众号"临时仲裁 ADA",最后访问日期:2021 年 2 月 1 日。

中的相应条款也属于概括性条款，本身的含义和范围需要实践根据不同情况类型化处理予以填充、完善。因此，其也成为承认和不予执行程序中争议较大的问题。

2020 年，广西壮族自治区贵港市中级人民法院接到异议人广西贵港市锦达房地产开发有限公司（以下简称锦达公司）的申请，要求对贵港仲裁委员会作出的（2020）贵仲字第 92 号裁决不予执行。本案事实同上述昭通公司一案类似，涉及商品房买卖合同纠纷，异议人资金断裂后经政府协调由案外人承担项目的开发工作，开发完成后交房时间延迟，申请人依据《商品房预售合同》主张违约金，并获得了有利的裁决。

法院认为，本案在贵港市委、市政府协调和各方共同努力下，通过招商引资方式，使得本不能继续的开发项目得以顺利完成，而在多数购房业主签订了《港锦达·香格里拉项目一期工程逾期交付补偿复工协议》的情况下，该协议内容应被认为是大部分业主的真实意思表示，得到了大部分业主认可和支持，维护了大部分业主的合法权益，而且，通过引资方式解决该类社会遗留问题能够有效维护社会稳定。因此，申请人依据原合同通过仲裁主张违约金并获得有利裁决的结果违反了该小区广大业主的真实意愿，违背社会公共利益，依法应对该裁决不予执行。①

从实践情况来看，法院对公共利益的把握主要涉及两个方面：一是公共利益有别于私人利益，前者直接涉及不特定多数人的共同利益，而后者仅影响合同当事人。二是公共利益是指法律的基本原则、社会善良风俗以及公共安全等，例如在（2020）京 04 民特 725 号民事裁定书中，北京市第四中级人民法院指出，"《中华人民共和国仲裁法》第五十八条第三款规定的违背社会公共利益，主要指仲裁裁决违反我国法律的基本原则，违反社会善良风俗、危害国家及社会公共安全等情形，应涉及不特定多数人的共同利益，为社会公众所享有，不同于合同当事人的利益"。本案中涉及政府为维持社会稳定所代表公众行使的意志，认定申请人主张的违约金过高，违背社会公共利益的做法是否能成立，仍有待商榷。同时，根据最高人民法院《关于仲裁司法审查案件报核问题的有关规定》第 3 条规定："以违背社会公共利益为由不予执行或者撤销我国内地仲裁机构的仲裁裁决"的，应当层报最高人民法院，并根据最高人民法院的审核意见作出裁定。本案未层报最高人民法院裁定，属于程序违法，面临被撤销的处境。②

---

① 广西壮族自治区贵港市中级人民法院（2020）桂 08 执异 18 号。
② 张振安：《法院认定裁决违背社会公共利益，裁定不予执行》，微信公众号"临时仲裁 ADA"，最后访问日期：2020 年 12 月 28 日。

（三）涉外仲裁裁决

对于涉外仲裁裁决，在其承认和不予执行的程序中应当适用的法律依据为《民事诉讼法》第 274 条及与之相关的司法解释和适用规则，与第 237 条相似，不予承认和执行的事由同样被划分为两类，其中由被申请人承担证明责任的有：有效仲裁协议、被申请人的陈述权利保障、仲裁庭的组成和仲裁程序是否合法、仲裁范围等四项，法院对案涉社会公共利益的认定仍具有主动审查的权限。

实践中，由于近年来中国司法系统对于仲裁的支持和友好度不断提升，中级法院认定对于涉外仲裁裁决不予承认或执行的，需要层报最高人民法院进行审核，并作出裁定。[①] 因此，对于此类案件承认和执行的标准逐渐趋向统一，标准认定上也呈现出有利于仲裁裁决在中国被承认和执行的趋势。

（四）外国仲裁裁决

我国于 1987 年加入《纽约公约》。据此，对于外国仲裁裁决的审查应依据《纽约公约》的规定进行。涉及承认和执行的问题与《纽约公约》第 5 条紧密相关。同样，与我国国内法的规定相似，仲裁协议有效性、被申请人是否得到关于程序的有效及时通知、是否获得陈述意见的机会、仲裁事项是否属于仲裁协议范围、仲裁庭组成及仲裁程序是否合法及仲裁裁决是否已生效等事由为法院被动审查，针对争议的可仲裁性和公共秩序保留则可由法院依职权进行主动审查。在我国的司法实践中，相关争议主要集中于仲裁协议效力、被申请人参与仲裁的权利保障和仲裁程序正当性等问题。

2019 年，申请人华联力宝医疗有限公司（新加坡籍，以下简称华联公司）向上海市第一中级人民法院提出申请，要求对新加坡仲裁中心（SIAC）作出的所涉裁决进行承认和执行。本案中，申请人与被申请人经过多次协商和主协议、补充协议的订立，达成了购股协议，其中主协议争议解决条款约定由 SIAC 对涉及合同的争议进行管辖，而两份补充协议的争议解决条款均规定由新加坡法院享有专属管辖权。围绕履行上述协议所产生的争议，华联公司依据主协议向 SIAC 提起仲裁，仲裁庭在被申请人缺席的情况下，2019 年作出了对其有利的判决。在仲裁过程中，相关的程序通知和文书均以挂号邮件的形式发送给了被申请人的登记联系地址。

在上海市第一中级法院程序中，被申请人主要从仲裁程序的合法性，即仲裁缺席审理侵犯其参与程序的正当权利和仲裁条款的有效性等方面提出抗辩。法

---

① 《最高人民法院关于仲裁司法审查案件报核问题的有关规定》，2018 年 1 月 1 日施行。

院首先确认本案为《纽约公约》第 1 条情形下的外国仲裁裁决,因此应当适用《纽约公约》。对于第一个问题,法院认为仲裁庭对仲裁文书采用的送达方式符合 SIAC 仲裁规则的规定,应当视为合法有效。被申请人是否实际收到相关通知与案件争议无关,故不予支持。对于第二个问题,法院认为主协议合法有效,其内容具有真实性,因此约定仲裁的争议解决条款也应当是合法有效的。[①] 对于两份补充协议约定由新加坡仲裁法院进行管辖的情况,仲裁裁决书中仲裁庭对于此条款理解为由新加坡法院专属管辖并不排除 SIAC 仲裁,应理解为新加坡法院司法监督。而对于此理解,因当事人未提出异议,法院也未能进行进一步释明。[②]

2018 年,IM 公司(美国籍)向天津市第一中级人民法院申请承认和执行美国独立电影电视联盟国际仲裁庭于 2017 年 4 月 11 日作出的第 17 - 01 号裁决。天津市第一中级法院裁定不予承认和执行,理由是仲裁协议签字方未经适当授权、仲裁文书也未适当送达。

2016 年,IM 公司与案外人孙然于法国签订《交易备忘录》,双方均对协议进行了签名,并约定所有相关争议由电影电视联盟国际仲裁院于美国洛杉矶仲裁。因孙然不履行其协议项下的义务,IM 公司于同年提起仲裁程序。在此过程中,孙然虽多次用邮件形式承诺延期付款,但邮件落款均为“恒星公司”。随后,IM 公司与恒星公司达成协议,后者承诺承担与本案相关联的北方公司对于 IM 公司的全部责任,协议盖有恒星公司公章和孙然的签名。鉴于此,仲裁庭于 2017 年作出裁决,裁决对 IM 公司有利,并规定由北方公司承担赔偿责任。

在中国法院的审查程序中,北方公司以《纽约公约》第 5 条第(一)款第 1、2 和 4 项进行抗辩,认为案件没有有效的仲裁协议、其作为裁决的责任承担对象未获得关于仲裁程序的有效及时通知进行抗辩。

对于仲裁协议的效力,依据《纽约公约》的规定,仲裁协议当事人需具有相应的行为能力,即缔约能力,而缔约能力存在与否需要确认相应的准据法适用。以北方公司为仲裁协议的当事人,若认为孙然代表北方公司订立协议,则应依据中国《法律适用法》第 14 条对“何人可以代表公司”和公司的民事权利能力进行准据法识别,并应当适用公司登记地法,也就是将中国法作为准据法。在本案中,孙然不是北方公司的董事、监事或高级管理人员,因此不能代表北方公司。若认

---

① 上海市第一中级人民法院(2019)沪 01 协外认 5 号之一民事裁定书。

② 采安仲裁团队:《上海案例:约定新加坡法院专属管辖,并不排除 SIAC 仲裁,应理解为新加坡司法监督》,微信公众号“采安律师事务所”,最后访问日期:2020 年 12 月 22 日。

为孙然签署合约的行为为代理行为,依据《法律适用法》第 16 条适用代理行为发生地法律,则需要适用法国法,而 IM 公司并未能依据法国法规定提供相应的证据证明孙然的代理行为成立,因此孙然不构成代理行为。综上,仲裁协议的当事人无权订立该协议,仲裁协议无效。

对于被申请人充分参与庭审程序的权利,法院认为通过优势证据规则可以认定仲裁通知和相关文件的送达未以合法有效的途径送至北方公司,违反了正当程序,因此抗辩事由成立。

对于仲裁程序是否违法,被申请人称双方约定的仲裁前置程序未被履行,法院认为该项不属于《纽约公约》规定的"仲裁机关之组成""仲裁程序"等相关事项,因此不予采纳。最高人民法院复核后,本案裁定对所涉仲裁裁决不予承认和执行。[①]

(五)内地法院协助香港司法机构送达

随着粤港澳大湾区建设的进一步推进,我国内地与香港地区在司法实践上的联系也日益紧密,涉及双方在诉讼、仲裁程序中的互动和协助等问题也日益普遍。

2020 年,申请人陈某依据《最高人民法院关于内地与香港特别行政区法院相互认可和执行当事人协议管辖的民商事案件判决的安排》,向北京市第四中级人民法院提出申请执行香港法院已作出的终审判决。本案最终由北京市高级法院作出二审裁定。一审中,被申请人认为,在香港法院审理的程序中,法院的传讯令未被合法送达。香港《高等法院规则》第 4A 章第 11 号命令第 5A 条规定:"凡按照本规则须在中国内地将令状送达须予送达的人,则该令状须透过中国内地的司法机构送达。"北京市第四中级法院查明,北京法院已协助香港法院送达,但结果为"经协助,未送达成功""此处无此人",故可以进行替代送达。二审中,被申请人继续辩称,委托送达应按内地法律进行,一次送达未成功不能直接替代送达。对此,依据《最高人民法院关于内地与香港特别行政区法院相互委托送达民商事司法文书的安排》第 5 条:"受委托方无法送达的,应当在送达回证或者证明书上注明妨碍送达的原因、拒收事由和日期,并及时退回委托书及所附全部文书。"北京市高级法院认为,"互相委托协助送达"并不意味着保证送达成功。因此,在未送达成功的情形下,相关文书被退回香港法院,则应该依据香港法律确定下一步的程序措施。总体而言,送达是否合法,其判断标准在于依照原审法院地法律。[②]

---

① 天津市第一中级人民法院作出(2018)津 01 协外认 2 号民事裁定书。

② 北京市第四中级人民法院(2020)京 04 认港 3 号民事裁定;北京市高级人民法院(2020)京认复 1 号民事裁定。

在最高人民法院《关于内地与香港特别行政区法院相互认可和执行当事人协议管辖的民商事案件判决的安排》中，第9条规定了对不予认可和执行的情形应当进行有限的、形式的审查，体现了与促进仲裁建设、促进内地与香港司法互信的趋势。[①]

四、小结

总体而言，中国法律对于仲裁裁决承认与执行的规则虽按仲裁籍属进行了区别，但不论是国内裁决、涉外裁决和外国裁决，法院审查的标准和依据是类似的，中国国内规则也切实实现了与国际规则的接轨。然而，由于历史原因，很长一段时间内，根据籍属相区别的现状将继续维持，不同类别的裁决在审查程序、审查范围上也存在一定的差异和倾向上的区别。

2018年《最高人民法院关于仲裁司法审查案件报核问题的有关规定》的实施，无疑对于统一审核的标准和程序具有重要意义。最高人民法院决定将此前仅针对涉外和外国仲裁裁决的报核制度扩大适用于所有类型的仲裁裁决，体现了我国对于仲裁作为一种争端解决手段的支持和鼓励。同时，也要注意，在对国内仲裁裁决的审查过程中，各地人民法院因地方治理因素、对仲裁程序的把握程度不一致等原因，对我国《民事诉讼法》第237条作出了许多饱受争议的解释，在程序上也常常出现纰漏。对此，在审查标准愈发统一以及不予承认和执行需层报最高人民法院进行裁定的背景之下，地方法院此前作出的不合理裁定有待通过典型案例的新理解、新裁定予以纠正。

第七节　仲裁司法审查中的"公共利益"*

一、公共利益的内涵

（一）公共利益的内涵

公共利益是社会科学中常用的概念，内涵十分丰富。公共利益最早可以追

[①]　采安仲裁团队：《北京四中院首例认可与执行香港法院判决解析》，微信公众号"采安律师事务所"，最后访问日期：2021年3月11日。

*　本节撰稿人魏恒泽。

溯到公元前的古希腊。古希腊特殊的城邦制度造就了一种"整体国家观",与"整体国家观"相联系的是具有整体性和一致性的公共利益,公共利益被视为一个社会存在所必需的一元的、抽象的价值,是全体社会成员的共同目标。①

根据《牛津高级英汉双解词典》的诠释,公共利益是指"公众的、与公众有关的或为公众的、公用的利益"。英美法系和大陆法系国家对公共利益的理解有所不同。在英美法系国家中,公共利益也被称为公共政策(public policy),主要指被立法机关或法院视为与整个国家和社会根本有关的原则和标准,该原则要求将一般公共利益(general public interest)与社会福祉(good of community)纳入考虑的范围,从而可以使法院有理由拒绝承认当事人某些交易或其他行为的法律效力。在大陆法系国家,与"公共政策"相关的概念是公共秩序,也称公序良俗,但"公共政策"与"公共利益"是否相同的概念,学者们的观点各异。② 以我国民法为例,"公序良俗"一词是我国民法学上的通用表达,在我国的立法实践中,对"公共利益"的表述却存在着一个演化的过程。在 1986 年颁布的《民法通则》中,"公共利益"是通过"社会公德""社会公共利益""社会经济秩序"等进行表述的。到了《民法典》时代,条文则使用了学理上的惯常表述——"公序良俗"来表达"公共利益"的概念。

不同学派的学者对社会公共利益的理解具有多样性。在马克思主义经典作品中,社会利益通常与个人利益联系在一起考察。当代社会法学派代表人物庞德将社会利益与"个人利益""公共利益"(相当于国家利益)相对应,提出了著名的社会利益学说。也有学者将社会公共利益与"经济秩序"联系起来考察。③ 这些对"公共利益"不同理解的共同点在于,它是一种独立的利益形式,拥有自身特定的主体和内容,即社会公共利益的主体是公共社会,既不能与个人、集体相混淆,也不是国家所能代替的。从内容上看,社会公共利益通常涉及经济秩序和社会公德等方面。社会利益具有整体性和普遍性两大特点。换言之,社会利益在主体上是整体的而不局部的利益,在内容上是普遍的而不是特殊的利益。④

（二）利益衡量理论

将公共利益作为一种独立的利益进行讨论,目的在于界定出其内涵、外延与

① 胡建淼、邢益精:《公共利益概念透析》,《法学》2004 年第 10 期。
② 韩大元:《宪法文本中"公共利益"的规范分析》,《法学论坛》2005 年第 1 期。
③ 梁上上:《利益的层次结构与利益衡量的展开——兼评加藤一郎的利益衡量论》,《法学研究》2002 年第 1 期。
④ 孙笑侠:《论法律与社会利益——对市场经济中公平问题的另一种思考》,《中国法学》1995 年第 4 期。

价值目标和其他类型的利益相区别的一种利益,更深层次的意义则在于对不同类型的利益进行价值衡量,确定出不同类型利益之间的位阶,从而在发生利益冲突的时候能够在不同类型的利益之间做出合理的选择。作为利益衡量与利益选择的理论,"利益衡量理论"为"公共利益"的价值实现奠定了理论基础,有助于更好地理解"公共利益"。

1966 年,日本学者加藤一郎发表了《法解释学的论理与利益衡量》一文,在批判概念法学各种弊病的基础上,提出了"利益衡量"的民法解释观。作为民法解释的方法,利益衡量理论认为,法院在解释法律时需要进行利益衡量,强调民法解释取决于利益衡量的思考方法,即关于某问题如果有两种解释的情形时,解释者只能依据利益衡量决定选择哪一种解释。[①]

根据利益衡量的需要,利益可分为"当事人的具体利益""群体利益""制度利益"(法律制度的利益)和"社会公共利益"。当事人的具体利益、群体利益、制度利益和社会公共利益形成一定的层次结构。[②] 在具体案件的利益衡量中,当当事人之间发生了冲突的具体利益进行衡量时,首先要判断发生冲突的利益所属的结构层次,然后将其放置在利益的层次结构中进行衡量,从而保证利益衡量的公正与合理。但是对于不同类型的利益之间的优先顺序,尤其是个人利益、社会利益与国家利益之间的位阶次序,仍存在着大量的争论,而这一争论也受到不同的意识形态的影响,没有统一的观点。

二、公共利益在仲裁法律制度中的体现

公共利益作为一国法律秩序的"安全阀",在商事仲裁的司法审查中得到了普遍应用,几乎所有国内仲裁法都将违反"公共利益(公共政策)"作为撤销仲裁裁决的理由。

(一)《联合国国际贸易法委员会国际商事仲裁示范法》中的公共政策

《示范法》第 34 条(2)款(b)项将"仲裁裁决与国家的公共政策相矛盾"作为法院不予承认与执行仲裁裁决的理由之一。对于违背公共政策的情形,该条还特别规定法院应对此种情形进行主动审查,而非通常情形下由一方当事人向法院举证提出存在不予承认或执行仲裁裁决的情形。

---

① 梁上上:《利益的层次结构与利益衡量的展开——兼评加藤一郎的利益衡量论》,《法学研究》2002 年第 1 期。
② 梁上上:《利益的层次结构与利益衡量的展开——兼评加藤一郎的利益衡量论》,《法学研究》2002 年第 1 期。

（二）《纽约公约》中的公共政策

根据《纽约公约》第5条第2款①（b）项之约定，"违背公共政策"是仲裁地国拒绝承认与执行仲裁裁决的事由之一。

对于条文的表达方式，受《纽约公约》的影响，不少《纽约公约》缔约国采用公共政策的表述，这与我国语境下的公共利益在表达方式上存在着不同。因此，随之产生的一个问题是，在仲裁法律法规的场景中，公共利益与公共政策的内涵是否相同。根据我国相关法律法规，虽然我国选用的是公共利益一词，但其与《纽约公约》中的公共政策基本可作同义理解。例如，在2000年《最高人民法院关于内地与香港特别行政区相互执行仲裁裁决的安排》第7条第3款中，最高人民法院规定："内地法院认定在内地执行该仲裁裁决违反内地社会公共利益，或者香港特区法院决定在香港特区执行该仲裁裁决违反香港特区的公共政策，则可不予执行该裁决。"

（三）我国仲裁相关法律法规中的公共利益

在我国仲裁相关法律法规中，"违背社会公共利益"同样是撤销和不予执行仲裁裁决的事由之一。

我国《民事诉讼法》第237条②是关于不予执行仲裁裁决的规定："人民法院认定执行该裁决违背社会公共利益的，裁定不予执行。"该条将"违背社会公共利益"作为不予执行仲裁裁决的事由之一，且与《纽约公约》相同，并将此种情形下的不予执行作为法院主动发现并适用的情形。《民事诉讼法》第

---

① Article V 2："Recognition and enforcement of an arbitral award may also be refused if the competent authority in the country where recognition and enforcement is sought finds that：（a）The subject matter of the difference is not capable of settlement by arbitration under the law of that country；（b）The recognition or enforcement of the award would be contrary to the public policy of that country."

② 《民事诉讼法》第237条："对依法设立的仲裁机构的裁决，一方当事人不履行的，对方当事人可以向有管辖权的人民法院申请执行。受申请的人民法院应当执行。

被申请人提出证据证明仲裁裁决有下列情形之一的，经人民法院组成合议庭审查核实，裁定不予执行：

（一）当事人在合同中没有订有仲裁条款或者事后没有达成书面仲裁协议的；

（二）裁决的事项不属于仲裁协议的范围或者仲裁机构无权仲裁的；

（三）仲裁庭的组成或者仲裁的程序违反法定程序的；

（四）裁决所根据的证据是伪造的；

（五）对方当事人向仲裁机构隐瞒了足以影响公正裁决的证据的；

（六）仲裁员在仲裁该案时有贪污受贿，徇私舞弊，枉法裁决行为的。

人民法院认定执行该裁决违背社会公共利益的，裁定不予执行。

裁定书应当送达双方当事人和仲裁机构。

仲裁裁决被人民法院裁定不予执行的，当事人可以根据双方达成的书面仲裁协议重新申请仲裁，也可以向人民法院起诉。"

274 条第 1 款①是关于涉外仲裁裁决不予执行的规定，该条同样将"违背社会公共利益"作为不予执行仲裁裁决的事由之一。

《仲裁法》第 58 条②是关于撤销仲裁裁决的规定，该条第 3 款将"违背社会公共利益"作为撤销仲裁裁决的事由之一。该款在条文结构上与前述《民事诉讼法》的规定相类似，将其规定为法院主动发现并适用的一种撤裁情形。

在程序方面，《最高人民法院关于仲裁司法审查案件报核问题的有关规定》第 3 条③作出了以违背社会公共利益为理由不予执行或者撤销我国内地仲裁机构裁决的程序性规定。根据该条规定，此类案件需要向最高人民法院报核，只有在最高人民法院审核后，审理法院才能依据最高人民法院的审核意见作出裁定，而不能擅自作出裁定。

报核程序的规定与法院的自由裁量权紧密联系。"公共利益"这一概念虽然在我国各项立法中频繁出现，但一直未形成清晰、明确的定义。因此，"公共利益"的内涵受政治、经济、社会、文化乃至社会不同发展阶段的影响较大，其本身的内涵和外延不易界定，这就给法院留下了较大的自由裁量空间。

---

① 《民事诉讼法》第 274 条第 1 款："对中华人民共和国涉外仲裁机构作出的裁决，被申请人提出证据证明仲裁裁决有下列情形之一的，经人民法院组成合议庭审查核实，裁定不予执行：
（一）当事人在合同中没有订有仲裁条款或者事后没有达成书面仲裁协议的；
（二）被申请人没有得到指定仲裁员或者进行仲裁程序的通知，或者由于其他不属于被申请人负责的原因未能陈述意见的；
（三）仲裁庭的组成或者仲裁的程序与仲裁规则不符的；
（四）裁决的事项不属于仲裁协议的范围或者仲裁机构无权仲裁的。
人民法院认定执行该裁决违背社会公共利益的，裁定不予执行。"
② 《仲裁法》第 58 条："当事人提出证据证明裁决有下列情形之一的，可以向仲裁委员会所在地的中级人民法院申请撤销裁决：
（一）没有仲裁协议的；
（二）裁决的事项不属于仲裁协议的范围或者仲裁委员会无权仲裁的；
（三）仲裁庭的组成或者仲裁的程序违反法定程序的；
（四）裁决所根据的证据是伪造的；
（五）对方当事人隐瞒了足以影响公正裁决的证据的；
（六）仲裁员在仲裁该案时有索贿受贿，徇私舞弊，枉法裁决行为的。
人民法院经组成合议庭审查核实裁决有前款规定情形之一的，应当裁定撤销。
人民法院认定该裁决违背社会公共利益的，应当裁定撤销。"
③ 《最高人民法院关于仲裁司法审查案件报核问题的有关规定》第 3 条："本规定第二条第二款规定的非涉外涉港澳台仲裁司法审查案件，高级人民法院经审查拟同意中级人民法院或者专门人民法院认定仲裁协议无效，不予执行或者撤销我国内地仲裁机构的仲裁裁决，在下列情形下，应当向最高人民法院报核，待最高人民法院审核后，方可依最高人民法院的审核意见作出裁定：
（一）仲裁司法审查案件当事人住所地跨省级行政区域；
（二）以违背社会公共利益为由不予执行或者撤销我国内地仲裁机构的仲裁裁决。"

三、公共利益仲裁司法审查的中国司法实践

(一) 司法机关视野下公共利益的内涵

在最高人民法院主编的《新民事诉讼法理解适用与实务指南》一书中,对社会公共利益进行了如下解读:"所谓社会公共利益,就是法理上通常所说的公共利益,它是指社会全体成员的利益。公共利益范畴的核心内容就是其公共性,基本内涵是指特定社会历史条件下,从私人利益中抽象出来能够满足共同体中全部或大多数社会成员的公共需要,经由公共程序并以政府为主导所实现的公共价值。"①同时,在《新民事诉讼法专题讲座》一书中进一步指出:"尽管公共利益是一个不易准确界定的概念,但有一点可以肯定,当下全球几乎所有国家都把生态保护、环境治理及可持续发展视为一类公共利益。"②

如上所述,对于公共利益的内涵并未形成权威、统一的定义,但从司法实践的情况来看,基本未偏离最高人民法院的基本精神与国际共识,相关裁判的准绳依旧有迹可循。以近年来北京市第四中级法院司法审查的案件为例,对于"社会公共利益"的解读主要有以两个方面的考量。

第一,社会公共利益应是关系全体社会成员利益,为社会公众所享有,为整个社会发展存在所需要,具有公共性和社会性,不同于当事人自身的利益。在广州市浪奇实业股份有限公司与兴发香港进出口有限公司申请撤销仲裁裁决案[(2020)京04民特661号]中,北京市第四中级法院认为,社会公共利益一般是指关系全体社会成员或者社会不特定多数人的利益,主要包括社会公共秩序和社会善良风俗等。社会公共利益是社会公众都享有的非独占的、为一个社会生存所必需的利益,不属于任何一个具体的人,而是对社会上不特定的人的利益。浪奇公司及其投资者的利益是其作为具体社会主体单独享有的利益,不是关系全体社会成员或者社会不特定多数人的利益,不属于社会公共利益。

在姚小民与北京浩宇思创国际投资有限公司申请撤销仲裁裁决案[(2020)京04民特749号]中,北京市第四中级法院亦指出"姚小民与浩宇思创公司之间的争议仲裁案,系私主体之间的纠纷,不涉及社会公共利益"。

在中标建设集团股份有限公司与青岛金石灏汭投资有限公司申请撤销仲裁

①　江必新:《新民事诉讼法理解适用与实务指南》,法律出版社2015年版,第226页。
②　江必新:《新民事诉讼法专题讲座》,法律出版社2012年版,第69页。

裁决案[(2020)京04民特725号]中，北京市第四中级法院指出，“《中华人民共和国仲裁法》第五十八条第三款规定的违背社会公共利益，主要指向仲裁裁决违反我国法律的基本原则，违反社会善良风俗、危害国家及社会公共安全等情形，应涉及不特定多数人的共同利益，为社会公众所享有，不同于合同当事人的利益”。而本案所涉《关于中标建设集团有限公司之增资扩股协议》是平等民事主体间的合同争议，处理结果仅影响合同当事人，不涉及社会公共利益。

在北京西创投资管理有限公司与张国彬申请撤销仲裁裁决案[(2021)京04民特36号]中，北京市第四中级法院认为，社会公共利益应是关系全体社会成员的利益，为社会公众所享有，为整个社会发展存在所需要，具有公共性和社会性，不同于合同当事人的利益。西创公司、张国彬及浦发北京分行作为平等民事主体签订合同，由此引发的民事纠纷属于私主体之间的纠纷，仲裁庭依照相关法律规定和当事人之间的合同约定，就当事人间的争议作出了裁决，不存在违反社会公共利益的情形。

第二，违背社会公共利益是指违背以社会公众为利益主体的，涉及整个社会根本法律、道德的共同利益。在昆明和夰商贸有限公司等与永立建机(中国)有限公司申请撤销仲裁裁决案[(2020)京04民特607号]中，北京市第四中级法院认为，违背社会公共利益是指违背以社会公众为利益主体的，涉及整个社会根本的法律、道德的共同利益，其表现形式应当是违背我国法律的基本制度与准则、违背社会和经济生活的基本价值取向，危害社会公共秩序和生活秩序，违背社会全体成员共同普遍认可、遵循的基本道德准则等，涉及全体社会成员或者不特定多数人的共同利益，不同于合同当事人的利益。本案中，永立公司与汤晰、和夰公司针对案涉合同项下的纠纷仅系平等民事主体之间的民事纠纷，仲裁裁决也仅影响当事人，并未违反社会公共利益，亦未对金融监管秩序造成影响。虽然每一具体法律关系的背后都体现有一定的社会秩序，并具有一定的价值引导性，但是该类秩序与价值不能直接等同于社会生活中既存的公共利益和价值。

总的来说，北京市第四中级法院对于“公共利益”的理解突出了“公共性”和“根本性”两大特征，并强调应与平等民事主体之间的纠纷进行区别，这与最高人民法院的解读一致。

(二) 司法机关视野下公共利益的类型

1. 违反法律强制性规定

尽管最高人民法院在相关复函中曾表示，违反我国法律法规强制性规定并不必然构成对公共利益的违反。① 然而,不仅国际上有将明显漠视法律认定为违反社会公共秩序的立法和实践,在我国司法实践中,也不乏以违反强制性法律法规为由而撤销仲裁裁决的案例。

在徐州京诚房地产开发有限公司、陈刚等申请撤销仲裁裁决案〔(2014)徐民仲审字第90号〕中,涉案房款系由借款转化而来,具有以房抵债性质,双方不具有真实的商品房买卖合同关系。陈刚提出的仲裁请求是要求京诚公司交付房屋及房屋使用说明书、房屋质量保证书和税收发票,并承担逾期交房违约金。参照江苏省高级人民法院(2014)2号会议纪要精神,因本案双方当事人尚未办理房屋交付及物权转移手续,债权人要求继续履行抵债协议或要求确认所抵之物的所有权归其所有,人民法院应驳回其诉讼请求。虽然人民法院对仲裁裁决原则上不进行实体审查,但是《中华人民共和国仲裁法》第58条第3款规定:"人民法院认定该裁决违背社会公共利益的,应当裁定撤销。"因以物抵债行为有转移责任财产、规避国家政策之嫌,存在损害其他债权人合法利益的可能,同时违反物权法定基本原则,故徐州仲裁委员会作出的(2013)徐仲裁字第267号仲裁裁决具有法定撤销事由,申请人京诚公司要求撤销仲裁裁决,法院予以采纳。

2. 侵害不特定社会公共利益

(1) 江西润馨实业有限责任公司、江西省辉煌建设集团有限公司申请撤销仲裁裁决案〔(2017)赣04民特15号〕。仲裁裁决既已认定双方当事人签订的《建设工程施工合同》因涉及违法挂靠和分包而无效,又在工程尚未竣工且没有证据证明工程质量合格的情形下径直裁决润馨公司向辉煌公司给付工程款,缺乏法律依据,违背社会公共利益(建设工程质量关系人民群众生命和财产安全,承包人要取得工程价款须首先履行工程质量保证义务)。江西省九江市中级人民法院特别指出,"建设工程质量关乎人民群众生命和财产安全"。也就是说,该案虽表面上仅涉及"润馨公司是否应向辉煌公司支付工程款"的问题,但实际上仲裁裁决的结果关乎"建设工程质量",涉及不特定的社会群众利益,因此法院撤销了该仲裁裁决。

(2) 锦达房地产开发有限公司与李少健申请执行仲裁裁决案〔(2020)桂08执异18号〕。本案中,申请人作为"锦达·香格里拉"项目开发商,应当积极筹措资金将项目完成开发建设,由于受多种因素影响导致其资金断链而无法完成项

---

① 参见《最高人民法院关于ED&F曼氏(香港)有限公司申请承认和执行伦敦糖业协会仲裁裁决案的复函》,〔2003〕民四他字第3号。

目开发建设,致使其不能如期竣工交房给业主。后在贵港市委、市协调和各方共同努力下,通过招商引资方式,在三分之二以上购房业主同意变更违约条款为按日万分之零点二八计算违约金,以及签订《贵港锦达香格里拉项目一期工程逾期交付补偿复工协议》的情况下,引进了案外人广西鑫炎投资有限责任公司承担申请人的权利义务,投资完成剩余项目工程的建设,让案涉建设项目内房屋得以顺利交付给业主管理使用。"锦达·香格里拉"项目购房业主签订的《贵港锦达·香格里拉项目一期工程逾期交付补偿复工协议》,是大部分业主的真实意思表示,得到了大部分业主认可和支持,维护了大部分业主的合法权益,况且,通过引资方式解决该类社会遗留问题,能够有效维护社会稳定。综上,贵港仲裁委员会作出的(2020)贵仲字第92号裁决违反了该小区广大业主的真实意愿,违背社会公共利益,依法应对该裁决不予执行。

3. 危机公共价值

具体法律关系的背后可能代表了一定的社会秩序,具有一定的价值引导性。但并不是所有的法律关系都涉及公共价值。近年来,我国法院在审理案件和审查仲裁裁决的过程中,所关注的一种典型的公共价值是"金融秩序稳定"。就仲裁裁决司法审查的视角来看,我国近年来也不乏在"维护金融秩序稳定"这一公共价值的基础上,以"违背社会公共利益"为由,撤销相关仲裁裁决。

(1) 高哲宇申请撤销仲裁裁决案[(2018)粤03民特719号]。2017年12月2日,云丝路企业、高哲宇、李斌签订了《股权转让协议》,约定云丝路企业将其持有的极×公司5%的股权以55万元转让给高哲宇,李斌委托高哲宇进行个人数字货币资产的理财,高哲宇未偿还李斌相关资产及收益,基于该数字货币资产产生的收益,李斌同意代替高哲宇向云丝路企业支付30万元股权转让款,高哲宇直接向云丝路企业支付25万元股权转让款。高哲宇分三期将李斌委托其进行理财的货币资产(20.13个比特币、50个比特币现金、12.66个比特币钻石)全部归还至李斌的电子钱包。该协议签订后,高哲宇未履行合同义务。

云丝路企业、李斌根据其与高哲宇于2017年12月2日签订的《股权转让协议》中约定的仲裁条款,向深圳仲裁委员会申请仲裁。深圳仲裁委员会于2018年1月10日受理了云丝路企业、李斌与高哲宇之间的股权转让合同纠纷案,受案号为(2018)深仲受字第64号,仲裁程序适用2011年5月1日起施行的《深圳仲裁委员会仲裁规则》。

云丝路企业、李斌申请仲裁,主要请求为:变更云丝路企业持有的极×公司

5%股份到高哲宇名下,高哲宇向云丝路企业支付股权款 25 万元,高哲宇向李斌归还数字货币资产 20.13 个 BTC(比特币)、50 个 BCH(比特币现金)、12.66 个 BCD(比特币钻石)资产相等价值的美金 493 158.40 美元和利息,高哲宇支付李斌违约金人民币 10 万元。

仲裁庭经审理认为,高哲宇未依照案涉合同的约定交付双方共同约定并视为有财产意义的比特币等,构成违约,应予赔偿。仲裁庭参考李斌提供的 okcoin.com 网站公布的合同约定履行时点有关 BTC(比特币)和 BCH(比特币现金)收盘价的公开信息,估算应赔偿的财产损失为 401 780 美元。仲裁庭裁决,变更云丝路企业持有的极×公司 5%股份至高哲宇名下,高哲宇向云丝路企业支付股权转让款人民币 25 万元,高哲宇向李斌支付 401 780 美元(按裁决作出之日的美元兑人民币汇率结算为人民币),高哲宇向李斌支付违约金人民币 10 万元。

申请人高哲宇向深圳中院请求撤销深圳仲裁委员会于 2018 年 8 月 21 日作出的(2018)深仲裁字第 64 号仲裁裁决,其理由为仲裁裁决违背社会公共利益。

首先,仲裁裁决关于财产损失金额估算参考的公开信息为 okcoin.com 网站公布的收盘价。根据《中国人民银行、中央网信办、工业和信息化部、工商总局、银监会、证监会、保监会关于防范代币发行融资风险的公告》,自 2017 年 9 月 4 日以后任何所谓的代币融资交易平台不得从事法定货币与代币、"虚拟货币"相互之间的兑换业务,不得买卖或作为中央对手方买卖代币或"虚拟货币",不得为代币或"虚拟货币"提供定价、信息中介等服务。因此,自 2017 年 9 月 4 日起,okcoin.com 网站提供数字货币的交易及定价均为非法。而且,既然数字货币在上述网站无法交易,上述网站对数字货币的定价也没有合理依据,无法采信。

其次,仲裁裁决高哲宇归还与数字货币相等价值的美元,并按裁决作出之日美元兑换人民币汇率结算为人民币,变相支持了数字货币和法定货币的交换,涉嫌支持非法发售代币票券及人民币非法流通行为,违背了法律强制性规定及社会公共利益,仲裁裁决应当予以撤销。

被申请人则认为,案涉《仲裁规则》第 5 条规定可以参考国际惯例进行仲裁,而比特币计价、确定价值、定价等均属于国际市场惯例,采用美元计价、公开市场上的定价都是国际通行做法。高哲宇明显违反诚实信用和公平公正原则,将承诺归还的数字资产占为己有,拒不归还,严重侵犯财产物权制度。有关数字资产的持有和返还、赔偿均属于双方合同约定,与社会公共利益无关。依据《中华人民共和国民法总则》第 127 条"法律对数据、网络虚拟财产的保护有规定的，依照其规定"，数字资产属于财产范围，应该受到法律保护。

如果高哲宇侵吞云丝路企业、李斌财产，按照高哲宇所说不能返还数字资产，也不用返还财产或者赔偿相应金额的款项，财产关系将不能得到法律保护，这才是损害国家的财产保护法律制度，违背社会公共利益。如果双方按照诚信原则、公平原则履行合同，返还财产，合同行为还是存在，不是说没有这个裁决，财产就不存在。即使没有本案裁决，国家也没有法律禁止高哲宇返还数字资产或者等值财产给李斌，按照公平、诚实原则和合同约定，高哲宇应返还相关资产，因此裁决未损害社会公共利益。

法院认为，《中国人民银行、工业和信息化部、中国银行业监督管理委员会、中国证券监督管理委员会、中国保险监督管理委员会关于防范比特币风险的通知》（银发〔2013〕289 号）明确规定，比特币不具有与货币等同的法律地位，不能且不应作为货币在市场上流通使用。2017 年中国人民银行等七部委联合发布《关于防范代币发行融资风险的公告》，重申了上述规定。同时，从防范金融风险的角度，进一步提出任何所谓的代币融资交易平台不得从事法定货币与代币、"虚拟货币"之间的兑换业务，不得买卖或作为中央对手方买卖代币或"虚拟货币"，不得为代币或"虚拟货币"提供定价、信息中介等服务。上述文件实质上禁止了比特币的兑付、交易及流通，炒作比特币等行为涉嫌从事非法金融活动，扰乱金融秩序，影响金融稳定。涉案仲裁裁决高哲宇赔偿李斌与比特币等值的美元，再将美元折算成人民币，实质上是变相支持了比特币与法定货币之间的兑付、交易，与上述文件精神不符，违反了社会公共利益，该仲裁裁决应予撤销。

从规范性文件的效力层级上来看，案涉《关于防范比特币风险的通知》《关于防范代币发行融资风险的公告》均属于部门规章。这些部门规章是否充分体现了社会公共利益，在很大程度上要取决于不同时期的金融监管强度，以及司法制度对于金融监管的回应。近年来，出于防范系统性风险的目的，我国增强了金融监管的力度。2019 年 11 月 8 日，最高人民法院发布《全国法院民商事审判工作会议纪要》，其第 30 条将"金融安全"规定为公序良俗的一种，并在第 31 条进一步规定"违反规章一般情况下不影响合同效力，但该规章的内容涉及金融安全、市场秩序、国家宏观政策等公序良俗的，应当认定合同无效。人民法院在认定规章是否涉及公序良俗时，要在考察规范对象基础上，兼顾监管强度、交易安全保护以及社会影响等方面进行慎重考量，并在裁判文书中进行充分说理"。

在本案中,随着国家金融监管机关对于比特币态度的转变,法院也在审查仲裁裁决的过程中对这一态度的转变进行了回应,即将比特币与法定货币进行兑付和交易的行为进行了否定,但是法院在回应逐渐趋紧的金融监管强度的同时,也不忘法律制度的本意。作为平等主体之间的合同,双方当事人享有较大范围的行为自由。虽然本案中当事人将比特币与法定货币进行了兑付和交易,但是也可认为当事人仅将比特币作为一种具有一定价值的物品充当了合同的标的物,在此意义上,当事人的行为并无不妥,仲裁庭在审理案件时也只需考虑当事人之间的法律关系,而不需要特别关注合同的标的物比特币本身。显然,这里存在着两种不同的价值取向,涉及法院和仲裁庭的价值衡量,而法院和仲裁庭作出了不同的选择。

(2) 涉金融借贷纠纷案件中的公共利益审查。如前所述,近年来,我国金融领域强监管局面逐渐形成。作为对这一局面的回应,法院对公共利益的解释也呈现出一定的倾向性。在大批量的金融借贷纠纷案件中,法院较为广泛地进行了公共利益审查。一是优享公司与谢伟申请执行仲裁裁决案[(2021)渝 02 执 23 号]。2019 年 4 月 29 日,申请执行人优享公司与被执行人谢伟签订《车辆买卖合同》,约定被执行人谢伟将其所有汽车出售给申请执行人优享公司,申请执行人优享公司委托上海富友银行将购车款 20 万元支付给被执行人谢伟。2019 年 4 月 29 日,申请执行人优享公司与被执行人谢伟又签订《优享融资租赁(广州)有限公司汽车融资租赁合同》,约定具体交易类型为融资租赁售后回租方式,申请执行人优享公司根据签订的《车辆买卖合同》向被执行人谢伟支付购车价款,同时在合同附件中约定了租金、租期、违约金等。2019 年 4 月 29 日,被执行人谢伟办理了车辆抵押登记,抵押权人为申请执行人优享公司。同日,申请执行人优享公司通过占有改定的方式将车辆出租给被执行人谢伟。后被执行人谢伟未按合同约定支付租金。北海仲裁委员会根据以上查明事实,认定被执行人谢伟构成违约,裁决解除申请执行人优享公司与被执行人谢伟签订的《融资租赁合同》并支付逾期租金;被执行人谢伟向申请执行人优享公司支付违约金。

法院通过对本案中的法律关系进行分析,认为本案的法律关系名为融资租赁实为借贷。申请执行人优享公司受其经营范围限制,以融资租赁形式变相经营贷款业务,无视国家金融监管规定,严重破坏正常社会金融秩序。依照《民事诉讼法》第 237 条第 3 款的规定,对该仲裁裁决不予执行。

二是上海东正汽车金融股份有限公司与张明明申请执行仲裁裁决案

[(2021)鲁07执177号执行裁定书]。上海东正汽车金融股份有限公司以向社会不特定对象提供汽车消费贷款的形式提供金融服务,其出借行为具有反复性、经常性,借款目的也具有营业性。《中华人民共和国银行业监督管理法》第19条和银保监会《关于规范民间借贷行为维护经济金融秩序有关事项的通知》明确规定,未经有权机关依法批准,任何单位和个人不得设立从事或者主要从事发放贷款业务的机构或以发放贷款作为日常业务活动。上海东正汽车金融股份有限公司《营业执照》中载明的经营范围不包括金融业务经营事项,其未经批准超越经营范围,直接从事或以债权转让等形式变相从事经常性的贷款业务,属于从事非法金融业务活动,为法律及《网络借贷信息中介机构业务活动管理暂行办法》所禁止。该裁决如得到执行,将扰乱金融管理秩序,损害社会公共利益。

山东省潍坊市中级人民法院指出,"上海东正汽车金融股份有限公司以向社会不特定对象提供汽车消费贷款的形式提供金融服务,其出借行为具有反复性、经常性,借款目的也具有营业性",并认为"该裁决如得到执行,将扰乱金融管理秩序,损害社会公共利益"。

(3) 未被法院认定为违背公共利益的案例。一是喆颢资产管理(上海)有限公司与韩薇申请撤销仲裁裁决案[(2020)京04民特55号]。北京仲裁委员会依据韩薇提交的仲裁申请书以及其与喆颢公司签订的《喆颢诺德定增1号私募证券投资A基金基金合同》(以下简称《基金合同》)中的仲裁条款及有关法律规定,于2019年2月11日受理了因上述《基金合同》引起的争议仲裁案,并在审理后作出了仲裁裁决。

申请人认为仲裁裁决违背社会公共利益。根据国家相关规定私募基金对投资人的投资结果不能强制性保本、保息,不能设定兜底条款。仲裁裁决事实上为私募基金设定兜底条款,违背了国家对私募基金相关规定,与整个市场环境和国家规定相悖离。

被申请人则认为,本案基金产品通过宜信卓越财富投资管理(北京)有限公司及其在无锡、上海等地分公司对外推销,在不确定投资人风险承受能力的情况下,吹嘘案涉基金的巨额收益,让投资人直接向指定的账户打款,在3天时间内募集资金5亿人民币,损害社会公众利益的是喆颢公司。

法院认为,违背社会公共利益是指违背以社会公众为利益主体的涉及整个社会根本法律、道德的共同利益,其表现形式应当是违背我国法律的基本制度与准则、违背社会和经济生活的基本价值取向,危害社会公共秩序和生活秩序,违背社会全体成员共同普遍认可和遵循的基本道德准则。本案中,喆颢公司与韩薇系平等民事主体之间的民事纠纷,喆颢公司未能提供证据证明仲裁裁决存在违背社会公共利益的情形。喆颢公司该项主张的实质是认为仲裁庭认定事实和适用法律错误,仲裁庭认定事实和适用法律问题属于仲裁庭实体审查权限范围,不属于人民法院仲裁司法审查的范围。

与前述案件不同,在本案中,法院在合同自由与金融监管秩序两种价值倾向中支持了前者。但是该案件与前述案件的不同点在于,本案涉及的金融纠纷关系并非指某一金融监管法律法规直接针对的对象,而是首先要通过对合同条款进行解释,在解释的基础上确认合同条款可能违背了相关金融监管法律法规的某项条款。这样不稳定的论证路径也就决定了法院判定仲裁裁决违背社会公共利益的可能性。在司法实践中,也存在着认定私募基金中兜底条款违背公共利益的案件。在(2019)粤01民终16045号民事判决书中,广州市中级人民法院认为"案涉补充协议实为双方为规避法律、行政法规的监管而作出的约定,内容违反了市场基本规律和资本市场规则,严重破坏资本市场的合理格局,不利于金融市场的风险防范,有损社会公共利益"。两个案件中法院的不同判决也再次体现了因为"公共利益"内涵的模糊而给法院的适用带来不确定性。

二是北京西创投资管理有限公司与张国彬申请撤销仲裁裁决案〔(2021)京04民特36号〕。2019年,贸仲根据张国彬于2019年7月1日向该会提交的仲裁申请以及张国彬与西创公司、上海浦东发展银行股份有限公司北京分行(以下简称浦发北京分行)签署的《西创黄山六十二号私募投资基金——基金合同》中仲裁条款的约定,受理了双方当事人因上述合同产生的争议仲裁案。

申请人认为仲裁裁决违背社会公共利益,且存在严重错误。首先,此仲裁裁决结果将动摇基金行业基础,即未进行基金清算时,不进行损失认定和清算后剩余财产处理,径行以投资人投资本金和预期收益作为投资人损失,而要求基金管理人予以全部赔偿,不仅会导致整个基金行业的毁灭性打击,而且影响国家的社会稳定和金融安全。其次,该案裁决在未确定投资人实际损失,亦未对清算后的投资人剩余财产进行安排时,就要求西创公司承担全部本金损失和预期利益损失,没有任何法律依据,也不符合行业惯例和经验。

被申请人认为,本案作为私募基金纠纷,与公共利益无关。公共利益对应的是不特定主体的利益,而私募基金之所以称之为"私",是因为其本身以特定对象确认为运作前提,仅针对特定对象募集发行,不允许公开发行募集,具有私密性和特定性的特点，所以私募基金纠纷不涉及公共利益。

法院采纳了被申请人的观点，其价值衡量倾向于保护合同的自由，认为社会公共利益应是关系全体社会成员的利益，为社会公众所享有，是整个社会发展存在所需要，具有公共性和社会性，不同于合同当事人的利益。西创公司、张国彬及浦发北京分行作为平等民事主体签订合同，由此引发的民事纠纷属于私主体之间的纠纷，仲裁庭依照相关法律规定和当事人之间的合同约定，就当事人之间的争议作出了裁决，不存在违反社会公共利益的情形。

三是四达时代公司申请撤销仲裁裁决案[（2021）京74民特1号]。2018年9月3日，李广安与四达时代公司签订了《认购协议》，认购四达时代公司依据相关法律法规发行的在普惠金融交易中心（大连）有限公司挂牌发行并备案的产品。协议载明：本《认购协议》由下列双方签订：发行方四达时代公司，认购方李广安。协议首页中显示中海盈泰公司作为发行方四达时代公司的受托管理人。2018年9月4日，中海盈泰公司向李广安出具《产品认购（申购）确认函》，确认根据《四达时代通信2018年定向融资计划第一期合同》规定，该项目于2018年9月4日成立计息，李广安认购（申购）金额为100万元。该协议第12条约定，凡因本产品的发行、认购、转让、受让、兑付等事项引起的或与本产品引发的任何争议，应首先通过协商解决。如果在接到要求解决争议的书面通知之日起第30日内仍不能通过协商解决争议，任何一方可以向北京仲裁委员会申请仲裁。

北京仲裁委员会根据李广安向该会提交的仲裁申请书，以及李广安与四达时代公司签订的《认购协议》中的仲裁条款及有关法律的规定，于2020年11月6日受理了双方之间因上述合同所引起的争议仲裁案，案件编号为（2020）京仲案字第4501号。

申请人认为，仲裁裁决违背社会公共利益。仲裁委将投资理财产品认定为民间借贷，明显与事实不符，违背诚实信用原则和社会公共利益，如果不予撤销将会扰乱现有的投资基金管理秩序。

被申请人则认为，申请人并非具有金融理财产品发行销售的合法金融机构，仲裁庭关于事实认定及法律适用均无错误，裁决的效力也仅限于平等民事主体的个体权益，不存在损害公共利益的问题。

法院认为，本案所涉《认购协议》是民事主体自愿订立的协议，仲裁庭关于该协议产生的合同争议的处理结果仅影响合同当事人，不涉及社会公共利益。虽然每一具体法律关系背后都体现一定的社会秩序，并具有一定的价值引导性，但上述秩序与价值并不直接等同于社会生活中既已存在的公共利益。在合同双方因履约产生争议时，争议解决结果对于每一方当事人利益义务的认定是以合同中的当事人合意和法律的强制性规定为前提的，故裁决中对于当事人权利义务的认定仅为将法律强制力赋予在合同当事人的合意中，并未破坏社会生活中既已存在的秩序和价值，亦未损害既有的社会公共福祉，不存在违反社会公共利益的情形。仲裁庭根据本案证据和所涉法律审理案件，所作出的裁决属于仲裁权范畴，不能因仲裁庭依法认定双方责任而认为裁决内容违反社会公共利益，故四达时代公司的该项主张不能成立，本案裁决不存在违反社会公共利益的情形。

四、小结

公共利益在社会科学领域具有悠久的历史，涉及政治学、法学、社会学等多个学科，但是截至目前，法学视野下的公共利益并没有一个明确的内涵和外延，这就给司法适用带来了极大的不确定性，对公共利益的解释极易受到当时的政治、经济、文化等社会环境的影响。同样，仲裁司法审查下的公共利益也没有统一定义。司法实践中，"违背社会公共利益"的解释尺度较难把握。虽然我国法院根据相关法律法规的规定可以凭职权主动适用这一撤销或不予执行仲裁裁决的事由，但各地法院通常都是较为审慎的，最高人民法院通过报核制度也加大了监管力度。

在实践中，存在着大量当事人援引"违背社会公共利益"主张撤销或不予执行仲裁裁决的案件。其原因可能在于任何一项平等民事主体之间纠纷的解决，其背后都必然指向特定的法律价值，而是否触及"社会公共利益"可能只是程度问题。从结果上来看，往往差之毫厘，谬之千里，这就导致在仲裁结果中处于不利地位的当事方一旦认为仲裁裁决可能涉及公共利益，便有可能借助公共利益的相关规定阻碍仲裁裁决的执行，这就给法官和仲裁员提出了更高的要求。[①]因此，仲裁庭不仅应关注案件基本事实和法律争议焦点，而且还应关注最新的法律法规变化、政策动向、监管态度、经济环境状况等社会因素，从更高的视野和更全面的视角去思考仲裁裁决可能给整个社会带来的后果，以确保"社会公共利益"不受损害，同时也应确保仲裁庭作出的裁决能够获得执行，不会被法院撤销或不予执行。

---

① 环中争端解决团队：《探析仲裁司法审查中"公共利益"的内涵与适用》，微信公众号"环中商事仲裁"，最后访问日期：2021年2月3日。

第八节 对法院作出撤销裁定或者驳回申请裁定的上诉机制 *

本节从上诉机制的层面探究影响国际仲裁中心的因素。此处上诉机制非指对裁决的上诉，而是指当事人向法院申请不予执行或撤销仲裁裁决，法院作出裁决或驳回申请后，当事人的救济途径。

一、上诉的辨明

一般来说，不服裁决的起诉流程即为提交仲裁庭作出的裁决；向法院提出承认、执行（不予执行）、撤销的理由；法院作出裁定三步。① 虽然第二步向法院请求救济就已经对仲裁的稳定性、效率性产生一定冲击，但若向法院申请救济之后，当事人仍不满意，能否针对法院作出的裁定或驳回申请进行上诉值得研究。

二、国内外的规定

（一）国内规定

我国《民事诉讼法》第 154 条规定："裁定适用于下列范围：（一）不予受理；（二）对管辖权有异议的；（三）驳回起诉；（四）保全和先予执行；（五）准许或者不准许撤诉；（六）中止或者终结诉讼；（七）补正判决书中的笔误；（八）中止或者终结执行；（九）撤销或者不予执行仲裁裁决；（十）不予执行公证机关赋予强制执行效力的债权文书；（十一）其他需要裁定解决的事项。对前款第一项至第三项裁定，可以上诉。"

《关于人民法院裁定撤销仲裁裁决或驳回当事人申请后能否上诉问题的批复》（法复〔1997〕5 号）明确规定，对法院作出的撤销裁决的裁定不得上诉。根据以上条文可知，法院关于撤销裁决的裁定不可作出。

2017 年发布的《最高人民法院关于审理仲裁司法审查案件若干问题的规定》第 8 条规定：当事人对驳回申请的裁定不服的，可以提起上诉。这条规定表

＊ 本节撰稿人靳思远、李况然。

① 沈伟、陈冶东：《商事仲裁法———国际视野和中国实践》（上、下卷），上海交通大学出版社 2020 年版。

明,若法院驳回申请,当事人可就该裁定上诉。这意味着给仲裁中的不利方第二个救济途径,即在向法院申请撤销裁决失败之后,还可以上诉。

比较上述相关条文,我们可以发现仲裁中的不利方得到了双重救济途径——申请不予执行、撤销与对驳回申请进行上诉;反观仲裁中的胜诉方,面对失利方的"挑战",其只能"应战",而不能"主动出击"。更重要的是,一旦失利方挑战成功,即通过撤销或上诉机制使得原裁决丧失效力,胜诉方将面临救济无门的不利境地。

值得一提的是,我国对于涉外仲裁裁决的申请撤销或不予执行规定了内部报告制度。这在一定程度上有利于打破地方保护主义,更好地维护涉外当事人的利益,但对于国内的仲裁则无此程序。

（二）国外规定

1. 英国

英国《仲裁法》(1996 年版)中,规定当事人可以向法院就仲裁程序中所涉及的法律问题提起上诉,由此确立了法院撤销仲裁裁决的上诉制度,其中第 67 条规定:"(1) 仲裁程序的一方当事人(经通知其他当事人和仲裁庭)可向法院申请:(a) 就仲裁庭的实体管辖权对裁决提出异议;(b) 因仲裁庭无实体管辖权,要求法院裁定宣布仲裁庭就实体方面作出的裁决全部或部分无效。当事人可能会丧失异议权(见第 73 条)且其异议权不得违背第 70 条第 2 款和第 3 款的限制性规定。(2) 按照本条对有关管辖权裁决向法院提出的申请如尚未决定,仲裁庭可继续进行仲裁程序并作出进一步的裁决。(3) 对根据本条就仲裁庭实体管辖权对其裁决提出异议的申请,法院可以命令方式:(a) 确认裁决;(b) 修改裁决;(c) 全部或部分撤销裁决。(4) 针对本条项下法院决定的上诉应取得法院的准许。"

英国是对仲裁实行实体审查的少数国家之一,对于法院决定在"取得法院的准许"的情况下允许上诉,实际上赋予了当事人上诉的权利。

2. 美国

美国则是分情况,如果法院对仲裁裁决作出了改变、撤销,也允许当事人就此上诉。美国《统一仲裁法》第 13 条规定:"请求法院发出确认、修改仲裁裁决的命令的当事人,在命令提交书记员以便对裁决进行裁判的时候,应当将下列文件一并提交书记员:(1) 仲裁协议,并于选任追回仲裁员或者仲裁长的证件(如果有的话),延长裁决期限的证件(如果有的话);(2) 仲裁裁决书;(3) 同请求确认、修改裁决有关的一切通知、宣誓书或者其他文件,和法院对请求作出的每一项命令的副本。判决应当如同诉讼案件中作成的判决一样作成记录。"

上述判决在一切方面都同诉讼判决有同样的效力,同时服从有关诉讼判决的一切法律规定,并且可以如同法院的诉讼判决一样执行。

根据第 2 款可知,法院对于仲裁的判决(在符合第 1 款的情况下)同法院的其他判决并无区别,在效力、程序及执行上相一致,由此也可以自然推导出,该类判决适用于上诉机制。

3. 德国

在德国,不服州高等法院裁决的,当事人可以向联邦最高法院提起抗告,由联邦最高法院对即时抗告进行审理。在《德国民事诉讼法》第 1065 条法律救济中规定了法院撤销裁决案件的第三审上诉制度。

4. 日本

《日本仲裁法》第 44 条第 8 项规定,无论是撤销仲裁裁决的决定还是驳回撤销申请和驳回撤销请求,抗告一旦提起,关于申请撤销仲裁裁决的决定即停止其效力。

5. 法国

法国的规定较为复杂。《法国民事诉讼法》第 1490 条规定,驳回上诉或撤销动议将授予仲裁裁决以执行许可,或者授予上诉法院不作审查的裁决内容以执行许可。第 1488 条则规定,给予执行许可的命令不得以任何方式上诉,但是在法院已受理的起诉范围内,对裁决的上诉或撤销裁决的动议在法律上包含着对给予执行许可或拒绝有关执行许可管辖的法官决定的上诉。由此可见,虽然有诸多限制,但是法国仍然允许上诉。

6. 其他国家

与此同时,许多国家明确表示对撤销仲裁提出上诉是禁止事项。保加利亚仲裁有关法律规定了撤销裁定一经作出,便不再接受当事人或司法机关中任何一方的监督审查。比利时也在有关法律中作出明令要求,针对撤销仲裁裁决的案件不得提出上诉。[①]

三、对我国的建议

当前国际上对我国的仲裁环境评价并不高,诸如地方保护主义、缺少独立性

---

① 徐伟功：《国际商事仲裁理论与实务》,华中科技大学出版社 2017 年版。

等质疑不绝于耳。但是实际上我国的撤销率是很低的。① 笔者通过实证分析，论证了内部报告制度有效遏制了地方保护主义，地方保护主义的影响有限。② 肖蓓也对我国仲裁执行的满意度做过调查，超过 70% 的外国受访者均表示满意。③ 这个比例不能说很高，但是也不低。那么，为什么国际舆论与现实会产生了割裂？这部分的认知偏差有多方面的原因。

根据《2021 年国际仲裁调查报告》所做的调查——对于"哪些举措可以使其他仲裁地更具吸引力"，选择最多的是"地方法院和司法机构对仲裁提供更大的支持"（56%），紧随其后的是"增加当地法律体系的中立性和公正性"（54%），这两者都与法院法律制度相关。联系到我国并没有建立撤销仲裁裁决的上诉制度，一旦裁决被撤销，胜诉者将走投无路，这明显加强了少部分撤销案例的负面效果。从概率的角度来看，虽然仲裁裁决被撤销率很低，但是它的后果是 100% 的损失，因此它的负面效应特别大。援引制度的信号作用理论，笔者认为这种上诉制度的缺失是一个很不好的信号，因为它对于胜诉方的实质不公平将影响胜诉方对于法院执行仲裁裁决的信心。事实上，这确实体现在了国外对于我国仲裁的认知中。根据学者肖蓓的调查，绝大多数受调查者认为在中国执行外国仲裁裁决的可能性比大多数国家要小；59% 的受调查者认为在中国执行外国仲裁裁决的可能性比大多数国家"困难得多"；28% 的受调查者认为在中国执行外国仲裁裁决的可能性比大多数国家"困难一些"；6% 的人认为在中国执行外国仲裁裁决的可能性与大多数国家"一样"；觉得在中国执行外国仲裁裁决比大多数国家"更容易一些"的受调查者仅为 2%；还有 5% 的人"没有什么印象"，认为在中国执行外国仲裁裁决可能性比大多数国家"容易得多"这一项则没有人选。④

因此，笔者建议可以考虑建立法院仲裁裁决撤销之诉的上诉制度。一方面，我国对于仲裁是后进者，世界上主要的仲裁地国家诸如英国、法国和德国等都建立了仲裁撤销之诉的上诉制度，我国应该吸收借鉴其有益经验。另一方面，我国规定了对于仲裁撤销之诉的驳回是可以上诉的，存在明显的不公平，从法律制度

① 根据《中国仲裁年度报告》数据，2013、2015、2016、2017 年，全国仲裁委员会被法院裁定撤销仲裁裁决的案件分别为 155、209、232、186 件，占案件总数分别为 0.15%、0.15%、0.11%、0.07%，撤销率逐年下降。
② 沈伟：《地方保护主义的司法抑制之困：中央化司法控制进路的实证研究——以执行涉外仲裁裁决内部报告制度为切入视角》，《当代法学》2019 年第 4 期，第 60 页。
③ 肖蓓：《〈纽约公约〉背景下我国对外国仲裁裁决承认及执行的实证研究》，《现代法学》2016 年第 3 期，第 181 页。
④ 肖蓓：《〈纽约公约〉背景下我国对外国仲裁裁决承认及执行的实证研究》，《现代法学》2016 年第 3 期，第 181 页。

的"信号"功能来说，应该采取更加公平、"一碗水端平"的做法，基于仲裁的胜诉方和败诉方同等的保护与救济途径。

第九节 政府对仲裁的支持措施*

一、政府支持措施的基本内涵

政府支持措施是指各国政府为推进仲裁事业持续发展所采取的积极措施。笔者认为广义上的政府支持措施包括立法、行政、司法对仲裁的扶持。不同于针对仲裁系统内部法律规范（例如仲裁地、临时仲裁、仲裁地等）的具体建议，以及着眼于微观层面上司法与仲裁双向互动（例如承认执行等）的提案，有关政府支持措施的建议大多从宏观层面单向地强调国家机构的授益与服务，通常与"优化营商环境""建设服务型政府"联系紧密。

仲裁事业的持续发展依赖于仲裁机构的独立性，取决于仲裁服务的质量和效率。[①] 仲裁作为国际通行的纠纷解决方式，亦是我国社会治理体系中多元化纠纷解决机制建设的重要组成部分。聚焦国际商事纠纷多元化解决机制建设，实现商事仲裁的法治化专业化国际化离不开政府对仲裁事业的支持。[②] 这要求理顺各仲裁机构与政府的关系，实现仲裁工作体制社会化和仲裁发展机制市场化。

二、政府支持措施的域外经验

根据《2021 国际仲裁报告》，伦敦与新加坡并列第一，是投资者首选的仲裁地，我国香港地区名列第三，巴黎排在第四位，日内瓦排名第五，之后是北京、纽约、斯德哥尔摩和上海。同时，"地方法院和司法机构对仲裁提供更大的支持""增加当地法律体系的中立性和公正性""司法辖区的政治稳定性"等反映了已被认为对用户最重要的仲裁地所具备的系统法律特征。

笔者对排名前三仲裁地政府支持仲裁措施进行了梳理（见表 3-8）。

---

* 本节撰稿人靳思远、李况然。

① 陈忠谦：《新形势下我国商事仲裁发展的思考（下）》，《仲裁研究》2010 年第 3 期，第 1—6 页。

② 江南：《擘画国际仲裁新蓝图》，《中国贸易报》2021 年 9 月 16 日，第 1 版。

表 3-8 排名前三仲裁地政府支持仲裁措施梳理

地 区	措　　施
伦敦	1. 立法将仲裁作为促进商业发展手段之传统 1698 年制定了世界上第一部仲裁法《洛克法案》。1854 年的法案规定,对于仲裁协议涵盖的任何争议,法院均有权指令争议方提交仲裁。1889 年法案规定,仲裁协议不可撤销,无论是针对现有争议还是将来的争议,仲裁协议都受到法律保护。1950 年法案规定仲裁员有权给予临时救济。1979 年法案规定,争议方如果愿意,可以约定仲裁裁决中的法律错误不受司法审查。1996 年法案让争议方更难在英国法院挑战仲裁裁决 2. 司法对仲裁呈信任态度 第一,英国法院和普通法传统上对当事人自治的尊重。秉持应推定商人最了解如何安排自己的事务和解决自己的纠纷这一理念,英国法院一直以来倾向于支持商事主体私下达成的争议解决安排的效力。第二,英国法院的实用主义,即英国法院将仲裁视为能有效减少法院案件数量的争议解决方式
新加坡	1. 以国际化为目标 从国际化程度看,新加坡国际仲裁中心、国际商业法庭和国际调解中心更多是面向区域性、国际性的商事纠纷当事人,在人员构成上组建国际化的法官、仲裁员和调解员团队,在制度设计上高度对接国际规则和国际惯例。例如,新加坡国际商事仲裁规则以《国际商事仲裁示范法》为蓝本,兼顾大陆法和普通法两大法系的特点。多年来仲裁规则不断更新修订,吸收了很多为发达国家所认可的新型仲裁实践[1] 2. 强调仲裁、调解、司法"三位一体"一站式服务 从机制运行上看,新加坡在提供国际商事争端解决服务时注重调解、仲裁和诉讼程序的相互融合、协调、对接、互补,有意识地构建调解与仲裁、诉讼有效衔接的机制。[2] 特别是新加坡国际仲裁中心和国际调解中心合作建立了独特的"仲裁—调解—仲裁"机制,在实现二者无缝对接的同时极大提升了调解协议的可执行率。[3] 新加坡法院给予国际调解、国际仲裁和国际诉讼最大化的支持和最小化的干预,当事人可以根据费用标准,准确预估争议解决的成本、时间进度和每个程序阶段的费用 3. 各种政策扶持 为推动新加坡国际仲裁中心的发展,将新加坡打造成为国际仲裁中心,新加坡政府在财政资金、办公用房、税收政策、出入境政策等方面给予仲裁机构和仲裁从业人员极大的支持和便利。此外,为减轻争议当事方的现金流压力,新加坡还允许当事方在国际仲裁及相关程序中进行"第三方融资"[4]

---

[1] 中国南海研究院课题组:《迪拜、新加坡成功经验的宝贵启示——"流量"和"腹地"是怎样创造出来的?》,《今日海南》2019 年第 8 期,第 56 页。

[2] 中国南海研究院课题组:《迪拜、新加坡成功经验的宝贵启示——"流量"和"腹地"是怎样创造出来的?》,《今日海南》2019 年第 8 期,第 56 页。

[3] 陈磊、时界、黎家祺:《"三位一体"国际商事争端解决机制中诉讼制度的革新——从国际商事法庭与国际商事仲裁机构的关系切入》,《仲裁研究》2021 年第 1 期,第 6 页。

[4] 侯霞、郭成:《国际商事仲裁第三方资助制度的发展及应对策略》,《商事仲裁与调解》2021 年第 5 期,第 151 页。

地　区	措　　施
我国香港地区	1. 服务配套措施到位 仲裁有很多配套设施。除了政府为香港国际仲裁中心以1港币租赁一整层楼作为办公场所，还通过不断创新吸引交易者选择仲裁，例如在线上争议解决方面，在鼓励香港的仲裁机构成立网上争议解决服务之余，亦加入了《亚太经济合作组织网上争议解决合作框架》。另外，其与贸法委（联合国国际贸易法委员会）一并探讨并成立了"普惠全球法律创新平台"，主要探讨涉及网上争议的法律问题 2. 仲裁人才储备 香港有着深厚的仲裁文化，有很多国际化的律师，既懂各国的实际情况，也懂国际习惯，所以在提供服务的时候，能够符合当事人的要求

从上述做法可以借鉴的措施包括：① 立法上，推进仲裁国际化建设，吸收英美法系、大陆法系成果，与国际仲裁实践接轨；② 司法上，尊重当事人意思自治；③ 政策上，在仲裁机构商业化的同时给予政策（财政）支持；④ 人才上，储备国际仲裁人才等。

三、我国仲裁支持措施的立法现状

我国仲裁机构的发展和国际仲裁中心的建设，同样离不开政府的大力支持。党的十八大以来，新一轮仲裁制度改革如火如荼地展开，中央"十四五"规划和2035 年远景目标明确提出要"加强涉外法治体系建设"，在当前仲裁法治领域已经形成全球性法律制度竞争的格局下，若仅是对仲裁法律制度本身进行完善，实现与国际接轨，确实是仲裁法治建设的重要内容，但还不足以具备竞争优势。若要尽快提升我国仲裁的国际竞争力，必须在创新支持措施和配套制度基础上创新法治建设，吸引国际优质仲裁人才、机构和资源落地我国，发挥国际仲裁中心在高端服务业领域的资源聚集衍生效应。

笔者梳理了自党的十八大后相关法律法规、规范性、政策性文件，以说明《仲裁法》施行十余年后我国国家机关对于仲裁的进一步支持和改进（见表 3 - 9）。

尽管与原先《仲裁法》及党的十八大前仲裁发展状况相比，我国不断向仲裁发达地区学习，包括在自贸区内给临时仲裁适度"松口"、赋予自贸区等试点地区仲裁工作更大自主权及服务权能。然而，我国目前对于仲裁的支持措施散见于各类、各层级文件中，指导意见亦仅对引入仲裁、人才培养、服务集中的事项进行指导，并没有提到如何给仲裁"松绑"，且具体执行措施甚少，有待于在实践中进一步明确。

表 3-9 党的十八大后支持仲裁措施相关重要文件梳理

文 件	重 点 内 容
原则性、纲领性文件	
2013 年国务院《进一步深化中国(上海)自由贸易试验区改革开放方案》	上海需加快打造面向全球的亚太仲裁中心
2018 年上海市司法局《法治上海建设规划(2021—2015)》	适度扩大上海市仲裁行业对外开放,打造面向全球的亚太仲裁中心
指导意见及报告	
2019 年中共中央办公厅、国务院办公厅印发《关于完善仲裁制度提高仲裁公信力的若干意见》	要从规范仲裁机构设立和换届有关工作、保障仲裁机构依法独立工作、落实当事人意思自治原则、纠正扰乱仲裁发展秩序的行为等方面严格贯彻落实仲裁法律制度。明确仲裁委员会的公益性、非营利性质,加强委员会建设,改革完善内部治理结构和管理机制,改进仲裁员选聘和管理,推进仲裁秘书职业化和专业化建设。加快推进仲裁制度改革创新,支持仲裁融入基层社会治理,积极发展互联网仲裁,推进行业协作和仲裁区域化发展。服务国家全面开放和发展战略,提升仲裁委员会的国际竞争力,加强对外交流合作,深化与港澳台仲裁机构合作。加强党的领导,加大政府对仲裁工作的支持与监督力度,健全行业自律,完善司法支持监督机制,发挥社会监督作用
2019 年最高人民法院《商事仲裁司法审查年度报告(2019)》	统一仲裁司法审查标准
2021 年上海市政府《上海法治政府建设规划(2021—2025年)》	推进法律服务中心建设,引进一批境外知名仲裁、调解等法律服务机构和高端法律服务人才,打造法律服务集聚区
2021 年《仲裁法(修订征求意见稿)》	新增第十二条 仲裁机构的设立,应当经省、自治区、直辖市的司法行政部门登记 中国国际商会设立组建的仲裁机构,由国务院司法行政部门登记 外国仲裁机构在中华人民共和国领域内设立业务机构、办理涉外仲裁业务的,由省、自治区、直辖市的司法行政部门登记,报国务院司法行政部门备案 仲裁机构登记管理办法由国务院制定

四、政府进一步支持商事仲裁的路径

结合我国国情,政府首先应在体制上为仲裁机构松绑,全力支持仲裁机构进行体制、机制改革,充分尊重仲裁机构的独立法人地位,全面维护仲裁机构的人事、财务自主权,引入外国仲裁机构进行竞争,真正让仲裁机构按市场化规律独立进行运营。其次,在税收政策、外汇管理、出入境管理等方面给予仲裁机构、仲裁员和参与仲裁活动的人员相应的便利,为国内外仲裁机构开展仲裁活动创造良好环境。

第一,全面推进我国仲裁机构体制机制改革。坚持仲裁机构的民间性、公益性、专业性,严格落实中办国办《关于完善仲裁制度　提高仲裁公信力的若干意见》,按照决策权、执行权、监督权相互分离、有效制衡、权责对等原则,建立和完善非营利法人治理结构,由专业人员而非行政人员来管理仲裁机构。

第二,大力提高国际化水平。借鉴国际经验,不断完善仲裁规则,始终保持仲裁规则与国际接轨并处于领先水平。吸引更多的境外优秀专业人士加入仲裁员队伍,创造条件让更多外籍和港澳台地区的仲裁员参与仲裁办案,提高仲裁员队伍的国际化水平。吸收境外专业人士加入仲裁管理和仲裁秘书队伍,提升仲裁机构的国际治理能力和为外籍当事人服务的能力。深化国际仲裁事务合作,对外讲好中国仲裁故事,不断提高中国仲裁机构的国际影响力和国际竞争力。

第三,坚持开门办仲裁。从法律的角度来看,契约性是仲裁制度的本质特征,仲裁没有地域管辖和专属管辖,当事人约定管辖是仲裁管辖权的唯一来源。当事人的仲裁需求是不受省域、地域、疆域限制的。从经济学的视角来看,作为一种现代高端服务业,仲裁本身具有开放性和国际性。闭门造车、划地割据是走不通的。因此,建设国际仲裁中心、加快仲裁机构发展不仅要做大、做强、做优本地本国的仲裁机构,而且还要创造条件,积极吸引省外、域外、境外优秀的仲裁机构"筑巢"。仲裁机构之间要秉持"和平合作、开放包容、互学互鉴、互利共赢"的精神,加强职业共同体建设,[①]既讲竞争,更求合作,优势互补,错位发展,为市场主体提供立体的、全面的、多方位的争议解决服务,不断满足市场主体多元化、多样性的争议解决需求。

第四,诉调仲结合,搭建在线纠纷解决平台。尽快构建集投诉、调解、仲裁、诉讼于一体的在线纠纷解决平台。通过整合诉讼和非诉的各项资源,为当事人

---

① 初北平:《"一带一路"国际商事仲裁合作联盟的构建》,《现代法学》2019 年第 3 期,第 186 页。

提供最便利、最经济的解纷指引和途径选择，使当事人可以随时随地在线申请法律服务，不再受时间和空间的限制[①]（如图3-1所示）。

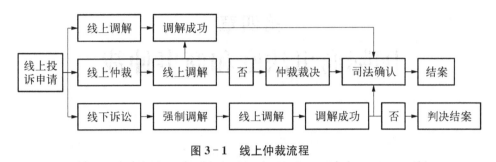

图3-1 线上仲裁流程

第五，以专业化的仲裁机构和仲裁员为抓手，提升商事仲裁的公信力。"全国270多家仲裁机构发展不平衡，目前北京、上海、深圳等地的一些国际商事仲裁机构已经初步形成竞争优势，但一些沿海其他城市、西部边贸地区也亟须有能力处理国际商事纠纷的仲裁机构，为'一带一路'建设提供商事纠纷解决服务。"[②]高素质、国际化的仲裁员队伍是当前仲裁机构建设的重中之重。同时提高法学院校学生的仲裁知识储备。大力发展律师业，对律师开展仲裁培训，提高律师的仲裁执业水平。结合企业法治建设特别是合规建设，面向企业大力开展仲裁业务培训，提高企业运用仲裁防范和化解经营风险的能力。[③] 聚合法律服务资源，鼓励涉外商事调解组织、公证处、法律查明机构等法律服务机构的发展，建立与仲裁相互有机衔接、融合发展的国际商事争议解决平台。

第六，充分发挥信息化技术在仲裁程序中的作用。在疫情防控期间，能否提供远程仲裁服务，成为选择仲裁机构的重要原因。依托信息技术的互联网仲裁必然成为促进我国国际商事仲裁制度发展、提升仲裁公信力和国际竞争力的重要方式。因此，应针对互联网仲裁政府提供特别的服务。

---

① 赵健雅、张德淼：《"一带一路"倡议下中印商事法律纠纷解决机制比较与制度重构》，《青海社会科学》2020年第4期，第141—149页。

② 张纯：《司法为仲裁护航前行》，https://www.whac.org.cn/index.php/zcqx/details/type/27/id/7837.htm，最后访问日期：2022年7月19日。

③ 赵健：《加快国际仲裁中心建设，推动构建公正、合理、透明的国际贸易规则体系》，https://www.ctils.com/articles/3650，最后访问日期：2022年7月19日。

第四章
国际商事法庭和商事仲裁

第一节　国际商事法庭的趋势、逻辑和功能
——以仲裁、金融和司法为研究视角 *

一、国际商事法庭的流行趋势

虽然全球经济进入后金融危机时代的调整期和复苏期,但是贸易和投资低迷,经济增长基础羸弱,经济全球化遭遇挫折,进入逆全球化阶段。同时,国际经济争端和纠纷层出不穷,对各国现有的争端解决机制提出了挑战。联合国国际贸易法委员会基于近 30 年国际投资仲裁的数据统计指出,现有的争端解决途径难以有效应对新形势下所出现的一系列问题,而改善路径之一是设立专门的国际商事法庭。①

主要国家普遍加快了国际商事法庭的建设步伐。一些国家进行专门立法或修法,允许本国的国际商事法庭使用英文作为工作语言,构建更为便利快捷的诉讼程序,提供更有吸引力的诉讼费用机制。一些国家还修改宪法,明确国际商事法庭在本国司法体系中以及其判决在本国诉讼程序中的法定和特殊地位,为国际商事法庭的正当性与法理性提供制度基础。例如,新加坡专门修改宪法,针对国际商事法庭创设了国际法官制度。这一举措不仅有利于更好地应对全球化背景下的国际民商事纠纷,而且还可以提升本国在国际民商事争端解决领域的地位,为争取国际竞争主动权提供了制度性安排。英国商事法庭(British Commercial

---

*　本节撰稿人沈伟。

①　廖宇羿:《域外国际商事法庭建设最新发展及启示》,《法制日报》2018 年 2 月 14 日,http://epaper. legaldaily.com.cn/fzrb/content/20180214/Articel11002GN.htm,最后访问日期:2018 年 5 月 27 日。

Court,后改为英格兰及威尔士商事与财产法庭),在国际竞争居于领先地位,"四分之三的当事人都来自海外"。[1]

总体而言,各国国际商事法庭各具特色,但是高水准、国际化、便利当事人、程序适度弹性、准据法运用灵活、争端解决高效是国际商事法庭的共性和吸引力的核心要素。[2] 在我国"一带一路"倡议不断推进与深化、涉外商事纠纷不断增加的背景下,最高人民法院积极推进"一带一路"司法服务和保障,其中一个重要举措便是设立国际商事法庭,以便为包括中国在内的"一带一路"沿线当事人提供公正、高效、便利、透明和成本较低的"一站式"法律服务,[3]建立诉讼、仲裁、调解三位一体的多元化争端解决机制。[4] 根据中央全面深化改革领导小组 2018 年 1 月 23 日第二次会议审议通过的《关于建立"一带一路"争端解决机制和机构的意见》,最高人民法院于 2018 年 6 月 29 日分别在深圳和西安设立了第一国际商事法庭和第二国际商事法庭。

"他山之石,可以攻玉"。英国、新加坡等国家的国际商事法庭制度值得我们关注。

二、主要国家国际商事法庭的制度设计

(一) 英格兰及威尔士商事与财产法庭

典型的国际商事法庭的雏形是设立于 1895 年的伦敦商事法庭。2010 年以来,伦敦商事法庭受理的案件中,50％的案件涉及外方当事人,80％以上的案件至少一方当事人为非英国人。2015 年新收案件超过 900 件,其中 25％的案件涉及仲裁事项。该法庭现已更名为英格兰及威尔士商事与财产法庭,[5]统一受理涉外商事案件。

伦敦商事法庭满足了伦敦金融界和商界提出的成立一个由对商事纠纷有着

---

① 郑飞飞:《新加坡国际商事法庭的由来与发展》,http://bjgy.chinacourt.org/article/detail/2017/12/id/3101171.shtml,最后访问日期:2018 年 5 月 27 日。

② 《深改小组通过〈关于建立"一带一路"争端解决机制和机构的意见〉》,《人民日报》2018 年 1 月 24 日,第 1 版,http://ydyl.people.com.cn/n1/2018/0124/c411837 - 29783699.html,最后访问日期:2018 年 5 月 27 日。

③ 刘贵祥:《考虑建设"一带一路"国际商事法庭》,http://mp.weixin.qq.com/s?__biz=MzIyNTQzNDY0NA==&mid=2247485699&idx=1&sn=5a0818336b21ab3feb741ec7cecb4f11&chksm=e87e8478df090d6e1fc2ed80a44a5ee74eb66dbf3fe0b545d950bd630ed5e061ab15b48bcb15&scene=21#wechat_redirect,最后访问日期:2018 年 5 月 27 日。

④ 郭丽琴:《中国将在北京西安深圳设全新国际商事法庭》,https://www.yicai.com/news/5395142.html,最后访问日期:2018 年 5 月 27 日。

⑤ https://wcnwchamber.org.uk/,last visited on May 27,2018.

丰富知识储备和审判经验的法官组成的法庭或法院的要求。法官们希望这个机构能够快速、经济地解决纷争，以避免审判时间冗长、花费高昂，以及由不熟悉商业惯例的法官或陪审团进行裁判等诸多问题。伦敦商事法庭最初由王庭分座里两位有着相应学识和经验的法官参与审判，随着工作的不断增加，现在改为由 8 名法官任职，他们是从获准加入该法庭的多达 15 名补充专家法官中选取的。伦敦商事法庭隶属英国高等法院王座分庭，主要处理复杂的国内和国际商事纠纷案件。英国《民事诉讼规则》第 58 部分规定了商事法庭的工作内容，包括处理保险和再保险、银行和金融市场、商品和航运案件等。① 同时，伦敦商事法庭也是国际仲裁的主要监督法庭之一。此外，该法庭在英格兰及威尔士设立办公室，处理财产冻结和其他仲裁救济程序以及对仲裁裁决的异议、承认和执行的问题。

2017 年 10 月，英格兰及威尔士商事纠纷司法管辖区更名为"商事与财产法庭"，并成为英格兰及威尔士专业民事法院的单一机构。这一设置给予英国法院系统应有的关注度，通过更加简单的程序设置和更具"商业友好型"的法院结构，确保外国当事人能够轻松地识别他们在英国法院系统中需要的司法服务，增强英国法院对外国当事人的吸引力。②

商事与财产法庭采用的司法电子化技术，③缩短了所有法官进入大型电子数据库所需的时间。无纸化庭审也在实质性听证会中得到了普遍采用。商事与财产法庭还出台了更为简短的庭审计划方案，以便提供快速且费用合理的庭审④（最长不得超过 4 天）。

（二）迪拜国际金融中心法院

迪拜国际金融中心（DIFC）旨在建立一个金融自由区，通过独特的法律和监管架构，为阿联酋和更广泛的地区提供良好的环境以促进发展、进步和经济增长。DIFC 和 DIFC 法院创建了独特且独立的监管框架，⑤已制定并颁行的法律

① https://www. judiciary. gov. uk/you-and-the-judiciary/going-to-court/high-court/queens-bench-division/courts-of-the-queens-bench-division/commercial-court/about-us/，last visited May 27，2018.
② https://www. thecityuk. com/assets/2017/Reports-PDF/Legal-excellence-internationally-renowned-Legal-services-2017.pdf，last visited on May 27，2018.
③ The Hon Mr. Justice Blair. Commercial Dispute Resolution: Current Developments in the Commercial Court. *Commercial Litigation and Arbitration Forum*，3rd November，2016.
④ Commercial Court Update，https://www.judiciary.gov.uk/wpcontent/uploads/2015/10/Commercial-Court-Update-Oct-15.pdf，last visited on May 27，2018.
⑤ 采取的步骤包括修改阿联酋宪法修正案；2004 年第 8 号联邦法令：关于阿拉伯联合酋长国的金融自由区；2004 年第 35 号联邦法令：将 DIFC 设立为迪拜的金融自由区；迪拜 2004 年第 9 号法律：建立迪拜国际金融中心的法律；迪拜 2004 年第 12 号法律：迪拜国际金融中心司法机构法（修正）。

主要是为了规制 DIFC 内的金融机构、公司、个人的日常要求和运营管理，兜底的准据法是英格兰及威尔士法。这些法律立足于世界主要金融法域的最佳实践，融合和构建了最好的国际金融和商业法律，[①]并允许创建法规和规则等次级立法。这些已经颁布的法律促使商业法规逐渐形成。除非已经获得迪拜金融管理局(DFSA)许可，否则公司不得在 DIFC 提供金融服务。DFSA 在反洗钱方面的严格立场也是让国际社会感到可靠的原因之一。这些影响广泛的法律和法规吸引了许多国际金融机构和企业。

　　DIFC 法院包括一审法院和上诉法院。[②] DIFC 法院由至少四名法官组成，其中一名法官为首席大法官。如果一位法官任职于阿联酋政府承认的任何司法管辖区的高级司法机构，且已获得普通法系律师或法官资格并拥有重要经验，就拥有成为 DIFC 法院法官的资格。院长负责 DIFC 法院行政事务的全面管理，并主持所有上诉。他还有权建立 DIFC 法院的巡回法院和分部，任命工作人员和司法人员。一审法院由一名法官组成，对下列事项拥有专属管辖权：① 涉及 DIFC、DIFC 主体机构或任何 DIFC 机构的民事或商业案件和争议；② 涉及需要履行全部或部分合同内容，由在 DIFC 进行的交易或发生在 DIFC 的事件引起的或与之相关的民事或商业案件和争议；③ 对 DIFC 主体机构之决定符合 DIFC 法律法规提出异议；④ 法院根据 DIFC 法律法规有管辖权的任何其他申请。

　　上诉法院至少由三名法官组成，由首席大法官或最资深的法官担任主席，并拥有下列专属管辖权：① 对原审法院判决和裁决提出的上诉；② 根据任何 DIFC 机构的请求解释 DIFC 法律的任何条款，但该机构必须在这方面获得首席大法官的许可，解释具有法律的效力。上诉法院的判决是终审判决。

　　最初设立 DIFC 法院的目的是建立一个管辖权较大的法院，任何选择法院管辖权的当事人都可以向该法院起诉。最终管辖权原则是法院只能解决其中一方当事人在 DIFC 或交易本身在 DIFC 发生的争议。但是，2011 年第 16 号迪拜法修改了之前的法律规定，扩大了 DIFC 法院的管辖权。根据这部法律，DIFC 法院可以受理争议各方基于合同中选择管辖权条款，同意选择 DIFC 法院管辖的任何争议。与此相关有两个法律问题：一是 DIFC 法院基于不方便管辖原则拒绝管辖权的可能性；二是其他国家法院对 DIFC 法院作出判决的承认程度，以及如何处理位于 DIFC 以外辖区的败诉方或败诉方资产的问题。

---

① DIFC，http://www.difc.ae/discover-difc，last visited on May 27，2018.

② https://www.difccourts.ae/court-structure/，last visited on May 27，2018.

（三）新加坡国际商事法庭

新加坡国际商事法庭(SICC)于 2015 年 1 月 5 日正式设立。SICC 旨在成为外国当事方尤其是亚洲国家当事方的争端解决平台，为那些更喜欢由法院而不是仲裁机构解决其纠纷的当事方服务。[1] SICC 在新加坡司法系统中处于特殊地位，《最高法院司法（修正案）条例草案》确认了 SICC 作为高等法院的一个部门，意味着 SICC 判决可以作为新加坡最高法院的判决而得到强制执行。[2]

SICC 的"国际"因素将其与大多数其他专业商事法庭(包括伦敦商事法庭)区分开来，即法庭的法官由来自其他法域的知名专家组成。[3] 截至 2018 年 6 月 14 日，来自国际和本地的法官在 SICC 中的人数基本相同，包括 20 位现任最高法院法官(包括 4 位上诉法院法官和首席大法官)和 15 位国际法官(来自澳大利亚、加拿大、法国、日本、英国和美国等)。[4] 法官的选择涵盖了普通法系和大陆法系。他们都有一个重要的共同特征：每个法官都是自身所在法域的专家。[5] 主审案件的法官由首席法官任命，而非由争端各方指定。首席法官可根据法官在外国法域或特定领域的经验而选择其审理特定案件。国际法官有效地为 SICC 提供外国商法方面的专门知识，有利于 SICC 行使管辖权而不是保留诉讼(即使是暂时的)。此外，SICC 的法官不能是执业律师，以避免在国际仲裁中产生利益冲突。

SICC 只审理具有国际和商业性质的诉求，[6] 包括当事人已同意在 SICC 解决争议的案件。这一同意既可以是纠纷发生后的临时协议，也可以是合同本身包含的法院选择条款。[7] SICC 对于案件受理程序有一些特别的规定。如果当

---

[1] Justice Quentin Loh, Asia Pacific Insurance Conference 2017, Singapore 18 October 2017, http://apacinsuranceconference.com/wp-content/uploads/2017/10/Justice-Quentin-Loh-Keynote-1.pdf, last visited on May 27, 2018.

[2] Singapore Ministry of Law, Factsheet on the Supreme Court of Judicature (Amendment) Bill, https://www.mlaw.gov.sg/content/dam/minlaw/corp/News/Factsheet-SCJA%20Bill-2014.pdf, last visited on May 27, 2018.

[3] Andrew Godwin, Ian Ramsay & Miranda Webster. International Commercial Courts: The Singapore Experience. *Melb. J. Int'l L*. Vol. 18, 2017, p. 219.

[4] https://www.sicc.gov.sg/about-the-sicc/judges, last visited on August 5, 2018.

[5] Sundaresh Menon. "The Rule of Law and the SICC", Singapore International Chamber of Commerce Distinguished Speaker Series, 10 January 2018, https://www.sicc.gov.sg/docs/default-source/modules-document/news-and-article/b_58692c78-fc83-48e0-8da9-258928974ffc.pdf, last visited on August 5, 2018.

[6] Andrew Godwin, Ian Ramsay & Miranda Webster. International Commercial Courts: The Singapore Experience. *Melb. J. Int'l L*. Vol. 18, 2017, p. 219.

[7] Sundaresh Menon. "The Rule of Law and the SICC", Singapore International Chamber of Commerce Distinguished Speaker Series, 10 January 2018, https://www.sicc.gov.sg/docs/default-source/modules-document/news-and-article/b_58692c78-fc83-48e0-8da9-258928974ffc.pdf, last visited on August 5, 2018.

事一方已经获得了其他当事人的同意,高等法院可以对该案件的一方提出的申请作出命令。这种申请应由宣誓书所支持的传票作出。第三方或其后各缔约方可以参加 SICC 行使管辖权的案件或高等法院转交 SICC 的案件。① 高等法院也可在听取当事人意见后自行下令转移。经所有其他方同意,各方也可以申请将案件从 SICC 转移到高等法院,这种申请同样应由宣誓书支持的传票作出。

新加坡在允许外国律师在其国内法院代表当事方的同时,规定了准入标准。② 各方可以选择律师代理案件,提交申请给 SICC 注册处。只要符合注册要求,外国律师可以根据《法律职业法》(第 161 章)第 36P 条在 SICC 注册。2014年的《法律职业规则》(新加坡国际商业法院外国代表处)规定了必要的注册资格、要求以及申请程序。③ 截至 2018 年年初,共有 74 名外国律师在 SICC 注册,其中包括来自英国、澳大利亚、印度等主要法域的 27 位律师担任英国王室法律顾问。④ 外国律师通常可以在 SICC 诉讼程序中为境外案件或涉及外国法问题的案件进行诉讼。⑤《SICC 实践指南》第 26 段和《SICC 用户指南》列出了外国律师在 SICC 诉讼中代理案件一方行事的情况。⑥ 这些规定有利于跨国公司使用他们通常选用或中意的律师服务。这也意味着,在案件涉及非新加坡法律的情况下,任命外国法律专家的必要性可能会被消除,因为外国律师能够在不需要专家证据的情况下提交法律意见书,⑦间接地开放了法律市场。

---

① Order 110 Rule 12(4) of the Rules of Court (Cap 322,R. 5) 2014 Ed,https://sso.agc.gov.sg/SL/SCJA1969-R5,last visited on August 5,2018.

② Sundaresh Menon. "The Rule of Law and the SICC",Singapore International Chamber of Commerce Distinguished Speaker Series,10 January 2018,https://www.sicc.gov.sg/docs/default-source/modules-document/news-and-article/b_58692c78-fc83-48e0-8da9-258928974ffc.pdf,last visited on August 5,2018.

③ The Rules of Court (Cap 322,R. 5) 2014 Ed,https://sso.agc.gov.sg/SL/SCJA1969-R5,last visited on August 5,2018.

④ Sundaresh Menon. "The Rule of Law and the SICC",Singapore International Chamber of Commerce Distinguished Speaker Series,10 January 2018,https://www.sicc.gov.sg/docs/default-source/modules-document/news-and-article/b _ 58692c78-fc83-48e0-8da9-258928974ffc.pdf,last visited on August 5,2018.

⑤ The Rules of Court (Cap 322,R. 5) 2014 Ed,https://sso.agc.gov.sg/SL/SCJA1969-R5,last visited on August 5,2018).

⑥ SICC,Singapore International Commercial Court Practice Directions,March 2018 Ed,https://www.supremecourt.gov.sg/docs/default-source/default-document-library/sicc-practice-directions---amended-version-(final)77b73133f22f6eceb9b0ff0000fcc945.pdf,last visited on April 20,2018.

⑦ Sundaresh Menon. "The Rule of Law and the SICC",Singapore International Chamber of Commerce Distinguished Speaker Series,10 January 2018,https://www.sicc.gov.sg/docs/default-source/modules-document/news-and-article/b _ 58692c78-fc83-48e0-8da9-258928974ffc.pdf,last visited on August 5,2018.

SICC 诉讼人有权就 SICC 的判决或命令向新加坡最高法院上诉法院提起上诉。就法官人数而言，上诉案件一般由三名或三名以上法官组成的陪审团审理。SICC 的上诉权加上最大限度地减少不必要花费和延误上诉的可能性，对于那些优先考虑纠错途径或希望避免以"一裁终局"为主要特点的仲裁的当事人来说更具吸引力。上诉的可获得性是各方在考虑选择最适合争端解决机制时考虑的因素。SICC 的上诉机制表明，新加坡可在跨国商业纠纷解决方面提供高效率、高性价比和商业化的司法制度。因此，上诉机制的吸引力最终取决于争议各方的利益和偏好，以及争议解决机制的体制目的和设计。SICC 允许第三方申请诉讼，判决可以保密。虽然外国法可能被作为事实证明，但是，SICC 可以根据当事一方的申请，根据其提交的内容（口头、书面或两者兼有的形式），而不是证据确定任何外国法律问题。①

(四) 荷兰国际商事法庭

荷兰司法委员会主席于 2014 年 9 月提出建立荷兰商事法庭（Netherlands Commercial Court，NCC）的计划。② NCC 是一个专注于解决大型跨国性争端的专门法庭。③ 由于将重大贸易争端分开处理，NCC 能为其他纠纷的司法救济节约更多时间和资源，从而也使其他案件能够得到快速有效的审理。NCC 专注于处理大规模的国际商事纠纷，其诉讼成本更加具有确定性，使得当事人在诉讼开始前就能对诉讼成本有比较准确的预估。此外，无法承担 NCC 诉讼费用的公司也可以向法庭申请免除全部或部分费用。因此，NCC 对与大型跨国公司发生纠纷的小型或初创公司很有吸引力。

荷兰众议院于 2018 年 3 月 18 日通过了《荷兰国际商事法庭程序规则》，但参议院未批准。④ 该规则并不是对荷兰现行民事诉讼法的全盘否定，而是试图对民事诉讼法中提供的工具和机制进行必要的调整，以建立国际商事纠纷解决的特定程序。

---

① SICC. Frequently Asked Questions，http://www.sicc.se/sicc/frequently-asked-questions/，last visited on August 5，2018.

② http://www.stibbeblog.nl/all-blog-posts/commercial-litigation/towards-the-netherlands-commercial-court-ncc，last visited on August 5，2018.

③ Annemiek Nass and Lynn Rook."Opening of the Netherlands Commercial Court"，https://www.fortadvocaten.nl/en/opening-netherlands-commercial-court，last visited on August 5，2018.

④ 关于 NCC 的立法提案于 2016 年 12 月 16 日开始进行咨询程序，讨论期至 2017 年 2 月 1 日。由于参议院尚未批准该规则，故 NCC 没有启动。一旦参议院通过该法案，荷兰商事法庭就可以开始审理案件。https://www.lexology.com/library/detail.aspx?g=5a295e71-cf63-4f27-b931-0cac54f32575，last visited on April 15，2018.

为了创建荷兰商事法庭,荷兰政府于 2017 年 7 月向议会提交法律修改案,涉及对荷兰《民事程序法典》(Code of Civil Procedure)和其他相关民事法律的修改。其中,修正案强调英语作为商事法院工作语言的重要性。2018 年 3 月,荷兰众议院通过了设立新商事法庭的相关议案。① NCC 主要关注重要的跨国商事纠纷,并适用相同的 NCC 程序规则。只有双方当事人明确选择,才能在 NCC 提起诉讼。

NCC 在阿姆斯特丹地区法院(Amsterdam District Court)设立,分两级,包括阿姆斯特丹地区法院国际商事法庭和阿姆斯特丹上诉法院(Amsterdam Court of Appeal,NCCA)国际商事法庭。所有争议都由 3 名(荷兰)法官在一审和上诉中解决。荷兰商事法庭的法官是专门从事跨国贸易法、处理商事纠纷的专家。荷兰商事法庭也为那些不愿接受仲裁的当事人提供了另一种选择。它的特点还包括高效、便捷的诉讼程序;审理过程分解为责任确定和损害赔偿;可以用法语、德语、英语或者荷兰语提交证据;诉讼请求被驳回无需承担高额的诉讼费;无纸化诉讼;保全措施(诉前财产保全);等等。

NCC 和 NCCA 的国际商事法庭的案件费用分别为 15 000 欧元和 20 000 欧元。相对于其他国家的跨国商事法庭,这是一种低成本的选择。此外,在特殊案件中,NCC 也被允许在某些情况下降低那些明显不能承担该费用的当事人的诉讼成本。NCC 也可以审理未确定标的额的小企业之间的纠纷,但存在以下限制:属于分区法院的案件("州法院案件",例如就业法案、租金纠纷、25 000 欧元以下的索赔等)被排除于 NCC 之外。

荷兰的程序法被认为是高效、实用和低廉的。体现荷兰诉讼优势的一个例子是"温室逮捕"(荷兰冻结/Mareva 禁令)。这些禁令可以相对容易地实现,防止在程序完成之前,荷兰境内的资产被转移或以其他方式被处理。② 这些禁令在普通法法域很难被确保,但荷兰法院很容易作出这类禁令,使得在荷兰诉讼的原告人在执行判决时能够高度安全并确定执行判决对他们有利,这对于提起索赔诉讼的原告特别有吸引力。即使被告或其资产并非位于荷兰,荷兰也是理想的原告诉讼地。由于荷兰签署了《布鲁塞尔公约》《卢加诺公约》和《海牙民商事案件外国判决的承认和执行公约》等承认和执行民商事判决的国际条约,荷兰法院的判决很容易在 30 多个司法辖区得到执行,其中包括欧盟以外的 5 个司法辖

---

① "Netherlands Commercial Court coming soon?", https://www.lexology.com/library/detail.aspx?g=c03bedb0-7d26-4156-977f-ab14ab8eccab, last visited on August 5, 2018.

② https://netherlands-commercial-court.com, last visited on August 5, 2018.

区。除此之外，荷兰的判决也容易在美国（大多数州）、加拿大、新加坡、澳大利亚和新西兰得到执行。

荷兰商事法庭处理涉及商事的私法纠纷，包括合同纠纷、前合同纠纷、违反合同、解除合同赔偿和合同损害赔偿，[①]纯粹的国内纠纷将不予受理。NCC 只接受在自愿基础上进行的诉讼，因此双方需要签订通过 NCC 解决纠纷的书面协议。

尽管 NCC 推出的时间有所延误，但作为荷兰首个全英语商事法庭仍然得到了支持。荷兰政府预测 NCC 每年将审理多达 100 多起的案件。考虑到用英语进行诉讼的实用性和长期的成本效益，实际收案数可能会高得多。

NCC 的管辖权依据主要包括：专属管辖，一方或者双方公司设立在荷兰境外即可，对法院专属管辖权唯一的实质性要求是该案件为"商事"案件；协议管辖，NCC 合意管辖权的基础为当事人的同意，这将使 NCC 成为寻求解决商业争端的外国当事人的中立、有力选择；属人管辖，各缔约方必须明确同意接受 NCC 的管辖权，当事人可以选择在任何时候将争议提交 NCC，包括在发生纠纷之后。

（五）其他国家的国际商事法庭

哈萨克斯坦在首都阿斯塔纳建立了阿斯塔纳国际金融中心（AIFC）。哈萨克斯坦议会对该国宪法进行了修正，允许在阿斯塔纳的金融领域运行一套特殊的法律制度。2017 年 12 月 5 日，阿斯塔纳国际金融中心管委会通过《阿斯塔纳国际金融中心法院条例》（AIFC Court Regulations 2017），就法院的各方面事项作出了具体规定。法院实行普通法，独立于哈萨克斯坦的法院体系。阿斯塔纳国际金融中心法院于 2018 年 1 月正式开展工作。[②]

比利时政府于 2017 年 10 月 27 日通过了设立布鲁塞尔国际商事法庭（Brussels International Business Court）的法案。根据比利时政府的声明，设立该法庭的目的是应对英国脱离欧盟后激增的国际商务纠纷，提供一个新的司法工具以吸引当事人在比利时解决争端，而无需前往海外或诉诸私人仲裁。根据该法案的规定，布鲁塞尔国际商务法庭将使用英语举办听证会并印发判决书，法庭将依据专业技能选择法官，并且该法庭的判决无法上诉，从而确保纠纷能够快速取得决定性结果。[③]

---

① https://netherlands-commercial-court.com/dispute-resolution.html，last visited on April 15，2018.
② http://aifc-court.kz/，last visited on August 5，2018.
③ https://nl.wikipedia.org/wiki/Brussels_International_Business_Court，https://www.crescolaw.com/blog/item/brussels-international-business-court-bibc-new-forum-international-commercial-dispute，last visted on August 5，2018.

此外,德国法兰克福中级法院(German Regional Court of Frankfurt am Main)于 2018 年 1 月设立了国际商事审判法庭(International Chamber for Commercial Matters),德国已经有了《引入国际商事审判庭》立法草案。① 2009 年卡塔尔设立国际法庭和争议解决中心(Qatar International Court and Dispute Resolution Center),②2015 年阿布扎比设立全球市场法庭(Abu Dhabi Global Market Courts)等。③ 印度也已经通过了建立国际商事法庭的立法。④

三、国际商事法庭趋势的法理逻辑

(一) 国际商事仲裁的固有缺陷

国际商事仲裁已成为解决跨国商事争议的一种极受欢迎的途径,为当事人提供了选择程序和适用法的机会,且当事人能够选择具有中立立场和丰富经验的仲裁员。但是,国际商事仲裁也呈现诸多固有缺陷,亟须司法系统提供机制性补充,这也促使各国纷纷建立新的国际商事法庭。总体而言,国际商事法庭是介于仲裁和国内法院之间的制度安排,在内国法院的框架中做了制度性调整,既吸收了仲裁的意思自治因素,又体现了诉讼制度具备的审级原则。图 4 - 1 勾勒了国际商事法庭和仲裁以及传统法院之间的关系。在一定程度上,国际商事法庭体现了"司法仲裁化"或者"仲裁司法化"的倾向。

1. 仲裁结果的可预期性降低

仲裁员在一定程度上决定着仲裁的过程和结果,直接关系仲裁当事人的根本利益和仲裁机构的公信力。⑤ 因此,仲裁员在整个仲裁过程中起着至关重要的作用。实证研究发现,当事人对仲裁员能力的选择是其选择以仲裁方式解决争议的重要原因之一。⑥ 当事人积极参与仲裁员选任也是机构选择的最终表现形式。⑦

---

① https://www. loc. gov/law/foreign-news/article/germany-regional-court-of-frankfurt-establishes-english-speaking-chamber-for-commercial-matters/, last visited on August 5, 2018.

② https://www.qicdrc.com.qa/, last visited on May 27, 2018.

③ https://www.adgm.com/doing-business/adgm-courts/home/, last visited on May 27, 2018.

④ 2015 年 12 月印度国会通过了《高等法院商事法庭与商事上诉法庭法》,以立法形式设立了商事法院,并通过了《仲裁与调解法(修正案)》。参见[英] 威廉·布莱尔:《国际商事与金融争议解决中的当代趋势》,蒋天伟译,http://blog.sina.com.cn/s/blog_537d6f620102w8bx.html,最后访问日期:2018 年 8 月 2 日。

⑤ Martin Domke. Commercial Arbitration. *Annual Survey of American Law*, 1965, p. 174.

⑥ Catherine Rogers. "The International Arbitrator Information Project: An Idea Whose Time Has Come", Aug. 9, 2012, http://arbitrationblog. kluwerarbitration. com/2012/08/09/the-international-arbitrator-information-project-an-idea-whose-time-has-come/, last visited on May 27, 2018.

⑦ David Gaukrodger. Appointing Authorities and the Selection of Arbitrators in Investor-State Dispute Settlement: An Overview. *Consultation Paper*, March 2018.

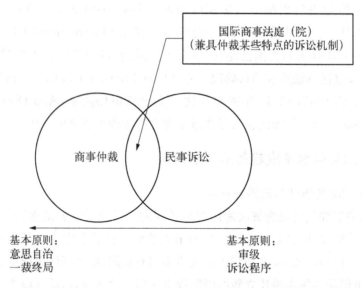

图 4 - 1 国际商事法庭和商事仲裁之间的关系

除了调解员制度、紧急仲裁制度等灵活性规则造成的不确定因素，仲裁员名册提供的仲裁员选择范围较大、文化背景存在差异以及仲裁员制度和选择制度的其他缺陷，①会使当事人对通过仲裁解决商事争议的有效性和合法性产生怀疑。

（1）庞大的仲裁员名册。世界上主要的仲裁机构在仲裁员选任方面的具体做法迥异，包括封闭名册制、开放名册制和不实行名册制。虽然开放仲裁员名册是一个制度上的进步，但也存在问题，即当事人选择不同的仲裁员可能会得出不同的仲裁结果。这种以仲裁员名册为基础的仲裁员选任制度虽然尊重了当事人的意思自治，但是也为仲裁结果带来不确定性，②而且由当事人选定的仲裁员有成为该当事人代理人的心理倾向，可能影响裁决的公正性。③

（2）仲裁员文化背景差异。国际商事仲裁中的仲裁员通常有着不同的文化和法律传统背景，具有的经验和知识也不同，④这使得仲裁中的文化因素显得非常重要，因为文化误解可能会影响效率，最终影响结果的准确性与公正性。因此

---

① 徐伟功：《国际商事仲裁理论与实务》，华中科技大学出版社 2017 年版，第 16 页。

② 宋连斌："国际商事仲裁的优势与局限性"，http://www.legaldaily.com.cn/jdwt/content/2007-06/11/content_635088.htm，最后访问日期：2018 年 8 月 6 日。

③ Catherine Rogers. A Window into the Soul of International Arbitration: Arbitrator Selection, Transparency and Stakeholder Interests. *Victoria University Wellington Law Review*，Vol. 46，2015，p. 1180.

④ Leon E. Trakman. Legal Traditions' and International Commercial Arbitration. *American Review of International Arbitration*，Vol. 17，2006，p. 14.

相对于法院的司法实践，仲裁机构的裁判标准不一、裁量空间更大，这既是洞悉规则后选择仲裁、在争议解决时获得主场优势的理由，也是排除不合理裁决、拒绝仲裁的原因。

2. 仲裁呈现出效率低、时间长、成本高的趋势

通常仲裁被认为是快速高效、费用低廉的争议解决方式，[①]但是近年来，国际商事仲裁出现了程序繁杂、时间冗长与费用高昂等趋势，并日益演变为导致争议方不满的严重问题。[②]如果不将经济性列为仲裁的基本价值目标，不对仲裁的经济性提出有别于诉讼的要求，仲裁必将因其缺陷而丧失与诉讼并肩的基础。[③]

（1）仲裁程序繁杂。近年来国际商事仲裁有去"大陆法系"而向"英美法系"转变的趋势，以及制度程序的"司法化"倾向。[④]国际商事仲裁愈发向法院诉讼程序的复杂化和正式化靠拢，且受制于司法干预和控制。[⑤]仲裁与诉讼在主要程序阶段和基本程序事项上存在相同之处，例如都包含程序的启动、审理和裁判三个主要阶段，都有请求、受理、管辖权异议、答辩与反诉（反请求）、请求的变更、书面意见的提交、庭审、口头陈述和辩论、举证、证据认定以及法律适用等具体程序事项——这些阶段和具体程序方面的共性源于商事争议解决制度对程序公平的要求。[⑥]这种相似性也导致仲裁逐渐背离了其取代诉讼的制度设计初衷——"充斥着更多法律术语、法律规则和法律分析"，[⑦]造成了仲裁费用高昂和久裁不决的局面。具体表现为：证据规则诉讼化、透明度原则适用、多方争议难以合并等特征。

---

① Gary Born. International Commercial Arbitration, *Kluwer Law International*, Vol. 1, 2009, p. 84.

② 公司律师国际仲裁组（CCIAG）最近一项研究发现，100％的公司顾问参与方认为国际诉讼"耗时过长"（其中56％的被调查者强烈同意）并且"花费过高"（69％的被调查者强烈同意）。Lucy Reed. More on Corporate Criticism of International Arbitration. Kluwer Arbitration Blog, July 16 2010, http://http://arbitrationblog. kluwerarbitration. com/2010/07/16/more-on-corporate-criticism-of-international-arbitration/, last visited August 5, 2018. 穆斯迪尔（Lord Mustill）指出，仲裁程序"具有和法院诉讼程序一样的繁重的劳务，但不具有法院法官所具有的可以将对抗当事人召集一起的好处"。Gary Born. International Commercial Arbitration, *Kluwer Law International*, Vol. 1, 2009, pp. 84 - 85; Lord Mustill. Arbitration: History and Background. *Journal of International Arbitration* Vol. 6, 1989, p. 56; Andreas F Lowenfeld. *International Litigation and Arbitration*. Thomson West, 2006, p. 85.

③ 谭兵：《中国仲裁制度研究》，法律出版社1995年版，第47—48页。

④ 徐伟功：《国际商事仲裁理论与实务》，华中科技大学出版社2017年版，第15页。

⑤ Charles N Browker. W(h)ither International Commercial Arbitration? *Arbitration International*, Vol. 24, No. 2, 2008, p. 183.

⑥ 张春良：《论国际商事仲裁价值》，《河北法学》2006年第6期，第104页。

⑦ Fali S Nariman. The Spirit of Arbitration: The Tenth Annul Goff Lecture. *Arbitration International*, Vol. 16, No. 3, 2000, p. 262.

第一，证据规则诉讼化。虽然国际商事仲裁程序中使用的证据规则通常比诉讼程序所使用的证据规则简单一些，但是仲裁中的证据规则有对诉讼证据规则依赖的诉讼化倾向。[①] 由于立法缺失及理念滞后，我国涉外仲裁过程中往往采用诉讼证据制度，并形成了习惯定式。[②]《仲裁法》第 44—46 条规定了鉴定、质证、证据保全等内容，其他均参照民事诉讼法的证据规则。仲裁诉讼化倾向不仅增加了仲裁对法院的依赖性、影响仲裁的权威性和终局性，而且不利于提高仲裁效率，使仲裁程序简便性、灵活性等优势难以发挥。[③]

第二，透明度原则适用。国际商事仲裁领域的透明度原则是指为利害关系人及时提供仲裁决策过程信息的法律规则，包括当事人和仲裁员对于对实质性信息的披露，[④]在实践中体现为公开裁决、[⑤]披露仲裁员资格相关信息等。[⑥] 透明度原则的主要目的是加强对仲裁员的监督，[⑦]以及对公共利益的维护。[⑧] 但是，透明度原则的适用在关注公共利益的同时可能会使一些原本在仲裁保密原则下被保护的利益受到影响，例如商业秘密、国家安全等保密信息被披露、非当事第三方的介入行为导致仲裁效率降低、争议双方负担及成本增加等。[⑨]

第三，多方争议难以合并。当争议存在多方当事人或因相关联的多份合同引起，[⑩]或者一个交易存在多份合同且合同规定的争议解决方式不一致时，由于仲裁权力来源于仲裁协议，除非当事人各方以及第三方均予以同意，否则仲裁庭

[①] 刘晓红：《从国际商事仲裁证据制度的一般特质看我国涉外仲裁证据制度的完善》，《政治与法律》2009 年第 5 期，第 95 页。

[②] 姜霞：《论仲裁证据的独立性》，《湘潭大学学报》2007 年第 5 期，第 34 页。

[③] 王丽：《我国商事仲裁制度的省思——以上海自贸区商事仲裁机制为视角》，《华中师范大学研究生学报》2016 年第 1 期，第 68 页。

[④] 林其敏：《国际商事仲裁的透明度问题研究》，《河北法学》2015 年第 3 期，第 114 页。

[⑤] 2013 年《UNCITRAL 仲裁规则》第 3 条第 1 款；2013 年《HKIAC 机构仲裁规则》第 42 条第 5 款；2017 年《SIAC 投资仲裁规则》第 38 条。

[⑥] Keisha I. Patrick. New Era of Disclosure: California Judicial Council Enacts Arbitrator Ethics Standards: Ethics Standards for Neutral Arbitrators in Contractual Arbitration. *Journal of Dispute Resolution*, Vol. 14, No. 1, 2003, p. 289.

[⑦] "Complaints against Arbitrators", http://www.hkiac.org/arbitration/arbitrators/complaints, last visited on August 5, 2018.

[⑧] 例如维持健康的资本市场、缓解劳动力市场张力、保护公众免受健康和安全威胁，以及维护消费者对产品的知情权等，参见 http://www.lunwencloud.com/lunwen/law/guojifa/20150624/367411.html，最后访问日期：2018 年 5 月 18 日。

[⑨] 杨荣宽：《如何应对国际商事仲裁透明度增强与保密性弱化》，《中国商报》2018 年 4 月 19 日，第 A03 版。

[⑩] 在常见的连环购销合同中，因某一环节发生争议而申请仲裁，尽管结果可能和前后手交易者有利害关系，但仲裁庭只能解决这一环节的争议。

无权追加第三人。① 包括《纽约公约》在内的几乎所有国际仲裁条约（以及示范性法律文件）都未对合并仲裁作出明确规定。只有个别国家和地区在法律中对合并仲裁作出规定，例如荷兰、新西兰、加拿大、美国部分地区等。② 争议发生后又很难让各方对此达成一致，相关争议可能需要通过不同的仲裁程序甚至诉讼程序来解决。③ 这就使得整个争议解决的过程冗长不便，④ 不同程序对事实认定也可能不一致，增加了各方达成和解的难度。⑤

（2）仲裁时间冗长。存在实质争议的国际商事仲裁往往需要 18—36 个月才能达成最终裁决，管辖权异议、申请仲裁员回避、仲裁员日程太满或者日程冲突、当事人恶意拖延等原因都会进一步延长仲裁时间。⑥ 许多机构的仲裁程序和法庭程序一样费时，同一案件一些仲裁程序会花费同法庭审判一样长（甚至更长）的时间。⑦

新加坡国际仲裁中心于 2018 年 3 月发布的数据显示，伦敦国际仲裁院仲裁时长的中间值是 16 个月，斯德哥尔摩商会仲裁院是 13.5 个月（平均值 16.2 个月），新加坡国际仲裁中心是 11.7 个月（平均值 13.8 个月）。⑧ 香港国际仲裁中心仲裁时长的中间值为 14.3 个月（平均值 16.2 个月），快速仲裁时长的中间值为 8.1 个月，⑨ 紧急仲裁时长的中间值为 14 天。⑩

---

① http://victory. itslaw. cn/victory/api/v1/articles/article/15680a77-730a-467f-a54e-07d6aeaa52e3? downloadLink = 2&source=ios, last visited on May 27, 2018.

② S. I. Strong. Third Party Intervention and Joinder as of Right in International Arbitration: An Infringement of Individual Contract Right or a Proper Equitable Measure? *Vand. J. Transnational Law*, Vol. 31, 1998, p. 915, p. 942.

③ 例如，A 要求 B 赔偿其损失，而 B 打算向 C 追偿，在诉讼中，B 可以申请法院将 C 追加为第三人一并参加诉讼，但在仲裁中，除非 A 和 C 均同意（一般 C 是不会同意的），否则 B 只能另行对 C 提起追偿请求。

④ http://www.legaldaily.com.cn/jdwt/content/2007-06/11/content_635088.htm,最后访问日期：2018 年 5 月 18 日。

⑤ 例如，在中国仲裁司法实践中，江苏省物资集团轻工纺织总公司诉（香港）裕亿集团有限公司、（加拿大）太子发展有限公司上诉案件中，尽管当事人提出案件涉及第三人，但是我国最高人民法院还是认为仲裁协议有效。在仲裁庭不能追究第三人责任的情况下，仲裁当事人只能向法院对第三人提起诉讼，以维护自己的权利。如此，造成了解决争议的时间成本和经济成本的提升。参见《中华人民共和国最高人民法院公报》1998 年第 3 期，第 109—110 页。

⑥ http://victory. itslaw. cn/victory/api/v1/articles/article/15680a77-730a-467f-a54e-07d6aeaa52e3? downloadLink = 2&source=ios, last visited on August 5, 2018.

⑦ Andrew I. Okekeifere. Commercial Arbitration as the Most Effective Dispute Resolution Method: Still a Fact or Now a Myth? *Journal of International Arbitration*, Vol. 4, No. 1, 1998, pp. 85 – 86.

⑧ https://singaporeinternationalarbitration. com/2018/03/13/costs-and-duration-a-comparison-of-the-hkiac-lcia-scc-and-siac-studies/,最后访问日期：2018 年 5 月 18 日。

⑨ 自案件档案转交给仲裁庭到最终裁决作出的这一时长平均值是 5.8 个月。

⑩ http://www.hkiac.org/zh-hans/arbitration/why-choose-hkiac,最后访问日期：2018 年 5 月 16 日。

造成仲裁时间冗长的原因很多。首先，仲裁的审限是自组庭开始计算的，从当事人提起仲裁至组庭完成通常会花费较长的时间；其次，仲裁员一般为兼职，受仲裁员时间安排、责任心等因素的影响，仲裁用时经常被延长；[①]再次，一些当事人利用国际商事仲裁的自主性拖延案件审理、逃避责任，而仲裁庭又难以对此采取有力的措施。例如，在指定仲裁员阶段，当事人故意指定仲裁机构很难联系到的、高龄的或其他特殊的仲裁员，甚至几次指定仲裁员，仅组庭的时间就可能长达几个月。[②]

（3）仲裁费用高昂。仲裁当事人要向仲裁机构支付管理费、仲裁员报酬等各项费用。仲裁费用取决于案件具体情况、仲裁员人数、仲裁庭态度和当事人经验等。[③]一般而言，仲裁所涉及的费用包括申请和管理费、仲裁员报酬、律师费、解释和翻译费、专家证人费、交通费和食宿费、办公场所和设备租赁费以及其他杂项费用。普通法系仲裁机构的仲裁员和律师均按小时收费。当前，国际商事仲裁费用高昂且有逐年上涨的趋势。[④] 根据新加坡国际仲裁中心的统计，当仲裁员为 3 人时，伦敦国际仲裁院仲裁费用的中间值是 20 万美元；斯德哥尔摩商会仲裁院是 181 864 美元；新加坡国际仲裁中心则是 80 230 美元，[⑤]主要是申请和管理费以及仲裁员报酬。

另有学者统计，国内仲裁机构收取的仲裁费整体高于法院诉讼费。涉外及我国涉港澳台地区案件中仲裁费高出的比例为 60%—70%；国内仲裁案件中，纠纷额度在 100 万美元以下的案件仲裁费高出 60%—70%，争议额度更高的案件仲裁费高出 30%—40%。[⑥]

第一，申请和管理费。仲裁机构通常会根据争议标的额的一定比例来收取管理费。例如，如果争议标的额是 100 万美元，国际商会国际仲裁院收取的管理

---

① http://www.cilacec.org/2016-global-general-counsels-and-business-leadersbeijingforum-anjie-gaoping/, last visited on August 6, 2018.

② 宋连斌：《国际商事仲裁管辖权研究》，法律出版社 2000 年版，第 35 页。

③ 例如，仲裁员为三人比仲裁员为一人时所发生的费用高很多。如果仲裁庭参照英美法系的对抗式诉讼程序进行仲裁，机械地适用仲裁规则规定的程序而不根据具体情况进行调整，或者当事人采取拖延不合作的策略，仲裁费用均将大大增加。http://victory.itslaw.cn/victory/api/v1/articles/article/15680a77-730a-467f-a54e-07d6aeaa52e3?downloadLink=2&source=ios,最后访问日期：2018 年 5 月 18 日。

④ Lukas Mistells. International Arbitration—Corporate Attitudes and Practices — 12 Perceptions Tested: Myths, Data and Analysis Research Report. *American Review of International Arbitration*, Vol. 15, No. 3 - 4, p. 525.

⑤ http://www.siac.org.sg/component/content/article/69-siac-news/563-authors-rate-siac-as-most-cost-competitive-and-efficient-international-arbitral-institution, last visited on May 18, 2018.

⑥ 肖娜：《法律经济学视域下的国际商事仲裁研究》，《商业经济研究》2015 年第 12 期，第 102 页。

费是 23 335 美元；[①]伦敦国际仲裁院会收取固定的、不予退还的 1 750 英镑作为登记费用以管理仲裁；[②]新加坡国际仲裁中心收取的管理费平均为 11 025 美元，最高是 14 700 美元，另有 2 000 新币的案件申请费；[③]香港国际仲裁中心收取的仲裁费用的中间值为 62 537 美元（平均值为 117 045 美元）；[④]中国国际经济贸易仲裁委员会收取的管理费是 38 050 美元，其中案件受理费 18 550 美元，案件处理费 19 500 美元。[⑤]

　　第二，仲裁员报酬。仲裁员报酬通常按下列三种方式计算：按价收费，即根据争议标的额的数量收取费用；按时计费，即按照仲裁庭所花费的时间收取费用；固定收费，即提前约定收取的数额。[⑥] 仲裁机构的管理部门通常会确定应收取的仲裁员报酬。例如，对于标的额为 100 万美元的争议，在国际商会仲裁院的仲裁员报酬为 14 627—64 130 美元；[⑦]伦敦国际仲裁院的仲裁员报酬为每天 1 234—3 087 美元；[⑧]新加坡国际仲裁中心的仲裁员费用为平均 142 650 美元，最高 190 200 美元；[⑨]2017 年《香港国际仲裁中心机构仲裁规则》首创允许当事人选择按小时费率（上限为 6 500 港元）或以争议标的额大小支付仲裁员费用；在我国的仲裁员的报酬每件案件 500—2 000 美元，非中国本地居民的外国仲裁员的报酬会更高一些。[⑩]

[①] 国际商会仲裁院的收费明细，详见 https://iccwbo.org/dispute-resolution-services/arbitration/costs-and-payments/cost-calculator/，最后访问日期：2018 年 8 月 6 日。

[②] Schedule of LCIA Arbitration Costs, effective as of 1 October 2014, http://www.lcia.org/Dispute_Resolution_Services/schedule-of-costs-lcia-arbitration.aspx，最后访问日期：2018 年 8 月 6 日。

[③] 新加坡国际仲裁中心的收费明细，详见 http://www.siac.org.sg/component/siaccalculator/index.php? option = com_siaccalculator&controller = siaccalculator&task = calculateArb&amtDispute = 1000000&numArbitrator=3，最后访问日期：2018 年 5 月 18 日。

[④] 香港国际仲裁中心的仲裁费有按时计费和按标的计费两种，尽管实践证明按标的计费更便宜，大部分当事人更愿意选择按时计费。参见 https://singaporeinternationalarbitration.com/2018/03/13/costs-and-duration-a-comparison-of-the-hkiac-lcia-scc-and-siac-studies/，最后访问日期：2018 年 5 月 17 日。

[⑤] 中国国际经济贸易仲裁委员会的收费明细，详见 http://www.cietac.org/index.php?m=Cost&type=in2015&l=en，最后访问日期：2018 年 8 月 6 日。

[⑥] 有关对不同仲裁机构仲裁收费的最新研究以及相关信息，See John Yuko Gotanda. Setting Arbitrators' Fees: An International Survey. *Vanderbilt Journal of Transnational Law*, Vol. 33, 2000, p. 799.

[⑦] https://iccwbo.org/publication/note-personal-arbitral-tribunal-expenses-1-september-2013/，最后访问日期：2018 年 5 月 17 日。

[⑧] Michael J. Moser. Foreign Arbitration. Michael Moser & Fu Yu. *Doing Business in China*, Juris Publishing, Inc., 2008, pp. 4 - 41.

[⑨] 新加坡国际仲裁中心的收费明细，详见 http://www.siac.org.sg/component/siaccalculator/index.php? option = com_siaccalculator&controller = siaccalculator&task = calculateArb&amtDispute = 1000000&numArbitrator=3，最后访问日期：2018 年 5 月 17 日。

[⑩] Graeme Johnston. Bridging the Gap between Western and Chinese Arbitration Systems. *Journal of International Arbitration*, Vol. 24, No. 6, 2007, pp. 565 - 580, 572.

3. 仲裁裁决承认与执行困难

国际商事仲裁在经历了数十年的蓬勃发展之后，为什么还是没有成为解决跨境商事纠纷的首选机制？为什么一些国家要将时间和精力花费在建立国际商事法庭上？答案是：仲裁在取得巨大成功的同时永远无法解决依赖法院的机制性障碍，特别是仲裁的临时性及其强制力的缺乏，国际商事仲裁不能充分、实质性地解决商业法律、实践和伦理的协调问题。因此，国际商事法庭的兴起是国际商事仲裁替代性选择的需要。[①]

国际商事法庭也需要与仲裁机构进行有效互动，这要求法庭对仲裁机构，特别是对仲裁裁决的执行给予司法救济。此外，在争议各方无法就采取何种争端解决机制达成一致时，商事法庭将起到一种补充甚至是替代的作用。[②]

《纽约公约》未能完全解决当事人争议——当事人获得仲裁裁决后，仍需向法院申请承认与执行该裁决。[③] 有学者调查发现，在中国，高达84％的受调查者在申请承认和执行外国仲裁裁决的过程中遇到过困难，63％的受调查者认为最突出的困难是"当地的执行程序"，17％的人认为"当地法院的行政人员和法官缺乏独立性或存在偏见"。[④]

此外，有时仲裁裁决经法院协助依然执行艰难。受被申请人所在国家的法律体系等客观因素的影响，法院很难直接申请执行其本国资产，不得不转而寻找其海外资产，不仅增加了执行难度，而且增加了申请人的成本。[⑤]

（二）跨境商事纠纷对法治产品的更高需求：法与金融的视角

与司法制度不同，仲裁是一种临时性的、契约性的、保密的争端解决方式，而不是为促进全球商事交易而构建的权威、合法的上层建筑或经济治理公共产品。[⑥] 从宏观角度看，完善和运行良好的司法体系是保护私有产权、促进经济发

[①] Mr. Justice Blair and Mr. Justice Knowles. A Unique Gathering of Commercial Courts. https://www.judiciary.gov.uk/announcements/a-unique-gathering-of-commercial-courts/，last visited on August 5，2018.

[②] https://www.thecityuk.com/assets/2017/Reports-PDF/Legal-excellence-internationally-renowned-Legal-services-2017.pdf, last visited on August 5, 2018.

[③] 万鄂湘：《〈纽约公约〉在中国的司法实践》，《法律适用》2009年第3期，第6页。

[④] 肖蓓：《〈纽约公约〉背景下我国对外国仲裁裁决承认及执行的实证研究》，《现代法学》2016年第3期，第189页。

[⑤] 王殊：《通过案例看国际商事仲裁裁决的执行》，《国际商报》2008年5月30日。

[⑥] Sundaresh Menon. The Rule of Law and the SICC, Singapore International Chamber of Commerce Distinguished Speaker Series，10 January 2018，https://www.sicc.gov.sg/docs/default-source/modules-document/news-and-article/b_58692c78-fc83-48e0-8da9-258928974ffc.pdf, last visited on August 5，2018.

展的根本方式。① 新制度经济学下的 LLSV 理论提供了法与金融和法与经济发展的理论框架。

1. LLSV 理论框架

美国哈佛大学和芝加哥大学的 4 位学者拉波塔(Rafael La Porta)、西拉内斯(Florencio Lopez de Silanes)、施莱弗(Andrei Shleifer)和维什尼(Robert W. Vishny)(以下简称 LLSV)于 1998 年发表了题为《法律与金融》的论文,并以 49 个国家为样本,考察了产权保护程度、法律规则及其实施质量与这些国家法律渊源之间的内在关系。② LLSV 的理论成果可以分为两个部分:一是法系、外部投资者保护与金融三者之间的关系,被称为公司治理的法律理论;二是投资者保护与金融发展和经济增长之间的关系,被称为金融发展或经济增长的法律理论。实证研究发现,投资者保护和契约履行的制度安排与司法体系更可能正向地促进经济发展。③

2. 法律制度决定经济发展

LLSV 理论诞生的背景是新制度经济学。④ 新制度经济学以它的两大发现——产权理论和交易成本成功地嵌入了新古典经济学的框架中,创造出法和经济学、国家理论和公共选择理论。新制度经济学将制度作为一个有效变量纳入经济学分析框架,认为制度变化对经济行为和经济绩效都会产生重要影响,不同的制度安排影响着人的选择行为。⑤ 诺思将制度定义为社会博弈的规则,并且会提供特定的激励框架,从而形成各种经济、政治和社会组织。制度由正式规则(法律、宪法、规则)、非正式规则(习惯、道德、行为准则)及其实施效果构成。实施可由第三方承担(法律执行、社会流放),也可由第二方承担(报复),或由第一方承担(行为自律)。制度与其所使用的技术一道,通过决定构成生产总成本的交易和转换(生产)成本来影响经济绩效。由于制度与其所使用的技术之间存

---

① Eirik G. Furubotn & Rudolf Richter. *Institutions and Economic Theory*. University of Michigan Press,1997.

② La Porta,Lopez de Silanes,Shleifer and Vishny. Law and Finance. *The Journal of Political Economy*,Vol. 106,No. 6,1998,pp. 1113 - 1155.

③ Rafael La Porta,Florencio Lopez-de-Silanes,and Andrei Shleifer. *The Economic Consequences of Legal Origins*,2007.

④ Oliver E. Williamson. *Markets and Hierarchies: Analysis and Antitrust Implications*. Free Press 1975.

⑤ Eirik G. Furubotn & Rudolf Richter. *Institutions and Economic Theory*. University of Michigan Press,1997,p. 31.

在密切联系,因此市场的有效性直接决定制度框架。①

现代研究表明,投资、技术和制度是经济增长的三大变量,而制度变量是促使技术进步和投资增长的重要因素。② 在交易费用大于零的情况下,产权和制度安排会对资源配置、经济增长产生影响。③ 制度决定着一个国家的经济增长和社会发展,制度变迁的原因之一是相对节约交易成本,即提高制度效益。诺思认为,制度的建立和创新以及有效率的经济组织是经济增长的关键。④ 法律制度作为一项制度安排,将保护市场制度下的交易安全和交易利益,降低交易成本,对保证市场自由和经济活动效率有重要作用。司法制度和争议解决机制是法律制度的重要维度。

LLSV实证研究的重点之一在于分析和探究法律和法律制度对国家金融体系形成的影响。在《外部融资的决定因素》中,LLSV在研究法律与投资者保护的关系问题上引入量化指标。实证结果显示,普通法系国家良好的法律体制及其执行环境有利于资本市场规模和深度发展,从而为公司提供较好的外部融资渠道。大陆法系国家由于对投资者保护不足,资本市场的成熟度明显不如普通法系国家。⑤

3. 投资者保护与产权理论

2002年,LLSV在《投资者保护和公司价值》一文中,列举了世界上最富有的27个国家的数千家公司的数据,对投资者保护和控股股东的所有权对公司价值的影响进行了研究。LLSV提出了一个模型并证实:对投资者保护越好,控股股东对小股东的侵占就越低;控股股东的现金流所有权越高,对小股东的侵占越小;对投资者保护越好,控股股东现金流所有权越高,企业的投资机会越多,托宾值就越大。该研究的一个关键结论是:公司治理及其影响的经济发展应当重视对外部投资者的保护,这些保护来自法院、监管机构和市场参与者本身。⑥ 这

---

① John N. Drobak & John V. C. Nye. *The Frontiers of the New Institutional Economics*. San Diego: Academic Press, 1997.

② 刘凤琴:《新制度经济学》,中国人民大学出版社2015年版,第10页。

③ Lance E. Davis & Douglas C. North. *Institutional Change and American Economic Growth*. Cambridge University Press, 1971.

④ Douglass C. North. *Institutions, Institutional Change and Economic Performance*. Cambridge University Press, 1990; Douglass C. North. *Understanding the Process of Economic Change*. Princeton University Press, 2005.

⑤ La Porta, Lopez-de-Silanes, Shleifer and Vishny. Legal Determinants of External Finance. *The Journal of Finance*, Vol. 52, No. 3, 1997, pp. 1131-1150.

⑥ La Porta, Lopez de Silanes, Shleifer and Vishny. Investor Protection and Corporate Valuation. *The Journal of Finance*, Vol. LVII, No.3, 2002.

与克莱森斯等人对亚洲公司的实证研究结果一致,[1]再一次说明投资者法律保护对金融市场发展的作用。

产权同样重要。科斯产权理论的核心依然将制度作为一切经济交往活动的前提。这种制度实质上是一种人们之间行使一定行为的权利安排。因此,经济分析的首要任务是界定产权,规定当事人可以做什么,然后通过权利的交易以实现社会总产品的最大化。

产权理论为司法保护提供了理论基础。经济运行的制度基础——财产权利结构和由此产生的交易费用是经济发展研究的关键所在。[2] 社会或国家建立各种保护机制并由国家或者其他代理机构强制实施,包括宪法、法律、行政法规、地方性法规和行政规章,以维护复杂的生产系统和长期交换关系的投资。[3] 司法保护的经济效益主要体现在确立和执行产权制度。产权制度实际上是一套激励和约束机制,[4]主要功能在于明确交易主体权利、降低交易成本、提高资源配置效率。[5] 产权保护制度为投资者从事生产性投资提供了长期稳定的预期,降低了资本投入风险,从而鼓励社会生产性投资,促进经济发展。[6]

LLSV 范式解释了法律体系对金融和经济发展的作用。与 LLSV 范式的法律起源论决定金融发展的观点相反,英国剑桥大学法律系教授柴芬斯和美国哥伦比亚大学法学院教授科菲分别从不同角度进行研究,并得出了与 LLSV 范式不同的结论。他们认为,法律不决定市场的发展,是市场的发展催生了法律。科菲在 2001 年的研究中提出这样的观点:"法律变革总是滞后于金融发展的实践,法律改革需要大量社会公众股股东相应利益需求的支持,只有他们在政治上提

① Stijn Claessens, Simeon Djankov & Larry HP Lang. The Separation of Ownership and Control in East AsianCorporations. *Journal of Financial Economics*, Vol. 58, 2000, pp. 81 - 112.
② Armen A. Alchian. Some Economics of Property Rights. *IL POLITICO*, Vol. 30, 1965, p. 816; Harold Demsetz. The Exchange and Enforcement of Property Rights. *J.L. & ECON.*, Vol. 7, 1964, p. 11; Harold Demsetz. Towards A Theory of Property Rights. *AM. ECON. REV.*, Vol. 57, 1967, p. 347.
③ Eirik G. Furubotn & Svetozar Pelovich. Property Rights and Economic Theory: A Survey of Recent Literature. *J. ECON. LITERATURE*, Vol. 10, 1972.
④ World Bank. *Legal and Judicial Reform: Observations, Experiences and Approach of the Legal Vice Presidency*, 2002.
⑤ Oliver E. Williamson & Markets and Hierarchies. *Analysis and Antitrust Implications*, Free Press 1975; Oliver E. Williamson. *Economic Institutions of Capitalism*. Free Press 1985; Oliver E. Williamson. The New Institutional Economics: Taking Stock, Looking Ahead. *J. ECON. LITERATURE*, Vol. 38, 2000, p. 593.
⑥ Oliver E. Williamson. The New Institutional Economics: Taking Stock, Looking Ahead. *J. ECON. LITERATURE*, Vol. 38, 2000, p. 598.

供修改法律、增加有关投资者保护的法律条款，有关投资者保护的法律改革才具有了民间上的可取性。按照这个逻辑，英国式的金融发展实践是因，法律变革是果，这恰恰与 LLSV 的理论相反。"①尽管这些研究从某些方面对 LLSV 研究范式和基本结论提出了挑战和修正，但法律特别是包括法院、仲裁等法律机制和股东权保护制度等在内的法律体系，对金融市场和经济发展的作用显然不可忽视。

无论 LLSV 范式存在何种缺陷，其所揭示的法律和法治对金融起到某种程度上的促进作用是毋庸置疑的。戈登认为，创新的减速不是阻碍增长的唯一原因，经济发展还面临其他不利因素，例如越来越严重的收入不平等、难以提高的教育程度、社会老龄化、政府的债务负担等。② 这些问题终将通过法律制度和司法体系加以解决。从国际经验来看，法治是推进国家治理现代化、提升服务国家战略能力的有效路径。国家、地区、城市法治化程度的高低直接影响核心竞争力的强弱。在经济发展进入新常态、市场竞争日趋激烈的形势下，必须完善相应法律制度和司法体系，保护商事主体合法利益，提高我国的国际竞争力。简言之，法律制度和司法制度对经济发展至关重要。法院是一国司法制度和争端解决机制的核心要素。公正、高效、透明的司法体系不仅有利于商事争议的解决，而且可为商事交易当事方提供了规则和合理预期框架，进而促进商事交易和经济发展。对存在制度供给不足问题的司法体系进行优化仍然是司法改革和国家治理制度以及国际法治发展和国家竞争的重要一环。

(三) 法院与经济发展：司法制度的功能

公共政策和制度的差异被认为是国际人均 GDP 水平和增长率之间存在巨大差异的关键性因素之一。③ 对 155 个市场经济体效率水平和增长率的实证研究表明，政治开放的社会与法治、私有财产和市场资源配置相结合，可以产生三倍于落后制度国家人均经济的增长速度；落后制度国家的效率只有制度框架良好国家的一半；制度差的国家的效率往往持续下降。④

扩大产出的方式有两种：增加生产投入的数量和提高使用这些投入的生产

---

① "法律变革与金融发展的因果关系：对 LLSV 的驳论之一"，http://blog.sina.com.cn/s/blog_811cc6ff0100x53b.html，最后访问日期：2018 年 8 月 18 日。

② Robert J. Gordon. *The Rise and Fall of American Growth*. Princeton University Press，2017，p. 32.

③ Mancur Olson. Distinguished Lecture on Economics in Government: Big Bills Left on the Sidewalk: Why Some Nations Are Rich, and Others Poor. *Journal of Economic Perspectives*，Vol. 10，No. 2，1996，p. 20；Douglass North. *Institutions, Institutional Change and Economic Performance*. Cambridge University Press，1990.

④ Gerald W. Scully. The institutional Framework and Economic Development. *Journal of Political Economy*，Vol. 96，No. 3，1988，pp. 652 - 662.

率。反之,全要素生产率增长可能来自技术进步,即边际生产函数的转变,或者技术使用效率的提高。因此根据供应方增长因素,运转良好的司法机构通过三种渠道促进增长:技术进步、产权保护、资源配置和效率提升。

1. 技术进步

良好的法律和司法制度可以通过保护知识产权促进技术吸收和进步,通常通过两种机制刺激经济增长:从工业化国家的公司购买先进技术和鼓励国内公司投资研发。学者利用跨国回归分析知识产权对经济增长的影响,同时控制贸易体制和不同国家特点的变量进行研究,发现保护知识产权的国家经济增长更快,这种效应在开放经济体中更为明显。经验证据表明,知识产权保护体系会影响一国吸引美国、德国和日本的投资及技术到高科技产业的能力。[1]

及时而一致地履行私人合同降低了交易成本,促使经济主体增加市场交易的数量和广度,进而使得知识和技术广泛传播,其中不仅包括技术溢出效应,而且包括健全的管理、营销和融资方法的传播。另外两种机制通过低交易成本的市场扩大效应来运作:市场规模的扩大意味着公司之间更激烈的竞争,更大的市场意味着更多的销售和利润可以通过特定的技术和知识创新加以实现。这两种机制都鼓励企业通过开发或获取技术的方式进行创新。[2]

2. 产权保护

(1) 投资者保护。投资者保护体现在确保合同履行和完善公司治理两方面,并通过生产要素积累、防止行政征用促进特定产业发展。首先,只有在确保合同得到适当履行的情况下,私人资本才会进行长期化、稳定化和高度专业化的投资,[3]这是由合同本身的不完备性和不确定性造成的。一方面,专业化生产通常需要特定交易资产,此类合同往往受到各方退出协议能力的影响,法律约束也可能限制各方自由处置资产的能力。另一方面,长期合同的当事人在缔约时难以预测和在前期解决合同意外情况,或在合同履行中的交易成本太高,意外情况只能在出现时处理,使得双方在履约时有一定的自由度。加之合同中存在法院无法核实和裁决的条款,交易双方都有采取机会主义行为的动机,即用商业诡计寻求自身利益,放弃或背离最初的交易兴趣。运转良好的司法制度将促使当事

[1] David Gould & William C. Gruben. The Role of Intellectual Property Rights in Economic Growth. *Journal of Development Economics*, Vol. 48, No. 2, 1996, pp. 323 - 350.

[2] Elhanan Helpman. Innovation, Imitation and Intellectual Property Rights. *Econometrica*, Vol. 61, No. 6, 1993, pp. 1247 - 1280.

[3] Jonathan Hay, Andrei Shleifer & Robert W. Vishny. Toward a Theory of Legal Reform. *European Economic Review*, Vol. 40, No. 3 - 5, 1996, pp. 559 - 567.

人慎重考虑合同起草和法院允许的解释方法,有效降低合同违约风险。特别是在缔约一方为国家时,强大而独立的司法机构对于刺激涉及特定投资的经济活动至关重要。

法院、法律制度和相对公正的执法体系作为经济专业化的基本要求,在契约体系发展中发挥了重大作用。[①] 运作良好的司法系统为契约双方提供了稳定的预期。世界银行调查组织的数据显示,西班牙商事纠纷审理平均 280 天结案,依据个案情况具体为 180—550 天不等。高收入经济体的破产争议解决时间平均是 23 个月,极差为 24 个月,低收入经济体的对应数据则为 35—38 个月。高收入经济体的争议解决时间差异较小,因此比中低收入经济体的监管环境更有可预期性。[②]

其次,良好的司法监管将有助于改善公司治理,提高外国投资水平。[③] 保护少数股东将降低公司之间的金融交易摩擦,特别是拥有大量外部资金的公司。[④] 法院审查信息、执行合同的能力也有助于高效解决公司融资困境。[⑤] 对于股权融资的企业,法律机制将阻止内部人将公司财产挪作私用,特别是在金融危机和市场不景气的情况下。[⑥]

物质和人力资本的投资会受到产权保护、运作良好的法律和司法制度以及政治稳定的鼓励,运转良好的司法系统将促进生产要素更加快速地积累。[⑦] 在权利由政府授予的情况下,例如获得土地、知识产权许可和矿产资源开发或者其他公共特权,执法不力和行政征用风险会降低产权的预期价值,即新投资回报率。不良运转的司法系统也会降低储蓄,刺激资本外逃,减少可用于投资的资金数量。随着投资更为专门化和具体化,运行不良的司法制度对投资的影响将更

---

① Douglass C. North. *Structure and Change in Economic History*. New York: W. W. Norton, 1981.

② The World Bank Annual Reports, Doing Business 2018: Reforming to Create Jobs. https://openknowledge.worldbank.org/handle/10986/28608, last visited on August 8, 2018.

③ Adrian Corcoran & Robert Gillanders. Foreign Direct Investment and the Ease of Doing Business. *Review of World Economics*, Vol. 151, No. 1, 2015, pp. 103 - 126.

④ Stijn Claessens, Kenichi Ueda & Yishay Yafeh. Institutions and Financial Frictions: Estimating with Structural Restrictions on Firm Value and Investment. *Journal of Development Economics*, Vol. 110, 2014, pp. 107 - 122.

⑤ Nicola Gennaioli. Optimal Contracts with Enforcement Risk. *Journal of the European Economic Association*, Vol. 11, No. 1, 2013, pp. 59 - 82.

⑥ Chien-Chiang Lee, Mei-Ping Chen & Shao-Lin Ning. Why Did Some Firms Perform Better in the Global Financial Crisis? *Economic Research-Ekonomska Istraživanja*, Vol. 30, No. 1, 2017, pp. 1339 - 1366.

⑦ Klaus Schmidt-Hebbel, Luis Servén & Andrés Solimano. Saving and Investment: Paradigms, Puzzles, Policies. *The World Bank Research Observer*, Vol. 11, No. 1, 1996, pp. 87 - 117.

大，这主要体现在技术的流动上：对投资和缔约提供薄弱支持的体制，很难为知识产权提供强有力的保护，高新技术产业、依赖专业化长期投资的产业，将从投资和缔约风险较大的体制中逃离，转向更安全的投资避风港。[①]

（2）债权人保护。司法效率的提升将有助于建立对债权人友好的破产制度，[②]有利于债权人及时撤出、收回资金，实现资金的灵活周转。司法效率的提升使得讲诚信的经理继续掌控公司，防止不必要的低效清算。[③] 例如，巴西 2005年的破产制度改革中，法院周转灵活的地区的公司更容易拿到贷款，获得更高投资和产率。[④]

设计良好的信贷市场规范和良好运作的法院系统有助于债务偿还。欧洲委员会制定的破产法债权人友好程度的复合指数包括法院侧重保护债权人还是债务人、债务清偿的时限、清偿计划是否包含在诉讼程序中、司法和行政权力的划分、是否有债权人委员会、破产清偿程序的平均时间、企业家的责任免除、非金融后果。[⑤] 实证研究发现，提高破产法效率的改革大大增进了哥伦比亚可存活公司的恢复速度。[⑥] 通过对多个经济体的研究不难发现，动产抵押登记制度将使公司获得融资的机会增加约 8%。[⑦] 在印度，债务追偿法庭将不良贷款减少了 28%，降低了大额贷款利率，可以更快处理债务清偿案件，降低信贷成本。[⑧]

3. 资源配置

司法制度通过影响破产效率和市场竞争改善资源配置。司法效率对破产制度效率的影响体现在：通过增强市场选择使得破产企业资源重新分配，影响总

[①] Oliver Williamson. The Institutions and Governance of Economic Development and Reform. *The World Bank Economic Review*, Vol. 8, Suppl. 1, 1994, pp. 171-197.

[②] European Commission. *Bankruptcy and Second Chance for Honest Bankrupt Entrepreneurs*, 2014.

[③] Kenneth Ayotte & Hayong Yun. Matching Bankruptcy Laws to Legal Environments. *Journal of Law, Economics and Organisation*, Vol. 25, No. 1, 2009, pp. 2-30.

[④] Jacopo Ponticelli. Court Enforcement, Bank Loans and Firm Investment: Evidence from a Bankruptcy Reform in Brazil. Chicago Booth Research Paper, https://papers.ssrn.com/sol3/papers.cfm?abstract_id=2179022, last visited on August 8, 2018.

[⑤] OECD. OECD Economic Survey Norway, 2014, http://www.oecd.org/eco/surveys/Norway-Overview-2014.pdf. 最后访问日期：2018 年 6 月 28 日。

[⑥] Xavier Giné & Inessa Love. Do Reorganization Costs Matter for Efficiency? Evidence from a Bankruptcy Reform in Colombia. *Policy Research Working Paper*, 2006.

[⑦] Inessa Love, María Soledad Martínez Pería & Sandeep Singh. Collateral Registries for Movable Assets: Does Their Introduction Spur Firms' Access to Bank Finance? *Policy Research Working Paper*, 2013.

[⑧] Sujata Visaria. Legal Reform and Loan Repayment: The Microeconomic Impact of Debt Recovery Tribunals in India. *American Economic Journal: Applied Economics*, Vol. 1, No. 3, 2009, pp. 59-81.

体生产率和经济状况。[①] 破产制度作为市场退出机制之一，[②]将清除无能企业，促进可存活企业内部重组，使更多稀有资源更快地从破产企业流向高生产率企业。[③] 在缺少破产制度的情况下，企业生存和高效退出的平衡被扭曲。通过对匈牙利企业的研究发现，大多数濒临破产的企业仍受到较好保护并持续经营——尽管造成了实际运营损失和债权人较低的资金回收率。[④] 这种扭曲的主要原因是担保和非担保债权人控制权的不合理分配，不允许债权人在破产程序中参与公司资产处置从而降低了资金回收价值。另一原因是破产清算组基于资产出售和公司营业收入的报酬机制，使得破产程序的成本显著增加，降低了投资者资金回收率。[⑤]

此外，司法制度作为社会主义市场体系的有力保障，将促进市场有序竞争。[⑥] 规范行政机关的行政许可和审批行为，并通过建立和完善与行政区划适当分离的司法管辖制度等方式，打破部门垄断和地方保护，将有效维护市场竞争秩序，提高相关产业质量和规模。

4. 经济效率提升

司法系统失灵对经济效率的消极影响体现在价格扭曲、资源消耗、信贷风险、腐败交易和企业垂直兼并等方面。司法系统失灵将导致资源和技术的低效使用，难以实现潜在或最佳实际产出。高风险和高交易成本使一国的价格体系高于国际标准，扭曲了资源分配。由于合同和财产权利不能得到适当执行，企业可能决定不从事某些活动，放弃专业化和利用规模经济的机会，低效地混合投入，不以有效的方式在客户和市场之间分配生产，导致资源始终未充分利用。如果弱势司法系统将市场分割，竞争程度将显著降低，经济效率也会受到影响。

司法系统功能失调的另一表现是通过直接消耗稀缺资源而降低经济效率。

---

① Stijn Claessens & Leora F. Klapper. Bankruptcy Around the World: Explanations of Its Relative Use. *American Law and Economics Review*，Vol. 7，No. 1，2005，pp. 253 – 283.

② 主要指公司在市场中的退出机制，进而影响总生产率的政策包括破产制度、产品质量法、劳动力和金融市场、宏观经济政策、补贴、知识产权制度、税收和环境法规等。

③ Müge Adalet McGowan & Dan Andrews. Insolvency Regimes and Productivity Growth: A Framework for Analysis. *OECD Economics Department Working Papers*，Vol. 33，2016.

④ Julian Franks & Gyongyi Loranth. A Study of Bankruptcy Costs and the Allocation of Control. *Review of Finance*，Vol. 18，No. 3，2014，pp. 961 – 997.

⑤ Müge Adalet McGowan & Dan Andrews. Insolvency Regimes and Productivity Growth: A Framework for Analysis. *OECD Economics Department Working Papers*，Vol. 33，2016.

⑥ 《最高人民法院〈关于为改善营商环境提供司法保障的若干意见〉》第 13 条。

诉讼需要律师、当事人的时间和精力以及司法机构的司法资源,这些高度专业化的服务需要花费大量的社会资源来培训相关专业人员。此外,还有三个原因:一是私营机构在学习和跟进烦琐的立法之后,往往以立法形式取代薄弱的司法系统。公共部门也经常要维持庞大的官僚机构来处理和监督立法的实施;二是失效的司法系统,特别是当倾向于宣布政治化的判决时,将刺激利益团体权力寻租和游说官员;三是经济机构在提供和使用私人机制替代司法制度的同时也将消耗资源。由于合同执行成本太高,如果对方不遵守规定,公司可能会不断重新谈判或放弃,或者选择将现有的生产资源部分或全部闲置。

（四）法院竞争:制度竞争的视角

在土地、资源、劳动力等生产要素基本可以自由流动的今天,决定国家竞争力的最重要因素是制度——决定市场交易规则、确保有效的市场环境和保障私人产权的制度。[①] 决定大国命运的是综合国力的较量,表现为制度和组织结构的有效性和先进性。[②]

世界银行发布的《国别财富报告》认为,法治在国家或地区经济发展的各因素中最为突出。其研究结果表明,无形资本的重要性占78％,远超自然资本的4％以及生产资本的18％,其中法治程度可决定一个国家57％的无形资本价值。法治指数每提高1％,低收入国家人均财富总值就可以增加超过100美元,中等收入国家人均财富总值可提高逾400美元,高收入国家人均财富更可提升近3 000美元。[③]

世界经济论坛发布的《国别竞争报告》指出,司法制度的质量是衡量国家竞争力的重要指标之一。[④] 受司法制度直接影响的合同执行、破产重组、少数股东

---

① 　陈志武:《陈志武说中国经济》,浙江人民出版社2012年版,第54页。

② 　任东来:《大国崛起的制度框架和思想传统——以美国为例的讨论》,《战略与管理》2004年第4期,第17页。

③ 　The World Bank's Report. *Where Is the Wealth of Nations? Measuring Capital for the 21st Century*, http://siteresources.worldbank.org/INTEEI/214578 - 1110886258964/20748034/All.pdf,最后访问日期:2018年6月28日。

④ 　世界经济论坛关于总体增长竞争力指数可用来评估一个国家今后5—10年的增长能力,它是基于每个国家155个具有代表性的经济、社会、政治变量,分量量化资料、问卷调查等两种类型资料,然后进行线性回归分析,并归纳出8个因子予以加权平均,得出的各国竞争力。这8个因素是:① 经济对国际贸易和国际金融开放程度;② 政府在预算调节中的作用;③ 金融市场发展;④ 基础设施质量;⑤ 技术质量;⑥ 企业经营质量;⑦ 劳动力市场弹性;⑧ 司法与政治制度质量。See Klaus Schwab. World Economic Forum, *The Global Competitiveness Report 2017 - 2018*, http://www3.weforum.org/docs/GCR2017-2018/05FullReport/TheGlobalCompetitivenessReport2017 - 2018.pdf,最后访问日期:2018年6月28日。

保护等是世界银行评估各国营商环境的重要指标，①其间接影响的商业效率、政府效率也是瑞士洛桑国际管理发展学院（IMD）发布的《世界竞争力报告》的评估标准。② 此外，司法程序公正性被认为是投资东道国法律和监管风险的重要衡量因素。③

欧盟司法效率委员会公布的数据显示，意大利司法效率近年来在欧洲始终位列最后，平均每起法律诉讼需要近 3 000 天才能等到终审结果，而司法效率最高的瑞士仅需约 400 天，欧洲国家的平均水准也只要 600 天左右。如此低下的司法效率不仅无法及时保障社会正义，也对意大利的竞争力产生了负面效应。国际货币基金组织总裁拉加德表示，意大利商业环境薄弱的一个主要原因是其司法程序漫长，只有提高司法效率才能使整个国家更具竞争力。例如，国际货币基金组织的研究显示，如果将解决劳动争议的时间缩短一半，就业机会将增加约 8%。同样，司法效率的提升还将降低信贷成本和吸引投资。④

在瑞士洛桑管理学院发布的《2017 年全球竞争力排名》中，我国香港地区连续两年排名第 1，世界经济论坛发布的《全球竞争力报告 2016—2017 年》中，我

---

① 2017 年 10 月 31 日，世界银行发布《2018 年营商环境报告：改革创造就业》。该报告根据创办企业、办理施工许可、电力供应、注册财产、信贷和股票市场、少数股东保护、纳税、跨境交易、合同执行和破产处理情况、进出口物流等 11 类指标，对全球 190 个经济体的营商环境进行评估，监测各经济体的本地中小企业营商便利度。司法程序质量（0-18）的具体量化标准为：法院结构和程序、案件处理、法院自动化、替代性纠纷解决机制。① 法院结构和程序（-1-5）：是否有专门商事法院或法庭，是否有小额审判庭或快速诉讼程序，是否允许自我代理，是否有诉前保全措施，案件是否随机分配给法官。② 案件处理（0-6）：诉讼时间标准，休庭原因及次数，法院是否发布审查报告、结案报告、未决案件报告、案件进展报告，是否有庭前会议，法官、律师是否有电子办案设备。③ 法院自动化程度（0-4）：原告能否通过专用平台进行电子诉讼，能否电子提交诉讼费，判决是否通过政府公报、报纸或网络公开。④ 替代性纠纷解决机制（0-3）：民事诉讼法或其他实体法是否有仲裁、调解的相关规定，商事仲裁受案范围，法院执行的仲裁条款，是否承认自愿调解，调解是否有金钱激励。报告显示，中国营商环境评价排名保持在第 78 位。营商环境评价排名前 10 的依次是新西兰、新加坡、丹麦、韩国、中国香港地区、美国、英国、挪威、格鲁吉亚和瑞典。The World Bank Annual Reports. *Doing Business 2018: Reforming to Create Jobs.*

② 瑞士洛桑国际管理开发研究院（IMD）从 1990 年开始，每年对全世界主要国家和地区的竞争力，以及该国家和地区内的企业竞争力进行分析和排名，并发布各年度《世界竞争力报告》。IMD 分析样本包括 61 个国家和地区，评估标准有四大因素：经济表现、政府效率、商业效率和基础设施，https://www.imd.org/wcc/world-competitiveness-center-mission/methodology，最后访问日期：2018 年 6 月 28 日。

③ 法律和监管风险主要体现在司法程序公正性、合同执行力、司法程序进展速度、对外国企业的歧视、没收（征收）、不正当竞争、知识产权保护、私有财产保护、会计诚信、物价管制等方面。参见经济学人智库（The EIU）：《愿景与挑战——"一带一路"沿线国家风险评估》，http://graphics.eiu.com/assets/images/public/One%20Belt%20One%20Road/One-Belt-One-Road-report-Chinese-Version.pdf，最后访问日期：2018 年 6 月 23 日。

④ 韩秉宸：《人民日报深度观察：意大利司法低效拖经济发展后腿》，《人民日报》2015 年 4 月 16 日，第 21 版。

国香港地区位列第 9。世界经济论坛主持编写的年度《全球竞争力报告》认为，市场运作、营商环境与基础设施这三个指标是我国香港地区竞争力的主要经济表现。从司法体系来看，我国香港地区的司法体系来自英国的普通法，其判案参照的案例也主要来自英国，具有较高的灵活性和产权保护水平。我国香港地区高度成熟的市场体制、法律与法治，包括金融、专业服务、税制、企业制度、产权及知识产权等立法与法治，以及与世界市场接轨的国际惯例与规则，是形成其特殊优势的制度性基础设施。[①]

20 世纪 90 年代，新加坡确立了便捷亲民、快捷及时、平等无倾、公正廉洁、独立问责以及司法公信的司法理念。新加坡国际仲裁中心、新加坡国际调解中心、新加坡国际商事法庭就像是三驾马车，共同组成了以新加坡为管辖地的国际商事纠纷解决的完整体系，为当事人提供了诉讼、仲裁与调解的"一站式"国际商事纠纷解决服务框架。新加坡结合区域经济的发展优势，加之其完善的司法体系与良好的法律环境，使其建立起独特的国际竞争力，影响了新加坡的经济版图，取得了国际商业中心的地位。

四、国际商事法庭的实践特征

（一）扮演了扩大国家影响、吸引外资和促进经济发展的制度性功能

随着亚洲跨境贸易和投资的指数级增长，法律实践和司法机构必须随之发展，从而跟上日益增长的具有跨国性质的法律工作。商业世界的迅速发展给尚未从国际角度以同样速度合理化的法律框架带来重大挑战，加强深度协调的需求日益增强。在这一背景下，新加坡的法律和司法体系受到高度重视，并且有着良好排名。[②]

2017 年 5 月，商事法院常设国际论坛在伦敦举行首次会议，[③]这次会议明确了国际商事法院（庭）的作用。一是各商事法院可以通过共同努力与迅速的商业发展保持同步，以更好地服务于商业活动和市场主体；二是法院的联合有利于更好地为法治做出更多贡献，并有助于世界稳定和经济繁荣。

[①]　封小云：《香港经济特点及优势分析》，《港澳研究》2017 年第 3 期，第 67 页。

[②]　SICC. "Establishment of the SICC"，https://www.sicc.gov.sg/About.aspx?id＝21，last visited on April 20，2018.

[③]　Mr Justice Blair and Mr Justice Knowles. "A Unique Gathering of Commercial Courts"，https://www.judiciary.gov.uk/announcements/a-unique-gathering-of-commercial-courts/，last visited on August 5，2018.

（二）具有高度的专业性

英国的商事与财产法庭设立了一个专门处理金融市场纠纷的法庭。这一倡议是由衡平法庭和商事法庭联合发起的。金融法庭受理的案件将由专业的法官进行管理和审查，以便快速、高效、高质量地处理金融市场中的相关纠纷。①

（三）具备很高水平的国际性

国际商事法庭国际性的突出特征是法院的任职法官不受国籍限制。迪拜国际金融中心法院的院长、副院长和法官由迪拜颁布的法令任命，院长是新加坡籍的黄锡义（Michael Hwang）法官，副院长是英国籍的戴维·斯蒂尔（David Steel）。哈萨克斯坦的阿斯塔纳国际金融中心法院全部法官也都来自普通法系国家，保证了该法院的普通法属性。SICC 也任命外国国籍的学者和法官作为 SICC 的国际法官。

国际商事法庭大多受理跨国商事交易案件。以伦敦商事法庭为例，海事与商业法院在 2016 年受理的案件中 70% 为国际性案件，至少一方当事人的注册地在海外，其中有 45% 的案件当事人有海外背景。截至 2017 年 7 月，在海事与商业法院受理的案件中 71% 的案件为国际案件，其中 49.2% 的案件当事人有海外背景。正如 2017 年 5 月在伦敦举办的首届常设商事法院国际论坛指出的那样，海事与商业法院保持着对国际当事人巨大的吸引力，对世界其他商事法庭的发展产生了深刻影响。②

使用外语（主要是英语）也是这些法庭国际化的特征之一。英语是全球商事交往的通用语言。商事合同经常用英语起草，来自不同语言国家的交易双方通常用英语相互交流，但当涉及诉讼时，跨境纠纷的当事人可能会被迫以一种他们不理解的语言进行庭审。法庭将为那些想用英语提起诉讼的当事人提供另一种选择，但是同时希望避免像在伦敦或美国诉讼那样昂贵的成本。③

一些国际商事法庭还允许外国律师出庭代理。根据新加坡法律规定，外国律师可以在国际商事法庭出庭。目前已经有 78 名外国律师完成注册，可以作为正式律师出庭，这在一定程度上推动了法律产业政策的变化，通过允许外国律师在本国法院出庭代理打开了本国的法律市场。

---

① Sir Terence Etherton & The Hon. Mr. Justice Flaux. *Guide to The Financial List*, 1 October, 2015.
② https://www. thecityuk. com/assets/2017/Reports-PDF/Legal-excellence-internationally-renowned-Legal-services-2017.pdf, last visited on April 19, 2018.
③ https://netherlands-commercial-court.com, last visited on April 15, 2018.

（四）突出司法作为公共产品的服务功能

对于利益相关者而言，提高争议解决的效率仍然是关键问题，这成为认定争议解决机制优秀与否的一个标准。[①] 迪拜 DIFC 法院在 2016 年处理的案件数量为其历史之最，96％的当事人表示对法院非常满意。同年，DIFC 法院第一次接收并处理了遗嘱认证案件，并且举办了 46 个公益流动站，增长率为 92％，超过500 人受到了帮助。2016 年的一份研究报告显示，DIFC 法院在迪拜、阿联酋和中东地区持续成为非常具有吸引力的选择，79％的人对于 DIFC 法院"进入"管辖条款表示熟悉；57％的人已经在合同中使用了 DIFC 法院"进入"管辖条款。对法律的系统性、法理性、熟悉性以及确定性的保障是 DIFC 法院被选为管辖法院的主要原因。

DIFC 还设立了一系列委员会和公益项目，目的是凸显法院对社会的服务功能。DIFC 法院客户委员会[②]是 DIFC 法院与客户之间的独立联络机构。该机构协助法院为所有客户提供高效、经济和专业的服务。委员会定期举行会议，会议记录可在网上查阅。规则小组委员会每季度召开一次会议，讨论 DIFC 法院规则的潜在变化和改进。参加者包括广泛参与 DIFC 法院审判，并有重要实践经验的法律从业人员。总法律顾问论坛在 2013 成立并每年举办两次，是 DIFC 法院与高级公司内部律师对话和联络的重要平台，成为参与者分享经验、总结经验并讨论全球争端解决的最佳实践。公益项目由 DIFC 的 DRA 研究院管理，每周与法律专业人士进行磋商，为需要经济支持的人提供法律服务，是扩大司法救助的重要途径。

（五）特别程序设计以实现程序便利和易于执行的目标

目前 DIFC 已经建立了世界上最强大的执行机制之一，其判决在包括英格兰和威尔士商事与财产法庭、美国纽约南区地区法院和上海市高级人民法院在内的外国法院得到了执行。[③]

2009 年，DIFC 法院与阿联酋法院签署了一项执法协议，[④]执法协议在 2011

---

① Laura Feldman, Veronique Marquis & Lucie Igor. A New Era for the Resolution of Financial Disputes. *International Arbitration: Asian dispute review*, 2016.

② DIFC annual review 2016, https://www.difccourts.ae/2016/02/27/difc-courts-annual-review-2016/, last visited on April 19, 2018.

③ Xinhua. "Dubai's international financial court posts sharp rise in case values", http://www.xinhuanet.com/english/2017-08/15/c_136528741.htm, last visited on April 16, 2018.

④ Zain Al Abdin Sharar & Mohammed Al Khulaifi. The Courts in Qatar Financial Centre and Dubai International Financial Centre: A Comparative Analysis. *Hong Kong Law Journal*, Vol. 46, 2016, p. 529.

年被制定为法律。该法律旨在简化其他酋长国执行 DIFC 判决的过程,规定 DIFC 法院的命令"应由 DIFC 以外的有管辖权的实体根据它们在此方面采用的程序和规则执行"。除了 2011 年的法律外,DIFC 法院官员还与阿联酋法院对口单位签署了谅解备忘录。

尽管这些变化应该使得 DIFC 判决在阿联酋地区内的执行更加直接,但迄今为止,①对 DIFC 法院判决的执行持怀疑态度的律师还指出了一个可能会阻止这些判决转变为当地迪拜法院命令的漏洞。DIFC 法院的判决胜诉方必须向 DIFC 法院申请"执行函",而执行函必须在发送给迪拜法院之前被翻译成阿拉伯文。有些情况下败诉方所在地位于迪拜,拥有"在岸"资产(不在 DIFC),即使 DIFC 法院的判决是以程序正确的方式处理的,当地的迪拜法院也可以拒绝执行,只要基于其认为"执法申请的前提是他们应该首先审理申请"。

解决方案之一是,阿联酋签署了 1983 年《利雅得阿拉伯司法合作协议》以及《GCC 公约》。②《GCC 公约》最重要的条款是第 25(b)条。首先,当需要时,每一方应"执行从一个签约国司法管辖区到另一个司法管辖区的司法命令,且这些事务应有既判案件的效力"。其次,执法方面普遍存在一些例外,其中公共政策和遵守伊斯兰教法可能造成实际困难。2015 年 2 月 16 日,DIFC 法院提出了一项倡议,旨在克服在阿联酋执行 DIFC 法院判决时出现的困难,并发布 2015 年《DIFC 法院实践指导方针 II》。2015 年 5 月《DIFC 法院实践指导方针》得到了修改,澄清了判决得以执行的方式,该实践指导允许 DIFC 法院的判决在阿联酋得到执行,无需遵循执行 DIFC 判决所需的程序。

(六) 进行创新型司法实践

根据迪拜"智慧城市"的设想,DIFC 法院小额仲裁庭(SCT)是于 2007 年在海湾地区成立的第一个争端解决服务机构,至 2016 年已处理的索赔总数额为 2 016 万迪拉姆(549 万美元),同比增长 5％。2016 年该地区启用"智能"小额仲裁庭。③ 法庭为争议双方以及法官提供在智能手机和计算机上远程访问案件的渠道。"智能法庭"完全配备了视频会议技术,使个人或中小型企业在世界各地

---

① Jayanth Krishnan and Priya Purohit. A Common Law Court in an Uncommon Environment: The DIFC Judiciary and Global Commercial Dispute Resolution. *The American Review of International Arbitration*, Vol. 24, 2015, p. 1.

② Zain Al Abdin Sharar & Mohammed Al Khulaifi. The Courts in Qatar Financial Centre and Dubai International Financial Centre: A Comparative Analysis. *Hong Kong L.J.*, Vol. 46, 2016, p. 529.

③ https://www. thecityuk. com/assets/2017/Reports-PDF/Legal-excellence-internationally-renowned-Legal-services-2017.pdf, last visited on April 19, 2018.

都能参与听证会。

无纸化庭审①也成为这些国际商事法庭的共同做法。结合新的电子案件管理和档案系统,英国商事法庭在技术上已处于全球现代科技的前沿,这也与伦敦作为国际商事纠纷解决中心的高级定位和全球声誉相匹配。② DIFC 法庭成为中东第一家引入安全云技术的法庭,允许法庭文件从世界任何地方上传。电子打包服务将方便法官、律师以及法院工作人员以各种方式访问案件信息,跨越多个地点与众多用户共享。电子捆绑系统于 2018 年 3 月 29 日推出。DIFC 法院将在法律社区安排培训研讨会,并在 2018 年 7 月 1 日之后提交的新案件中强制执行该系统。

五、小结：中国国际商事法庭需考虑的法律因素

多国关于建设国际商事法庭的实践表明,其大多是在突破原有法律框架的基础上进行法律制度创新。我国最高人民法院于 2018 年 6 月 27 日公布了《关于设立国际商事法庭若干问题的规定》(以下简称《规定》),明确了国际商事法庭的机构性质、受理案件范围、法官任职条件、审理机制、域外法查明途径、组建国际商事专家委员会、国际商事法庭委托调解、诉讼和调解、仲裁有机衔接的"一站式"纠纷解决机制等问题。最高人民法院在 2018 年 6 月 29 日分别在深圳和西安设立了第一国际商事法庭和第二国际商事法庭。我国已设立的国际商事法庭还存在一些必须在法律层面上进一步考虑和解决的问题。

一是法官选任的国际性。根据《规定》,我国国际商事法庭的法官在能够同时运用中文和英文作为工作语言的资深法官中选任。诚然,这是一种优中选优的选拔机制,但从长远看,或许会限制最高人民法院人才遴选的范围,结合迪拜、新加坡等国的实践经验,初步建成的国际商事法庭可以大胆引进国际商事领域优秀专家学者、资深律师和外籍专业性人才参与国际商事法庭的建设,甚至从符合条件的这些人中任命专职法官,以提高法庭的国际性与影响力。这需要与我国《法官法》和《人民法院组织法》相互协调。③ 在法律框架内可以允许退休的法官继续从事审判业务,由首席大法官指定外国人担任法官,外国法官与中国法官在审判中享有相同的权利义务,甚至保证特定案件中外国法官的参与。

---

① https://www.difccourts.ae/2018/02/07/trials-go-paperless-at-difc-courts-in-regional-first/,last visited on April 19,2018.

② https://www.judiciary.gov.uk/you-and-the-judiciary/going-to-court/high-court/the-rolls-building/e-filing/,last visited on April 19,2018.

③ 例如根据《宪法》第 33 和 34 条、《人民法院组织法》第 33 条、《法官法》第 9 条的规定,法官都需要具有中国国籍。

国际商事法庭也对法官的专业性和公信力提出了更高要求。法官要保证条约和法律解释的一致性和审判一致性，例如举证责任、证据保全、财产保全、争议解决范围，在技术交叉领域要求的专业性更强。

二是适用法律的选择与解释。《涉外民事关系法律适用法》和《合同法》赋予当事人选择适用法律的自由，特别是在选用商事惯例甚至是外国法方面的弹性很大。商事法庭的示范作用要求保证条约和法律解释的一致性与审判的一致性，这意味着，国际商事法庭内部首先要统一对《涉外民事法律关系适用法》规则的解释和适用方法；其次，要尊重国际惯例、国际法院及国际仲裁机构的判例，满足对国际条约和对他国实体法规则解释的国际一致性与前后一致性，以保证裁判结果的科学性。

司法实践中，可以允许当事人的代理律师就外国法提出意见，其法律陈词与专家证人的作用相同，而不再聘请专家证人。法官可以通过互联网、图书馆等途径查阅外国法数据库或有关权威文件、法律报告、外国法院适用外国法律的部分判决，以获取外国法的信息。

提供审理程序上的便利。当事人可以协议选择开庭方式、举证方式和期限、结案方式、鉴定人选择等程序性事项，以简化诉讼流程，并在诉前、诉中和诉后三个阶段保障当事人程序选择权，例如法官阐明义务和当事人通知。

在与《民事诉讼法》规定的程序相协调的基础上，我国国际商事法庭应当加强与调解机制和仲裁机制的联动，参与提供全面、综合的法律服务以最大限度地赋予当事人选择程序规则的自由。首先，是由国际商事专家委员会或由国际商事法庭委托相应的国际商事调解机构进行调解，并制作调解书或判决书；其次，是当事人选择仲裁，可以要求国际商事法庭提供证据保全、财产保全等措施，仲裁裁决作出之后，可以申请国际商事法庭执行裁决；违反法律规定的，当事人可以申请撤销；再次，是直接选择诉讼，获得一审终审的判决。在"一站式"纠纷解决机制中，国际商事专家委员会的职责和运行，国际商事调解机构、国际商事仲裁机构的选定及其应当符合的条件，两者与国际商事法庭的协调配合等问题还需要制定具体实施方案。西安市提出的面向"一带一路"的国际法律服务与法治创新示范区的构想——"中央法务区"（Central Legal-services District，CLD）就是服务"一带一路"建设的重要举措。①

---

① 丝路国际法与比较法研究所：《国际商事法庭的建设与国际商事争端解决机制的发展——"丝绸之路学术带"2018 高端学术研讨会综述》，https://mp.weixin.qq.com/s/HtKutZZcH1ClMODxWIvRDw，最后访问日期：2018 年 8 月 29 日。

同时,还应推进智慧法院建设,充分利用电子技术和网络诉讼服务平台,强化法庭科学管理并为当事人提供更多便利,节约诉讼成本,以增强我国国际商事法庭的对外吸引力。

三是外国律师代理。虽然《民事诉讼法》规定在我国委托律师代理诉讼必须委托中国律师,但考虑到国际商事法庭涉及案件与当事人国籍国的法律制度有着紧密联系,案件专业性与复杂性非一般国内商事案件所能相比,同时也为了吸引更多的外国当事人和律师选择到中国国际商事法庭解决纠纷,在该特别法庭的范围内可以允许外国律师适当参与代理活动。这可以始于外国律师依其条件和资历,在中国注册获得出庭资格,并由法律法规确立其参与阶段和权利义务。

四是判决的域外承认和执行。我国国际商事法庭所作裁判的域外承认与执行除了依靠我国已签署的国际条约和司法协助协定外,还可以借鉴荷兰和迪拜的经验,一方面,完善和强化执行我国国内诉讼的临时救济措施,防止当事人位于我国境内的资产被转移;另一方面,可以与案件涉及的主要域外国家签订执行备忘,强化商事法庭判决的域外执行力,特别是在与其他国家就某些双边协议进行谈判和修订的过程中,强调增加司法协助的内容。

未来可以尝试在国际商事法庭之间签订承认与执行协议,即法庭对法庭、机构对机构。例如,DIFC 法院于 2013 年与英国商事法庭签订了执行备忘录,对 DIFC 法院判决与英国商事法庭院如何到对方获得执行的程序和步骤进行指导,规范执行细节。除此之外,DIFC 法院也与其他国家和地区的法院签订指导备忘录,包括大陆法系的韩国和哈萨克斯坦。SICC 裁判的执行依据亦具有广泛性和国际性。[①]

互惠原则可以通过司法外交推动执行,从事实互惠转向推定互惠,例如《南宁声明》在中国与东盟成员国之间达成了推定互惠关系共识,[②]因此互惠关系存在的标准是:根据判决作出国法律判断我国法院判决在该国境内承认和执行的可能性。尽管不要求两国之间必须存在事实互惠,但对于以国家主权为由拒绝承认任何外国法院判决的国家,或者我国法院判决在该国难以得到承认和执行的,仍应认定两国之间不存在互惠关系。

此外,为了有效降低司法成本,提升与其他国际商事法庭之间的竞争力,我国国际商事法庭还可以采取其他一些具体措施,包括缩减涉外民商事案件的审

---

① 赵蕾、葛黄斌:《新加坡国际商事法庭的运行与发展》,《人民法院报》2017 年 7 月 7 日,第 8 版。
② 《第二届中国—东盟大法官论坛南宁声明》,http://www.court.gov.cn/zixun-xiangqing-47372.html,最后访问日期:2018 年 8 月 30 日。

理期间、降低诉讼费用、允许当事人自主选择证据规则等。建设国际商事法庭从本质上还是需要提升司法质量，如此才能在国际投资、商事的争议解决领域打造中国品牌，从而吸引当事人选择我国的国际商事法庭作为争端解决的首选机制。

第二节　法与金融理论视阈下的上海金融法院：
　　　　　逻辑起点和创新难点 *

一、引言

2009 年 4 月，国务院在《关于推进上海加快发展现代服务业和先进制造业建设国际金融中心和国际航运中心的意见》中明确要求："完善金融执法体系，建立公平、公正、高效的金融纠纷审理、仲裁机制，探索建立上海金融专业法庭、仲裁机构。"①中央全面深化改革委员会第一次会议于 2018 年 3 月 28 日通过《关于设立上海金融法院的方案》，决定在上海设立金融法院。十三届全国人大常委会第二次会议于 2018 年 4 月 27 日表决通过《全国人民代表大会常务委员会关于设立上海金融法院的决定》（以下简称《决定》），决定在上海设立金融法院，并由上海市高级人民法院根据授权承担具体设立工作。②

根据《决定》，上海金融法院将专门管辖设立之前由上海市中级人民法院管辖的金融民商事案件和涉金融行政案件。上海金融法院第一审判决和裁定的上诉案件，由上海市高级人民法院审理。上海金融法院审判工作受最高人民法院和上海市高级人民法院领导，受人民检察院的法律监督。③

从国际金融市场发展看，中国金融业的运行机制和监管体制必须与国际接轨。国际金融纠纷解决趋势，特别是后发国家的金融审判机制创新对于深入理解上海金融法院具有借鉴意义。本节以法与金融理论为起点，以法律制度与金融发展的关系为视角，认识上海金融法院制度设计的法理逻辑；结合国内金融市场发展需求

＊　本节撰稿人沈伟。
①　《国务院关于推进上海加快发展现代服务业和先进制造业建设国际金融中心和国际航运中心的意见》[国发（2009）19 号]。
②　新华社："习近平主持召开中央全面深化改革委员会第一次会议"，http://www.xinhuanet.com/politics/2018‐03/28/c_1122605838.htm?baike，最后访问日期：2018 年 4 月 14 日。
③　新华社："习近平主持召开中央全面深化改革委员会第一次会议"，http://www.xinhuanet.com/politics/2018‐03/28/c_1122605838.htm?baike，最后访问日期：2018 年 4 月 14 日。

和现有法治环境,以金融纠纷的属性为着眼点,分析上海金融法院的内生动力;以后发国家金融法治建设实践为参照,论证设立上海金融法院的国际竞争维度。在理论和现实分析的基础上,本节探讨了上海金融法院管辖权等方面的创新难点。

二、上海金融法院建设的理论基础:法与金融的理论框架

包括立法、司法、监管、执法在内的法律制度与金融、经济发展的相互关系一直是法学界和经济学界争论的重要议题。新制度经济学将成本—收益分析框架延伸到制度领域。罗纳德·科斯通过研究发现,投资、技术和制度是经济增长的三大变量,制度是促使技术进步和投资增长的重要因素,[①]在交易费用大于零时,产权和制度安排会影响经济增长。[②]

20 世纪 90 年代中后期,法律金融学作为新兴交叉学科逐渐兴起,法律和经济学者着力研究法律金融理论,运用经济学和计量经济学分析工具分析金融法问题,推动法学和金融学的融合。[③] 美国 4 位经济学家拉波特(La Porta)、西拉内斯(Lopez-de-Silanes)、施莱佛(Shleifer)和维世尼(Vishny)(4 人并称"LLSV")在 1997—1998 年通过实证研究方法创造性地提出"指标量化法",以衡量一国股东权利保护程度,比较分析不同法系国家间股权集中程度,进而衡量和比较不同国家的金融市场强弱程度,发表了《法律与金融》[④]一文,开创"金融与法律"研究的先河。[⑤]

以 LLSV 研究为基础的法和金融理论有微观和宏观两个维度。微观法律金融理论主要关注法律和投资者保护程度之间的关系,认为投资者保护程度越高,企业绩效越好,公司价值越高。[⑥] 法律传统在投资者保护方面的作用并非一成不变,而是市场主体的行为及其策略性反应之间互动的过程,法律和市场之间也存在着一种螺旋式上升关系。[⑦] 宏观法律金融理论则研究法与金融发展、法系与金融发展、法律移植、法律起源与金融发展、投资者保护、债权保护与金融发展

---

① Eirik G. Furubotn and Rudolf Richter. *Institutions and Economic Theory*. MI: University of Michigan Press, 1997, pp. 31 – 33.

② Lance E. Davis and Douglas C. *North*, *Institutional Change and American Economic Growth*. Cambridge: Cambridge University Press, 1971.

③ 张建伟:《法律、投资者保护与金融发展——兼论中国证券法变革》,《当代法学》2005 年第 5 期。

④ Rafael La Porta, Florencio Lopez-de-Silanes, Andrei Shleifer & Robert Vishny. Law and Finance. *The Journal of Political Economy*, Vol. 106, No. 6, 1998, pp. 1113 – 1155.

⑤ 缪因知:《法律与证券市场关系研究的一项进路—LLSV 理论及其批判》,《北方法学》2010 年第 1 期。

⑥ 张建伟:《法律、投资者保护与金融发展——兼论中国证券法变革》,《当代法学》2005 年第 5 期。

⑦ Michael Dorf & Charles Sabel. A Constitution of Democratic Experimentalism. *Columbia Law Review*, Vol. 98, No. 2, 1998, pp. 267 – 473.

等更为宏大的主题。① 这一理论提出了金融发展的"法律重要"或"制度重要"②论，认为制度环境决定金融效率，③进而决定金融市场的发展。法律制度的不断完善会促进金融中介的增长和金融市场效率的提高，从而有助于金融市场的竞争和深化。④ 有效率的经济组织和制度变迁是经济增长的关键。制度变迁的重要原因之一是节约交易成本，减少交易的负外部性，提高制度效益，⑤进而促进经济增长和社会发展。⑥ 法律制度作为一项制度安排，对交易安全和交易利益的保护至关重要。有效的法律制度有利于降低代理成本和金融市场运行成本，维护金融市场的契约自由和诚实信用，⑦并决定了一个法域金融市场发展的广度和深度。⑧ 例如，对投资者利益的法律保护程度越高，社会资本将越会投向市

---

① 余保福：《法律、金融发展与经济增长：法律金融理论研究述评》，《财经理论与实践》(双月刊)2005 年第 136 期。

② Joseph Alois Schumpeter. *A Theory of Economic Development*. Cambridge, MA：Harvard University Press，1911；Robert G. King & Ross Levine. Finance and Growth：Schumpeter Might Be Right. *Quarterly Journal of Economics*，Vol. 108，1993，pp. 717 - 738；Raghuram G. Rajan & Luigi Zingales. Financial Dependence and Growth. *American Economic Review*，Vol. 88，1998，pp. 559 - 586.

③ 宾国强、袁宏泉：《法律、金融与经济增长：理论与启示》，《经济问题探索》2003 年第 5 期。

④ 皮天雷：《转型经济中法律与金融的发展》，《财经科学》2007 年第 7 期。

⑤ Douglass C. *North*，*Institutions*，*Institutional Change and Economic Performance*. Cambridge：Cambridge University Press，1990；Douglass C. *North*，*Understanding the Process of Economic Change*. Princeton University Press，2005.

⑥ 叶凡、刘峰：《方法·人·制度——资本结构理论发展与演变》，《会计与经济研究》2015 年第 1 期。

⑦ 普通法系国家的金融市场通常具有以下特征：① 市值更高的股票市场；② 人均更多的上市公司数量；③ 人均更多的 IPO 数量；④ 更大的借贷市场。保护投资者有利于企业筹集资金，从而金融市场比较发达。参见冯旭南、李心愉、陈工孟：《法律、经济转轨和金融发展——法和金融学研究综述》，《当代会计评论》第 4 卷第 1 期。研究表明，投资者保护与股票市场效率之间存在相关性。在对投资者权利法律保护较好的条件下，股价变动的同步性比较低，股价变动反映公司具体信息的有效性就越高，股票市场的效率就比较高。Randall Morck，Bernard Yeung and Wayne Yu. The Information Content of Stock Markets：Why Do Emerging Markets Have Synchronous Stock Price Movements. *Journal of Financial Economics*，Vol. 58，2000，pp. 215 - 260.

⑧ Rafael La Porta，Florencio Lopez-de-Silanes，Andrei Shleifer & Robert Vishny. Legal Determinants of External Finance. *Journal of Finance*，Vol. 52，1997，pp. 1131 - 1150；Rafael La Porta，Florencio Lopez-de-Silanes，Andrei Shleifer & Robert Vishny. Law and Finance. *Journal of Political Economy*，Vol. 6，1998，pp. 1113 - 1155；Rafael La Porta，Florencio Lopez-de-Silanes，Andrei Shleifer & Robert Vishny. *Investor Protection: Origins*，*Consequences*，*Reform*，http://www. worldbank. org/finance/assets/images/Fs01_web1.pdf；Rafael La Porta，Florencio Lopez-de-Silanes，Andrei Shleifer & Robert Vishny. Investor Protection and Corporate Governance. *Journal of Financial Economics*，Vol. 58，2008，pp. 3 - 27；Rafael La Porta，Florencio Lopez-de-Silanes & Andrei Shleifer. What Works in Securities Laws? *The Journal of Finance*，Vol. 61，No. 1，2006；Bernard Black. Is Corporate Law Trivial? A Political and Economic Analysis. *Northwestern University Law Review*，Vol. 84，1990，pp. 542 - 565；John C. Coffee，Jr. Privatization and Corporate Governance：The Lesson form Securities Market Failure. *The Journal of Corporation Law*，Vol. 25，No. 1，1999，pp. 1 - 39；John C. Coffee Jr. The Rise of Dispersed Ownership：（转下页）

场中效率更高的企业。因此,良好的法律保护,不仅使资本得到更有效率的配置,而且有利于金融市场的健康发展。[①] LLSV 实证研究的基本观点是,法律体系对投资者利益的有效保护有助于金融市场的发展和经济长期增长。[②] 这一成果得到大多数学者的认可。[③]

(一)"法律重要"论和投资者保护

LLSV 研究发现投资者保护机制源于法律及其执行的实效性,不同法系对投资者和产权保护的程度具有系统性差异。

1. 不同法系对投资者保护的程度不同

LLSV 比较了不同法律传统中法律实施质量和会计准则等具体微观指标,证实投资者保护程度等不同变量与股票市场规模、资本市场发达程度和金融市场深度之间存在的正相关关系,[④]进而得出结论——金融市场发展水平和模式的差异取决于该法域法律和法制对投资者保护及有效实施的程度。[⑤] LLSV 研究了 49 个国家在股东和债权人保护方面的有关规定,通过建立各国股东和债权人权利指数衡量各国在投资者保护方面的规则差异,发现普通法系国家对投资者和债权人的保护更为完善。

具体来说,LLSV 把样本国家分为英美普通法、德国民法、法国民法和斯堪的纳维亚法四类,发现在投资者保护方面,普通法系对投资者保护最强,德国民法和斯堪的纳维亚法体系居中,法国民法体系最弱。[⑥] 首先,股权集中度与小股东保护程度有一定的相关性。大公司的股份所有权集中程度与投资者保护负相

(接上页)The Roles of Law and the State in the Separation of Ownership and Control. *Yale Law Journal*, Vol. 111, 2001, pp. 1 - 82; Thorsten Beck and Ross Levine. Legal Institutions and Financial Development, in Claude Menard & Mary Shirley (eds). *Handbook of New Institutional Economics*, Heidelberg: Springer, 2008, pp. 251 - 278; Edward Glaeser and Andrei Shleifer. Legal Origins. *Quarterly Journal of Economics*, Vol. 117, 2002, pp. 1193 - 1222.

① Jeffrey Wurgler. Financial Markets and the Allocation of Capital. *Journal of Financial Economics*, Vol. 58, 2000, pp. 187 - 214.

② 张建伟:《比较法视野下的金融发展——关于法律和金融理论的研究述评》,《环球法律评论》2006 年第 6 期。

③ 实证研究表明,在对政治环境特征指标和资源禀赋进行控制后,法系渊源可以很好地解释国别金融市场发展的差异。See Thorsten Beck, Asli Demirguc-Kunt & Ross Levine. Law, Endowments and Finance. *Journal of Finance Economics*, Vol. 70, 2003, pp. 137 - 181;在对文化宗教因素进行控制后,也是如此。See René M.Stulz & Rohan Williamson. Culture, Openness and Finance. *Journal of Finance Economics*, Vol. 70, No. 3, 2003, pp. 313 - 349.

④ 张建伟:《法律、投资者保护与金融发展——兼论中国证券法变革》,《当代法学》2005 年第 5 期。

⑤ 张建伟:《比较法视野下的金融发展——关于法律和金融理论的研究述评》,《环球法律评论》2006 年第 6 期。

⑥ 宾国强、袁宏泉:《法律、金融与经济增长:理论与启示》,《经济问题探索》2003 年第 5 期。

关，在股东权利不受保护的国家，多元化的小股东未能发挥重要作用。[1] 就投资者保护与股权集中程度而言，法国法系国家的股权集中度最高，平均为55％（哥伦比亚、希腊为68％，墨西哥为67％，巴西为63％）。其次，投资者保护较好的国家，资本市场融资规模占GDP的比例最大，而法国民法法系国家的资本市场规模最小。不仅如此，各国金融市场的表现也存在差异。以上市公司覆盖率为例，平均每百万英国人有36家上市公司，每百万美国人有30家上市公司；而每百万法国人只有8家上市公司，德国人只有5家。就上市公司市值占GDP比重而言，英美两国上市公司总市值不低于本国GDP的规模，多数欧洲国家却只占35％左右。再次，投资者保护水平和债务市场也有类似关系。就债务占GDP的比例而言，法国民法系国家为45％，北欧国家为57％，普通法系国家为68％，德国民法法系国家为97％，拉美国家只有29％。以此推断，德国民法法系国家对债权人保护程度较高，银行等间接融资是企业融资的重要方式，较强的债权人保护制度也为德国全能银行制度（universal banks）的成型提供了制度土壤。少数股股东获得较好保护的国家，控股股东有较高现金流所有权（cashflow ownership），公司价值更高。[2]

　　法律对股东和债权人保护的差异对金融市场的发展产生很大影响，直接造成了金融结构的差异，形成了以银行为主要中介的以信贷为主导融资规模式的"银行主导型金融体系"和以证券市场直接融资为主要方式的"市场主导型金融体系"。[3] 银行作为间接融资的中介在动员储蓄、配置资金、公司治理和风险管理中扮演主要角色。证券市场是企业融资的主要渠道。英美的金融市场是市场主导型，而德日法的金融市场是银行主导型。德国、日本和法国银行主导的借贷市场在金融市场的占比较大，美国和英国的证券和债券市场相对值更大。在市场主导型的金融市场里，企业的短期利润压力更大，因为股东和债券持有者对自己拥有或者投资企业的投入与银行相比更有限，[4]股东只承担有限责任，而银行通过契约或抵押等安排对借款的企业有更多约束性投入。

---

[1]　Rafael La Porta, Florencio Lopez-de-Silanes, Andrei Shleifer & Robert W Vishny. Law and Finance. *Journal of political economy*，Vol. 106，No. 6，1998，pp. 1113 - 1155.

[2]　Rafael La Porta, Florencio Lopez-de-Silanes, Andrei Shleifer & Robert W Vishny. Investor Protection and Corporate Valuation. *Journal of Finance*，Vol. 57，No. 3，2002，pp. 1147 - 1170.

[3]　Ross Levine. Bank-based or Market-based Financial Systems: Which is Matter? *Journal of Financial Intermediation*，Vol. 11，2002，pp. 1 - 30；Franklin Allen，Douglas Gale. *Comparing Financial Systems*，MIT Press，2001，pp. 3 - 25.

[4]　Ha-Joon Chang. *Economics: The User's Guide*. London：Penguin Books，2014，pp. 287 - 288.

投资者保护法律制度和投资者需求之间存在交互作用。在普通法系,保护小股东的法律是司法发展的结果。投资者在制度发展过程中获得相当程度的保护,进而积累了推动相应法律规则制定的能力,使其权利得到更为有效的保护。以美国为例,美国公司法最重要的法律渊源是《特拉华州普通公司法》。特拉华州是美国众多上市公司的注册地,该州的公司法对美国其他州的公司法有重要的示范作用。《特拉华州普通公司法》以不确定性而闻名于世,这一特性使其成为美国公司法修改的中心。但是,特拉华州又拥有一套设计精良的案例法体系,数量众多的公司法案例构成该州的公司法案例系统,这在一定程度上弥补了其公司法的不确定性。① 有着不确定性的公司立法和有着相对确定性的案例法系统,②很好地平衡了法的确定性与现实易变性的关系。在这一独特的设计中,法院发挥了很大的作用。在一般经验中,立法是实现法确定性的基石,案例则是实现法灵活性的途径。对后发国家而言,政府强力推动的"诱致性变迁"也是可行的路径,③司法在其中的作用不可或缺。司法体系对投资者的产权保护可以有机制性倾斜,进而形成有效的产权保护制度和投资牵引。

LLSV 理论也饱受批评,诸如数理研究方法缺陷、④与诸多国家发展事实不完全契合、⑤法律的重要性被夸大或扭曲、⑥对法律移植过程重要性的忽

---

① 王佐发:《重思"特拉华迷思"》,《西南政法大学学报》2011 年第 1 期。

② 罗培新:《特拉华州公司法的神话与现实》,《金融法苑》2003 年第 4 期。

③ 缪因知:《法律与证券市场关系研究的一项进路——LLSV 理论及其批判》,《北方法学》2010 年第 1 期。

④ 有学者指出,LLSV 研究中存在的根本问题是:"第一,罔顾具体法律规则生成的社会背景,将公司治理制度抽象为纯粹的技术规则,认为其可以随便地移植和转让;第二,在为指标赋值的过程中,只看到法律的纸面规则,却忽视了法律作用于市场的动态过程。有些规则虽然言之凿凿,但实际上可能被虚置,而另外一些不成文的规则却发挥着重要作用。这两类规则均极难赋值。"缪因知:《法律与证券市场关系研究的一项进路——LLSV 理论及其批判》,《北方法学》2010 年第 1 期。学者批评 LLSV 的研究方法存在"普通法偏爱"倾向,参见李荣林、阮铃雯:《法与金融理论面临的挑战》,《天津师范大学学报(社会科学版)》2006 年第 4 期。

⑤ 科菲在考查美国和英国公开证券市场的发展历史后发现,尽管美国和英国在 19 世纪末并没有为中小投资者提供有力的法律保护,但成功发展了发达的证券市场。法律变革总是滞后而非领先于金融发展,金融发展实践是因,法律变革是果。LLSV 范式的因果关系则相反。John C. Coffee, Jr. The Future as History: The Prospects for Global Convergence in Corporate Governance and its Implications. *Columbia Law School Center for Law and Economic Studies Working Paper*, No.144, 1999.

⑥ 柴芬斯对英国证券市场的历史研究发现,制度在 20 世纪前期并没有为中小投资者提供良好的保护,法律对所有权和控制权结构发展的影响并不像 LLSV 所强调的那样重要。See Brian R Cheffins. Does Law Matter? The Separation of Ownership and Control in the United Kingdom. *Journal Legal Studies*, Vol. 30, 2001.罗伊从政治学和法学的角度提出了对 LLSV 结论的质疑:一国政府是否愿意建立并发展资本市场这一政治因素是各国金融市场发展不同的重要原因,而非法系归属所(转下页)

视、①法律作用于市场动态过程的偏颇②，以及政府管制对法律体系的补充作用被忽视③等。以相同法律起源的英美澳加等国为例，尽管都是普通法系国家，这些国家的股东中心主义和股东治理权也有实质性差异。LLSV 理论无法精细化地解释这些相同法律渊源国家的产权保护差别的制度机理。政治视角的研究指出，他们之间的差别与国家社会福利国家保障的水平有关。社会福利国家保障的水平低，公司治理体系承受了更多来自利益攸关者的政治压力，承担更多的社会责任，股东中心主义的发展就不够强劲。当公司和利益攸关者发生冲突，公司不愿意以股东利益为先，实质上承担了大量的社会政治费用。反之，如果雇员的社会福利可以通过外部监管实现，则公众公司就得到了解放，可以更加专注于股东效益。④ 但是，总体而言，LLSV 理论作为法与金融的重要学说，其强调法律制度与产权保护、法律制度与金融市场之间存在多元且互为影响的复杂关系的基本结论，⑤对特定法域金融市场的制度构建和法制建设仍有重要学理意义。

2. 保护投资者的法律机制

法律起源决定一国投资者的保护程度，而后者会影响该国金融市场和体系的成型与发展。融资方式和股权结构集中程度决定公司治理结构，而公司治理结构影响公司表现和社会经济的整体发展。随着法制建设及实施，投资者保护力度逐步增强，原本依赖市场保护的风险溢价和交易成本降低，⑥使投资者投资预期和投资欲望增强。法律对投资者保护的具体机制包括改进公司治理结构、完善所有权结构和加强产权保护。⑦

（接上页）导致。20 世纪 70 年代大陆法系国家的股市开始复苏，到 20 世纪末两大法系国家股市的发展趋向一致。See Mark J. Roe. Legal Origins and Modern Stock Markets. *Harvard Law Review*, Vol. 120, No. 2, 2006, p. 460. 虽然计量分析表明普通法系地区的金融市场和经济发展水平相对于大陆法系国家更高，但原因究竟是强有力的投资者保护，还是政府对市场干预的节制，抑或有效独立的司法，学界仍有争议。纯粹地以法系这样一个正在发展的概念取代复杂的法律、经济、社会、政治与历史的互动机制，似乎有过度简化之嫌。参见李清池：《法律、金融与经济发展：比较法的量化进路及其检讨》，《比较法研究》2007 年第 6 期；张勇：《法律还是社会规范：一个关于投资者保护的比较分析》，《经济社会体制比较》2006 年第 3 期。

① 缪因知：《法律与证券市场关系研究的一项进路——LLSV 理论及其批判》，《北方法学》2010 年第 1 期。
② 罗培新：《走出公司治理的唯'美'主义迷思》，《中欧商业评论》2009 年 12 月。
③ 张钰新：《法律、投资者保护和金融体系的发展》，《经济评论》2004 年第 3 期；郁光华、邵丽：《论 LLSV 法律来源论的缺陷性》，《上海财经大学学报（哲学社会科学版）》2007 年 4 期。
④ ［美］克里斯多夫·M. 布鲁纳：《普通发票世界的公司治理：股东权力的政治基础》，林少伟译，法律出版社 2016 年版，第 283—284 页。
⑤ 胡继晔：《投资者及债权人法律保护的理论探讨与中国实践》，《中央财经大学学报》2010 年第 9 期。
⑥ 沈艺峰、许年行、杨熠：《我国中小投资者法律保护历史实践的实证检验》，《经济研究》2004 年第 9 期。
⑦ 缪因知：《法律如何影响金融：自法系渊源的视角》，《华东政法大学学报》2015 年第 1 期。

（1）改进公司治理结构。LLSV将公司治理定义为中小股东利益免受大股东攫取的一系列制度性安排。[①] 改进公司治理结构以优化投资者保护规则的内在逻辑是通过降低代理成本，克服代理问题，减少公司融资成本，进而促进公司业绩提升，吸收更多股东投资。[②]

受LLSV理论的影响，已有的研究主要从内部和外部两个方面探讨上市公司治理水平改善的机制。内部机制分析主要以传统的伯利-米恩斯（Berle-Means）范式为基础，重点分析股东和董事等管理层之间的纵向代理问题，聚焦董事责任和信义义务、公司股权结构及董事会控制权等问题。[③] 外部机制侧重解决大小股东之间的横向代理问题，关注法律体系、行政介入、金融监管、市场规则对大股东控制地位的限制和小股东利益的保护等问题。例如，LLSV等学者从信息披露、投资者诉讼权利及股权转让难易程度等方面量化相关指标，分析证券法律制度对投资者的保护程度给证券市场发展带来的影响。[④] LLSV还就投资者保护和红利支付的关系对33个国家进行了实证研究，发现普通法系国家的红利支付比率的中位值明显高于投资者保护水平较差的民法法系国家，证明红利支付和其他股东权利激励机制也是投资者保护机制的结果。

（2）影响公司价值和表现。就投资者保护和公司价值的关系，LLSV对27个发达国家大型上市公司的股权结构进行了实证研究，并按是否有股东持有超过20%投票权的指标，把公司分为广泛持有型（股权分散型）和最终控股型（股权集中型）两类公司。研究发现，投资者保护程度与所有权集中程度出现负相关，即投资者保护程度递增，股东控制权集中的经济收益递减，股权结构便会呈现分散化和公众化的特点，公司价值增高。[⑤] 据此，广泛持有型公司显见于投资

① Rafael La Porta, Florencio Lopez-de-Silanes, Andrei Shleifer & Robert W. Vishny. Law and Finance. *Journal of Political Economy*, Vol. 106, 1998, pp. 1113 - 1155; Rafael La Porta, Florencio Lopez-de-Silanes, Andrei Shleifer & Robert W. Vishny. Agency Problems and Dividend Policies around the World. *Journal of Finance*, Vol. 55, 2000, pp. 1 - 33; Rafael La Porta, Florencio Lopez-de-Silanes, Andrei Shleifer & Robert W. Vishny. Investor Protection and Corporate Valuation. *Journal of Finance*, Vol. 57, 2002, pp. 1147 - 1170.

② 冯旭南、李心愉、陈工孟：《法律、经济转轨和金融发展——法和金融学研究综述》，《当代会计评论》2013年第1期。

③ 施东晖：《当代公司治理研究的新发展》，《中国金融学》2004年第9期。

④ Simeon Djankov, Rafael La Porta, Florencio Lopez-de-Silanes & Andrei Shleifer. The Law and Economics of Self-Dealing. *Journal of Financial Economics*, Vol. 88, 2008, pp. 430 - 465; Diane K. Denis & John J. McConnell. International Corporate Governance. *Journal of Financial and Quantitative Analysis*, Vol. 38, 2003, pp. 1 - 36.

⑤ 余保福：《法律、金融发展与经济增长：法律金融理论研究述评》，《财经理论与实践》（双月刊）2005年第136期。

者保护程度高的国家。如果法律对投资者保护力度弱,控制权就具有巨大吸引力,进而引发控制权争夺,呈现股权集中化的趋势,给公司价值带来负面影响。

LLSV 通过对比普通法系国家和民法法系国家上市公司运营状态发现,普通法系国家上市公司的 Tobin Q 值显著高于民法法系国家。[1] 这意味着投资者保护程度愈高,公司内部治理结构愈趋合理,资本愈能得到有效配置,使得公司价值愈高,股东权益最大化也愈容易实现。相反,投资者保护力度愈弱,公司股权愈集中,导致公司绩效愈低,股东权益愈难最大化。同时,公司股权愈集中,大小股东之间的代理问题愈加恶化,代理成本愈发增加。控股股东通常通过"隧道行为"对自己进行利益输送,侵占中小股东的利益,以获取控制权私利,导致企业价值下降。[2]

(3) 加强产权保护。产权理论为提高司法保护水平和优化司法制度提供了理论基础。经济运行的制度基础——财产权利结构和由此产生的交易成本是经济发展的关键制度性因素。[3] 社会或国家建立各种保护机制由国家通过司法强制实施,以维护复杂交易关系的稳定性和可预见性。[4] 司法保护的经济效益主要通过法律确定的产权制度和执行制度加以实现。产权制度实际上是一套激励和约束机制,[5]明确交易主体权利范围和边界,降低交易方的交易成本,[6]提高资源配置效率,[7]为投资者从事生产性投资提供长期稳定的预期,降低投资风险,保证投资收益,从而鼓励社会的生产性投资,促进经济发展。[8]

---

① 宾国强、袁宏泉:《法律、金融与经济增长:理论与启示》,《经济问题探索》2003 年第 5 期。

② [美]伯利·米恩斯:《现代公司与私有财产》,甘华鸣等译,商务印书馆 2005 年版。

③ Armen A. Alchian. Some Economics of Property Rights. *IL POLITICO*, Vol. 30, 1965, p. 816; Harold Demsetz. The Exchange and Enforcement of Property Rights. *Journal of Law & Economics*, Vol. 7, 1964, p. 11; Harold Demsetz. Towards A Theory of Property Rights. *American Economics Review*, Vol. 57, 1967, p. 347.

④ Eirik G. Furubotn and Svetozar Pelovich. Property Rights and Economic Theory: A Survey of Recent Literature. *Journal of Economics Literature*, Vol. 10, 1972, p. 1137.

⑤ World Bank. *Legal and Judicial Reform: Observations, Experiences and Approach of the Legal Vice Presidency*, 2002.

⑥ 如果没有法治,交易成本(体现为后果不可预期、合同履行面临障碍等)将大幅攀升导致合同无法缔结。参见[美]柯提斯·J. 米尔霍普(Curtis J. Milhaupt)、[德]卡塔琳娜·皮斯托(Katharina Pistor):《法律与资本主义:全球公司危机揭示的法律制度与经济发展的关系》,罗培新译,北京大学出版社 2010 年版,第 17 页。

⑦ Oliver E. Williamson. *Markets and Hierarchies: Analysis and Antitrust Implications*, Free Press, 1975; Oliver E. Williamson. *Economic Institutions of Capitalism*, Free Press, 1985; Oliver E. Williamson. The New Institutional Economics: Taking Stock, Looking Ahead. *Journal of Economics Literature*, Vol. 38, 2000.

⑧ Oliver E. Williamson. The New Institutional Economics: Taking Stock, Looking Ahead. *Journal of Economics Literature*, Vol. 38, 2000, p. 598.

LLSV 通过对 92 个国家的实证分析研究法律制度与商业银行中政府产权之间的关系并发现,法律对投资者保护越弱,政府在银行中拥有的产权比重越大,金融市场的发展越差,经济也就越落后。[①] 以法律制度与银行利润及价值之间关系为例,研究证实法律对产权保护越到位,金融机构之间竞争越激烈,银行利润越低,企业融资成本也随之降低,有利于促进更多的投资活动。[②]

知识产权保护也是产权保护的重要方面。有学者在研究经济转型国家产权保护制度对企业融资的影响时发现,在转型初期,完善产权保护法律制度能保障企业顺利投资和融资。但是,在产权保护不确定的时候,由于投资预期收益得不到保证,投资者对企业投资的比例和力度会减小,企业家缺乏意愿对外融资。[③] 知识产权保护制度的完善为金融发展推动技术创新效率的提升提供了更为充足的动力。完善产权保护制度能够在某种程度上确保研发项目成果的排他性占有,有助于企业获得长期的市场竞争优势,并刺激竞争者提高技术创新活动的效率。[④]

(二) 法律制度影响经济发展

法与金融理论不仅揭示了法律和金融、经济增长之间的因果关系,而且剖析了这种关系背后更为深刻的制度逻辑,这对于国家金融和法治发展战略的制定具有重要和现实的政策意义,[⑤]并需要政策和制度设计者更全面地理解法治的多重维度。

1. 法制影响金融发展

金融市场的发展受到法律的制约和促进,金融市场的正常运行需要法律制度的保障。LLSV 等人研究法律制度对金融发展的作用,从法律渊源的角度出发,对民法法系和普通法系进行区分,分析不同法律渊源对投资者保护程度的差异,从而导致各国企业外部融资能力的差异,产生金融发展水平的差异。

企业获得外部融资的机会、金融部门之间的竞争与经济增长之间的理论联

---

① 江春、许立成:《法律制度、金融发展与经济转轨——法与金融学的文献综述》,《南大商学评论》2006 年第 2 期。

② Asli Demirgüç-Kunt, Luc Laeven & Ross Levine. *The Impact of Bank Regulations, Concentration and Institutions on Bank Margins*, April 15, 2003; World Bank Policy Research Working Paper No. 3030, https://ssrn.com/abstract=636392.

③ Simon Johnson, John McMillan & Christopher M. Woodruff. *Property Rights and Finance*. March, 2002; NBER Working Paper No. w8852, https://ssrn.com/abstract=305078.

④ James B. Ang. Financial Reforms, Patent Protection and Knowledge Accumulation in India. *World Development*, Vol. 38, No.8, 2010, pp. 1070 - 1081.

⑤ 宾国强、袁宏泉:《法律、金融与经济增长:理论与启示》,《经济问题探索》2003 年第 5 期。

系不明确，衡量金融业的竞争也很复杂。各国银行体系的竞争激烈，使得经济依赖的行业增长更快，竞争程度是金融部门运作的重要方面。法律对产权的保护力度和执行效率不仅影响企业的外部融资总额，而且影响投资者资产之间的分配，从而影响金融发展。[①] 金融发展的政治学理论指出，[②]金融及其他产业的利益集团为了维护既得利益会采取相应的措施以阻碍金融发展，这是导致金融发展差异的内因。例如，可竞争性（contestability）决定了有效的竞争，特别是通过允许（外资）银行准入和减少主体活动限制。外资银行进入一国银行业的规模大、准入和活动限制少的金融体系更具竞争力。[③] 社会资本也影响区域金融发展的差异性。当一定区域的社会资本和法律制度都处于较低水平时，社会资本和法律制度会相互补充，共同促进金融发展，而当社会资本或法律制度其中一方达到有效水平时，社会资本和法律制度则表现为替代效应。[④] 关于法律制度与金融市场的关系，有学者指出，投资者保护程度会决定资本的有效配置和流向。资本配置效率与中小投资者的法律保护正相关，与国内股票回报中"公司特定"信息的数量正相关，与国家在经济中的持股程度负相关。对中小投资者的权利保护抑制了对衰落产业的过度投资。拥有发达金融部门的国家比金融部门不发达的国家有更多对新兴产业的投资，资金会流向市场中效率更高的企业，从而促进金融市场的发展。[⑤]

LLSV 所言的法律传统在投资者保护方面的作用是市场主体行为和策略反应应对性的发展过程。[⑥] 法律制度对金融监管的影响主要表现在信息披露、法律程序及公众私人执行等方面。金融监管效率对股票市场发展有促进作用。[⑦] 中国学者也选取了中国 30 个省、直辖市和自治区在 1997—2005 年的相关数据，分析法治对中国金融发展和银行贷款期限的影响。研究显示，法治是影响中国

[①] Stijn Claessens & Luc Laeven. Financial Dependence, Banking Sector Competition, and Economic Growth. Policy Research Working Paper No. 3481, https://openknowledge.worldbank.org/handle/10986/8906.

[②] Raghuram G. Rajan & Luigi Zingales. The Great Reversals: The Politics of Financial Development in the Twentieth Century. *Journal of Financial Economics*, Vol. 69, No. 1, 2003, pp. 5 - 50.

[③] Stijn Claessens & Luc Laeven, supra note 60.

[④] 崔巍、文景：《社会资本、法律制度对金融发展的影响——替代效应还是互补效应?》,《国际金融研究》2017 年第 11 期。

[⑤] Jeffrey Wurgler. Financial Markets and the Allocation of Capital. *Journal of Financial Economics*, Vol. 58, 2000, pp. 187 - 214.

[⑥] Michael Dorf and Charles Sabel. A Constitution of Democratic Experimentalism. *Columbia Law Review*, Vol. 98, No. 2, 1998, pp. 267 - 473.

[⑦] 江春、许立成：《法律制度、金融发展与经济转轨——法与金融学的文献综述》,《南大商学评论》2006 年第 2 期。

金融发展和银行贷款长期化的重要因素——法治水平比较高的地区金融发展水平较高、中长期贷款比重较大;法治水平较低的地区金融发展水平较低、中长期贷款比重较小。[①]

2. 法律执行促进金融发展

法律的执行对促进金融发展更为重要,这一点在经济转型国家尤为明显,因为在经济转型初期,法律制度不完善正好为私有化的受益者剥夺他人财产创造了机会,同时转型国家的法律改革并不一定是帕累托最优,可能会因损害国内既得利益集团的利益而引发政治阻碍,也使得法律变革举步维艰。即使法律对股东权利的保护规则有很大改善,经济转型国家的法律执行效率一般比较低。因此,法律制度及其执行从根本上决定了整个金融体系的运行情况。

LLSV 理论指出,法律执行力度的差异会影响人们参与金融市场的信心。LLSV 等人的实证研究显示,债权人保护程度高能保障出借人在借款人违约时拥有更多讨价还价的能力,这可以提高贷款人的贷款意愿,促进借贷市场繁荣。皮斯托等人在分析 24 个经济转型国家投资者保护水平与该国证券市场发展规模的关系后发现,制约经济转型国家金融市场发展的一个重要因素是执法效率低下。回归分析表明,执法效率比法律条文的质量对证券市场发展规模在内的金融市场发展水平有更强的解释力。[②] 与邻国相比,中国证券市场的自由流动股票少,股票的流动性低,整个证券市场的市值也是整个亚太地区偏低的。[③] 企业无法利用证券市场实现向个人投资者融资的目的。[④] 这样的结果是,整个经济体更加依赖银行业,而同时期的东亚其他国家已经向多元化的金融市场转化。[⑤] 金融市场的特质在很大程度上是由一国法律特别是财产权保护方面的法律决定的。我国证券市场存在的股权融资歧视问题就是产权保护制度不足引起的。尽管盈利能力好的企业更容易在证券市场上市并获得股权融资,但是国有

---

① 邵明波:《法治、金融发展与银行贷款长期化》,《世界经济文汇》2010 年第 2 期。

② Edward L. Glaeser and Andrei Shleifer. Legal Origins, *Quarterly Journal of Economics*, Vol. 117, No. 4, 2002; Katharina Pistor. The Standardization of Law and Its Effect on Developing Economies, *Discussion Paper Series*, Vol. 6, No. 4, 2000;江春、许立成:《法律制度、金融发展与经济转轨——法与金融学的文献综述》,《南大商学评论》2006 年第 2 期。

③ [美]希尔顿·L. 鲁特:《资本与共谋:全球经济发展的政治逻辑》,刘宝成译,中信出版集团 2017 年版,第 225—226 页。

④ [美]希尔顿·L. 鲁特:《资本与共谋:全球经济发展的政治逻辑》,刘宝成译,中信出版集团 2017 年版,第 226 页。

⑤ [美]希尔顿·L. 鲁特:《资本与共谋:全球经济发展的政治逻辑》,刘宝成译,中信出版集团 2017 年版,第 226—227 页。

企业比民营企业更容易受到优待，而民营企业即使有更高的盈利率但仍然受到歧视。[①] 债权市场也存在信贷歧视。根据中国人民银行发布的《金融机构贷款投向统计报告》，2013 年，农户贷款余额为 4.5 万亿元，农业贷款余额为 3.04 万亿元，仅占当年金融机构人民币各项贷款余额的 6.26％和 4.22％。[②] 信贷歧视制约了农村金融和经济的发展。

由此可知，我国当前的金融市场法制化建设在加强立法的同时，更要重视法律的执行机制。法律的执行是判断一国营商环境好坏的重要变量之一，尤其是经济转型国家。经济转型国家从中央计划经济向市场经济转变的一个根本问题是转型成功需要国家完成由经济活动的直接协调者向公正的公断者的角色转变。

3. 法制与金融中心建设

制度建设一直处于国际金融中心建设的重要地位。金融中心同金融法治之间的紧密联系在西方金融中心建设的经验中得到了印证，但法学界和金融学界对法律与金融业发展的内在互动关系一直没有定论。一是"金融地理学说"，强调金融中心地位的确立取决于经济总量和信息聚集度；[③] 二是时区理论，即用时区划分金融市场，以便投资者掌握实时信息和产品定价权。

关于法律在金融中心建设中的作用，通说认为健全的法律制度和强大的执法体系是建设国际金融中心的基本保障。[④] 从关于国际金融中心的评价指标或体系来看，健全的法律制度一般是评估国际金融中心的必备要件。国内外关于国际金融中心竞争力的硬指标包括金融机构数量、金融机构资产总额以及金融市场交易量等，软指标包括人力资源、经营环境、政策环境及体制环境等。[⑤] 商业环境指标又包括行政管理制度、经济自由度、腐败程度、制度执行情况及企业税率等。有学者在比较研究伦敦、纽约、法兰克福和巴黎四个国际金融中心后，

[①] 祝继高、陆正飞：《融资需求、产权性质与股权融资歧视——基于企业上市问题的研究》，《南开管理评论》2012 年第 4 期。

[②] 高建平、曹占涛：《普惠金融的本质与可持续发展研究》，《金融监管研究》2014 年第 8 期。

[③] Xiaobing Zhao, Li Zhang & Tan Wang. Determining Factors of the Development of a National Financial Center：The Case of China. *Geoforum*，Vol. 35，No. 4，2004，pp. 127 - 139；Xiaobing Zhao. Special Restructuring of Financial Centers in Mainland China and Hong Kong：A Geography of Finance Perspective. *Urban Affairs Review*，Vol. 38，No. 4，2003，pp. 535 - 571；Xiaobing Zhao, Jinming Cai & Li Zhang. Information Flow and Asymmetric Information as Key Determinants for Service and Finance Center Development：A Case on Socialist China. *China Economic Review*，Vol. 16，No. 3，2005，pp. 20 - 30.

[④] 王力、黄玉华等：《国际金融中心研究》，中国财政经济出版社 2004 年版，第 89 页。

[⑤] 高洪民：《经济全球化与中国国际金融中心的发展》，《世界经济研究》2008 年第 8 期。

指出人力资源素质、监管环境、商务成本、商务环境、政府效率、税收优惠以及法制环境等应该是国际金融中心竞争力的评价指标。[①] 2009 年《伦敦城全球金融中心指数报告》认为,在人、商业环境、市场准入、基础设施、综合竞争力五个指标中,商业环境是最重要的因素,包括法律体系、税收制度、信用环境和监管环境。[②]

从国际上公认的建设国际金融中心的经验看,国际金融中心和法治环境之间存在一定的逻辑关系。良好的法治环境是国际金融资本和市场参与者进入市场的基本条件。良好的法治环境包括健全的法律体系、透明的监管制度、公正的司法体系、高效廉洁的行政执法制度、完善的金融法制、健全的社会信用体系及充分的权利保护机制等要素,能够使投资者作出正确的风险评估和投资决策。同时,投资者因为利益驱动,对法律风险的抵御能力和对非最优环境的适应能力也可能降低对法律保护机制的要求。

相比伦敦、纽约、我国香港地区等金融中心在金融法治环境方面的建设,上海在这些方面的投入更显必要。首先,上海的金融立法应该跳出"行政主导"的模式,更加关注市场主体和市场活动的需要,完善金融法规特别是完备的交易规则的建构;其次,金融立法要特别为金融资本和金融投资者提供权利救济手段,以降低不确定性带来的金融风险,减少金融业自身发展面临的行业垄断和系统性风险;再次,加强对金融市场投资者的保护,仅完善法律条文无法解决全部问题,应确立公平、公正和高效的金融司法体系,为金融类纠纷的解决提供有效的司法保障。[③] 根据世界银行《2018 年营商环境报告》[④](Doing Business 2018),在中小投资者保护方面,我国仅得 48.33 分,世界排名第 119 位,不仅低于亚太平均水平,而且远逊于印度(第 4 名)、巴西(第 43 名)、俄罗斯(第 51 名)等国家。在投资便利化方面,根据世界银行对全球 190 个经济体营商环境的评价,在"办理施工许可"指标方面,我国的办理时间是 247.1 天,排在第 172 位。在 2018 年5 月 2 日的国务院常务会议上,国务院总理李克强要求将工程建设项目审批时

[①] 吕炳斌:《上海国际金融中心的法制建设探讨》,《新金融》2009 年第 6 期。

[②] The City of London: The Global Financial Centres Index 5, http://www.cityoflondon.gov.uk/business/economic-research-and-information/research-publications/Documents/research-2009/Global%20Financial%20Centres%20Index_GFCI_5.pdf,最后访问日期:2017 年 11 月 1 日。

[③] 余保福:《法律、金融发展与经济增长:法律金融理论研究述评》,《财经理论与实践(双月刊)》2005 年第 136 期。

[④] 自 2003 年开始,世界银行每年均会发布营商环境年度报告,对全球经济体的营商环境进行排名。由于营商环境报告对吸引投资、建设发展、法治形象影响较大,加上评估主体中立权威、评估方法科学合理,也日益受到各国政府重视,并将提升世行排名作为优化营商环境的重要政策目标。其中,在"执行合同"领域,包括司法效率、司法成本、审判组织、司法程序、信息化程度、司法改革举措等法院竞争力指标。

间压缩一半以上，以便优化营商环境，深圳等地决定压缩到 90 天。① 我国法院竞争力名列前茅，但是我国判决执行效率并不占优势，这些问题都亟待解决。

三、金融纠纷解决机制之间的竞争

(一) 金融审判资源与金融纠纷解决专业化之间的张力

1. 金融纠纷专业性增强

金融案件的审判和执行一般涉诉金额高、诉讼保全多、涉案利益主体多、案件执行难。专业知识和审判经验是金融纠纷有效审理的门槛要求。② 国内法院对金融纠纷分类的方法不适应金融纠纷解决的实际情况。例如，上海法院在划分金融案件时，将主体至少一方为金融机构的民商事纠纷案件定性为金融案件，造成各级金融法庭审理银行信用卡或贷款纠纷案，而诸如公司控制权纠纷等理应适用《证券法》的金融案件被当作普通民商案件进行审理，使得案件裁判结果的合理性存疑。③

此外，新型储蓄案件、互联网金融案件、银行理财产品案件、资管案件、P2P网贷案件等④给司法审判的专业性带来更高要求。⑤ 我国金融立法滞后于金融市场的发展，金融案件审理因缺少法理依据而受质疑。设立上海金融法院有利于保证司法对金融创新的有效支持。专业法院的优势可以强化金融领域的司法能动性，⑥弥补立法空白，健全金融法治。

2. 传统金融审判难以适应现实需要

金融领域模式多、创新快，案件数量激增，案多人少矛盾突出。《上海市高级人民法院工作报告》指出，近 5 年在维护金融秩序和金融安全方面，上海市共审结一审金融案件 47.8 万件，同比上升 358.3%。但是，上海市金融商事审判人员不足 300 人，年人均办案 250 件以上。⑦ 不断增加的金融案件仍由一般法院进行

---

① 参见《深圳经济特区政府投资项目管理条例》。
② 《为什么要在上海成立首家金融法院?》，http://money.163.com/18/0403/10/DEF90J85002580S6. html，最后访问日期：2018 年 4 月 15 日。
③ 《上海应时建立金融法院》，http://news.163.com/10/0125/19/5TT9BN2F000120GU.html，最后访问日期：2018 年 4 月 22 日。
④ 刘春彦、刘伯一：《设立上海金融法院 完善金融审判体系》，《上海证券报》2018 年 4 月 4 日，第 8 版。
⑤ 《上海金融法院获准设立 更好地保护投资者利益》，http://money.163.com/18/0329/18/DE384UI2002580S6.html，最后访问日期：2018 年 4 月 15 日。
⑥ 《护航国际金融中心建设 上海金融法院"先试先行"》，http://news.hexun.com/2018-04-10/192801601.html，最后访问日期：2018 年 4 月 14 日。
⑦ 谢江珊：《从"留作参考"到中央定调 金融法院落地上海台前幕后》，http://news.hexun.com/2018-04-10/192799866.html，最后访问日期：2018 年 4 月 14 日。

审理,导致审理期过长,案件不断累积。① 专业性金融法院可以更好地应对金融市场发展的新变化。除了防范金融风险,金融法院可以为金融交易提供更为有效和灵活的规则,进而优化金融市场投资者保护的私人执法机制。

相较传统民商事案件,金融案件审判存在特殊性。首先,金融案件的裁判结果对产业发展和市场经济影响深刻,对市场主体尤其是不特定多数的金融消费者、投资人影响重大,最为重要的是为金融活动的参与者提供行为边界,②案件判决所确立的原则和应用的规则可以影响交易和监管的模式。在分散管辖的模式下,不同法院对同类案件的审判周期不一,审理结果缺乏一致性,客观上降低了金融从业者的市场预期。③ 其次,金融纠纷除当事人利益之外还涉及第三人利益及社会公共利益。金融市场发展具有相当的公共性,金融市场参与主体的多样化催生了金融体系中的多元利益诉求。④ 金融交易的有效性不仅事关契约安排和商业惯例,而且关系市场行为稳定性、市场规律可塑性和金融交易结构有效性。⑤ 系统性风险是金融监管的政策制定基点,也是金融审判需要考虑的整体性因素,金融仲裁等替代性争端解决机制通常难以胜任。⑥ 最后,金融消费者一般处于弱势地位。金融创新和金融混业经营的发展通常以牺牲金融消费者利益为代价。在替代性争端解决机制中,金融消费者的弱势群体特征明显,有利于保护金融消费者合理权益的规则未必能够得到有利于金融消费者的适用。

金融法院的设立能够改善前述失衡问题。⑦ 诉讼双方当事人的程序利益平衡可以保护金融消费者。金融法院集中审理金融案件有利于积累司法实践经验,在立法应对之前形成一些比较有效的市场规则和法律规则,⑧提升金融消费者保护水平。

---

① 刘子阳、张晨、董凡超:《设立上海金融法院恰逢其时——专家称凸显金融司法维护国内国际市场规则》,《法制日报》2018年3月30日,第3版。

② 《全国政协委员吕红兵:建议设立上海金融法院》,http://k.sina.com.cn/article_1644948230_620beb06020004mhv.html?from=news&subch=onews,最后访问日期:2018年4月14日。

③ 桂敏杰:《在上海设立金融法院》,http://news.hexun.com/2015-03-20/174243199.html,最后访问日期:2018年4月14日。

④ 冯果:《资本市场为谁而存在——关于我国资本市场功能定位的反思》,《公民与法》2013年第6期。

⑤ 《护航国际金融中心建设　上海金融法院"先试先行"》,http://news.hexun.com/2018-04-10/192801601.html,最后访问日期:2018年4月14日。

⑥ 《护航国际金融中心建设　上海金融法院"先试先行"》,http://news.hexun.com/2018-04-10/192801601.html,最后访问日期:2018年4月14日。

⑦ 《争当制度创新先行者:上海有意向设立金融法院》,http://www.jiemian.com/article/1031363.html,最后访问日期:2018年4月15日。

⑧ 《争当制度创新先行者:上海有意向设立金融法院》,http://www.jiemian.com/article/1031363.html,最后访问日期:2018年4月15日。

（二）替代性争端解决制度存在不足

金融纠纷的增加催生了替代性争端解决制度的兴起，但是其本身的缺陷和商事仲裁制度的局限性并不利于金融纠纷的解决。

1. 仲裁机构内部矛盾

一方面，仲裁机构不仅介入仲裁程序进行，而且决定仲裁裁决，包括决定管辖权和争议实体权利。作为协助仲裁庭管理仲裁程序的组织，仲裁机构对仲裁的干预过多。[①] 另一方面，仲裁庭追求高效解决纠纷的同时，仲裁员不受限制地行使权力也会影响仲裁的公正性。公权力过度介入，例如对仲裁员适用"枉法裁判罪"将会降低仲裁的效率和独立性。[②] 目前，仲裁制度的这些内在矛盾处于无解的状态。

2. 仲裁协议相对性的限制

当仲裁协议涉及第三人时，由于作为仲裁基础的仲裁协议没有第三人参与而无法约束第三人，当仲裁可能损害第三人利益时，第三人需要另向法院寻求救济，导致当事人纠纷解决成本的增加。[③] 多数情况下，仲裁庭不能对第三人权利进行裁决，需要当事人向法院申请，这与争议快速解决特别是金融纠纷的涉众性之间存在很大的矛盾。

仲裁庭管辖范围在一定程度上取决于当事人在仲裁协议中的约定范围。仲裁庭管辖范围源自双方当事人约定和法律规定，通常不具有强制力，例如无权进行证据保全等。而且，仲裁机构对裁决执行没有强制力，如果一方当事人不履行仲裁裁决，当事人只能依赖法院的强制执行，这就增加了商事仲裁的成本和风险。[④]

3. 仲裁司法化严重

仲裁欠缺法的稳定性和可预测性、仲裁员公正性缺乏司法约束、仲裁程序无上诉制度等导致仲裁当事人在仲裁后仍要寻求司法救济。审查和紧急仲裁是常用的仲裁救济手段。为了保证仲裁的公正性，法院可以对仲裁启动司法审查；但是，如果司法监督渗透过度，仲裁裁决可以轻易被撤销或者难以获得承认或执

---

① 杨玲：《仲裁机构法律功能批判——以国际商事仲裁为分析视角》，《法律科学》2016 年第 2 期，第 175—181 页。

② 刘晓红：《确定仲裁员责任制度的法理思考——兼评述中国仲裁员责任制度》，《华东政法大学学报》2007 年第 5 期，第 82—90 页。

③ 宋连斌：《仲裁理论与实务》，湖南大学出版社 2005 年版，第 19—21 页。

④ 谢俊英：《用仲裁方式解决商事纠纷的成本优势分析》，《河北经贸大学学报》2013 年第 3 期，第 86—88 页。

行，仲裁的独立性就会受到损害。[①]

由于法院频繁介入仲裁程序及仲裁裁决撤销和执行程序，仲裁司法化倾向日益凸显。在此背景下，仲裁解决争议的时间变得冗长。因为仲裁周期变长、仲裁程序烦琐，仲裁费用也变得十分高昂，存在解决争议效率低、花费高等多种弊端。[②]

4. 仲裁行政化及执行难

我国商事仲裁的某些特征已经阻碍了仲裁成为金融纠纷解决的首选方式。

首先，我国仲裁制度的发展带有明显的自上而下的特点，具有很强的行政化倾向。仲裁机构隶属于政府，导致仲裁机构和仲裁员的中立性和独立性饱受质疑。[③] 行政过度介入制约了仲裁中的当事人意思自治。例如，当事人选择仲裁员时存在着大量的法律限制，我国也不允许使用临时仲裁方式解决纠纷。[④]

其次，在处理跨境商事争议时，商事仲裁裁决的承认与执行问题备受关注。中国加入《纽约公约》时就对此作出保留，即被执行人证明裁决存在已被仲裁地撤销的情形时，人民法院应当裁定驳回申请，拒绝承认及执行。[⑤] 在国内执行层面，国内法与国际条约也有冲突。[⑥] 目前应解决如何既通过法院保障仲裁裁决的执行，又克服仲裁司法审查存在的案件多头审理、司法审查裁判尺度不一的问题。[⑦]

再次，实证研究显示，金融机构和金融消费者都在金融纠纷解决方式的选择上表现出明显的诉讼偏好，这既反映了金融消费者越来越强烈的维权意识，也说明非诉调解或仲裁在金融纠纷解决中的生长空间事实上比较有限。[⑧] 以我国香港国际仲裁中心为例，在 2017 年受理的 532 起案件中，银行与金融服务争议只占到 6.2%，远低于排在前三位的国际贸易案件的 31.9%、建筑工程争议 19.2%

---

① 谢俊英：《用仲裁方式解决商事纠纷的成本优势分析》，《河北经贸大学学报》2013 年第 3 期，第 86—88 页。

② 张萍：《国际商事仲裁费用能控制吗？》，《甘肃社会科学》2017 年第 3 期，第 150—155 页。

③ 刘丹冰：《试论中国商事仲裁法律制度演进中的政府作用与修正——基于仲裁行政化的考察》，《广东社会科学》2014 年第 1 期，第 229—238 页。

④ 樊堃：《仲裁在中国：法律与文化分析》，法律出版社 2017 年版，第 182—186 页。

⑤ 傅攀峰：《未竟的争鸣：被撤销的国际商事仲裁裁决的承认与执行》，《现代法学》2017 年第 1 期，第 156—169 页。

⑥ 朱伟东：《中国与"一带一路"国家间民商事争议解决机制的完善》，《求索》2016 年第 12 期，第 4—8 页。

⑦ 张建、郝梓伊：《商事仲裁司法审查的纵与限——评最高人民法院审理仲裁司法审查案件的新规定》，《北华大学学报(社会科学版)》2018 年第 1 期，第 69—75 页。

⑧ 余涛、沈伟：《游走于实然与应然之间的金融纠纷非诉讼调解机制》，《上海财经大学学报》2016 年第 1 期；沈伟、余涛：《金融纠纷诉讼调解机制运行的影响因素及其实证分析——以上海为研究对象》，《法学论坛》2016 年第 6 期。

和公司纠纷案件13.5%。[1]

与仲裁等替代性争端解决方式相比，金融法院在解决金融纠纷中的优势明显，主要表现在两个方面：一是统一的裁判尺度有利于实现审理的专业化、精准化，避免同案不同判。[2] 对疑难案件、新型金融案件进行统一化审理，有利于集中积累金融审判经验，形成有指导意义的案例和审判原则和规则，进而为整个金融市场的发展和金融机构的活动提供规则。[3] 二是由于金融领域案件往往涉案人员多或影响大，地方法院在审理时会考虑到地方化的社会稳定及营商环境，出现"大事化小"的司法倾向。这在现实中既损害了司法权威，也损害了案件当事人的权益，形成事实上的利益捆绑，金融法院的存在可以防止地方行政保护主义。[4]

综上，比较仲裁与诉讼和金融纠纷特性的适应性（见表4-1）可知，诉讼更加适合解决金融争议。

表4-1　仲裁和诉讼与金融纠纷适应性之间的比较

比较维度	仲　裁	金融纠纷案件	诉　讼
诉讼时效	原则上没有	金融纠纷具有重要性，需要诉讼时效促进当事人及时保护权利	知道或应当知道之日起，一般2年；身体受到伤害要求赔偿、出售质量不合格的商品未声明、延付或拒付租金、寄存财物损毁或丢失，诉讼时效1年。从权利被侵害之日起，最长诉讼时效为20年
审判原则	一裁终局	由于涉及重要法律权利和金融市场风险，需要确保法律适用正确，以便确立刚性的强行法，保证市场有序。涉众型的金融纠纷案件需要纠错机制，确保大多数人的利益受到保护	两审终审（特别情况一审终审）

---

① 《结案金额翻一番！中国元素爆棚！HKIAC2017年数据统计大盘点》，http://mp.weixin.qq.com/s/ugNZeHeiBx5SrQ56w3DfAg，最后访问日期：2018年4月20日。
② 刘子阳、张晨、董凡超：《设立上海金融法院恰逢其时——专家称凸显金融司法维护国内国际市场规则》，《法制日报》2018年3月30日，第3版。
③ 《设立金融法院助推金融法治》，《第一财经日报》2018年3月30日，第A02版。
④ 《设立金融法院助推金融法治》，《第一财经日报》2018年3月30日，第A02版。

续　表

比较维度	仲　裁	金融纠纷案件	诉　讼
第三方	第三方无法参与可以有第三方资助仲裁	一些金融纠纷的交易关系有涉众性,例如证券期货案件经常会涉及第三方利益或者第三方有相同的诉求	有独三参加的共同诉讼或者无独三参加的共同诉讼
行政和刑事案件	无法仲裁行政或者刑事案件,可仲裁性受到限制	金融纠纷涉及许多复杂、疑难和新型的民事、行政和刑事案件	可以通过行政或刑事诉讼解决
是否实行级别管辖和地域管辖及内容	不实行(不按行政区划设立,独立于行政机关,与行政机关也没有隶属关系,仲裁委员会之间也没有隶属关系)	相较于仲裁,级别管辖虽然损失了效率,但是在合法性判断方面更为可靠。因为级别管辖本身就是一种纠错机制	实行级别管辖:大多数民事案件归基层人民法院管辖;地域管辖又分为一般地域管辖(原告就被告)、特殊地域管辖(合同纠纷:被告住所地或合同履行地;保险合同:被告住所地或保险标的物所在地;票据纠纷:票据支付地或被告住所地;侵权行为:侵权行为地或被告住所地)和专属地域管辖;共同管辖和选择管辖
审判方式	以开庭不公开为原则,以开庭公开为例外	一些金融纠纷有公众性和同质性,涉及公共利益,需要通过公开性保证法律规则和原则最大限度地传播,也需要对事关重大利益的当事人受到名誉本的约束	可以不公开审理,但要公开判决
审理人员构成	单数。主任1人、副主任2—4人和委员7—11人,法律经贸专家不少于2/3	将重大利益的案件交由独任制的仲裁庭不利于公共利益的保护,也不利于事关宏观审慎的金融市场的发展	(合议制度)一审可一人独审,也可组成合议庭,由审判员、陪审员构成或审判员构成,二审时由审判员构成

续　表

比较维度	仲　裁	金融纠纷案件	诉　讼
判决	按多数仲裁员意见作出，不能形成多数意见时，按首席仲裁员意见作出	合议庭作出判决更符合公共利益保护的需要 仲裁员相对来说更具专业性，更符合行业的发展需要。但是，仲裁庭的组成具有临时性，裁决对其他相同或相似纠纷的约束力比较弱	法院作出
判决（裁决）生效日期	调解书双方当事人签收后产生法律效力。裁决书自作出之日产生法律效力。和解书、调解书和裁决书三者具有同等的法律效力	需要有上诉机制确保法律适用的正确性	判决书送达之日起15日内可上诉。第二审法院的判决是终审的判决
执行地	被执行人住所地或被执行的财产所在地法院执行	被执行人住所或财产所在地非唯一或者最为有效的连接点	对于发生法律效力的判决、裁定，由第一审法院执行

（三）争端解决机制、市场与司法之间的关系

一方面，市场透明度和争端解决当事方的行为偏好一定程度上与法治程度，特别是司法能力有关。争端当事方偏好非诉讼解决方式在一定程度上说明了法院在合同执行和权利保护方面的作用较弱。由于市场透明度低、契约公平性低，争端当事方更加倾向于自力救济，而非诉讼救济。另一方面，仲裁机构行政化说明争端解决的行政治理甚于法治，这也解释了我国仲裁机构行政化的内在逻辑。在合同执行方面，由于法律执行能力欠缺，债权人的合法权益不能得到充分保护，行政指令有时会取代法律诉讼和市场合同。①

奥尔森在《权力和繁荣》一书中提出了"市场扩展型政府"（market-augmenting government）的概念。市场经济国家经济繁荣有两个重要的条件：一是有可靠

---

① ［美］希尔顿·L.鲁特：《资本与共谋：全球经济发展的政治逻辑》，刘宝成译，中信出版集团2017年版，第211页。

而界定清晰的个人权利；二是不存在任何形式的强取豪夺。第二个条件，即使在个人权利界定清晰的社会中，也可能存在另一种形式的强取豪夺。一是通过游说活动，以赢得符合特殊利益集团利益的立法和法规；二是通过卡特尔化或者共谋行为以操纵价格和工资。[①] 协商是最小化负外部性带来社会问题的常用办法。但是，除非产权足够清晰，否则协商不可能有效。[②] 法院裁判是减少外部性问题的另外一种社会途径。共同的法律和规则约束一个区域的所有人的时候，每个人都可以获益，这也是协作社会和无秩序社会之间的区别。法律和法院可以给人们带来大量收益。[③]

司法系统通过技术进步、投资、效率影响经济增长。有效的司法系统可以使产权免受行政征用、降低经济政策不稳定性、提高经济政策的灵活性和可信度。[④] "法律重要"理论认为，普通法法院在保护私人财产不受侵犯的过程中起到了重要的作用。事实上，一些经济体采用了中间形态的政府管制，通过监督机构和司法审查有效地约束私人交易和国家所有的社会损失。[⑤] 合同履行需要得到法院的保障，这也是国家提供的公共服务的一部分。加强第三方监督履约的职能，可以减少对理性交易的阻碍。[⑥] 当法律和监管体系能够保护债权人的优先权，金融中介就能够得到更好的发展。因此，完善的法律制度是有效保护投资者和优化金融结构的关键。功能完善的法律体系可以使金融结构更加符合金融功能的发挥。[⑦] 当然，也有观点认为，法院的作用被夸大了，特别在中国，宏观经济政策和投资环境的质量对经济发展的影响更大。[⑧] 表 4-2 显示了市场、政府、合同交易、司法和争端解决机制选择诸多方面的复杂关系。

[①] ［美］曼瑟·奥尔森：《国家的兴衰：经济增长、滞涨和社会僵化》，李增刚译，上海人民出版社 2018 年版。

[②] ［美］保罗·海恩等：《经济学导论》，史晨主译，世界图书出版公司 2012 年版，第 201 页。

[③] ［美］保罗·海恩等：《经济学导论》，史晨主译，世界图书出版公司 2012 年版，第 228—229 页。

[④] Armando Castelar Pinheiro. Judicial System Performance and Economic Development. *Rio de Janeiro: BNDES*，No. 2，1996.

[⑤] Geoffrey G. Parker，Marshall W. Van Alstyne & Sangeet Paul Choudary. *Platform Revolution: How Networked Markets Are Transforming the Economy and How to Make Them Work for You*. New York & London：W.W. Norton & Company，2016，pp. 238-239.

[⑥] ［美］希尔顿·L. 鲁特：《资本与共谋：全球经济发展的政治逻辑》，刘宝成译，中信出版集团 2017 年版，第 229 页。

[⑦] Ross Levine. The Legal Environment，Banks，and Long-run Economic Growth. *Journal of Money，Credit and Banking*，Vol. 30，1998，pp. 596-613.

[⑧] Randall Peerenboom. Conclusion：Law，Wealth and Power in China. in John Garrick（ed）. *Law，Wealth and Power in China: Commercial Law Reforms in Context*. London and New York：Routledge，2011，p. 277.

表 4 - 2 两种市场的司法和解纠机理

市场	透明市场	非透明市场
政府	市场扩展型政府	市场弱化型政府
院外游说	复杂性的动态过程、[1] 产生寻租组织	产生寻租组织
合同	公平(市场化)契约	关系契约
商人自治	强意思自治	弱意思自治
司法	司法去行政化	司法行政化
替代性争端 解决机制	诉讼救济	自力救济

四、上海金融法院的外在竞争要求

（一）与国际金融监管接轨的现实要求

近年来，以沪港通为标志，上海自贸区首个面向境外投资者的黄金国际板上线运行；上海期货交易所在国际能源交易中心开展原油期货交易，境外投资者可以参与境内原油期货交易，中国加入亚太时区原油定价权竞争；金砖国家开发银行落户上海。[2] 金融纠纷的诉讼主体、法律适用、判决执行等方面呈现跨境化倾向。[3] 这些发展要求中国的金融运行机制、金融监管体制、金融纠纷解决机制和规则适用必须更加深度地与国际接轨。[4] 一般法院难以适应和胜任金融案件的国际化和复杂化倾向，分散管辖也无法很好地应对国际金融案件审判的全局性与系统性特性，因此设立专门金融法院的必要性和紧迫性日益凸显。

（二）后发国家金融专业审判的借鉴：以迪拜国际金融中心法院为例

在世界范围内，金融纠纷案件的审理存在多种模式，例如由普通法院的普通

---

[1] Morris Fiorina and Roger Noll. Voters, Legislators and Bureaucracy — Institutional Design in the Public Sector. *American Economic Review*, *Papers and Proceedings*, Vol. 68, 1978, pp. 256 - 260.

[2] 桂敏杰：《在上海设立金融法院》，http://news.hexun.com/2015 - 03 - 20/174243199.html，最后访问日期：2018 年 4 月 14 日。

[3] 徐艳红：《金融审判向专业化和国际化迈进——全国政协委员吕红兵谈设立上海金融法院的背景和意义》，《人民政协报》2018 年 4 月 3 日，第 12 版。

[4] 王兰军：《建立独立的金融司法体系　防范化解金融风险———兼论组建中国金融法院、中国金融检察院》，《财经问题研究》2000 年第 9 期。

法官进行审理、由普通法院的专业审判庭或者专业法官进行审理、由专门金融一审法院或者上诉法院进行审理。[①] 除第一种审理模式外,其余的几种模式均可称为金融专业审判模式。目前世界主要的国际金融中心,例如英国伦敦、美国纽约等均建立了与其金融体系相适应的专门金融纠纷解决体制机制。[②] 值得注意的是,一些后发国家也通过建立专业化法院的方式吸引外资,特别是专业化水平高的金融投资。具体做法主要有两种:一是在地方法院建立刑事、民事、行政"三审合一"的金融审判庭;二是建立金融法院。

上海国际金融中心建设已近 10 年,[③]在上海设立的金融监管部门和金融基础要素市场已经基本齐全。[④] 设立金融法院是上海金融中心发展到一定阶段,市场对司法保障提出的必然要求。[⑤] 上海金融法院的设立有利于提升中国国际金融交易规则话语权,增强中国金融司法的国际影响力。从国际经济治理体系的角度看,金融法院的设立有利于充实我国打造金融司法品牌,满足国家金融战略需求,提升中国金融司法的国际影响力和软实力。[⑥]

1. 迪拜国际金融中心法院的设立背景

迪拜国际金融中心(DIFC)旨在成为一个金融自由区和区域性金融中心,提供独特且独立的法律和监管架构,其专业分工为建设离岸金融中心,金融服务市场的目标辐射东西方之间的 25 个国家。[⑦]

阿拉伯联合酋长国(以下简称阿联酋)通过修改《阿拉伯联合酋长国宪法》,并通过《金融自由区法》《迪拜国际金融中心法》,明确了迪拜金融法院(DIFC 法院)的地位。在民商事领域,也配合专门适用金融中心的《公司法》《合伙企业法》《有限责任合伙企业法》《破产法》《民商事法律适用法》。[⑧]

DIFC 和 DIFC 法院通过制定独立的、基于普通法的、与迪拜和阿联酋联邦

① 《中国首个金融法院为何定在上海?》,http://news.ifeng.com/a/20180401/57237698_0.shtml,最后访问日期: 2018 年 4 月 15 日。
② 张广良:《知识产权法院制度设计的本土化思维》,《法学家》2014 年第 6 期。
③ 目前在上海设立的金融监管机关及相应其他机关包括人民银行上海总部、人民银行上海分行、上海证监局、人民银行征信中心、中证中小投资者服务中心、上海银行业调解中心等。
④ 在上海设立的金融基础要素市场包括上海证券交易所、上海期货交易所及全资子公司上海国际能源交易中心、中国金融期货交易所、国家外汇交易中心、上海清算所、上海黄金交易所、上海票据交易所、上海保险交易所、中国证券登记结算有限公司上海分公司、中国信托登记有限责任公司、国家开发银行上海业务总部、上海石油天然气交易中心等。
⑤ 《护航国际金融中心建设　上海金融法院"先试先行"》,http://news.hexun.com/2018 - 04 - 10/192801601.html,最后访问日期: 2018 年 4 月 14 日。
⑥ 李楠:《设立上海金融法院恰逢其时》,《中国城乡金融报》2018 年 4 月 11 日,第 A02 版。
⑦ 冯邦彦、覃剑:《国际金融中心圈层发展模式研究》,《国际金融》2011 年第 4 期。
⑧ 吕炳斌:《上海国际金融中心的法制建设探讨》,《新金融》2009 年第 6 期。

法律制度平行的法律制度，[①]创建了其独特且独立的监管框架，以促进 DIFC 的快速发展。迪拜当局借鉴参考当前世界金融实践，并融入国际金融运作规则和先进的商业通用规则，[②]制定并颁行相关法律，以规制 DIFC 内的金融机构、公司和个人的日常行为和运营管理，加强打击洗钱行为。这些法律均由迪拜金融服务管理局(DFSA)负责监督和管理，即除非经 DFSA 许可，公司不能向 DIFC 提供金融服务。

2. DIFC 法院的特色

（1）DIFC 法院系统。DIFC 法院包括一审法院和上诉法院。[③] 一审法院[④]由一名法官组成，并且对下列事项拥有专属管辖权：① 涉及 DIFC 的事件，任一 DIFC 管理机构或 DIFC 内任一民商事主体纠纷；② 需要在 DIFC 履行全部或部分合同内容、在 DIFC 进行的交易、发生在 DIFC 的事件引起的或与之相关的民事或商业案件和争议；③ 根据 DIFC 的法律法规，对 DIFC 主体机构作出的决定提出异议的；④ 法院根据 DIFC 法律法规对于管辖的任何申请。上诉法院[⑤]至少由三名法官组成，由首席大法官或最资深的法官担任主席，并拥有下列专属管辖权：一是原审法院对判决和裁决提出的上诉；二是根据任一 DIFC 机构的请求，解释 DIFC 法律的任何条款，条件是该机构在这方面获得首席大法官的许可。这种解释应具有法律效力，上诉法院的裁决不能上诉。

（2）司法人员配置。[⑥] DIFC 法院至少由 4 名法官组成，其中一名法官为首席法官。如果一位法官任职于阿联酋政府承认的任一司法管辖区的高级司法机构，且该法官已获得普通法系律师或法官资格，并拥有重要经验，则拥有成为 DIFC 法院法官的资格。院长、副院长和法官皆需通过迪拜最高领导者颁布的法令任命。院长负责 DIFC 法院行政事务的全面管理，主持所有上诉，以及决定建立 DIFC 法院的巡回法院和分部以及任命其工作人员和司法人员的事宜。

（3）法院管辖范围。DIFC 法院的初衷在于建立一个使任何服从 DIFC 法院管辖权的当事人都能使用的法院，然而，法院设立之初只能用于解决其中一方

---

① Zain Al Abdin Sharar, Mohammed Al Khulaifi. The Courts in Qatar Financial Centre and Dubai International Financial Centre: A Comparative Analysis. *Hong Kong Law Journal*, Vol. 46, 2016, p. 529.

② http://www.difc.ae/discover-difc, last visited on 15 April 2018.

③ https://www.difccourts.ae/court-structure/, last visited on 19 April 2018.

④ https://www.difccourts.ae/court-structure/, last visited on 19 April 2018.

⑤ https://www.difccourts.ae/court-structure/, last visited on 19 April 2018.

⑥ https://www.difccourts.ae/court-structure/, last visited on 19 April 2018.

当事人在 DIFC 或在 DIFC 中发生的交易争议。2011 年迪拜当局确立第 16 号法，即若双方同意由 DIFC 法院管辖，则 DIFC 法院可以听取争议各方的任何争议，显著扩大 DIFC 法院的管辖权。

（4）裁判执行。就阿联酋其他司法管辖区的法院对 DIFC 法院作出判决的承认程度，以及败诉方或败诉方的资产位于 DIFC 以外的辖区如何执行的问题，DFSA 进行了尝试。① 从对外角度看，建立世界上最大的执法机制之一，其判决已经在包括英格兰和威尔士商业法院、美国纽约南区地区法院和上海高级人民法院在内的外国法院得到执行；② 从对内角度看，DIFC 法院与阿联酋法院在 2009 年签署了一项执法协议，旨在简化其他酋长国执行 DIFC 判决的程序。③ 同时，DIFC 法院官员还与阿联酋法院对口单位签署《谅解备忘录》。DIFC 法院于 2015 年发布 DIFC 法院实践指导方针，允许 DIFC 法院的判决在阿联酋执行，而无需遵循执行 DIFC 判决所需的程序，导致 2016 年法院提起的强制执行索赔总额从 2015 年的 10.8 亿迪拉姆上升至 27.5 亿迪拉姆，同比增长 155%。④

（5）司法手段。DIFC 法院利用新兴技术扩大和多样化其司法手段。一是全球相互关系扩大和测试。DIFC 法院与地方和国际法院签署了大量重要备忘录，通过国际公约（例如《纽约公约》）进一步加强执法力度。2016 年 DIFC 法院的判决首次在澳大利亚得到认可，DIFC 法院 2016 年执法案件总数增加 95%。二是 DIFC 通过与当地迪拜法院签订互惠协议，保证所有在迪拜境内执行的强制诉讼程序能够在两个工作日内得到处理。三是设立智能小额仲裁庭。⑤ DIFC 法院于 2016 年启用"智能"小额仲裁庭（SCT），配备视频会议技术，提供智能手机和计算机上的远程访问案件的渠道。四是引入无纸化庭审。⑥ DIFC 法庭率先引入安全云技术，允许从世界任何地方都上传法庭文件。DIFC 电子打包服务

---

① Rupert Reed, Simon Atkinson, Harris Bor and Jonathan Chew. "Rules of the DIFC Court 2016", http://www.wilberforce.co.uk/publication/rules-difc-courts-2016-fourth-edition/, last visited on 18 April, 2018.

② Xinhua, "Dubai's International Financial Court Posts Sharp Rise in Case Values", http://www.xinhuanet.com/english/2017-08/15/c_136528741.htm, last visited on 16 April, 2018.

③ Zain Al Abdin Sharar and Mohammed Al Khulaifi. The Courts in Qatar Financial Centre and Dubai International Financial Centre: A Comparative Analysis. *Hong Kong Law Journal*, Vol. 46, 2016, p. 529.

④ DIFC Annual Review 2016, https://www.difccourts.ae/2016/02/27/difc-courts-annual-review-2016/, last visited on 19 April 2018.

⑤ DIFC Annual Review 2016, https://www.difccourts.ae/2016/02/27/difc-courts-annual-review-2016/, last visited on 19 April 2018.

⑥ https://www.difccourts.ae/2018/02/07/trials-go-paperless-at-difc-courts-in-regional-first/, last visited on 19 April 2018.

将所有资料汇总到一起，允许法官、律师和法院工作人员以各种方式访问案件信息，与众多用户共享，以更快、更紧密的方式访问案件信息。

迪拜设立国际金融法院的经验为我国建立上海金融法院提供了借鉴范本。

五、上海金融法院的制度设计难点

（一）定位

设立金融法院，本质上是法院内部案件审理专业化分工的制度设计和体系调整。但是，金融法院能否得到司法制度的有效支持，使得金融法院提升司法灵活性以回应金融市场对司法体系的制度需求，特别是满足金融市场全球化和金融纠纷跨境化发展的现实需要，是一个需要制度回应的重要问题。

以司法判例机制为核心象征的普通法系授权法官在审理个案中创制针对性的金融法律规则，回应了金融市场法律需求，与金融案件审理过程中的司法灵活性紧密联系。以阿联酋为例，其通过修改宪法、授权设立金融法院、聘请判例法系的法官，以普通法来裁判金融纠纷案件。而金融纠纷的标的金额较大、涉案人数多，或案件敏感性较高，因此我国金融法院的法官可能需扮演社会矛盾"化解者"的角色，而非"中立的裁判者"。金融案件往往涉及巨大的政治和经济利益，处理金融案件的法院和法官难免受到来自金融监管部门和大型金融机构的"游说"压力。上海金融法院能否形成为法官适当"减负"的有效机制，或许是提升司法体制效能的关键所在。

此外，上海金融法院采用金融案件集中管辖制度，在客观上会削弱法院之间基于竞争的司法能动性。上海金融法院能否在金融案件审理的灵活性和能动性上有所突破，需要制度设计和创新。

（二）管辖

结合我国深化司法体制改革目标，解决法院地方化和行政化的问题，满足我国金融创新和安全的需要，金融法院可以定位成专门法院，审理各类金融案件。结合我国设立知识产权法院和海事法院的经验，从审级上讲，上海金融法院应该是中级法院，对金融案件的一审和上诉审逐步进行集中管辖。[①] 对于案件管辖的具体范围，最高人民法院审判委员会于 2018 年 7 月 31 日审议通过了《最高人民法院关于上海金融法院案件管辖的规定》（以下简称《规定》），自 2018 年 8 月

---

① 谢江珊：《从"留作参考"到中央定调　金融法院落地上海台前幕后》，http://news.hexun.com/2018-04-10/192799866.html，最后访问日期：2018 年 4 月 14 日。

10 日起施行。《规定》共七个条款,明确上海金融法院管辖上海市辖区内应由中级人民法院受理的一审金融民商事案件的范围,指出上海金融法院管辖上海市辖区内应由中级人民法院受理的以金融监管机构为被告的一审涉金融行政案件,管辖以住所地在上海市的金融市场基础设施为被告,或者第三人与其履行职责相关的一审金融民商事案件和涉金融行政案件。当事人对上海市基层人民法院作出的一审金融民商事案件和涉金融行政案件判决、裁定提起的上诉案件,均由上海金融法院审理。①

对于金融法院内部机构设置,《规定》未予明确。按照精简机构、优化效能的原则,金融法院可以设立立案庭、审判庭、审判监督庭、执行庭等业务庭,设立司法警察支队、综合办公室作为司法辅助机构和综合行政机构。② 最高人民法院要求各地在中级人民法院配置破产庭,而破产必然涉及银行等金融机构的权益,所以也需在金融法院内设立破产庭。③

《规定》进一步明确了上海金融法院案件管辖的具体范围,④其中对于非银行支付机构网络支付,即所谓的"第三方支付"、网络借贷、互联网股权众筹等新型金融民商事纠纷,以金融机构为债务人的破产纠纷以及金融民商事纠纷的仲裁司法审查案件的管辖是金融法院管辖范围中的亮点。⑤ 但在具体案件的管辖问题上,金融法院制度设计还面临诸多困境。

首先,《规定》确认了金融法院对金融民商事案件和涉金融行政案件的管辖权,但金融法院内部职能庭方面的协调难问题依然存在,即民商事、行政、刑事案件审理仍然相互独立,没有实现面对金融疑难案件在实质上的专业化。⑥ 这是由于传统民商法、行政法、刑法对金融案件的研究和审判是"法律规范隔离"的,因此法院在审理疑难复杂的金融案件时时常面临"知识储备不够"的困境。金融

① 《最高人民法院出台关于上海金融法院案件管辖的规定——立足金融审判实践　服务金融中心建设》,https://www.chinacourt.org/article/detail/2018/08/id/3446148.shtml,最后访问日期:2018 年 8 月 15 日。

② 《将被改变的行业和城市:上海金融法院来了!》,https://baijiahao.baidu.com/s?id=1596322422746849528&wfr=spider&for=pc,最后访问日期:2018 年 4 月 15 日。

③ 《护航国际金融中心建设　上海金融法院"先试先行"》,http://news.hexun.com/2018-04-10/192801601.html,最后访问日期:2018 年 4 月 14 日。

④ 《最高人民法院出台关于上海金融法院案件管辖的规定——立足金融审判实践　服务金融中心建设》,https://www.chinacourt.org/article/detail/2018/08/id/3446148.shtml,最后访问日期:2018 年 8 月 15 日。

⑤ 周正:《上海金融法院案件管辖范围终于揭晓:有哪些亮点? 律师如何应对?》,https://mp.weixin.qq.com/s/-2aAHVMw6zEi_8_p2rNHDw,最后访问日期:2018 年 8 月 16 日。

⑥ 《将被改变的行业和城市:上海金融法院来了!》,https://baijiahao.baidu.com/s?id=1596322422746849528&wfr=spider&for=pc,最后访问日期:2018 年 4 月 15 日。

审判需要既懂审判又懂金融的人才。随着金融创新进一步加速、金融产品层出不穷，金融法院势必紧跟金融创新的脚步，将最新科技的发展成果融入审判中。金融法院还需要运用人工智能提高办案效率，高效解决金融领域的纠纷问题。金融法院可以先行建立金融专家陪审制度，借鉴迪拜国际金融法庭的做法，聘用国内外专家作为非常驻法官参与审理重要和复杂的跨境金融案件。设立金融法院的长远意义在于金融审判知识和规范体系的一体化，帮助法院更有效地审理复杂的金融案件。[①]

其次，金融法院与普通法院管辖权分配也是制度设计的难点。《规定》明确金融法院管辖初审案件需满足中级人民法院受理的级别要求，以及管辖当事人对上海市基层人民法院作出的一审金融民商事案件和涉金融行政案件判决、裁定提起的上诉案件。这是由于虽然金融案件具有数量多、标的额大的特点，但案情简单的诉讼占比较大。因此，很多传统的金融案件应该让基层法院作为一审法院，金融法院作为二审法院。金融法院应承担专业性强、涉外或影响大的金融一审案件，[②]在法院体系中起到承上启下的作用。[③] 就现阶段而言，这样的制度安排可以较好地配合司法机构职能调整的前后衔接。但是，若从前瞻性的角度看，上海金融法院可以向专门的"上诉审查法院"方向定位。在实践中，初审法院和上诉法院的功能和运作方式区别较大，对法官职业的要求也不同。因此，初审案件审理职能一定程度上削弱了专业性法院的发挥空间。对各类金融商事争议案件，上海基层法院已经具有较好的知识和技能储备，我国《民事诉讼法》所规定的由中级人民法院管辖第一审民事案件的情形在实践中基本上是根据"量化"的标的额来确定的，与法律意义上的重要性没有必然联系。因此，汇集金融司法精英的专业法院成为专门的"上诉审查法院"，更加符合"司法经济"的原则。[④] 在《规定》发布之前，上海金融法院的受案范围能否跨区域受到普遍讨论。学者观点基本认为上海金融法院应当打破地域限制，实现跨区域管辖。例如有学者建议，上海金融法院应审理跨上海市各区县的金融案件，以及管辖连接点在上海的

---

① 《将被改变的行业和城市：上海金融法院来了！》，https://baijiahao.baidu.com/s?id=1596322422746849528&wfr=spider&for=pc，最后访问日期：2018 年 4 月 15 日。
② 倪受彬：《上海金融法院筹建的若干建议》，《中国基金报》2018 年 4 月 16 日，第 10 版。
③ 吕红兵：《建议上海金融法院应民事行政刑事全覆盖》，http://news.cnstock.com/news/bwkx-201804-4205828.htm?from=szkxapp，最后访问日期：2018 年 4 月 15 日。
④ 黄韬：《如何定位上海金融法院的功能？》，https://mp.weixin.qq.com/s/6Gi5k2jjl6lV5g_PWqyJLQ，最后访问日期：2018 年 8 月 16 日。

跨省、跨国金融商事、行政案件。① 涉及上海证券交易所产品的交易纠纷,无论原告、被告的属地都应该由上海金融法院来受理。② 根据《规定》,金融法院受理第一审金融民商事案件、涉金融行政案件的地域范围为上海市辖区内,同时有权管辖住所地在上海市的金融市场基础设施为被告或者第三人与其履行职责相关的第一审金融民商事案件和涉金融行政案件。③

再次,金融法院对金融纠纷案件可以增加调解程序。最高人民法院在 2016 年 6 月 29 日发布《关于人民法院进一步深化多元化纠纷解决机制改革的意见》,④要求发挥仲裁、商事调解机构、行业协会在纠纷解决中的作用和诉讼与调解等纠纷解决机制的衔接,一方面,将缓解金融法院的压力;另一方面,也会增加金融消费者对法律服务选择的自由度。⑤

最后,为推动我国司法在全球金融治理中的影响力,上海金融法院在涉外金融案件的管辖上需要考虑保留一定的灵活性和裁量空间,可以通过最高人民法院发挥类似指定管辖的作用。在准据法的选择上,可以基于当事人同意选择适用国际组织示范文本、国际金融惯例、国际行业协会文件等具有国际法属性的规范性文本,以缓解国内立法不足及对国际标准的内在需求,⑥通过司法审判文书流通,拓宽国际沟通的渠道,⑦金融法院可以通过程序便利、规则公正和判决有效,以提升上海国际中心城市的整体竞争力。

(三) 核心切入点

上海金融法院需要在五个方面有制度设计和创新:① 上海金融法院应当作为专门法院审理各类金融案件,具体包括金融借款纠纷、典当合同纠纷票据权益纠纷、证券权益纠纷、股权投资纠纷等;② 上海金融法院应当是中级法院,承担基层法院审判的各类金融案件的上诉审,并审理专业程度高、具有涉外因素、影响大的金融一审案件,兼顾级别管辖与专门法院之间的关系;③ 上海金融法院

① 倪受彬:《上海金融法院筹建的若干建议》,《中国基金报》2018 年 4 月 16 日,第 10 版。
② 吕红兵:《建议上海金融法院应民事行政刑事全覆盖》,http://news.cnstock.com/news/bwkx-201804-4205828.htm?from=szkxapp,最后访问日期: 2018 年 4 月 15 日。
③ 《最高人民法院出台关于上海金融法院案件管辖的规定——立足金融审判实践　服务金融中心建设》,https://www.chinacourt.org/article/detail/2018/08/id/3446148.shtml,最后访问日期: 2018 年 8 月 15 日。
④ 《关于人民法院进一步深化多元化纠纷解决机制改革的意见》。
⑤ 倪受彬:《上海金融法院筹建的若干建议》,《中国基金报》2018 年 4 月 16 日,第 10 版。
⑥ 倪受彬:《上海金融法院筹建的若干建议》,《中国基金报》2018 年 4 月 16 日,第 10 版。
⑦ 上海金融报:《护航国际金融中心建设　上海金融法院"先试先行"》,http://news.hexun.com/2018-04-10/192801601.html,最后访问日期: 2018 年 4 月 14 日。

应当在金融民事、刑事及行政审理上"三合一"，克服金融案件审判在民法、商法、行政法、刑法方面的"法律规范隔离"，实现金融审判知识、规范体系和司法实践（政策）的一体化；④ 上海金融法院应当打破地域限制，实现跨区域管辖，上海金融法院审理跨上海市各区县的金融案件，以及管辖连接点在上海的跨省、跨国金融商事、行政案件；⑤ 上海金融法院应该在我国的司法体系中占有比较特殊的地位。例如，上海金融法院在金融纠纷案件的审理中有可复制和可推广的司法能力和权限，即使上海金融法院无权统一金融案件裁判标准，最高人民法院也可以允许上海金融法院在金融案件审判中的判决优先或成为指导性判例，以促进法律和审判原则的统一适用，提升金融审判质效，为金融市场的发展提供机制性司法保障。

六、结语：提高司法国际竞争力

上海市辖区内金融机构数量多、金融要素市场齐全、金融市场交易额巨大，是中外金融机构重要集聚地。目前金融业占上海 GDP 总值比例超过 17%，已成为全球金融要素市场最齐备的金融中心城市之一。金融中心地位的形成和巩固都离不开良好的金融法治环境，而金融法治环境的营造离不开金融司法审判的定分止争。①

设立上海金融法院的政策目标之一就是通过改革金融审判体系提升司法服务金融的能力。设立上海金融法院有利于保护金融市场的投资者，维护金融市场秩序，保障国家金融安全的政策目标实现需要通过制度设计变政策愿景为司法现实。② 保护金融市场投资者的合法权利，需要通过金融纠纷的有效化解，特别是专业、公正、高效、权威的金融审判体系予以实现。上海金融法院应该成为金融司法特区，为金融市场提供高质量的司法公共产品，提升金融市场运行效率，③提高上海国际金融中心的司法竞争力。上海金融法院作为全面推进金融市场法治化的重要一环，需要通过良好的司法机制实现市场在资源配置方面的决定性作用。④

---

① 刘春彦、刘伯一：《设立上海金融法院　完善金融审判体系》，《上海证券报》2018 年 4 月 4 日，第 8 版。
② 林强、杨庆炎、许文玲：《组建金融法院　确保金融安全——关于组建中国金融法院的构想》，《福建金融》2003 年第 6 期。
③ 刘春彦、刘伯一：《设立上海金融法院　完善金融审判体系》，《上海证券报》2018 年 4 月 4 日，第 8 版。
④ 刘子阳、张晨、董凡超：《设立上海金融法院恰逢其时——专家称凸显金融司法维护国内国际市场规则》，《法制日报》2018 年 3 月 30 日，第 3 版。

附　　录

一、中华人民共和国仲裁法

(1994 年 8 月 31 日第八届全国人民代表大会常务委员会第九次会议通过 1994 年 8 月 31 日中华人民共和国主席令第三十一号公布)

第一章　总　　则

第一条　为保证公正、及时地仲裁经济纠纷,保护当事人的合法权益,保障社会主义市场经济健康发展,制定本法。

第二条　平等主体的公民、法人和其他组织之间发生的合同纠纷和其他财产权益纠纷,可以仲裁。

第三条　下列纠纷不能仲裁:

(一)婚姻、收养、监护、扶养、继承纠纷;

(二)依法应当由行政机关处理的行政争议。

第四条　当事人采用仲裁方式解决纠纷,应当双方自愿,达成仲裁协议。没有仲裁协议,一方申请仲裁的,仲裁委员会不予受理。

第五条　当事人达成仲裁协议,一方向人民法院起诉的,人民法院不予受理,但仲裁协议无效的除外。

第六条　仲裁委员会应当由当事人协议选定。仲裁不实行级别管辖和地域管辖。

第七条　仲裁应当根据事实,符合法律规定,公平合理地解决纠纷。

第八条　仲裁依法独立进行,不受行政机关、社会团体和个人的干涉。

第九条　仲裁实行一裁终局的制度。裁决作出后,当事人就同一纠纷再申请仲裁或者向人民法院起诉的,仲裁委员会或者人民法院不予受理。

裁决被人民法院依法裁定撤销或者不予执行的,当事人就该纠纷可以根据双方重新达成的仲裁协议申请仲裁，也可以向人民法院起诉。

第二章　仲裁委员会和仲裁协会

第十条　仲裁委员会可以在直辖市和省、自治区人民政府所在地的市设立，也可以根据需要在其他设区的市设立，不按行政区划层层设立。

仲裁委员会由前款规定的市的人民政府组织有关部门和商会统一组建。

设立仲裁委员会，应当经省、自治区、直辖市的司法行政部门登记。

第十一条　仲裁委员会应当具备下列条件：

（一）有自己的名称、住所和章程；

（二）有必要的财产；

（三）有该委员会的组成人员；

（四）有聘任的仲裁员。

仲裁委员会的章程应当依照本法制定。

第十二条　仲裁委员会由主任一人、副主任二至四人和委员七至十一人组成。仲裁委员会的主任、副主任和委员由法律、经济贸易专家和有实际工作经验的人员担任。仲裁委员会的组成人员中，法律、经济贸易专家不得少于三分之二。

第十三条　仲裁委员会应当从公道正派的人员中聘任仲裁员。

仲裁员应当符合下列条件之一：

（一）从事仲裁工作满八年的；

（二）从事律师工作满八年的；

（三）曾任审判员满八年的；

（四）从事法律研究、教学工作并具有高级职称的；

（五）具有法律知识、从事经济贸易等专业工作并具有高级职称或者具有同等专业水平的。

仲裁委员会按照不同专业设仲裁员名册。

第十四条　仲裁委员会独立于行政机关，与行政机关没有隶属关系。仲裁委员会之间也没有隶属关系。

第十五条　中国仲裁协会是社会团体法人。仲裁委员会是中国仲裁协会的会员。中国仲裁协会的章程由全国会员大会制定。中国仲裁协会是仲裁委员会的自律性组织，根据章程对仲裁委员会及其组成人员、仲裁员的违纪行为进行监督。

中国仲裁协会依照本法和民事诉讼法的有关规定制定仲裁规则。

第三章　仲　裁　协　议

第十六条　仲裁协议包括合同中订立的仲裁条款和以其他书面方式在纠纷发生前或者纠纷发生后达成的请求仲裁的协议。仲裁协议应当具有下列内容：

（一）请求仲裁的意思表示；

（二）仲裁事项；

（三）选定的仲裁委员会。

第十七条　有下列情形之一的,仲裁协议无效：

（一）约定的仲裁事项超出法律规定的仲裁范围的；

（二）无民事行为能力人或者限制民事行为能力人订立的仲裁协议；

（三）一方采取胁迫手段,迫使对方订立仲裁协议的。

第十八条　仲裁协议对仲裁事项或者仲裁委员会没有约定或者约定不明确的,当事人可以补充协议；达不成补充协议的,仲裁协议无效。

第十九条　仲裁协议独立存在,合同的变更、解除、终止或者无效,不影响仲裁协议的效力。

仲裁庭有权确认合同的效力。

第二十条　当事人对仲裁协议的效力有异议的,可以请求仲裁委员会作出决定或者请求人民法院作出裁定。一方请求仲裁委员会作出决定,另一方请求人民法院作出裁定的,由人民法院裁定。

当事人对仲裁协议的效力有异议,应当在仲裁庭首次开庭前提出。

第四章　仲　裁　程　序

第一节　申　请　和　受　理

第二十一条　当事人申请仲裁应当符合下列条件：

（一）有仲裁协议；

（二）有具体的仲裁请求和事实、理由；

（三）属于仲裁委员会的受理范围。

第二十二条　当事人申请仲裁,应当向仲裁委员会递交仲裁协议、仲裁申请书及副本。

第二十三条 仲裁申请书应当载明下列事项：

（一）当事人的姓名、性别、年龄、职业、工作单位和住所，法人或者其他组织的名称、住所和法定代表人或者主要负责人的姓名、职务；

（二）仲裁请求和所根据的事实、理由；

（三）证据和证据来源、证人姓名和住所。

第二十四条 仲裁委员会收到仲裁申请书之日起五日内，认为符合受理条件的，应当受理，并通知当事人；认为不符合受理条件的，应当书面通知当事人不予受理，并说明理由。

第二十五条 仲裁委员会受理仲裁申请后，应当在仲裁规则规定的期限内将仲裁规则和仲裁员名册送达申请人，并将仲裁申请书副本和仲裁规则、仲裁员名册送达被申请人。

被申请人收到仲裁申请书副本后，应当在仲裁规则规定的期限内向仲裁委员会提交答辩书。仲裁委员会收到答辩书后，应当在仲裁规则规定的期限内将答辩书副本送达申请人。被申请人未提交答辩书的，不影响仲裁程序的进行。

第二十六条 当事人达成仲裁协议，一方向人民法院起诉未声明有仲裁协议，人民法院受理后，另一方在首次开庭前提交仲裁协议的，人民法院应当驳回起诉，但仲裁协议无效的除外；另一方在首次开庭前未对人民法院受理该案提出异议的，视为放弃仲裁协议，人民法院应当继续审理。

第二十七条 申请人可以放弃或者变更仲裁请求。被申请人可以承认或者反驳仲裁请求，有权提出反请求。

第二十八条 一方当事人因另一方当事人的行为或者其他原因，可能使裁决不能执行或者难以执行的，可以申请财产保全。当事人申请财产保全的，仲裁委员会应当将当事人的申请依照民事诉讼法的有关规定提交人民法院。

申请有错误的，申请人应当赔偿被申请人因财产保全所遭受的损失。

第二十九条 当事人、法定代理人可以委托律师和其他代理人进行仲裁活动。委托律师和其他代理人进行仲裁活动的，应当向仲裁委员会提交授权委托书。

第二节　仲裁庭的组成

第三十条 仲裁庭可以由三名仲裁员或者一名仲裁员组成。由三名仲裁员组成的，设首席仲裁员。

第三十一条 当事人约定由三名仲裁员组成仲裁庭的，应当各自选定或者各自委托仲裁委员会主任指定一名仲裁员,第三名仲裁员由当事人共同选定或者共同委托仲裁委员会主任指定。第三名仲裁员是首席仲裁员。

当事人约定由一名仲裁员成立仲裁庭的,应当由当事人共同选定或者共同委托仲裁委员会主任指定仲裁员。

第三十二条　当事人没有在仲裁规则规定的期限内约定仲裁庭的组成方式或者选定仲裁员的,由仲裁委员会主任指定。

第三十三条　仲裁庭组成后,仲裁委员会应当将仲裁庭的组成情况书面通知当事人。

第三十四条　仲裁员有下列情形之一的,必须回避,当事人也有权提出回避申请:

(一) 是本案当事人或者当事人、代理人的近亲属;

(二) 与本案有利害关系;

(三) 与本案当事人、代理人有其他关系,可能影响公正仲裁的;

(四) 私自会见当事人、代理人,或者接受当事人、代理人的请客送礼的。

第三十五条　当事人提出回避申请,应当说明理由,在首次开庭前提出。回避事由在首次开庭后知道的,可以在最后一次开庭终结前提出。

第三十六条　仲裁员是否回避,由仲裁委员会主任决定;仲裁委员会主任担任仲裁员时,由仲裁委员会集体决定。

第三十七条　仲裁员因回避或者其他原因不能履行职责的,应当依照本法规定重新选定或者指定仲裁员。

因回避而重新选定或者指定仲裁员后,当事人可以请求已进行的仲裁程序重新进行,是否准许,由仲裁庭决定;仲裁庭也可以自行决定已进行的仲裁程序是否重新进行。

第三十八条　仲裁员有本法第三十四条第四项规定的情形,情节严重的,或者有本法第五十八条第六项规定的情形的,应当依法承担法律责任,仲裁委员会应当将其除名。

第三节　开庭和裁决

第三十九条　仲裁应当开庭进行。当事人协议不开庭的,仲裁庭可以根据仲裁申请书、答辩书以及其他材料作出裁决。

第四十条　仲裁不公开进行。当事人协议公开的,可以公开进行,但涉及国家秘密的除外。

第四十一条　仲裁委员会应当在仲裁规则规定的期限内将开庭日期通知双方当事人。当事人有正当理由的,可以在仲裁规则规定的期限内请求延期开庭。是否延期,由仲裁庭决定。

第四十二条　申请人经书面通知,无正当理由不到庭或者未经仲裁庭许可中途退庭的,可以视为撤回仲裁申请。

被申请人经书面通知,无正当理由不到庭或者未经仲裁庭许可中途退庭的,可以缺席裁决。

第四十三条　当事人应当对自己的主张提供证据。

仲裁庭认为有必要收集的证据,可以自行收集。

第四十四条　仲裁庭对专门性问题认为需要鉴定的,可以交由当事人约定的鉴定部门鉴定,也可以由仲裁庭指定的鉴定部门鉴定。

根据当事人的请求或者仲裁庭的要求,鉴定部门应当派鉴定人参加开庭。当事人经仲裁庭许可,可以向鉴定人提问。

第四十五条　证据应当在开庭时出示,当事人可以质证。

第四十六条　在证据可能灭失或者以后难以取得的情况下,当事人可以申请证据保全。当事人申请证据保全的,仲裁委员会应当将当事人的申请提交证据所在地的基层人民法院。

第四十七条　当事人在仲裁过程中有权进行辩论。辩论终结时,首席仲裁员或者独任仲裁员应当征询当事人的最后意见。

第四十八条　仲裁庭应当将开庭情况记入笔录。当事人和其他仲裁参与人认为对自己陈述的记录有遗漏或者差错的,有权申请补正。如果不予补正,应当记录该申请。笔录由仲裁员、记录人员、当事人和其他仲裁参与人签名或者盖章。

第四十九条　当事人申请仲裁后,可以自行和解。达成和解协议的,可以请求仲裁庭根据和解协议作出裁决书,也可以撤回仲裁申请。

第五十条　当事人达成和解协议,撤回仲裁申请后反悔的,可以根据仲裁协议申请仲裁。

第五十一条　仲裁庭在作出裁决前,可以先行调解。当事人自愿调解的,仲裁庭应当调解。调解不成的,应当及时作出裁决。调解达成协议的,仲裁庭应当制作调解书或者根据协议的结果制作裁决书。调解书与裁决书具有同等法律效力。

第五十二条　调解书应当写明仲裁请求和当事人协议的结果。调解书由仲裁员签名,加盖仲裁委员会印章,送达双方当事人。调解书经双方当事人签收后,即发生法律效力。

在调解书签收前当事人反悔的,仲裁庭应当及时作出裁决。

第五十三条　裁决应当按照多数仲裁员的意见作出,少数仲裁员的不同意见可以记入笔录。仲裁庭不能形成多数意见时,裁决应当按照首席仲裁员的意见作出。

第五十四条　裁决书应当写明仲裁请求、争议事实、裁决理由、裁决结果、仲裁费用的负担和裁决日期。当事人协议不愿写明争议事实和裁决理由的,可以不写。裁决书由仲裁员签名,加盖仲裁委员会印章。对裁决持不同意见的仲裁员,可以签名,也可以不签名。

第五十五条　仲裁庭仲裁纠纷时,其中一部分事实已经清楚,可以就该部分先行裁决。

第五十六条　对裁决书中的文字、计算错误或者仲裁庭已经裁决但在裁决书中遗漏的事项,仲裁庭应当补正;当事人自收到裁决书之日起三十日内,可以请求仲裁庭补正。

第五十七条　裁决书自作出之日起发生法律效力。

第五章　申请撤销裁决

第五十八条　当事人提出证据证明裁决有下列情形之一的,可以向仲裁委员会所在地的中级人民法院申请撤销裁决:

(一)没有仲裁协议的;

(二)裁决的事项不属于仲裁协议的范围或者仲裁委员会无权仲裁的;

(三)仲裁庭的组成或者仲裁的程序违反法定程序的;

(四)裁决所根据的证据是伪造的;

(五)对方当事人隐瞒了足以影响公正裁决的证据的;

(六)仲裁员在仲裁该案时有索贿受贿,徇私舞弊,枉法裁决行为的。

人民法院经组成合议庭审查核实裁决有前款规定情形之一的,应当裁定撤销。人民法院认定该裁决违背社会公共利益的,应当裁定撤销。

第五十九条　当事人申请撤销裁决的,应当自收到裁决书之日起六个月内提出。

第六十条 人民法院应当在受理撤销裁决申请之日起两个月内作出撤销裁决或者驳回申请的裁定。

第六十一条 人民法院受理撤销裁决的申请后，认为可以由仲裁庭重新仲裁的，通知仲裁庭在一定期限内重新仲裁，并裁定中止撤销程序。仲裁庭拒绝重新仲裁的，人民法院应当裁定恢复撤销程序。

第六章 执 行

第六十二条 当事人应当履行裁决。一方当事人不履行的，另一方当事人可以依照民事诉讼法的有关规定向人民法院申请执行。受申请的人民法院应当执行。

第六十三条 被申请人提出证据证明裁决有民事诉讼法第二百一十七条第二款规定的情形之一的，经人民法院组成合议庭审查核实，裁定不予执行。

第六十四条 一方当事人申请执行裁决，另一方当事人申请撤销裁决的，人民法院应当裁定中止执行。

人民法院裁定撤销裁决的，应当裁定终结执行。撤销裁决的申请被裁定驳回的，人民法院应当裁定恢复执行。

第七章 涉外仲裁的特别规定

第六十五条 涉外经济贸易、运输和海事中发生的纠纷的仲裁，适用本章规定。本章没有规定的，适用本法其他有关规定。

第六十六条 涉外仲裁委员会可以由中国国际商会组织设立。

涉外仲裁委员会由主任一人、副主任若干人和委员若干人组成。

涉外仲裁委员会的主任、副主任和委员可以由中国国际商会聘任。

第六十七条 涉外仲裁委员会可以从具有法律、经济贸易、科学技术等专门知识的外籍人士中聘任仲裁员。

第六十八条 涉外仲裁的当事人申请证据保全的，涉外仲裁委员会应当将当事人的申请提交证据所在地的中级人民法院。

第六十九条 涉外仲裁的仲裁庭可以将开庭情况记入笔录，或者作出笔录要点，笔录要点可以由当事人和其他仲裁参与人签字或者盖章。

第七十条 当事人提出证据证明涉外仲裁裁决有民事诉讼法第二百六十条第一款规定的情形之一的，经人民法院组成合议庭审查核实，裁定撤销。

第七十一条 被申请人提出证据证明涉外仲裁裁决有民事诉讼法第二百六十条第一款规定的情形之一的,经人民法院组成合议庭审查核实,裁定不予执行。

第七十二条 涉外仲裁委员会作出的发生法律效力的仲裁裁决,当事人请求执行的,如果被执行人或者其财产不在中华人民共和国领域内,应当由当事人直接向有管辖权的外国法院申请承认和执行。

第七十三条 涉外仲裁规则可以由中国国际商会依照本法和民事诉讼法的有关规定制定。

第八章 附 则

第七十四条 法律对仲裁时效有规定的,适用该规定。法律对仲裁时效没有规定的,适用诉讼时效的规定。

第七十五条 中国仲裁协会制定仲裁规则前,仲裁委员会依照本法和民事诉讼法的有关规定可以制定仲裁暂行规则。

第七十六条 当事人应当按照规定交纳仲裁费用。收取仲裁费用的办法,应当报物价管理部门核准。

第七十七条 劳动争议和农业集体经济组织内部的农业承包合同纠纷的仲裁,另行规定。

第七十八条 本法施行前制定的有关仲裁的规定与本法的规定相抵触的,以本法为准。

第七十九条 本法施行前在直辖市、省、自治区人民政府所在地的市和其他设区的市设立的仲裁机构,应当依照本法的有关规定重新组建;未重新组建的,自本法施行之日起届满一年时终止。

本法施行前设立的不符合本法规定的其他仲裁机构,自本法施行之日起终止。

第八十条 本法自 1995 年 9 月 1 日起施行。

二、中华人民共和国仲裁法(修订)(征求意见稿)

第一章 总 则

第一条 为保证公正、及时地仲裁经济纠纷,保护当事人的合法权益,保障社会主义市场经济健康发展,促进国际经济交往,制定本法。

第二条 自然人、法人和其他组织之间发生的合同纠纷和其他财产权益纠纷,可以仲裁。

下列纠纷不能仲裁:

(一)婚姻、收养、监护、扶养、继承纠纷;

(二)法律规定应当由行政机关处理的行政争议。

其他法律有特别规定的,从其规定。

第三条 当事人采用仲裁方式解决纠纷,应当双方自愿,达成仲裁协议。

第四条 仲裁应当诚实善意、讲究信用、信守承诺。

第五条 当事人达成仲裁协议,一方向人民法院起诉的,人民法院不予受理,但仲裁协议无效的除外。

第六条 仲裁的管辖由当事人协议约定,不实行级别管辖和地域管辖。

第七条 仲裁应当根据事实,符合法律规定,参照交易习惯,公平合理地解决纠纷。

第八条 仲裁依法独立进行,不受行政机关、社会团体和个人的干涉。

第九条 仲裁实行一裁终局的制度。裁决作出后,当事人不得就同一纠纷再申请仲裁或者向人民法院起诉。

裁决被人民法院依法裁定撤销的,当事人就该纠纷可以根据双方重新达成的仲裁协议申请仲裁,也可以向人民法院起诉。

第十条 人民法院依法支持和监督仲裁。

第二章 仲裁机构、仲裁员和仲裁协会

第十一条 仲裁机构可以在直辖市和省、自治区人民政府所在地的市设立,也可以根据需要在其他设区的市设立,不按行政区划层层设立。

仲裁机构由前款规定的市的人民政府组织有关部门和商会统一组建。

其他确有需要设立仲裁机构的,由国务院司法行政部门批准后,参照前款规

定组建。

第十二条　仲裁机构的设立,应当经省、自治区、直辖市的司法行政部门登记。

中国国际商会设立组建的仲裁机构,由国务院司法行政部门登记。

外国仲裁机构在中华人民共和国领域内设立业务机构、办理涉外仲裁业务的,由省、自治区、直辖市的司法行政部门登记,报国务院司法行政部门备案。

仲裁机构登记管理办法由国务院制定。

第十三条　仲裁机构是依照本法设立,为解决合同纠纷和其他财产权益纠纷提供公益性服务的非营利法人,包括仲裁委员会和其他开展仲裁业务的专门组织。

仲裁机构经登记取得法人资格。

第十四条　仲裁机构独立于行政机关,与行政机关没有隶属关系。仲裁机构之间也没有隶属关系。

第十五条　仲裁机构应当具备下列条件:

(一) 有自己的名称、住所和章程;

(二) 有必要的财产;

(三) 有必要的组织机构;

(四) 有聘任的仲裁员。

仲裁机构的章程应当依照本法制定。

第十六条　仲裁机构按照决策权、执行权、监督权相互分离、有效制衡、权责对等的原则制定章程,建立非营利法人治理结构。

仲裁机构的决策机构为委员会的,由主任一人、副主任二至四人和委员七至十一人组成,主任、副主任和委员由法律、经济贸易专家和有实际工作经验的人员担任,其中法律、经济贸易专家不得少于三分之二。

仲裁机构的决策、执行机构主要负责人在任期间不得担任本机构仲裁员。在职公务员不得兼任仲裁机构的执行机构主要负责人。

仲裁机构应当建立监督机制。

仲裁机构应当定期换届,每届任期五年。

第十七条　仲裁机构应当建立信息公开机制,及时向社会公开机构章程、登记备案情况、收费标准、年度工作报告、财务等信息。

第十八条　仲裁员应当由公道正派的人员担任,并符合下列条件之一:

（一）通过国家统一法律职业资格考试取得法律职业资格，从事仲裁工作满八年的；

（二）从事律师工作满八年的；

（三）曾任法官满八年的；

（四）从事法律研究、教学工作并具有高级职称的；

（五）具有法律知识、从事经济贸易等专业工作并具有高级职称或者具有同等专业水平的。

有下列情形之一的，不得担任仲裁员：

（一）无民事行为能力或者限制民事行为能力的；

（二）受过刑事处罚的，但过失犯罪的除外；

（三）根据法律规定，有不能担任仲裁员的其他情形的。

仲裁机构按照不同专业设仲裁员推荐名册。

第十九条 中国仲裁协会是仲裁行业的自律性组织，是社会团体法人。

仲裁机构是中国仲裁协会的会员。与仲裁有关的教学科研机构、社会团体可以申请成为中国仲裁协会的会员。会员的权利、义务由协会章程规定。

中国仲裁协会的权力机构是全国会员代表大会，协会章程由全国会员代表大会制定。

第二十条 中国仲裁协会履行下列职责：

（一）根据章程对仲裁机构、仲裁员和其他仲裁从业人员的违纪行为进行监督；

（二）依照本法制定示范仲裁规则，供仲裁机构和当事人选择适用；

（三）依法维护会员合法权益，为会员提供服务；

（四）协调与有关部门和其他行业的关系，优化仲裁发展环境；

（五）制定仲裁行业业务规范，组织从业人员业务培训；

（六）组织仲裁业务研究，促进国内外业务交流与合作；

（七）协会章程规定的其他职责。

第三章 仲 裁 协 议

第二十一条 仲裁协议包括合同中订立的仲裁条款和以其他书面方式在纠纷发生前或者纠纷发生后达成的具有请求仲裁的意思表示的协议。

一方当事人在仲裁中主张有仲裁协议，其他当事人不予否认的，视为当事人之间存在仲裁协议。

第二十二条　有下列情形之一的,仲裁协议无效:

(一) 约定的仲裁事项超出法律规定的仲裁范围的;

(二) 无民事行为能力人或者限制民事行为能力人订立的仲裁协议;

(三) 一方采取胁迫手段,迫使对方订立仲裁协议的。

第二十三条　仲裁协议独立存在,合同的变更、解除、不生效、无效、被撤销或者终止,不影响仲裁协议的效力。

仲裁庭有权确认合同的效力。

第二十四条　纠纷涉及主从合同,主合同与从合同的仲裁协议约定不一致的,以主合同的约定为准。从合同没有约定仲裁协议的,主合同的仲裁协议对从合同当事人有效。

第二十五条　公司股东、合伙企业的有限合伙人依照法律规定,以自己的名义,代表公司、合伙企业向对方当事人主张权利的,该公司、合伙企业与对方当事人签订的仲裁协议对其有效。

第二十六条　法律规定当事人可以向人民法院提起民事诉讼,但未明确不能仲裁的,当事人订立的符合本法规定的仲裁协议有效。

第二十七条　当事人可以在仲裁协议中约定仲裁地。当事人对仲裁地没有约定或者约定不明确的,以管理案件的仲裁机构所在地为仲裁地。

仲裁裁决视为在仲裁地作出。

仲裁地的确定,不影响当事人或者仲裁庭根据案件情况约定或者选择在与仲裁地不同的合适地点进行合议、开庭等仲裁活动。

第二十八条　当事人对仲裁协议是否存在、有效等效力问题或者仲裁案件的管辖权有异议的,应当在仲裁规则规定的答辩期限内提出,由仲裁庭作出决定。

仲裁庭组成前,仲裁机构可以根据表面证据决定仲裁程序是否继续进行。

当事人未经前款规定程序直接向人民法院提出异议的,人民法院不予受理。

当事人对仲裁协议效力或者管辖权决定有异议的,应当自收到决定之日起十日内,提请仲裁地的中级人民法院审查。当事人对仲裁协议无效或者仲裁案件无管辖权的裁定不服的,可以自裁定送达之日起十日内向上一级人民法院申请复议。人民法院应当在受理复议申请之日起一个月内作出裁定。

人民法院的审查不影响仲裁程序的进行。

第四章 仲 裁 程 序

第一节 一 般 规 定

第二十九条 仲裁应当平等对待当事人,当事人有充分陈述意见的权利。

第三十条 当事人可以约定仲裁程序或者适用的仲裁规则,但违反本法强制性规定的除外。

当事人没有约定或者约定不明确的,仲裁庭可以按照其认为适当的方式仲裁,但违反本法强制性规定的除外。

仲裁程序可以通过网络方式进行。

仲裁程序应当避免不必要的延误和开支。

第三十一条 仲裁不公开进行。当事人协议公开的,可以公开进行,但涉及国家秘密的除外。

第三十二条 当事人在仲裁程序中可以通过调解方式解决纠纷。

第三十三条 一方当事人知道或者应当知道仲裁程序或者仲裁协议中规定的内容未被遵守,仍参加或者继续进行仲裁程序且未及时提出书面异议的,视为其放弃提出异议的权利。

第三十四条 仲裁文件应当以合理、善意的方式送达当事人。

当事人约定送达方式的,从其约定。

当事人没有约定的,可以采用当面递交、挂号信、特快专递、传真,或者电子邮件、即时通讯工具等信息系统可记载的方式送达。

仲裁文件经前款规定的方式送交当事人,或者发送至当事人的营业地、注册地、住所地、经常居住地或者通讯地址,即为送达。

如果经合理查询不能找到上述任一地点,仲裁文件以能够提供投递记录的其他手段投递给当事人最后一个为人所知的营业地、注册地、住所地、经常居住地或者通讯地址,视为送达。

第二节 申 请 和 受 理

第三十五条 当事人申请仲裁应当符合下列条件:

(一) 有仲裁协议;

(二) 有具体的仲裁请求和事实、理由;

(三) 属于本法规定的仲裁范围。

当事人应当向仲裁协议约定的仲裁机构申请仲裁。

仲裁协议对仲裁机构约定不明确,但约定适用的仲裁规则能够确定仲裁机构的,由该仲裁机构受理;对仲裁规则也没有约定的,当事人可以补充协议;达不成补充协议的,由最先立案的仲裁机构受理。

仲裁协议没有约定仲裁机构,当事人达不成补充协议的,可以向当事人共同住所地的仲裁机构提起仲裁;当事人没有共同住所地的,由当事人住所地以外最先立案的第三地仲裁机构受理。

仲裁程序自仲裁申请提交至仲裁机构之日开始。

第三十六条 当事人申请仲裁,应当向仲裁机构递交仲裁协议、仲裁申请书及附件。

第三十七条 仲裁申请书应当载明下列事项:

(一)当事人的姓名、性别、年龄、职业、工作单位和住所,法人或者其他组织的名称、住所和法定代表人或者主要负责人的姓名、职务;

(二)仲裁请求和所根据的事实、理由;

(三)证据和证据来源、证人姓名和住所。

第三十八条 仲裁机构收到仲裁申请书之日起五日内,认为符合受理条件的,应当受理,并通知当事人;认为不符合受理条件的,应当书面通知当事人不予受理,并说明理由。

第三十九条 仲裁机构受理仲裁申请后,应当在仲裁规则规定的期限内将仲裁规则和仲裁员名册送达申请人,并将仲裁申请书及其附件和仲裁规则、仲裁员名册送达被申请人。

被申请人收到仲裁申请书后,应当在仲裁规则规定的期限内向仲裁机构提交答辩书。仲裁机构收到答辩书后,应当在仲裁规则规定的期限内将答辩书及其附件送达申请人。被申请人未提交答辩书的,不影响仲裁程序的进行。

第四十条 当事人达成仲裁协议,一方向人民法院起诉未声明有仲裁协议,人民法院受理后,另一方在首次开庭前提交仲裁协议的,人民法院应当驳回起诉,但仲裁协议无效的除外;另一方在首次开庭前未对人民法院受理该案提出异议的,视为放弃仲裁协议,人民法院应当继续审理。

第四十一条 申请人可以放弃或者变更仲裁请求。被申请人可以承认或者反驳仲裁请求,有权提出反请求。

第四十二条 当事人、法定代理人可以委托律师和其他代理人进行仲裁活动。委托律师和其他代理人进行仲裁活动的,应当向仲裁机构提交授权委托书。

第三节　临 时 措 施

第四十三条　当事人在仲裁程序进行前或者进行期间，为了保障仲裁程序的进行、查明争议事实或者裁决执行，可以请求人民法院或者仲裁庭采取与争议标的相关的临时性、紧急性措施。

临时措施包括财产保全、证据保全、行为保全和仲裁庭认为有必要的其他短期措施。

第四十四条　一方当事人因其他当事人的行为或者其他原因，可能使裁决不能执行、难以执行或者给当事人造成其他损害的，可以申请财产保全和行为保全。

第四十五条　在证据可能灭失或者以后难以取得的情况下，当事人可以申请证据保全。

第四十六条　当事人在提起仲裁前申请保全措施的，依照相关法律规定直接向人民法院提出。

当事人提起仲裁后申请保全措施的，可以直接向被保全财产所在地、证据所在地、行为履行地、被申请人所在地或者仲裁地的人民法院提出；也可以向仲裁庭提出。

第四十七条　当事人向人民法院提出保全措施申请的，人民法院应当依照相关法律规定及时作出保全措施。

当事人向仲裁庭申请保全措施的，仲裁庭应当及时作出决定，并要求当事人提供担保。保全决定经由当事人或者仲裁机构提交有管辖权的人民法院后，人民法院应当根据相关法律规定及时执行。

当事人因申请错误造成损害的，应当赔偿其他当事人因此所遭受的损失。

第四十八条　当事人申请其他临时措施的，仲裁庭应当综合判断采取临时措施的必要性与可行性，及时作出决定。

前款规定的临时措施作出后，经一方当事人申请，仲裁庭认为确有必要的，可以决定修改、中止或者解除临时措施。

临时措施决定需要人民法院提供协助的，当事人可以向人民法院申请协助执行，人民法院认为可以协助的，依照相关法律规定执行。

第四十九条　临时措施需要在中华人民共和国领域外执行的，当事人可以直接向有管辖权的外国法院申请执行。

仲裁庭组成前，当事人需要指定紧急仲裁员采取临时措施的，可以依照仲裁规则向仲裁机构申请指定紧急仲裁员。紧急仲裁员的权力保留至仲裁庭组成为止。

第四节　仲裁庭的组成

第五十条　仲裁庭可以由三名仲裁员或者一名仲裁员组成。由三名仲裁员组成的,设首席仲裁员。

当事人可以在仲裁员推荐名册内选择仲裁员,也可以在名册外选择仲裁员。当事人在名册外选择的仲裁员,应当符合本法规定的条件。

当事人约定仲裁员条件的,从其约定;但当事人的约定无法实现或者存在本法规定的不得担任仲裁员情形的除外。

第五十一条　当事人约定由三名仲裁员组成仲裁庭的,应当各自选定一名仲裁员,未能选定的由仲裁机构指定;第三名仲裁员由当事人共同选定;当事人未能共同选定的,由已选定或者指定的两名仲裁员共同选定;两名仲裁员未能共同选定的,由仲裁机构指定。第三名仲裁员是首席仲裁员。

当事人约定由一名仲裁员成立仲裁庭的,应当由当事人共同选定;当事人未能共同选定的,由仲裁机构指定。

第五十二条　仲裁庭组成后,仲裁员应当签署保证独立、公正仲裁的声明书,仲裁机构应当将仲裁庭的组成情况及声明书送达当事人。

仲裁员知悉存在可能导致当事人对其独立性、公正性产生合理怀疑的情形的,应当书面披露。

当事人收到仲裁员的披露后,如果以披露的事项为由申请该仲裁员回避,应当在十日内书面提出。逾期没有申请回避的,不得以仲裁员曾经披露的事项为由申请该仲裁员回避。

第五十三条　仲裁员有下列情形之一的,必须回避,当事人也有权提出回避申请:

(一) 是本案当事人或者当事人、代理人的近亲属;

(二) 与本案有利害关系;

(三) 与本案当事人、代理人有其他关系,可能影响公正仲裁的;

(四) 私自会见当事人、代理人,或者接受当事人、代理人的请客送礼的。

第五十四条　当事人提出回避申请,应当说明理由,在首次开庭前提出。回避事由在首次开庭后知道的,或者书面审理的案件,当事人应当在得知回避事由之日起十日内提出。

当事人对其选定的仲裁员要求回避的,只能根据选定之后才得知的理由提出。

第五十五条　仲裁员是否回避，由仲裁机构决定；回避决定应当说明理由。在回避决定作出前，被申请回避的仲裁员可以继续参与仲裁程序。

第五十六条　仲裁员因回避或者其他原因不能履行职责的，应当依照本法规定重新选定或者指定仲裁员。

因回避而重新选定或者指定仲裁员后，当事人可以请求已进行的仲裁程序重新进行，是否准许，由仲裁庭决定；仲裁庭也可以自行决定已进行的仲裁程序是否重新进行。

第五十七条　仲裁员有本法第五十三条第四项规定的情形，情节严重的，或者有本法第七十七条第六项规定的情形的，应当依法承担法律责任，仲裁机构应当将其除名。

第五节　审理和裁决

第五十八条　仲裁应当开庭进行。当事人协议不开庭的，仲裁庭可以根据仲裁申请书、答辩书以及其他材料书面审理，作出裁决。

第五十九条　仲裁机构应当在仲裁规则规定的期限内将开庭日期通知双方当事人。当事人有正当理由的，可以在仲裁规则规定的期限内请求延期开庭。是否延期，由仲裁庭决定。

第六十条　申请人经书面通知，无正当理由不到庭或者未经仲裁庭许可中途退庭的，可以视为撤回仲裁申请。

被申请人经书面通知，无正当理由不到庭或者未经仲裁庭许可中途退庭的，可以缺席裁决。

第六十一条　当事人应当对自己的主张提供证据。

仲裁庭认为有必要收集的证据，可以自行收集，必要时可以请求人民法院协助。

第六十二条　仲裁庭对专门性问题认为需要鉴定的，可以交由当事人约定的鉴定部门鉴定，也可以由仲裁庭指定的鉴定部门鉴定。

根据当事人的请求或者仲裁庭的要求，鉴定部门应当派鉴定人参加开庭。当事人经仲裁庭许可，可以向鉴定人提问。

第六十三条　证据应当及时送达当事人和仲裁庭。

当事人可以约定质证方式，或者通过仲裁庭认为合适的方式质证。

仲裁庭有权对证据效力及其证明力作出判断，依法合理分配举证责任。

第六十四条　当事人在仲裁过程中有权进行辩论。辩论终结时，首席仲裁员或者独任仲裁员应当征询当事人的最后意见。

第六十五条　仲裁庭应当将开庭情况记入笔录。当事人和其他仲裁参与人认为对自己陈述的记录有遗漏或者差错的，有权申请补正。如果不予补正，应当记录该申请。

笔录由仲裁员、记录人员、当事人和其他仲裁参与人签名或者盖章。

第六十六条　当事人申请仲裁后，可以自行和解。达成和解协议的，可以请求仲裁庭根据和解协议作出裁决书，也可以撤回仲裁申请。

第六十七条　当事人达成和解协议，撤回仲裁申请后反悔的，可以根据仲裁协议申请仲裁。

第六十八条　仲裁庭在作出裁决前，可以先行调解。当事人自愿调解的，仲裁庭应当调解。调解不成的，应当及时作出裁决。

调解达成协议的，仲裁庭应当制作调解书或者根据协议的结果制作裁决书。调解书与裁决书具有同等法律效力。

第六十九条　当事人在仲裁庭组成前达成调解协议的，可以请求组成仲裁庭，由仲裁庭根据调解协议的内容制作调解书或者裁决书；也可以撤回仲裁申请。

当事人在仲裁庭组成后自愿选择仲裁庭之外的调解员调解的，仲裁程序中止。当事人达成调解协议的，可以请求恢复仲裁程序，由原仲裁庭根据调解协议的内容制作调解书或者裁决书；也可以撤回仲裁申请。达不成调解协议的，经当事人请求，仲裁程序继续进行。

第七十条　当事人根据仲裁协议申请仲裁机构对调解协议进行仲裁确认的，仲裁机构应当组成仲裁庭，仲裁庭经依法审核，可以根据调解协议的内容作出调解书或者裁决书。

第七十一条　调解书应当写明仲裁请求和当事人协议的结果。调解书由仲裁员签名，加盖仲裁机构印章，送达双方当事人。

调解书经双方当事人签收后，即发生法律效力。

在调解书签收前当事人反悔的，仲裁庭应当及时作出裁决。

第七十二条　裁决应当按照多数仲裁员的意见作出，少数仲裁员的不同意见可以记入笔录。仲裁庭不能形成多数意见时，裁决应当按照首席仲裁员的意见作出。

第七十三条　裁决书应当写明仲裁请求、争议事实、裁决理由、裁决结果、仲裁地、仲裁费用的负担和裁决日期。当事人协议不愿写明争议事实和裁决理由的，可以不写。裁决书由仲裁员签名，加盖仲裁机构印章。对裁决持不同意见的仲裁员，可以签名，也可以不签名。

第七十四条　仲裁庭仲裁纠纷时，其中一部分事实已经清楚，可以就该部分先行作出部分裁决。

仲裁庭仲裁纠纷时，其中有争议事项影响仲裁程序进展或者需要在最终裁决作出前予以明确的，可以就该问题先行作出中间裁决。

部分裁决和中间裁决有履行内容的，当事人应当履行。

当事人不履行部分裁决的，对方当事人可以依法申请人民法院强制执行。

部分裁决或者中间裁决是否履行不影响仲裁程序的进行和最终裁决的作出。

第七十五条　对裁决书中的文字、计算错误或者仲裁庭已经裁决但在裁决书中遗漏的事项，仲裁庭应当补正；当事人自收到裁决书之日起三十日内，可以请求仲裁庭补正。

申请执行的裁决事项内容不明确导致无法执行的，人民法院应当书面告知仲裁庭，仲裁庭可以补正或者说明。仲裁庭的解释说明不构成裁决书的一部分。

第七十六条　裁决书自作出之日起发生法律效力。

第五章　申请撤销裁决

第七十七条　当事人提出证据证明裁决有下列情形之一的，可以向仲裁地的中级人民法院申请撤销裁决：

（一）没有仲裁协议或者仲裁协议无效的；

（二）裁决的事项不属于仲裁协议的范围或者超出本法规定的仲裁范围的；

（三）被申请人没有得到指定仲裁员或者进行仲裁程序的通知，或者其他不属于被申请人负责的原因未能陈述意见的；

（四）仲裁庭的组成或者仲裁的程序违反法定程序或者当事人约定，以致于严重损害当事人权利的；

（五）裁决因恶意串通、伪造证据等欺诈行为取得的；

（六）仲裁员在仲裁该案时有索贿受贿，徇私舞弊，枉法裁决行为的。

人民法院经组成合议庭审查核实裁决有前款规定情形之一的，应当裁定撤销。

当事人申请撤销的情形仅涉及部分裁决事项的,人民法院可以部分撤销。裁决事项不可分的,应当裁定撤销。

人民法院认定该裁决违背社会公共利益的,应当裁定撤销。

第七十八条 当事人申请撤销裁决的,应当自收到裁决书之日起三个月内提出。

第七十九条 人民法院应当在受理撤销裁决申请之日起两个月内作出撤销裁决或者驳回申请的裁定。

第八十条 人民法院受理撤销裁决的申请后,认为可以由仲裁庭重新仲裁的,通知仲裁庭在一定期限内重新仲裁,并裁定中止撤销程序。

仲裁庭在人民法院指定的期限内开始重新仲裁的,人民法院应当裁定终结撤销程序;未开始重新仲裁的,人民法院应当裁定恢复撤销程序。

当事人申请撤销裁决的,人民法院经审查符合下列情形,可以通知仲裁庭重新仲裁:

(一)裁决依据的证据因客观原因导致虚假的;

(二)存在本法第七十七条第三项、第四项规定的情形,经重新仲裁可以弥补的。

人民法院应当在通知中说明要求重新仲裁的具体理由。

人民法院可以根据案件情况在重新仲裁通知中限定审理期限。

重新仲裁由原仲裁庭仲裁。当事人以仲裁庭的组成或者仲裁员的行为不规范为由申请撤销的,应当另行组成仲裁庭仲裁。

第八十一条 当事人对撤销裁决的裁定不服的,可以自收到裁定之日起十日内向上一级人民法院申请复议。人民法院应当在受理复议申请之日起一个月内作出裁定。

第六章 执 行

第八十二条 当事人应当履行裁决。一方当事人不履行的,对方当事人可以向有管辖权的中级人民法院申请执行。

人民法院经审查认定执行该裁决不违背社会公共利益的,应当裁定确认执行;否则,裁定不予确认执行。

裁定书应当送达当事人和仲裁机构。

裁决被人民法院裁定不予确认执行的,当事人就该纠纷可以根据重新达成的仲裁协议申请仲裁，也可以向人民法院起诉。

第八十三条 一方当事人申请执行裁决，另一方当事人申请撤销裁决的，人民法院应当裁定中止执行。

人民法院裁定撤销裁决的，应当裁定终结执行。撤销裁决的申请被裁定驳回的，人民法院应当裁定恢复执行。

第八十四条 裁决执行过程中，案外人对执行标的提出书面异议的，人民法院应当自收到书面异议之日起十五日内审查，理由成立的，裁定中止对该标的的执行；理由不成立的，裁定驳回。

案外人应当自知道或者应当知道人民法院对该标的采取执行措施之日起三十日内，且主张的合法权益所涉及的执行标的尚未执行终结前提出。

第八十五条 案外人有证据证明裁决的部分或者全部内容错误，损害其民事权益的，可以依法对当事人提起诉讼。

案外人起诉且提供有效担保的，该裁决中止执行。裁决执行的恢复或者终结，由人民法院根据诉讼结果裁定。

第八十六条 发生法律效力的仲裁裁决，当事人请求执行的，如果被执行人或者其财产不在中华人民共和国领域内，应当由当事人直接向有管辖权的外国法院申请承认和执行。

第八十七条 在中华人民共和国领域外作出的仲裁裁决，需要人民法院承认和执行的，应当由当事人直接向被执行人住所地或者其财产所在地的中级人民法院申请。

如果被执行人或者其财产不在中华人民共和国领域内，但其案件与人民法院审理的案件存在关联的，当事人可以向受理关联案件的人民法院提出申请。

如果被执行人或者其财产不在中华人民共和国领域内，但其案件与我国领域内仲裁案件存在关联的，当事人可以向仲裁机构所在地或者仲裁地的中级人民法院提出申请。

人民法院应当依照中华人民共和国缔结或者参加的国际条约，或者按照互惠原则办理。

第七章 涉外仲裁的特别规定

第八十八条 具有涉外因素的纠纷的仲裁，适用本章规定。本章没有规定的，适用本法其他有关规定。

第八十九条　从事涉外仲裁的仲裁员,可以由熟悉涉外法律、仲裁、经济贸易、科学技术等专门知识的中外专业人士担任。

第九十条　涉外仲裁协议的效力认定,适用当事人约定的法律;当事人没有约定涉外仲裁协议适用法律的,适用仲裁地法律;对适用法律和仲裁地没有约定或者约定不明确的,人民法院可以适用中华人民共和国法律认定该仲裁协议的效力。

第九十一条　具有涉外因素的商事纠纷的当事人可以约定仲裁机构仲裁,也可以直接约定由专设仲裁庭仲裁。

专设仲裁庭仲裁的仲裁程序自被申请人收到仲裁申请之日开始。

当事人没有约定仲裁地或者约定不明确的,由仲裁庭根据案件情况确定仲裁地。

第九十二条　专设仲裁庭仲裁的案件,无法及时组成仲裁庭或者需要决定回避事项的,当事人可以协议委托仲裁机构协助组庭、决定回避事项。当事人达不成委托协议的,由仲裁地、当事人所在地或者与争议有密切联系地的中级人民法院指定仲裁机构协助确定。

指定仲裁机构和确定仲裁员人选时,应当考虑当事人约定的仲裁员条件,以及仲裁员国籍、仲裁地等保障仲裁独立、公正、高效进行的因素。

人民法院作出的指定裁定为终局裁定。

第九十三条　专设仲裁庭仲裁的案件,裁决书经仲裁员签名生效。

对裁决持不同意见的仲裁员,可以不在裁决书上签名;但应当出具本人签名的书面不同意见并送达当事人。不同意见不构成裁决书的一部分。

仲裁庭应当将裁决书送达当事人,并将送达记录和裁决书原件在送达之日起三十日内提交仲裁地的中级人民法院备案。

第八章　附　　则

第九十四条　法律对仲裁时效有规定的,适用该规定。法律对仲裁时效没有规定的,适用诉讼时效的规定。

第九十五条　仲裁规则应当依照本法制定。

第九十六条　当事人应当按照规定交纳仲裁费用。

收取仲裁费用的办法,由国务院价格主管部门会同国务院司法行政部门制定。

第九十七条　劳动争议和农业集体经济组织内部的农业承包合同纠纷的仲裁，另行规定。

第九十八条　本法施行前制定的有关仲裁的规定与本法的规定相抵触的，以本法为准。

第九十九条　本法自　　年　　月　　日起施行。

参 考 文 献

一、中文文献

(一) 中文著作

樊堃：《仲裁在中国：法律与文化分析》,法律出版社 2017 年版。

江必新：《新民事诉讼法理解适用与实务指南》,法律出版社 2015 年版。

刘凤琴：《新制度经济学》,中国人民大学出版社 2015 年版。

韩世远：《合同法总论》(第四版),法律出版社 2018 年版。

乔欣：《仲裁法学》(第三版),清华大学出版社 2020 年版。

沈伟、陈治东：《商事仲裁法：国际视野和中国实践》(上、下卷),上海交通大学出版社 2020 年版。

宋连斌：《国际商事仲裁管辖权研究》,法律出版社 2000 年版。

宋连斌：《仲裁理论与实务》,湖南大学出版社 2005 年版。

谭兵：《中国仲裁制度研究》,法律出版社 1995 年版。

王力、黄玉华等：《国际金融中心研究》,中国财政经济出版社 2004 年版。

徐伟功：《国际商事仲裁理论与实务》,华中科技大学出版社 2017 年版。

杨良宜：《国际商务仲裁》,中国政法大学出版社 1997 年版。

(二) 中文期刊

安晨曦：《我国商事仲裁送达制度的完善——以 109 个仲裁规则为对象》,《福建农林大学学报(哲学社会科学版)》2017 年第 1 期。

宾国强、袁宏泉：《法律、金融与经济增长：理论与启示》,《经济问题探索》2003 年第 5 期。

蔡要彩：《经济全球化下打造我国国际商事仲裁国际品牌的思路》,《黑龙江生态工程职业学院学报》2019 年第 2 期。

曾凤：《我国仲裁庭自行收集证据制度探析——以诉讼与仲裁制度的差异为视

角》，《商事仲裁与调解》2021 年第 2 期。

陈安：《中国涉外仲裁监督机制评析》，《中国社会科学》1995 年第 4 期。

陈福勇：《我国仲裁机构现状实证分析》，《法学研究》2009 年第 2 期。

陈磊：《论瑕疵仲裁裁决之救济——以撤销仲裁裁决之诉为中心》，《甘肃政法学院学报》2016 年第 5 期。

陈珊：《单边选择性仲裁条款的有效性研究》，《北京仲裁》2021 年第 4 期。

陈思思：《从 UNCITRAL 示范法第 8 条看法院对国际商事仲裁协议效力的认定》，《北京仲裁》2009 年第 1 期。

陈忠谦：《新形势下我国商事仲裁发展的思考（下）》，《仲裁研究》2010 年第 3 期。

初北平、史强：《自由贸易试验区临时仲裁制度构建路径》，《社会科学》2019 年第 1 期。

初北平：《"一带一路"国际商事仲裁合作联盟的构建》，《现代法学》2019 年第 3 期。

崔巍、文景：《社会资本、法律制度对金融发展的影响——替代效应还是互补效应？》，《国际金融研究》2017 年第 11 期。

崔悦：《论网上国际商事仲裁中仲裁地的选择与确认》，《西安石油大学学报（社会科学版）》2021 年第 1 期。

丁伟：《我国对涉外民商事案件实行集中管辖的利弊分析——评〈最高人民法院关于涉外民商事诉讼管辖权若干问题的规定〉》，《法学》2003 年第 8 期。

丁义平、张伟：《对国内仲裁裁决司法监督之实证研究（上）——以深圳市中级人民法院案例为视角》，《仲裁研究》2020 年第 1 期。

丁颖：《论仲裁的诉讼化及对策》，《社会科学》2006 年第 6 期。

董彪、李仁玉：《我国法治化国际化营商环境建设研究——基于〈营商环境报告〉的分析》，《商业经济研究》2016 年第 13 期。

董暖、杨弘磊：《虚假仲裁案外人权利的司法救济研究》，《法律适用》2017 年第 21 期。

杜玉琼、林福辰：《"一带一路"背景下我国国际商事仲裁临时措施制度的立法及完善》，《西南民族大学学报（人文社会科学版）》2018 年第 10 期。

范愉：《商事调解的过去、现在和未来》，《商事仲裁与调解》2020 年第 1 期。

房沫：《仲裁庭组成前的临时救济措施——以新加坡国际仲裁中心仲裁规则为视角》，《社会科学家》2013 年第 6 期。

封小云：《港经济特点及优势分析》，《港澳研究》2017 年第 3 期。

冯邦彦、覃剑：《国际金融中心圈层发展模式研究》，《国际金融》2011 年第 4 期。

冯果：《资本市场为谁而存在——关于我国资本市场功能定位的反思》，《公民与法》2013 年第 6 期。

冯军：《论我国〈仲裁法〉中有关仲裁协议的法律问题》，《法学》1996 年第 1 期。

冯旭南：《法律、经济转轨和金融发展——法和金融学研究综述》，《当代会计评论》2013 年第 1 期。

傅攀峰：《司法如何协助临时仲裁？——法国"助仲法官"制度及其启示》，《北京仲裁》2019 年第 3 期。

傅攀峰：《未竟的争鸣：被撤销的国际商事仲裁裁决的承认与执行》，《现代法学》2017 年第 1 期。

傅郁林：《先决问题与中间裁判》，《北京仲裁》2010 年第 1 期。

高菲：《论仲裁协议》，《仲裁与法律通讯》1995 年第 5 期。

高洪民：《经济全球化与中国国际金融中心的发展》，《世界经济研究》2008 年第 8 期。

高建平、曹占涛：《普惠金融的本质与可持续发展研究》，《金融监管研究》2014 年第 8 期。

高晓力：《司法应依仲裁地而非仲裁机构所在地确定仲裁裁决籍属》，《人民司法（案例）》2017 年第 20 期。

韩大元：《宪法文本中"公共利益"的规范分析》，《法学论坛》2005 年第 1 期。

郝飞：《紧急仲裁员制度程序论》，《法治论坛》2018 年第 2 期。

贺晓翊：《从双轨走向并轨：我国国内仲裁与涉外仲裁司法审查制度之反思与重构》，《人民司法》2013 年第 17 期。

侯国鑫：《论中国对临时仲裁裁决的承认与执行》，《黑龙江人力资源和社会保障》2022 年第 5 期。

侯霞、郭成：《国际商事仲裁第三方资助制度的发展及应对策略》，《商事仲裁与调解》2021 年第 5 期。

胡荻：《论国际商事仲裁中仲裁庭的临时保全措施决定权》，《南昌大学学报（人文社会科学版）》2013 年第 4 期。

胡继晔：《投资者及债权人法律保护的理论探讨与中国实践》，《中央财经大学学报》2010 年第 9 期。

胡建淼、邢益精：《公共利益概念透析》，《法学》2004 年第 10 期。

黄骅：《我国国际商事仲裁证据的运用规则研究及其法理分析》，《商事仲裁与调解》2021 年第 2 期。

黄进、马德才：《国际商事争议可仲裁范围的扩展趋势之探析——兼评我国有关规定》，《法学评论》2007 年第 3 期。

黄凯绅：《仲裁临时保全措施及法院本位主义：法制变革上的建议》，《交大法学》2019 年第 3 期。

黄文艺：《作为一种法律干预模式的家长主义》，《法学研究》2010 年第 5 期。

黄志鹏：《论我国紧急仲裁员临时措施之执行》，《商事仲裁与调解》2022 年第 1 期。

季卫东：《大变局下中国法治的顶层设计》，《财经》2012 年第 5 期。

贾辉、鞠光：《境内企业选择域外仲裁注意事项》，《中国外汇》2020 年第 14 期。

江春、许立成：《法律制度、金融发展与经济转轨——法与金融学的文献综述》，《南大商学评论》2006 年第 2 期。

姜丽丽：《论我国仲裁机构的法律属性及其改革方向》，《比较法研究》2019 年第 3 期。

姜霞：《论仲裁证据的独立性》，《湘潭大学学报》2007 年第 5 期。

蒋大兴：《〈民法总论〉的商法意义——以法人类型区分及规范构造为中心》，《比较法研究》2017 年第 4 期。

李海涛：《法院撤销仲裁调解书的实证分析——以 42 个案例为样本》，《天津法学》2019 年第 4 期。

李晶：《国际商事仲裁中临时措施在中国的新发展——以民诉法修改和仲裁规则修订为视角》，《西北大学学报（哲学社会科学版）》2014 年第 6 期。

李垒：《国际商事仲裁程序的软思考》，《大连海事大学学报（社会科学版）》2021 年第 2 期。

李清池：《法律、金融与经济发展：比较法的量化进路及其检讨》，《比较法研究》2007 年第 6 期。

李荣林、阮铃雯：《法与金融理论面临的挑战》，《天津师范大学学报（社会科学版）》2006 年第 4 期。

梁上上：《利益的层次结构与利益衡量的展开——兼评加藤一郎的利益衡量论》，《法学研究》2002 年第 1 期。

林其敏：《国际商事仲裁的透明度问题研究》，《河北法学》2015 年第 3 期。

刘丹冰：《试论中国商事仲裁法律制度演进中的政府作用与修正——基于仲裁行政化的考察》，《广东社会科学》2014 年第 1 期。

刘晓红、冯硕：《对〈仲裁法〉修订的"三点"思考——以〈仲裁法（修订）（征求意见稿）〉为参照》，《上海政法学院学报》2021 年第 5 期。

刘晓红、冯硕：《制度型开放背景下境外仲裁机构内地仲裁的改革因应》，《法学评论》（双月刊）2020 年第 3 期。

刘晓红、周祺：《我国建立临时仲裁利弊分析和时机选择》，《南京社会科学》2012 年第 9 期。

刘晓红：《从国际商事仲裁证据制度的一般特质看我国涉外仲裁证据制度的完善》，《政治与法律》2009 年第 5 期。

刘晓红：《确定仲裁员责任制度的法理思考——兼评述中国仲裁员责任制度》，《华东政法大学学报》2007 年第 5 期。

刘瑛、林舒婷：《借鉴〈联合国国际贸易法委员会国际商事仲裁示范法〉完善中国〈仲裁法〉》，《太原师范学院学报（社会科学版）》2018 年第 3 期。

罗培新：《特拉华州公司法的神话与现实》，《金融法苑》2003 年第 4 期。

吕炳斌：《上海国际金融中心的法制建设探讨》，《新金融》2009 年第 6 期。

马宁：《论我国股东派生诉讼制度的完善——评〈公司法〉第 151 条》，《仲裁研究》2015 年第 3 期。

马占军、徐徽：《商事仲裁员替换制度的修改与完善》，《河北法学》2016 年第 5 期。

马占军：《我国商事仲裁员任职资格制度的修改与完善》，《河北法学》2015 年第 7 期。

马占军：《我国仲裁协议中仲裁机构认定问题的修改与完善》，《法学》2007 年第 10 期。

毛晓飞：《法律实证研究视角下的仲裁法修订：共识与差异》，《国际法研究》2021 年第 6 期。

牟笛：《上海建设面向全球的亚太仲裁中心的挑战与出路》，《上海法学研究》2019 年第 17 卷。

缪因知：《法律如何影响金融：自法系渊源的视角》，《华东政法大学学报》2015 年第 1 期。

缪因知：《法律与证券市场关系研究的一项进路——LLSV 理论及其批判》，《北方法学》2010 年第 1 期。

皮天雷：《转型经济中法律与金融的发展》，《财经科学》2007 年第 7 期。

祁壮：《构建国际商事仲裁中心——以〈仲裁法〉的修改为视角》，《理论视野》2018 年第 7 期。

钱宇宏、马伯娟：《从可仲裁性的发展看司法权的让渡》，《仲裁与法律》2004 年第 4 期。

任东来：《大国崛起的制度框架和思想传统——以美国为例的讨论》，《战略与管理》2004 年第 4 期。

阮国平、马姗姗：《仲裁裁决执行案件的司法审查要点和裁判思路》，《上海法学研究》2019 年第 17 卷。

邵明波：《法治、金融发展与银行贷款长期化》，《世界经济文汇》2010 年第 2 期。

沈伟、余涛：《互联网金融监管规则的内生逻辑及外部进路：以互联网金融仲裁为切入点》，《当代法学》2017 年第 1 期。

沈伟、余涛：《金融纠纷诉讼调解机制运行的影响因素及其实证分析——以上海为研究对象》，《法学论坛》2016 年第 6 期。

沈伟：《地方保护主义的司法抑制之困：中央化司法控制进路的实证研究——以执行涉外仲裁裁决内部报告制度为切入视角》，《当代法学》2019 年第 4 期。

沈伟：《国际商事法庭的趋势、逻辑和功能——以仲裁、金融和司法为研究维度》，《国际法研究》2018 年第 5 期。

沈伟：《中国仲裁司法审查制度——缘起、演进、机理和缺陷》，《上海法学研究》2019 年第 17 卷。

沈艺峰、许年行、杨熠：《我国中小投资者法律保护历史实践的实证检验》，《经济研究》2004 年第 9 期。

沈志韬：《从国际经验看我国紧急仲裁员制度的完善》，《仲裁研究》2015 年第 1 期。

施东晖：《当代公司治理研究的新发展》，《中国金融学》2004 年第 9 期。

宋连斌、黄进：《中华人民共和国仲裁法（建议修改稿）》，《法学评论》2003 年第 4 期。

宋连斌、赵健：《关于修改 1994 年中国〈仲裁法〉若干问题的探讨》，《国际经济法学刊》2001 年第 1 期。

宋连斌：《仲裁司法监督制度的新进展及其意义》，《人民法治》2018 年第 3 期。

苏伟康：《国际商事法庭与国际仲裁的关系定位——以新加坡国际商事法庭为借镜》，《上海法学研究》2020 年第 22 卷。

孙笑侠：《论法律与社会利益——对市场经济中公平问题的另一种思考》，《中国法学》1995 年第 4 期。

孙韵：《双轨制改革：我国仲裁裁决司法监督模式的重构》，《开封教育学院学报》2019 年第 2 期。

覃华平：《国际商事仲裁中仲裁地的确定及其法律意义——从 BNA v. BNB and another 案谈起》，《商事仲裁与调解》2020 年第 2 期。

谭启平：《论我国仲裁机构的法律地位及其改革之路》，《东方法学》2021 年第 5 期。

谭晰文：《论仲裁裁决中的撤销事由》，《仲裁研究》2021 年第 1 期。

汤霞：《临时仲裁制度在我国自贸区适用的困境与纾解》，《国际经济法学刊》2020 年第 4 期。

唐琪：《我国临时仲裁制度的构筑研究》，《公关世界》2021 年第 8 期。

佟金彪：《论我国仲裁裁决的司法监督》，《经济研究导刊》2021 年第 26 期。

童肖安图：《社会公共利益视角下垄断纠纷可仲裁性研究》，《华东政法大学学报》2021 年第 3 期。

万鄂湘：《〈纽约公约〉在中国的司法实践》，《法律适用》2009 年第 3 期。

汪小亚：《从国际金融中心迈向全球金融中心》，《中国金融》2021 年第 2 期。

王德新：《仲裁司法监督的定位：过度干预抑或适度监督——以英、法两国为对象的分析》，《河北青年管理干部学院学报》2011 年第 4 期。

王徽：《〈国际商事仲裁示范法〉的创设、影响及启示》，《武大国际法评论》2019 年第 3 期。

王兰：《我国仲裁协议法律适用的理论反思与制度完善》，《甘肃社会科学》2014 年第 2 期。

王兰军：《建立独立的金融司法体系　防范化解金融风险——兼论组建中国金融法院、中国金融检察院》，《财经问题研究》2000 年第 9 期。

王丽：《我国商事仲裁制度的省思——以上海自贸区商事仲裁机制为视角》，《华中师范大学研究生学报》2016 年第 1 期。

王利明：《关于无效合同确认的若干问题》，《法制与社会发展》2002 年第 5 期。

王艳阳：《国际商事仲裁中的临时保护措施制度——兼议我国相关制度的不足》，《西南政法大学学报》2004 年第 4 期。

王勇：《论仲裁的保密性原则及其应对策略》，《政治与法律》2008 年第 12 期。

王佐发：《重思"特拉华迷思"》，《西南政法大学学报》2011 年第 1 期。

母爱斌、苟应鹏：《案外人撤销仲裁裁决、调解书之诉的立法表达——〈民事强制执行法草案（征求意见稿）〉第 87 条检讨》，《中国社会科学院研究生院学报》2020 年第 5 期。

吴定喜、林浩、陈艳恩：《国际商务仲裁中当事人应如何选择证据收集规则》，《天中学刊》2001 年第 6 期。

吴英姿：《论仲裁救济制度之修正——针对〈仲裁法（修订）征求意见稿〉的讨论》，《上海政法学院学报》2021 年第 6 期。

伍俊斌：《政治国家与市民社会互动维度下的中国市民社会建构》，《中共中央党校学报》2006 年第 3 期。

夏佳凤：《论我国自由贸易试验区临时仲裁制度的构建》，《经济研究导刊》2020 年第 1 期。

肖蓓：《〈纽约公约〉背景下我国对外国仲裁裁决承认及执行的实证研究》，《现代法学》2016 年第 3 期。

肖娜：《法律经济学视域下的国际商事仲裁研究》，《商业经济研究》2015 年第 12 期。

谢俊英：《用仲裁方式解决商事纠纷的成本优势分析》，《河北经贸大学学报》2013 年第 3 期。

徐三桥：《仲裁员的披露与回避问题探讨》，《商事仲裁与调解》2020 年第 3 期。

徐伟功、李子牧：《论我国国际商事在线仲裁制度的完善》，《天津商业大学学报》2021 年第 4 期。

徐伟功：《论我国商事仲裁临时措施制度之立法完善——以〈国际商事仲裁示范法〉为视角》，《政法论丛》2021 年第 5 期。

许偲：《我国国际商事仲裁临时措施制度的改进路径》，《海峡法学》2022 年第 2 期。

薛源、程雁群：《论我国仲裁地法院制度的完善》，《法学论坛》2018 年第 5 期。

杨玲：《仲裁机构法律功能批判——以国际商事仲裁为分析视角》，《法律科学》2016 年第 2 期。

杨园硕：《中国仲裁地建设研究——以中国（上海）自由贸易试验区临港新片区为例》，《华东理工大学学报（社会科学版）》2022 年第 2 期。

叶凡、刘峰：《方法·人·制度——资本结构理论发展与演变》，《会计与经济研究》2015 年第 1 期。

叶雄彪：《从理念到实践：论"一带一路"背景下临时仲裁的制度构建》，《河南财经政法大学学报》2019 年第 6 期。

余保福：《法律、金融发展与经济增长：法律金融理论研究述评》，《财经理论与实践（双月刊）》2005 年第 136 期。

余蕊桢：《英国法院对仲裁裁决的司法监督》，《仲裁研究》2008 年第 4 期。

余涛、沈伟：《游走于实然与应然之间的金融纠纷非诉讼调解机制》，《上海财经大学学报》2016 年第 1 期。

郁光华、邵丽：《论 LLSV 法律来源论的缺陷性》，《上海财经大学学报（哲学社会科学版）》2007 年第 4 期。

袁发强：《自贸区仲裁规则的冷静思考》，《上海财经大学学报》2015 年第 2 期。

袁祖社：《社会发展的自主逻辑与个体主体的自由人格——中国特色"市民社会"问题的哲学研究》，《哲学动态》2001 年第 9 期。

詹安乐、叶国平：《以仲裁权的性质为视角论我国仲裁机构的改革方向》，《北京仲裁》2011 年第 2 期。

张超汉、张宗师：《国际航空仲裁制度研究——兼评 1999 年〈蒙特利尔公约〉第 34 条》，《北京理工大学学报（社会科学版）》2017 年第 4 期。

张春良、黄庆：《我国涉外仲裁协议司法审查新规评析》，《仲裁研究》2021 年第 1 期。

张春良、毛杰：《论违背"一裁终局"原则的仲裁裁决之撤销》，《西南政法大学学报》2020 年第 6 期。

张春良：《论国际商事仲裁价值》，《河北法学》2006 年第 6 期。

张广良：《知识产权法院制度设计的本土化思维》，《法学家》2014 年第 6 期。

张建、郝梓伊：《商事仲裁司法审查的纵与限——评最高人民法院审理仲裁司法审查案件的新规定》，《北华大学学报（社会科学版）》2018 年第 1 期。

张建：《国际商事仲裁中禁诉令的适用问题研究——兼论我国仲裁禁诉令制度的立法构建》，《国际法学刊》2021 年第 3 期。

张建伟：《比较法视野下的金融发展——关于法律和金融理论的研究述评》，《环球法律评论》2006 年第 6 期。

张建伟：《法律、投资者保护与金融发展——兼论中国证券法变革》，《当代法学》2005 年第 5 期。

张萍：《国际商事仲裁费用能控制吗?》，《甘肃社会科学》2017 年第 3 期。

张荣：《中国建立临时仲裁制度的困境及对策》，《经贸实践》2018 年第 15 期。

张铁铁：《我国法律制度对商事仲裁性质的误解——从临时仲裁谈起》，《北方法学》2020 年第 4 期。

张卫平：《仲裁裁决撤销程序的法理分析》，《比较法研究》2018 年第 6 期。

张文娟：《仲裁裁决案外人撤销之诉的构建》，《山西省政法管理干部学院学报》2016 年第 3 期。

张勇：《法律还是社会规范：一个关于投资者保护的比较分析》，《经济社会体制比较》2006 年第 3 期。

张钰新：《法律、投资者保护和金融体系的发展》，《经济评论》2004 年第 3 期。

张泽平：《国际商事仲裁中的责任制度探析》，《当代法学》2001 年第 8 期。

章剑生：《作为介入和扩展私法自治领域的行政法》，《当代法学》2021 年第 3 期。

赵健雅、张德淼：《"一带一路"倡议下中印商事法律纠纷解决机制比较与制度重构》，《青海社会科学》2020 年第 4 期。

赵秀文：《论法律意义上的仲裁地点及其确定》，《时代法学》2005 年第 1 期。

赵秀文：《论国际商事仲裁中的可仲裁事项》，《时代法学》2005 年第 2 期。

周海洋、何曜：《浅析撤销仲裁裁决司法审查的实质要点及实践启示——基于西南某仲裁委员会 100 个随机案例的实证研究》，《商事仲裁与调解》2021 年第 5 期。

朱伟东：《中国与"一带一路"国家间民商事争议解决机制的完善》，《求索》2016 年第 12 期。

祝继高、陆正飞：《融资需求、产权性质与股权融资歧视——基于企业上市问题的研究》，《南开管理评论》2012 年第 4 期。

二、中文译著

［美］保罗·海恩等：《经济学导论》，史晨主译，世界图书出版公司 2012 年版。

［美］伯利·米恩斯：《现代公司与私有财产》，甘华鸣等译，商务印书馆 2005 年版。

［美］加里·B. 伯恩：《国际仲裁法律与实践》，白麟、陈福勇等译，商务印书馆 2015 年版。

［美］柯提斯·J. 米尔霍普、［德］卡塔琳娜·皮斯托：《法律与资本主义：全球公司危机揭示的法律制度与经济发展的关系》，罗培新译，北京大学出版社 2010 年版。

［美］克里斯多夫·M. 布鲁纳：《普通发票世界的公司治理：股东权力的政治基础》，林少伟译，法律出版社 2016 年版。

［美］罗纳德·德沃金：《至上的美德：平等的理论与实践》，冯克利译，江苏人民出版社 2008 年版。

［美］曼瑟·奥尔森：《国家的兴衰：经济增长、滞涨和社会僵化》，李增刚译，上海人民出版社 2018 年版。

［美］希尔顿·L. 鲁特：《资本与共谋：全球经济发展的政治逻辑》，刘宝成译，中信出版集团 2017 年版。

［英］哈耶克：《致命的自负》，冯克利译，中国社会科学出版社 2000 年版。

［英］施米托夫：《国际贸易法文选》，赵秀文译，中国大百科全书出版社 1993 年版。

三、英文著作

(一) 英文专著

Andreas F. Lowenfeld. *International Litigation and Arbitration*. Thomson West，2006.

Armando Castelar Pinheiro. *Judicial System Performance and Economic Development*. BNDES，1996.

Douglass C. North. *Institutions，Institutional Change and Economic Performance*. Cambridge University Press，1990.

Douglass C. North. *Structure and Change in Economic History*. W. W. Norton，1981.

Douglass C. North. *Understanding the Process of Economic Change*. Princeton University Press，2005.

Eirik G. Furubotn & Rudolf Richter. *Institutions and Economic Theory*. University of Michigan Press，1997.

Geoffrey G. Parker, Marshall W. Van Alstyne & Sangeet Paul Choudary. *Platform Revolution: How Networked Markets Are Transforming the Economy and How to Make Them Work for You*. W.W. Norton & Company, 2016.

Franklin Allen, Douglas Gale. *Comparing Financial Systems*. MIT Press, 2001.

Gary B. Born. *International Arbitration: Law and Practice*. Kluwer Law International, 2012.

Gary B. Born. *International Arbitration: Cases and Materials*. Kluwer Law International, 2015.

Gary Born. *International Arbitration: Law and Practice*. Wolters Kluwer, 2016.

Ha-Joon Chang. *Economics: The User's Guide*. Penguin Books, 2014.

John N. Drobak & John V. C. Nye. *The Frontiers of the New Institutional Economics*. Academic Press, 1997.

Joseph Alois Schumpeter. *A Theory of Economic Development*. Harvard University Press, 1911.

Oliver E. Williamson. *Economic Institutions of Capitalism*. Free Press, 1985.

Oliver E. Williamson. *Markets and Hierarchies: Analysis and Antitrust Implications*. Free Press, 1975.

(二) 英文期刊

Adrian Corcoran & Robert Gillanders. Foreign Direct Investment and the Ease of Doing Business. *Review of World Economics*, Vol. 151, 2015.

Andrew Godwin, Ian Ramsay & Miranda Webster. International Commercial Courts: The Singapore Experience. *Melbourne Journal of International Law*, Vol. 18, 2017.

Andrew I. Okekeifere. Commercial Arbitration as the Most Effective Dispute Resolution Method: Still a Fact or Now a Myth? *Journal of International Arbitration*, Vol. 4, 1998.

Armen A. Alchian. Some Economics of Property Rights. *IL. POLITICO*, Vol. 30, 1965.

Bernard Black. Is Corporate Law Trivial? A Political and Economic Analysis. *Northwestern University Law Review*, Vol. 84, 1990.

Brian R. Cheffins. Does Law Matter? The Separation of Ownership and Control in the United Kingdom. *Journal Legal Studies*, Vol. 459, 2001.

Catherine Rogers. A Window into the Soul of International Arbitration: Arbitrator Selection, Transparency and Stakeholder Interests. *Victoria University Wellington Law Review*, Vol. 46, 2015.

Charles N. Browker. W(h)ither International Commercial Arbitration? *Arbitration International*, Vol. 24, 2008.

Chien-Chiang Lee, Mei-Ping Chen & Shao-Lin Ning. Why Did Some Firms Perform Better in the Global Financial Crisis? *Economic Research-Ekonomska Istraživanja*, Vol. 30, 2017.

David Gould & William C. Gruben. The Role of Intellectual Property Rights in Economic Growth. *Journal of Development Economics*, Vol. 48, 1996.

Diane K. Denis & John J. McConnell. International Corporate Governance. *Journal of Financial and Quantitative Analysis*, Vol. 38, 2003.

Edward Glaeser and Andrei Shleifer. Legal Origins. *Quarterly Journal of Economics*, Vol. 117, 2002.

Eirik G. Furubotn and Svetozar Pelovich. Property Rights and Economic Theory: A Survey of Recent Literature. *Journal of Economics Literature*, Vol. 10, 1972.

Elhanan Helpman. Innovation, Imitation, and Intellectual Property Rights. *Econometrica*, Vol. 61, 1993.

Fali S. Nariman. The Spirit of Arbitration: The Tenth Annul Goff Lecture. *Arbitration International*, Vol. 16, 2000.

Gerald W. Scully. The institutional Framework and Economic Development. *Journal of Political Economy*, Vol. 96, 1988.

Gonzalo Vial & Francisco Blavi. New Ideas for the Old Expectation of Becoming an Attractive Arbitral Seat. *Transnat'l L. & CONTEMP*. Vol. 25, 2016.

Graeme Johnston. Bridging the Gap between Western and Chinese Arbitration

Systems. *Journal of International Arbitration*, Vol. 24, 2007.

Harold Demsetz. The Exchange and Enforcement of Property Rights. *Journal of Law & Economics*, Vol. 7, 1964.

Harold Demsetz. Towards A Theory of Property Rights. *American Economics Review*, Vol. 57, 1967.

James B. Ang. Financial Reforms, Patent Protection and Knowledge Accumulation in India. *World Development*, Vol. 38, 2010.

Jayanth Krishnan and Priya Purohit. A Common Law Court in an Uncommon Environment: The DIFC Judiciary and Global Commercial Dispute Resolution. *The American Review of International Arbitration*, Vol. 24, 2015.

Jeffrey Wurgler. Financial Markets and the Allocation of Capital. *Journal of Financial Economics*, Vol. 58, 2000.

John C. Coffee Jr. The Rise of Dispersed Ownership: The Roles of Law and the State in the Separation of Ownership and Control. *Yale Law Journal*, Vol. 111, 2001.

John C. Coffee, Jr. Privatization and Corporate Governance: The Lesson form Securities Market Failure. *The Journal of Corporation Law*, Vol. 25, 1999.

John C. Coffee, Jr. The Future as History: The Prospects for Global Convergence in Corporate Governance and its Implications. *Columbia Law School Center for Law and Economic Studies Working Paper*, No.144, 1999.

Jonathan Hay, Andrei Shleifer & Robert W. Vishny. Toward a Theory of Legal Reform. *European Economic Review*, Vol. 40, 1996.

Julian Franks & Gyongyi Loranth. A Study of Bankruptcy Costs and the Allocation of Control. *Review of Finance*, Vol. 18, 2014.

Karl S. Okamoto. A "Law & Personal Finance" View of Legal Origins Theory. *Brigham Young University Law Review*, Vol. 6, 2009.

Keisha I. Patrick. New Era of Disclosure: California Judicial Council Enacts Arbitrator Ethics Standards — Ethics Standards for Neutral Arbitrators in Contractual Arbitration. *Journal of Dispute Resolution*, Vol. 14, 2003.

Kenneth Ayotte & Hayong Yun. Matching Bankruptcy Laws to Legal Environments. *Journal of Law, Economics and Organisation*, Vol. 25, 2009.

Klaus Schmidt-Hebbel, Luis Servén & Andrés Solimano. Saving and Investment: Paradigms. Puzzles, Policies. *The World Bank Research Observer*, Vol. 11, 1996.

La Porta, R., F. Lopez-de-Silanes, A. Shleifer. The Economic Consequences of Legal Origins. *Journal of Economic Literature*, Vol. 46, 2008.

Leon E. Trakman. "Legal Traditions" and International Commercial Arbitration. *American Review of International Arbitration*, Vol. 1, 2006.

Lord Mustill. Arbitration: History and Background. *Journal of International Arbitration*, Vol. 6, 1989.

Lukas Mistells. International Arbitration — Corporate Attitudes and Practices — 12 Perceptions Tested: Myths, Data and Analysis Research Report. *American Review of International Arbitration*, Vol. 15, 2004.

Mancur Olson. Distinguished Lecture on Economics in Government: Big Bills Left on the Sidewalk: Why Some Nations Are Rich, and Others Poor. *Journal of Economic Perspectives*, Vol. 10, 1996.

Marc J. Goldstein. A Glance into History for the Emergency Arbitrator. *Fordham International Law Journal*, Vol. 40, 2017.

Mark J. Roe. Legal Origins and Modern Stock Markets. *Harvard Law Review*, Vol. 120, 2006.

Martin Domke. Commercial Arbitration. *Annual Survey of American Law*, 1965.

Michael Dorf & Charles Sabel. A Constitution of Democratic Experimentalism. *Columbia Law Review*, Vol. 98, 1998.

Morris Fiorina and Roger Noll. Voters, Legislators and Bureaucracy — Institutional Design in the Public Sector. *American Economic Review*, *Papers and Proceedings*, Vol. 68, 1978.

Nicola Gennaioli. Optimal Contracts with Enforcement Risk. *Journal of the European Economic Association*, Vol. 11, 2013.

Oliver E. Williamson. The New Institutional Economics: Taking Stock, Looking Ahead. *Journal of Economics Literature*, Vol. 38, 2000.

Oliver Williamson. The Institutions and Governance of Economic Development and Reform. *The World Bank Economic Review*, Vol. 8, 1994.

Rafael La Porta, Florencio Lopez-de-Silanes & Andrei Shleifer. What Works in Securities Laws? *The Journal of Finance*, Vol. 61, 2006.

Rafael La Porta, Florencio Lopez-de-Silanes, Andrei Shleifer & Robert Vishny. Investor Protection and Corporate Governance. *Journal of Financial Economics*, Vol. 58, 2008.

Rafael La Porta, Florencio Lopez-de-Silanes, Andrei Shleifer & Robert Vishny. Law and Finance. *The Journal of Political Economy*, Vol. 106, 1998.

Rafael La Porta, Florencio Lopez-de-Silanes, Andrei Shleifer & Robert Vishny. Legal Determinants of External Finance. *Journal of Finance*, Vol. 52, 1997.

Rafael La Porta, Florencio Lopez-de-Silanes, Andrei Shleifer & Robert W. Vishny. Investor Protection and Corporate Valuation. *Journal of Finance*, Vol. 57, 2002.

Rafael La Porta, Florencio Lopez-de-Silanes, Andrei Shleifer & Robert W. Vishny. Agency Problems and Dividend Policies around the World. *Journal of Finance*, Vol. 55, 2000.

Raghuram G. Rajan & Luigi Zingales. Financial Dependence and Growth. *American Economic Review*, Vol. 88, 1998.

Raghuram G. Rajan & Luigi Zingales. The Great Reversals: The Politics of Financial Development in the Twentieth Century. *Journal of Financial Economics*, Vol. 69, 2003.

Randall Morck, Bernard Yeung and Wayne Yu. The Information Content of Stock Markets, Why Do Emerging Markets Have Synchronous Stock Price Movements. *Journal of Financial Economics*, Vol. 58, 2000.

René M. Stulz & Rohan Williamson. Culture, Openness and Finance. *Journal of Finance Economics*, Vol. 70, 2003.

Robert G. King & Ross Levine. Finance and Growth: Schumpeter Might Be Right. *Quarterly Journal of Economics*, Vol. 108, 1993.

Ross Levine. Bank-based or Market-based Financial Systems: Which is

Matter? *Journal of Financial Intermediation*, Vol. 11, 2002.

Ross Levine. The Legal Environment, Banks and Long-run Economic Growth, Journal of Money. *Credit and Banking*, Vol. 30, 1998.

S. I. Strong. Third Party Intervention and Joinder as of Right in International Arbitration: An Infringement of Individual Contract Right or a Proper Equitable Measure? *Vanderbilt Journal of Transnational Law*, Vol. 31, 1998.

Shen Wei, Shang Shu. Tackling Local Protectionism in Enforcing Foreign Arbitral Awards in China: An Empirical Study of the Supreme People's Court's Review Decisions, 1995 – 2015. *The China Quarterly*, Vol. 241, 2020.

Simeon Djankov, Rafael La Porta, Florencio Lopez-de-Silanes & Andrei Shleifer. The Law and Economics of Self-Dealing. *Journal of Financial Economics*, Vol. 88, 2008.

Stefan Voigt. Are International Merchants Stupid — Their Choice of Law Sheds Doubt on the Legal Origin Theory. *Journal of Empirical Legal Studies*, Vol. 5, 2008.

Stijn Claessens & Leora F. Klapper. Bankruptcy Around the World: Explanations of Its Relative Use. *American Law and Economics Review*, Vol. 7, 2005.

Stijn Claessens, Kenichi Ueda & Yishay Yafeh. Institutions and Financial Frictions: Estimating with Structural Restrictions on Firm Value and Investment. *Journal of Development Economics*, Vol. 110, 2014.

Stijn Claessens, Simeon Djankov & Larry H. P. Lang. The Separation of Ownership and Control in East Asian Corporations. *Journal of Financial Economics*, Vol. 58, 2000.

Sujata Visaria. Legal Reform and Loan Repayment: The Microeconomic Impact of Debt Recovery Tribunals in India. *American Economic Journal: Applied Economics*, Vol. 1, 2009.

Thorsten Beck, Asli Demirguc-Kunt & Ross Levine. Law, Endowments and Finance. *Journal of Finance Economics*, Vol. 70, 2003.

Tuuli Timonen & Nika Larkimo. Attracting International Arbitrations through Adoption of Predictable and Transparent National Legislation: Advantages of the UNCITRAL Model Law for an Aspiring Arbitration Seat. *Scandinavian Stud. L.*, Vol. 63, 2017.

Xiaobing Zhao, Jinming Cai & Li Zhang. Information Flow and Asymmetric Information as Key Determinants for Service and Finance Center Development: A Case on Socialist China. *China Economic Review*, Vol. 16, 2005.

Xiaobing Zhao, Li Zhang & Tan Wang. Determining Factors of the Development of a National Financial Center: The Case of China. *Geoforum*, Vol. 35, 2004.

Xiaobing Zhao. Special Restructuring of Financial Centers in Mainland China and Hong Kong: A Geography of Finance Perspective. *Urban Affairs Review*, Vol. 38, 2003.

索　引

关键词类

后 记

2019 年我修订、更新了陈治东教授于 20 世纪 90 年代末出版的《国际商事仲裁》一书，并且由上海交通大学出版社于 2020 年出版了《商事仲裁法：国际视野和中国实践》(上、下卷)。我一直想在《仲裁法》修订后对该书作一次大的修改，但鉴于《仲裁法》修订尚未完成，书稿的修改也迟迟未能完稿，因此，本书可以看作是《商事仲裁法：国际视野和中国实践》(上、下卷)一书的延展和补记，也可以视为该书的第三卷。

我要感谢于 2021 年和 2022 年选修"国际仲裁实践"课程的同学们。他(她)们选修该课程不仅使我能够开设这门课(按照学校规定，不足 10 名同学选课不能开课，学校还有其他各种老师们所不知道的规定，一不留神就会犯错)，而且使得本书的出版成为可能。他(她)们的贡献分别记录于每个章节中。

感谢本科同学、张江公证处张磊主任的支持和帮助；感谢汪娜编辑一贯的鼎力相助。

要感谢的人很多，感谢仲裁界和学界的许多师友和同仁，当然也要感谢我们身处的时代。

沈 伟

2023 年 1 月 20 日初稿

2023 年 3 月 14 日再稿